Härtl-Kasulke
Personales Gesundheitsmanagement

Claudia Härtl-Kasulke

Personales Gesundheitsmanagement

Das Praxisbuch für Personalverantwortliche, Führungskräfte und Trainer

Unter Mitarbeit von Loreen Klahr

Dieses Buch ist auch als E-Book erhältlich:
ISBN 978-3-407-29356-5

Das Werk und seine Teile sind urheberrechtlich geschützt. Jede Nutzung in anderen als den gesetzlich zugelassenen Fällen bedarf der vorherigen schriftlichen Einwilligung des Verlages. Hinweis zu § 52a UrhG: Weder das Werk noch seine Teile dürfen ohne eine solche Einwilligung eingescannt und in ein Netzwerk eingestellt werden. Dies gilt auch für Intranets von Schulen und sonstigen Bildungseinrichtungen.

© 2014 Beltz Verlag · Weinheim und Basel
www.beltz.de

Lektorat: Ingeborg Sachsenmeier
Herstellung: Sarah Veith
Satz: text plus form, Dresden
Druck und Bindung: Beltz Bad Langensalza GmbH, Bad Langensalza
Reihenkonzept: glas ag, Seeheim-Jugenheim
Umschlaggestaltung: Sarah Veith
Umschlagabbildung: Thinkstock by Getty Images
Grafiken: BlütezeitDesign/Stefanie Rinkenbach
Printed in Germany

ISBN 978-3-407-36556-9

Inhaltsverzeichnis

Ein Wort zum Einstieg *Jörg Rhode*   11
Danke! *Claudia Härtl-Kasulke*   13
Personales Gesundheitsmanagement
    vom ROI zum Turbo *Claudia Härtl-Kasulke*   15

↗01 Der Weg von den Paradigmenwechseln zum Personalen Gesundheitsmanagement   17

**Gesundheit! Schätze heben
    und Sinne schärfen** *Claudia Härtl-Kasulke*   18
Gesundheit und Lernen – zwei starke Erfolgspartner   19

Die neun Paradigmenwechsel *Claudia Härtl-Kasulke*   29
Den Blickwinkel ändern – Innovation fördern   29
Erster Paradigmenwechsel: Schnelle Veränderung
    und komplexe Arbeitswelten   30
Zweiter Paradigmenwechsel: Chance Demografie –
    Altern ist Zukunft!   35
Dritter Paradigmenwechsel: Personales
    Gesundheitsmanagement (PGM). Eine Standortbestimmung   43
Vierter Paradigmenwechsel: Lernen, Emotion
    und Gesundheit, die starken Partner   51
Fünfter Paradigmenwechsel: Mit wertschätzender Kultur
    fängt alles an   63
Sechster Paradigmenwechsel: Erfolge und Scheitern –
    Balance, die Dosis macht das Glück   66
Siebter Paradigmenwechsel: Das persönliche
    Forschungsmodell und Spiritualität – lebe jetzt!   68
Achter Paradigmenwechsel: Entschleunigung
    ist Beschleunigung – Auf der Spurensuche nach dem Glück   70

Neunter Paradigmenwechsel: Personales Gesundheitsmanagement – jede Personalentwicklung fängt mit Veränderung an 73

Müheloseres Management durch Achtsamkeit
Martin Eppler und Kai Romhardt 77
… oder was Change-Manager vom Buddhismus lernen können 77

Leben *Joachim Galuska* 88

↗02 Personales Gesundheitsmanagement – Best-Practice-Beispiele 95

Berichte über Best Practice 96

Der DemografieCoach – Chancen im Unternehmen entdecken und leben *Claudia Härtl-Kasulke* 98
Perspektivwechsel im Coaching: Vom Kommunikator zum Mentor zum Coach 103
Gründe für die Ausbildung zum DemografieCoach gibt es viele 106
Das Bild für mein persönliches Forschungsmodell 108
Erste Phase: Der Anlass 111
Zweite Phase: Impuls für das Innehalten 112
Transfer Impulsdistanz 113
Dritte Phase: Das handlungsaktive Wahrnehmen 115
Vierte Phase: Forschung in eigener Sache Nr. 1: Bewusstsein leben 118
Fünfte Phase: Forschung in eigener Sache Nr. 2: Bewusstseinsfertigkeit 121
Sechste Phase: Forschung in eigener Sache Nr. 3: Bewusstseinsgestaltung 123
Siebte Phase: Von der Forschung zur Bewusstseinskunst 127
Von der Haltung zum Methodenkonzept 132

Aktive Erholungspause – Der Weg zu einem gesunden Arbeitsstil *Ulrike Reiche* **135**
Ausgangssituation **135**
Eigenverantwortung des Mitarbeiters **136**
Verantwortung des Arbeitgebers **137**
Bestandsaufnahme und Auftragsklärung **138**
Übersicht über die Maßnahmen **142**
Kritische Erfolgsfaktoren im betrieblichen Umfeld **149**

Alles anders – alles neu *Loreen Klahr* **152**
Alles anders **152**
Wie alles begann – mein Weg zum persönlichen Gesundheitsmanagement **152**
Verordnetes Innehalten **154**
Auf zu neuen Ufern – mein persönliches Personales Gesundheitskonzept **154**
Let's start! **157**
Fazit **163**

Krisen und Gesundheit *Cornelia Weitzel* **165**
Die Krise als Chance wahrnehmen und verstehen **165**
Von der persönlichen Erkenntnis zum Gestalter meiner persönlichen Situation **170**
Wir brauchen nicht zum Müllschlucker aller destruktiven Gedanken werden! **183**
Exkurs: Mit Achtsamkeit das Leben meistern **185**
Exkurs: Glaubenssätze, die fördern **187**

Von der Reaktion zur Prävention *Cornelia Kram* **193**
Der Weg vom reaktiven Eingliederungsmanagement zum ganzheitlichen Betrieblichen Gesundheitsmanagement **193**
Schlussfolgerungen aus unseren Erkenntnissen **201**
Ausblick – Lessons learned **225**

↗ **03   Die Methoden zu den Best-Practice-Beispielen**   **231**

      Einführung *Claudia Härtl-Kasulke*   **232**

  3.1   Methoden für Organisationentwicklung und Führung   **234**

      Mit Konzeption punktgenau landen *Claudia Härtl-Kasulke*   **235**
      Was ist eine Konzeption?   235
      Strategie, Taktik, Dramaturgie, Budget   238
      Die Durchführung   241
      Zunächst ein Blick auf die Kommunikation   244
      Konzept und Management   246
      Konzept und Umsetzung   247

      Die Konzeption und ihre Entwicklungsschritte   **249**
      Phase 1: Analyse der Ist-Situation   250
      Phase 2: Entwicklung des konzeptionellen Rahmens   259
      Phase 3: Die Umsetzung   283
      Phase 4: Erfolgskontrolle (Evaluation)   285

      Checklisten und -fragen   **286**
      Die Konzeption   286
      Checklisten für das Konzept   287

      Appreciative Inquiry *Claudia Härtl-Kasulke und Loreen Klahr*   **300**

      Gründungsworkshop Gesundheitsforum *Cornelia Kram*   **307**

      Team Management System (TMS) *Claudia Härtl-Kasulke*
          und Loreen Klahr   **312**

      Kollegiales Teamcoaching (KTC) *Claudia Härtl-Kasulke*
          und Loreen Klahr   **322**

3.2 Methoden für Einzel- und Teamarbeit 327

Aktive Erholungspausen *Ulrike Reiche* 328

Atemübungen: Achtsames Atmen *Claudia Härtl-Kasulke und Loreen Klahr* 340

3.3 Methoden für die persönliche Entlastung 349

Kurz mal anhalten *Cornelia Weitzel* 350

Mein Weg in die Freiheit *Cornelia Weitzel* 352

Der kleine Notfallkoffer *Cornelia Weitzel* 354

Gehmeditation *Cornelia Weitzel und Cornelia Kram* 356

Achtsames Arbeiten *Claudia Härtl-Kasulke und Loreen Klahr* 359

Achtsames Essen *Claudia Härtl-Kasulke und Loreen Klahr* 365

ALI: Atmen, Lächeln, Innehalten *Loreen Klahr* 367

Erfolgstagebuch *Claudia Härtl-Kasulke und Loreen Klahr* 369

Kreativ mit Mindmaps *Cornelia Kram* 374

↗04 Anhang 377

Die Autoren 378
Literatur 381

Die Icons bedeuten:

 Beispiele   Infos

 Tipps   Übungen/Methoden

 Wichtiges   Literatur

 Download

Ein Wort zum Einstieg

> Diese Geschichte, sagte ich, deine Geschichte braucht nicht damit zu enden, dass das Opfer allein ist [...]. Die Geschichte kann davon handeln, dass das, was dir zugestoßen ist, dass deine Narben dir die Stärke verleihen, dein Leben zu leben, ein Leben so wunderbar, wie du es dir heute nicht vorstellen kannst. Kein Tag muss je wieder so langweilig sein. Denn nur Menschen wie du und ich wissen, dass uns nichts umhauen kann. Wir haben das denkbar Schlimmste schon hinter uns, und nun sind wir frei zu tun, was wir wollen. Nichts hält uns zurück.
> *Nach Sara Gran: Die Stadt der Toten. 2012, S. 232*

»Gesundheit als mein höchstes Gut« ist in aller Munde und wahrscheinlich die am häufigsten genannte Wunschformel überhaupt, ob für unsere Lieben innerhalb der Familie, im Bekanntenkreis oder unter Kollegen und Mitarbeitern. Laut Werte-Index 2014 ist für die Deutschen Gesundheit das Wichtigste (Frankfurter Rundschau, 20.11.2013, Nr. 270, S. 40). Der Wunsch ist schnell formuliert. Doch wie schaffen wir diesen täglichen Balanceakt zwischen immer mehr Aufgaben, die wir zu bewältigen haben, und unserem eigenen Wohlbefinden?

Mit dem vorliegenden Buch ist es dem Autorenteam um Dr. Claudia Härtl-Kasulke gelungen, eine Antwort für die tägliche Praxis in Unternehmen und Organisationen jeder Art zu geben. Auf sehr lebendige Art und Weise geben die Autorinnen und Autoren sowohl eine Einführung in das theoretische Rüstzeug als auch – anhand von Praxisbeispielen und konkreten Umsetzungsmethoden – einen eindrucksvollen Einblick in ihren umfangreichen langjährigen Erfahrungsschatz, der uns, den Leserinnen und Lesern, täglicher Begleiter sein kann.

Die Herausgeberin, ihre bk+k BERATUNG KULTUR + KOMMUNIKATION und mich verbindet seit Längerem ein innovatives Miteinander an Ideen und Kreativität. Auch mit dieser Arbeit ist ihr wieder hervorragend der Spagat gelungen, aktuelle Entwicklungen allgemeinverständlich und umfassend

> »Jede Kunst und jede Lehre, desgleichen jede Handlung und jeder Entschluss, scheint ein Gut zu erstreben, weshalb man das Gute treffend als dasjenige bezeichnet hat, wonach alles strebt.« *Aristoteles: Nikomachische Ethik*

für eine breite Zielgruppe aufzubereiten. Dabei reicht das Spektrum von den Auswirkungen der demografischen Entwicklung in der Gesellschaft bis zu deren Bedeutung für jeden Einzelnen persönlich.

Nicht nur aktuelle Trends zu thematisieren, sondern auch unmittelbare Lösungsmöglichkeiten aufzuzeigen, hier liegt die Stärke dieses Praxisbuchs, das ich einer breiten Leserschaft ans Herz legen möchte.

Jörg Rhode
CEO und Gründer
Lobbycare

Danke!

Danke für ...
... die wundervollen Inspirationen, die durch meine Familie, Freunde, Lehrer mein Leben bereichern und als wichtige Bausteine das Fundament dieses Buches darstellen. Danke an all jene, die mich beruflich begleiten – Kollegen, Coachees, Geschäftspartner – die mein großes Lernrepertoire durch facettenreiche Begegnungen küren.

Danke an ...
... eine Vielzahl von Autoren, deren Wissen sich mit meinen Erfahrungen verwoben hat und kaum mehr trennbar ist. Für mich sind diese Momente, in denen sich alles durchdringt, die spannendsten meines Schreibens. Sei es, dass ich durch einen Kollegen entdecke, wie der Feinschliff meiner Gedanken im Wort aussehen könnte oder dass ich nach bereits getaner Tat entdecke, wie viel Nähe es zu anderen Themenzusammenhängen gibt, und ich dadurch Bestärkung erfahre: Wie ich gemeinsam mit meinen Partnern Entdeckungsreisen starte und dann die Wege beschreite, um das Ziel zu erreichen.

Danke an ...
... all die Menschen, die dieses Buch aktiv begleiteten. Allen voran Loreen Kellermann (heute heißt sie Klahr), die sich hier nach unserem ersten gemeinsamen Buch »Lernen mit Emotion und Intuition« wieder als beglückende Ko-Partnerin erwies, und die mir mit viel Recherche und der Distanz zum Text immer wieder auf die Sprünge half. Danke auch an Marco, ihren Mann.

Danke an ...
... meine Koautorinnen: Cornelia Weitzel, Cornelia Kram, Loreen Klahr. Speziell für dieses Buch haben sie ihre persönlichen Erfahrungen und Praxisbeispiele im Zusammenhang mit der DemografieCoach-Ausbildung beschrieben. Und natürlich Danke an die Kolleginnen und Kollegen, die das

Thema der Transformation persönlicher Veränderung mit dem Lebenselixier Lernen verbinden und dafür ihre Modelle mit einbrachten: Ulrike Reiche, Kai Romhardt, Joachim Galuska. Gemeinsam mit euch war es nicht nur ein bereicherndes Ideen-Puzzle. Es war viel mehr: Mein erstes großes Abenteuer einer Buchkooperation, in dem der rote Faden des Personalen Gesundheitsmanagements unterschiedliche Aspekte miteinander verwebt.

Danke an …
… Ingeborg Sachsenmeier, die den Text durch ihr Engagement als Sparringspartnerin – weit über das hinaus, was ich als Lektorat kenne – im Detail schärfte und Klarheit in die Zusammenhänge brachte und so aus allen Beiträgen ein großes Ganzes zauberte und das mit einer Vielzahl persönlich befruchtender Gespräche verband. Danke dir Ingeborg. Danke auch an dein Team, wenn auch unbekannterweise, das im Hintergrund die Fäden zieht, damit alles gut klappt.

Danke auch an …
… Sie, liebe Leserinnen, liebe Leser, für die dieses Buch geschrieben wurde. Ihre Neugierde auf dieses Fachbuch gab mir den Mut zum Schreiben und öffnete mir die Tür zum Verlag. Allen voran Jörg Rhode, der es wohlwollend las und mir die Lebendigkeit im Text bescheinigte, die mir selbst bei Fachbüchern für genussvolles Lesen so wichtig erscheint. Und nicht zuletzt Otto Kasulke, meinem Mann, der auf eine Vielzahl gemeinsamer Stunden verzichtete. In unwegsamen Situationen räumte er mir die Stolpersteine aus dem Weg, las den Text mit dem geschärften Blick eines Kollegen, der sich gutes Verständnis auf die Fahnen schreibt. Und: Er verwöhnte mich mit seiner Genussküche, wodurch die kleinen verbliebenen Zeiten einen wunderbaren Rahmen erhielten.

Danke an …
… alle! Ein Buch zu schreiben ist immer ein Gemeinschaftswerk. Ganz in diesem Sinne wünsche ich Ihnen, liebe Leserin, lieber Leser, genauso viel neugierige Entdeckerfreude, wie sie auch uns als Autoren begleitete.

Dietzenbach, im April 2014
Claudia Härtl-Kasulke

Personales Gesundheitsmanagement vom ROI zum Turbo

Herzlich Willkommen

Personales Gesundheitsmanagement begleitet Sie in diesem Buch facettenreich und aus unterschiedlichen Perspektiven: Aus der Sicht von Verantwortlichen im Personalbereich, Unternehmensgründern, Inhabern, Personalentwicklern, Lehrenden und Lernbegleitern aus ganz unterschiedlichen Unternehmen und Arbeitsbereichen stellen wir Ihnen Erfahrungen und Erkenntnisse vor. Die Autoren haben bereits wirkungsvolle erste Schritte zum Thema »Lernen und Gesundheit« in ihrem beruflichen Alltag gemacht und wissen aus ihrer persönlichen Erfahrung, wie diese Themen in Unternehmen Gehör finden und zum Handeln inspirieren.

Alle Autoren sind davon getragen, den Mensch in den Mittelpunkt ihres Engagements zu stellen. In allen Beiträgen habe ich entdeckt, dass genau mein Verständnis von »Personalem Gesundheitsmanagement« gelebt wird, und so kam es zu diesem Gemeinschaftswerk. Personales Gesundheitsmanagement ist ein wichtiges Anliegen in meinem Leben, meiner Arbeit. Dabei ist der Schlüssel zum Gesundheitsmanagement der Mensch und die Werte in der Zusammenarbeit. All das verbirgt sich in dem Wörtchen »Personales«, und Gesundheitsmanagement ist der Prozess, in dem ihm Leben eingehaucht wird. Beides ist untrennbar miteinander verbunden. So kam es zu dem Begriff »Personales Gesundheitsmanagement«.

Wir berichten von unseren persönlichen Erfahrungen und davon, welche »Turbos« – obwohl der erste Schritt häufig mit Entschleunigung zu tun hat – für unser persönliches Wohlbefinden und generell für gesunde Arbeit wichtig sind. Wir legen dar, welche Schritte wir gegangen sind, um durch Motivationsimpulse jeden Einzelnen für das Thema »gesunde Arbeit« zu sensibilisieren und welche Erfolgsfaktoren wir erkannt haben. Doch wir beschreiben auch, welche Stolpersteine wir entdeckt und wie wir diese aus dem Weg geräumt haben.

In vielen Büchern, Vorträgen, Zeitschriften- und Zeitungsartikeln werden mehr und mehr die Führungskräfte für das Gelingen des Gesundheitsmanagements in Unternehmen verantwortlich gemacht. Das stimmt durchaus, denn sie müssen den Rahmen bilden und auch halten. Doch was geschieht, wenn der Rahmen ideal gegeben ist, die Mitarbeiter jedoch nicht in die Verantwortung gehen und sich selbst nicht aktiv für ihre Gesundheit engagieren? Genau hier setzt das Buch an. Sie erhalten vielfältige Lösungen zu den Fragen:

- Was können Führungskräfte tun, um ihren Mitarbeitern das persönliche Engagement zu erleichtern?
- Wie können die Menschen im Unternehmen lösungsorientiert in ihre Verantwortung gehen?
- Was tut der Einzelne und welche Erfahrung sammelt er damit?

Hierfür wurden sehr unterschiedliche Antworten gefunden. Wir laden Sie zum Entdecken ein – Sie als Manager, Personalleiter, Trainer und Coach, als Interessenvertreter und als derjenige, diejenige, die sich Gesundheit auf die Fahne geschrieben haben: für sich selbst und für Ihre Teams.

Vom ROI zum Turbo? Wie werden Sie König, Königin Ihrer Gesundheitserfahrung. ROI – der Return of Invest – ist wirtschaftlich gesehen die Belohnung für Ihr Engagment in Sachen Gesundheit im Unternehmen. Wenn Sie jedoch genau schauen, ist jeder, der sich zur eigenen Gesundheit bekennt und sich dafür engagiert, ein Roi, ein König (eine Königin) dieser eben nicht nur wirtschaftlichen Entwicklung. Sie entsteht nur mit jedem von uns: mit den Menschen.

Und wie entdecken Sie gleichzeitig, dass sich der bewusstere Umgang mit der Gesundheit auch wirtschaftlich bemerkbar macht? Auch dafür finden Sie Antworten. Starten Sie durch. Der Return of Invest – facettenreich in all seinen immateriellen und materiellen Werten – ist Ihnen sicher und mit dem Personalen Gesundheitsmanagement öffnen Sie dafür die Türen.

PS: Natürlich sprechen wir in diesem Buch die weibliche und die männliche Leserschaft an. Doch um Ihnen das Lesen zu erleichtern, finden Sie auf den folgenden Seiten synonym eine Form.

Der Weg von den Paradigmenwechseln zum Personalen Gesundheitsmanagement

- Gesundheit! Schätze heben und Sinne schärfen
- Die neun Paradigmenwechsel
- Müheloseres Management durch Achtsamkeit
- Leben

↗01

Gesundheit! Schätze heben und Sinne schärfen

Claudia Härtl-Kasulke

>»Die relative Wahrheit hängt von Umständen ab, und die nicht relative ist paradox. Die Dinge sind nicht so, wie sie scheinen, aber anders sind sie auch nicht.«
>*Lankavatara-Sutra*

Auszeit! Gesundheit und Lernen. Dieses Buch zum Thema Personales Gesundheitsmanagement, das Sie in Händen halten, begleitet Sie mit Ideen und Grundlagenwissen auf dem Weg in die praktische Umsetzung. Es lässt Raum, sich in den Beispielen und Methoden selbst zu entdecken und diese weiterzuentwickeln, Schätze zu heben, die für ganz persönliche Erfahrungen im gesunden Arbeitsalltag wichtig sind. Die Sinne werden durch die Erfahrung mit dem »Gesund-leben-und-Arbeiten« noch mehr geschäft und die Neugierde auf neue Erfahrungen geweckt. Gleichzeitig entdecken Sie die Kriterien für das Gelingen des Personales Gesundheitsmanagements und was wir selbst darunter verstehen.

Mit unserem Buch werden wir nicht auf der Sachebene stehen bleiben, sondern Sie im Erleben der inspirierenden Arbeit begleiten. Arbeit, die Sie fordert und fördert und Sie bereichert. Eine solche Arbeit lässt uns den Alltag gesund und motiviert erleben.

Manchmal bedarf es in übervollen Tagen eines Sinnesschärfers, um Chancen zu erkennen, wie wir unsere Balance halten und sie nachhaltig leben können. Manchmal sind Methoden wie »Zündkerzen«, die uns Ideen vermitteln, was wir tun können, und die uns so berühren, dass wir diese auch umgehend in die Tat umsetzen. Diese Entdeckungen sind die beste Gesundheitsvorsorge für uns selbst.

Gesundheit und Lernen – zwei starke Erfolgspartner

Gesundheit ist längst nicht mehr das Phänomen individueller Interessen Einzelner, sondern tief in der gesellschaftlichen Diskussion verankert. Steigende Krankenzahlen und der demografische Wandel zeigen ihre Wirkung – immer weniger Menschen müssen immer mehr tun, sind mehr belastet und daher krankheitsanfälliger.

Die Weltgesundheitsorganisation (WHO) definiert in ihrer Verfassung Gesundheit als einen »Zustand des vollständigen körperlichen, geistigen und sozialen Wohlergehens und nicht nur als das Fehlen von Krankheit oder Gebrechen«. Und genau dieses vollständige körperliche, geistige und soziale Wohlergehen ist in Gefahr. Aus Unternehmenssicht sind Mitarbeiter das wichtigste »Kapital« eines Unternehmens. Doch was tun, wenn die Arbeit sie krank macht?

Burnout, die Erkrankung aus Überforderung, gefolgt von Boreout, deren Ursache sich in der Unterforderung findet, ist für viele Unternehmen kein Fremdwort mehr. 53 Millionen Krankheitstage pro Jahr gehen in Deutschland nach Angaben aus dem Arbeitsministerium auf das Konto psychischer Belastungen. Das ist alarmierend.

> **Literatur**
>
> Wenn Sie das noch ausführlicher nachlesen möchten, finden Sie die Ausführungen unter folgenden Links:
> - Verfassung der Weltgesundheitsorganisation: http://www.admin.ch/opc/de/classified-compilation/19460131/200906250000/0.810.1.pdf
> - 7. Arbeitsschutzforum der Gemeinsamen Deutschen Arbeitsschutzstrategie: http://www.bmas.de/DE/Themen/Arbeitsschutz/Meldungen/siebentes-arbeitschutzforum.html

Die neuesten Forschungsergebnisse zeigen, dass hinter vielen – auch physischen – Erkrankungen psychische Ursachen stecken. Spitzenreiter ist der Stress. Das verändert auch die Einstellung der Ärzte.

Das Zusammenspiel der physischen und der psychischen Ebene, von Körper, Geist und Seele ist ein wichtiger Gelingensfaktor für das Personale Gesundheitsmanagement.

Wie sich eine dauerhaft hohe Beanspruchung und Stress über einen längeren Zeitraum auswirken, zeigt die folgende Übersicht (BAuA 2012, S.95):

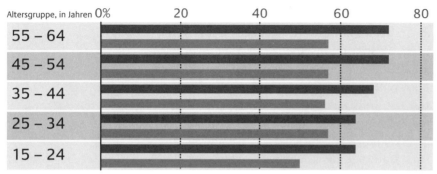

Langfristige Beanspruchung und Stressfolgen nach Alter

Die Untersuchung des Bundesinstituts für Berufsbildung (BIBB) und der Bundesanstalt für Arbeitsschutz und Arbeitsmedizin (BAuA) zeigt auch, dass die Auswirkungen hoher Beanspruchung vor keiner Altersgruppe Halt machen.

Doch wie lassen sich die Ursachen ändern, damit wir nicht erst auf die Auswirkungen reagieren? Die Reaktionen und die sich damit einstellenden Symptome sind höchst individuell, wie es sich deutlich am »Krankheits«-Bild Burnout zeigt. – Wegen seiner nicht klar zu benennenden Symptome und seinen fließenden Übergängen zu weiteren Erkrankungen wie Depressionen wird Burnout bis heute nicht als Krankheit anerkannt.

Sie werden sich vielleicht auch fragen: Wie kann ich als »Einzelner« im Unternehmen meine Haltung, meine Einstellung zu meinem Arbeitsumfeld so modifizieren, so ändern, dass ich selbst ein gesünderes Verhältnis im Hinblick auf große Herausforderungen, Veränderungen, existenzielle Erfahrungen, Krisen und so weiter entwickeln kann? Denn die Einstellungsänderung ist bereits die beste Voraussetzung für Stressintervention.

Im folgenden Modell von Bruce McEwen (s. Abbildung auf der gegenüberliegenden Seite) sehen Sie nicht nur die Ursachen, die Stress auslösen können; Sie sehen auch, dass je nachdem, wie die belastenden Faktoren selektiert werden, diese in der Folge als belastend oder anregend wahrgenommen werden können.

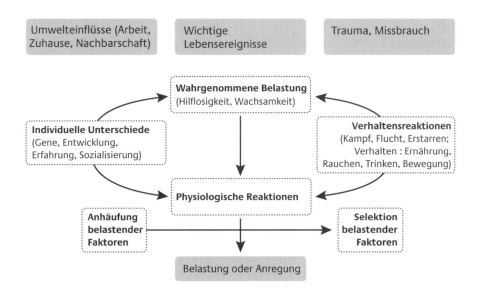

Physiologische Reaktionen auf große Herausforderungen nach dem Modell von McEwen (1998)

Die Ursachen dafür sind vielfältig. Traumata, Umwelteinflüsse, Lebensumstände werden so individuell wahrgenommen wie die Welt in der wir leben. So können Ereignisse von dem einen als großes Problem erlebt werden, während es für den anderen eher eine Situation ist, die einfach einer Lösung bedarf oder überhaupt nicht von Bedeutung ist.

Für all die Situationen, die Sie als belastetend wahrnehmen, stellen Sie sich die Frage: Wer oder was kann mich auf diesem Weg – Belastendes eher als anregend wahrzunehmen – begleiten? Denn gerade die soziale Unterstützung erleichtert die persönliche Veränderung. Kann ich das in meinem Familien- und Freundeskreis ansprechen und für diese andere Sichtweise »Schützenhilfe« bekommen? Gibt es einen vertrauten Personenkreis in meinem Unternehmen oder suche ich mir einen Coach als professionellen Begleiter? Wichtig ist dabei die Erkenntnis, dass diese Betrachtungsweise, die Herausforderungen des Alltags eher als inspirierend, förderlich für mich und meine Umgebung zu betrachten, auch mentale und emotionale Auswirkungen auf mich und meine Umgebung haben wird.

Wenn wir zu dieser Umdeutung »Ja« sagen, dann steht für uns persönlich eine individuelle Veränderung an. Einer der wichtigsten Erfolgspartner ist hier das Lernen. Wann haben Sie sich das letzte Mal Gedanken darüber gemacht, wie Sie lernen? Was motiviert Sie zum Lernen? Was lässt Sie das

Gelernte nachhaltig ankern, um das Neue auch in Stresssituationen leben zu können? Wie können wir dem begegnen, was uns am Lernen hindert? Das sind Einstiegsfragen, die uns den Lernstart und den Lernweg erleichtern.

Hier liegt im Verborgenen ein Schatz, den es zu heben gilt. Denn wenn wir uns unserer Lernerfolgsfaktoren bewusst sind und diese gezielt einsetzen, ist das der erste Garant dafür, dass wir uns auch in großen Herausforderungen gesund verhalten (siehe dazu auch Härtl-Kasulke 2011).

Sicher werden Sie einwenden, dass es viele Fragezeichen gibt, wie das zu schaffen ist angesichts der vollen Arbeitsalltage mit all den Anforderungen. Wie kann für diese Entwicklung – gesundes Arbeiten und Leben – in Unternehmen die Tür geöffnet werden? Denn allein lässt sich da eher wenig ausrichten ... Wie sieht dieses »Lernen« im Berufsalltag aus? Welche Schritte sind dafür von Bedeutung? Kann unser Team die Führung so unterstützen, dass es auch wirklich möglich wird? Und was können wir selbst tun, damit wir für den Start motiviert sind? Wie lässt sich die Freude am gesunden Leben und Arbeiten dauerhaft aufrechterhalten? Wie können wir unser Verhalten verändern und es nachhaltig auch auf andere Situationen übertragen?

Kurz: Gesundheit und Lernen stehen auf dem Programm. Deutlich sagt es auch der Hirnforscher Gerald Hüther in seinen Vorträgen: »Der Mensch ist im Lernen ein soziales Wesen. Es gelingt am besten, wenn wir es gemeinsam tun.«

> Gesundheit und Lernen sind unschlagbare Erfolgspartner für das Personale Gesundheitsmanagement.

So brauchen wir zum Start die Antwort auf die Frage: Was können wir gemeinsam mit unseren Führungskräften tun, damit »gesundes Leben in der Arbeit« für alle gelingt?

»Chefs müssen besser werden«, so lautet eines der Ergebnisse einer repräsentativen Untersuchung des arbeitgebernahen Instituts der deutschen Wirtschaft (IW). Respekt und Motivation für die Mitarbeiter fällt schwer. Nur 69 Prozent der Beschäftigten erfahren in Deutschland zumindest manchmal Unterstützung durch ihre Vorgesetzten. Dass es hier Entwicklungspotenzial gibt, zeigen die Zahlen im Euroland: Im EU-Durchschnitt sind es 81 Prozent. (Nachzulesen unter: http://www.handelsblatt.com/unternehmen/mittelstand/studie-deutsche-chefs-muessen-besser-werden/8430360.html).

Solche Untersuchungen machen mich stets sehr aufmerksam. Ebenso wie die Veröffentlichung in der Frankfurter Rundschau am 20.01.2013.

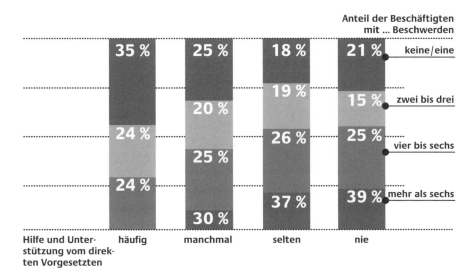

Stressbeschwerden und Führungsverhalten des Chefs

Zu kurz gegriffen sind hier aus meiner Sicht Begriffe wie »Motivation«, »Respekt«, »Unterstützung«, die als Basis für diese Untersuchung dienten. Wie verstehen die Führungspersonen und wie die Beschäftigten diese Wörter? Schlagwörter allein reichen für solche Untersuchungen nicht aus. Sind doch die Interpretationen zu individuell. Wichtig dazu ist ein Handlungs- und Verhaltenskontext. Um den Ursachen wirklich auf den Grund gehen zu können, bedarf es zudem des regen Austauschs zwischen Führungskraft und Team sowie der einzelnen Teammitglieder untereinander.

Wichtig ist, dass alle sich bewusst machen, wo die Eigenverantwortung anfängt und wo sie auf hört. Das Verständnis, dass Mitarbeiterunterstützung allein die Aufgabe der Führung ist, ist sicher nicht die richtige Lösung. Gleiches gilt für die Ansicht, dass Führung bedeutet, Motivation zu initiieren, denn das zäumt das Pferd von hinten auf. Die richtige Fragestellung lautet eher: Wie können Impulse für die individuelle Motivation gesetzt werden, die die Mitarbeiter trägt (s. dazu auch S. 52)?. Es ist ein stetes Wechselspiel zwischen der Wahrnehmung von Verantwortung durch die Führungskräfte, die diese dann an die Mitarbeiter übergeben und entsprechend das Übernehmen der Verantwortung durch die Beschäftigten. Dies wird in Befragungen leider viel zu selten berücksichtigt.

> Ein wichtiger Gelingensfaktor des Personalen Gesundheitsmanagements ist das Grundverständnis aller Beteiligten, dass jeder für sich selbst die Verantwortung trägt.

Gleichzeitig sprechen die Ergebnisse der im zweiten Teil vorgestellten Best-Practice-Beispiele für sich. Sie motivieren die Initiatoren, weiterzumachen und diese Erfahrungen und Erkenntnisse nachhaltig im Arbeitsleben zu verankern. Fragen halten die Arbeit lebendig, lassen Schritte, Phasen, Ergebnisse nochmals im Detail betrachten und daraus Gewinn für die nächste Planung ziehen. Konkret ist es die eigene Auseinandersetzung mit den Erfolgs- und Gelingensfaktoren:

- Wie gestaltet sich der Start?
- Wie werden Impulse mit Konsequenz für Kontinuität gesetzt?
- Welche Ergebnisse werden erzielt?
- Welche Grenzen gibt es und wie wird mit diesen umgegangen?
- Wie fühlen sich Führungskräfte und Mitarbeiter, die in unterschiedlichen Positionen Maßnahmen planen, initiieren und umsetzen?
- Welche wirtschaftlichen Ergebnisse werden sich zeigen?
- Welche Faktoren tragen zum Gelingen bei, welche eher zum Scheitern?
- Und wie wird diesen begegnet?

Mit Fragen lassen sich Impulse für die aktive Beteiligung aller setzen. Sie aktivieren kontinuierlich die Akteure im Personalen Gesundheitsmanagement im Hinblick auf ihre Erfolge, ihre Stolpersteine und ihre Lösungen. Dahinter steht stets die Antwort auf die Frage: Wie können wir unsere Arbeits- und Leistungsfähigkeit nicht nur erhalten, sondern fördern? Die Antworten erhalten Sie in diesem Buch aus der Perspektive von Personalentwicklern, Personalverantwortlichen, Interessenvertretern und Beratern sowie der persönlichen Ebene der Beteiligten. Gerade dieser Mix öffnet das breite Spektrum des Praxistransfers, und Sie erhalten daraus Hinweise auf wertvolle Erfahrungen, Tipps, Gos und No-Gos für Ihre eigenen Schritte. Des Weiteren wird der Transfer von der Theorie in die Praxis dargestellt, wodurch Sie als Leser handfeste Erfolgsbeispiele bekommen. Gleichzeitig fördern die Fragen den

Praxistransfer. Ziel ist es, sie als Impulse für Ihre persönliche Weiterentwicklung zu sehen, denn keine Situation ist so wie die andere.

Ziel ist es, die Erfolgspartnerschaft »Gesundheit und Lernen« aus unterschiedlichen Perspektiven zu beleuchten und dabei die Gelingenskriterien für das persönliche Gesundheitsmanagement vorzustellen und nachvollziehbar zu beschreiben. Das finden Sie in diesem Buch:

Drei Teile Schauen Sie sich am besten zunächst die Theorie an und betrachten Sie die aktuelle Situation in all ihren Paradigmenwechseln. Hier begleitet Sie auch ein Perspektivenwechsel durch die Autoren.

Dr. Kai Romhardt trägt in persönlichem Auftrag von Thich Nhat Hanh »Achtsamkeitspraxis in die Wirtschaft« und hat ein großes Netzwerk in allen Regionen Deutschlands aufgebaut.

Beim Lesen von Dr. Joachim Galuskas »Leben« können Sie erfahren, wie der Pioniergeist, das eigene Leben zu erforschen, zu Erfahrungen führt, die Wachstum bedeuten.

Im Best-Practice-Teil entdecken Sie nachvollziehbare Beispiele der Entwicklung und Einführung von Personalem Gesundheitsmanagement (PGM): Kommunikation, Aktivieren der Beteiligten, nachhaltiges Begleiten, individuelles Handeln sowie ein Transferresümee, in denen für Führungskräfte und ihre Teams die wichtigsten Gelingens- und Erfolgsfaktoren sichtbar werden. So können Sie den Brückenschlag zu Ihrem persönlichen Arbeitsfeld herstellen. »Gesund sein und bleiben« können wir als Motto über diesen Teil schreiben. Best Practice folgt den Ebenen, auf denen PGM stattfindet.

- Loreen Klahr bringt ihr individuelles Erleben ein und stellt ihre persönliche Lösung und die Modifikationen vor.
- Ulrike Reiche führt als Beraterin Pausen in den Arbeitsalltag ein, und somit findet ein Perspektivenwechsel auf der individuellen Ebene und der der Organisation statt.
- Cornelia Weitzel vermittelt als Personalverantwortliche zwischen der persönlichen Ebene und der Ebene von Führung und Team in einer besonders schwierigen Situation im Unternehmen: der Insolvenz.
- Cornelia Kram stellt das Wechselspiel zwischen organisationaler Ebene, Führung und Team vor, wie es für die Einführung von Personalem Gesundheitsmanagement in Unternehmen notwendig ist.

- Claudia Härtl-Kasulkes Perspektive ist ebenfalls die der externen Begleitung. Die Ausbildung zum DemografieCoach vernetzt alle Ebenen in der Organisation. Sie bildet dafür interne Coaches aus.

Im dritten Teil finden Sie die wichtigsten Methoden, die bei den Best-Practice-Beispielen Anwendung fanden.

Unsere Leser Sie als Leser sind frei, sich von dem inspirieren zu lassen – wählen Sie aus, was Ihnen den Impuls für Neues gibt. Wir geben Ihnen dafür Unterschiedliches, vielleicht Widersprüchliches mit auf den Weg, frei nach einem tibetischen Sprichwort: »Wenn man vergleicht, zerstört man beides.« Ihr Weg ist das individuelle Gestalten. Hier finden Sie Anregungen dafür.

Durch die zahlreichen Praxisbeispiele und das Einbeziehen der Theorie erfahren Sie, worauf es bei einer »gesunden« Unternehmensführung ankommt, und können einen Transfer zu Ihrem eigenen Arbeitsfeld herstellen sowie Anregungen für Ihr persönliches Gesundheitsmanagement finden.

Wir haben für Leser geschrieben, die Freude und Neugierde auf das Lernen haben und für die Gesundheit ein wichtiges Gut ist, natürlich auch im Unternehmen: Personalverantwortliche, Personalleitungen, Personalentwickler, Führungskräfte, der Soziale Dienst, Interessenvertretungen, Verantworliche für Betriebliches Gesundheitsmanagement und natürlich alle Arbeitnehmer, Arbeitgeber, Berater, Coaches und Trainer, die an einem gesunden, lernoffenen Unternehmensklima interessiert sind und die wissen, wie wichtig ihre persönliche Verantwortung in der Umsetzung ist und mehr darüber wissen wollen, wie dies mit den Mitarbeitern in Unternehmen gelebt werden kann.

Die Autoren Und aus welchen Bereichen kommen die Autoren?

- Joachim Galuska ist als Unternehmer und Gesellschafter der Heiligenfelder Kliniken aktiv. Seine Hauptanliegen im Unternehmen sind die Unternehmenskultur, die Organisationsentwicklung, die Führungskunst und werteorientiertes Wirtschaften.
- Claudia Härtl-Kasulke ist Inhaberin und leitet seit 1991 bk+k BERATUNG KULTUR + KOMMUNIKATION, die Menschen in Veränderungsprozessen begleitet.

- Loreen Klahr arbeitet als Präfektin mit Kindern und Jugendlichen in einem Internat.
- Cornelia Kram engagiert sich als Rechtsanwältin und Personalreferentin im Personalmanagement des Automobilzulieferers Veritas AG.
- Ulrike Reiche hat sich nach Wanderjahren in Großunternehmen als Coach selbstständig gemacht.
- Kai Romhardt zählt derzeit zu den profilierten deutschen Wissenschaftlern auf dem Gebiet des achtsamen Wissensmanagements und arbeitet zu diesem Thema als Unternehmensberater.
- Cornelia Weitzel begleitet die Mitarbeiter im Unternehmen Bersch & Fratscher GmbH als Personalleiterin.

Alle haben eines gemeinsam: Sie gestalten mit den Menschen Konzepte im Sinne des Personalen Gesundheitsmanagements, die sich Gesundheit und (Eigen-)Verantwortung auf die Fahne schreiben. Sie tun dies aus der Perspektive von Personalverantwortlichen, Geschäftsführern, Coaches.

Drei der Autoren ließen sich zum DemografieCoach ausbilden und starteten parallel dazu ein Projekt in ihrem Arbeitsumfeld. Ein besonderes Augenmerk wird der Dynamik zuteil, die diese Entwicklung beeinflusst.

Die Autoren sind auch Begleitende, Lehrende, die den Transfer zwischen Theorie und Praxis gestalten und somit einen supervidierenden Blick auf das Thema Lernen und Gesundheit eröffnen. Sie sind in den Prozessen, die sie vorstellen, stets selbst auch Lernende, persönlich Forschende in ihren Lebensprojekten und in denen, die sie begleiten.

Was mich als Hauptautorin besonders freut: Wir sind als Autoren ein intergeneratives Team, immerhin sind drei Generationen vertreten.

Und was ist unsere Haltung als Autoren? Lassen Sie uns dazu eine kleine Geschichte erzählen.

> **Personales Gesundheitsmanagement heißt: den Samen setzen**
>
> Eine Familie mit zwei Kindern entschloss sich zu einer Therapie. Zu lange schon hatte der anstrengende Beruf des Vaters, die Teilzeitarbeit der Mutter sowie steigende Anforderungen in der Schule ein gemeinsames Erleben und freudvolles Gestalten kaum mehr ermöglicht. Alle rasten aneinander vorbei, damit sie ihren Alltag schafften. Gespräche fanden kaum statt und wenn, dann meist nur, um das Miteinander zu organisieren. Es gab den tiefen Wunsch, das zu verändern und sich wieder als Gemeinschaft zu spüren.
>
> In der ersten Beratungsstunde stand zu Beginn die Frage: »Was wünschen Sie sich denn von einer Therapie?« Alle hatten Zeit, sich dazu Gedanken zu machen. Summa summarum kam die Antwort: Zeit und Geld, um damit alles tun zu können, was sie wollten. Der Therapeut nickte und sagte: »Ich werde euch nicht die Früchte verkaufen, sondern die Samen zur Aufzucht. Das Gießen und Düngen, das pflegliche Behandeln, das liegt dann in eurer Hand.«

Die Freiheit des Wählens und das eigenverantwortliche Ausprobieren, gepaart mit einer guten Portion Entdeckerfreude und Neugierde, Anfänger- und Entwicklungsgeist sind wichtige Qualitäten – nicht nur im persönlichen Gesundheitsmanagement, sondern natürlich auch im Personalen Gesundheitsmanagement in seiner Ganzheitlichkeit.

Die neun Paradigmenwechsel

Den Blickwinkel ändern – Innovation fördern

Tag für Tag stehen wir vor der Frage: Wollen wir unsere alten Zöpfe weiterflechten oder wenden wir uns dem noch Unbekanntem, etwas Neuem zu? Sowohl in unserer Arbeit als auch im Privaten, also in unserem gesamten Leben entdecken wir, wie sich vieles verändert. Manches gilt es zu bewahren. Doch strecken wir uns nicht nach Veränderung, bleiben wir stehen. Nutzen wir dafür die Paradigmenwechsel, die uns in unserer Gesellschaft begegnen, bewusst und initiativ, können wir uns wie ein Wellenreiter, der jede Welle bewusst nutzt, um weitergetragen zu werden, weiterentwickeln und Gewinn daraus ziehen. Um beim Bild des Wellenreiters zu bleiben: Bleibt er reaktiv oder lässt er gar alles mit sich geschehen, wird es für ihn gefährlich und er geht unter.

Paradigmenwechsel, die uns begleiten, finden auf vielen Ebenen statt. Sie nehmen Einfluss auf jedes Individuum und sind sowohl in unserem Privatleben als auch in Organisationen, ja auf der ganzen Welt zu Hause. Sie sind nicht voneinander trennbar, sie durchdringen unser Leben. Und wenn wir sie für uns als Gewinn aktivieren, dann verlassen wir bewusst altgewohnte Sichtweisen und Denkmuster und verändern somit auch unser eigenes Weltbild.

Wir können es natürlich auch »nur« geschehen lassen. Und bei manchen Paradigmenveränderungen sind wir zu nah dran, um schon handeln zu können. Es fehlt die Distanz des neutralen Betrachters, der sich im Prozess die Lösungen sucht.

Allein der Paradigmenwechsel an sich stellt schon eine große Herausforderung dar. Mit steigender Komplexität – wie zum Beispiel der Paradigmenwechsel zu Megatrends – führen sie uns immer mehr in Situationen, in denen unser Wissen nicht ausreicht, um mit einer für uns vermeintlich notwendigen Sicherheit entscheiden und handeln zu können. Schnell wird uns unser Nichtwissen bewusst. Und uns wird klar, wie schnell wir lernen müssten, und dass Geschwindigkeit allein nicht ausreicht.

Paradigmenwechsel sind meist schmerzhaft und können uns in ein Dilemma bringen, da wir nicht wissen, wofür wir uns entscheiden sollen. Sie lassen uns hadern, was nun wohl das Richtige sei. Neues entsteht, wenn wir das Dilemma annehmen und uns damit auseinandersetzen, also aus dem Widerspruch Handeln gestalten.

Unser Leben ist auf diese Weise stets ein persönlicher Gewinn, denn in jeder Minute, jeder Sekunde, ja jeder Nanosekunde lernen wir etwas Neues.

Erster Paradigmenwechsel: Schnelle Veränderung und komplexe Arbeitswelten

Mehr denn je begegnen uns täglich komplexe Zusammenhänge, ohne dass wir uns immer im Klaren darüber sein können, woher die Einflüsse kommen, die auf unseren Alltag wirken. Betrachten wir die Megatrends, die unsere Gesellschaft, unsere Wirtschaft, unsere Kultur maßgeblich beeinflussen, sind es vor allem die Themen

- Globalisierung
- Innovations- und Wissensgesellschaft
- technische Entwicklung
- Nachhaltigkeit und
- die oft dadurch getriggerten Veränderungen in den Organisationen

Die Diversität und gleichzeitig Volatilität, die diese Megatrends auf unterschiedlichsten Ebenen wie Ökonomie, Soziales, Personalmanagement und vieles andere mehr in das Arbeitsleben tragen, schaffen immer komplexere Arbeitszusammenhänge, in denen entschieden und gehandelt werden muss. Dies geschieht oft, ohne die Sicherheit für deren Richtigkeit zu haben – ein Faktor, der den Menschen im Arbeitsprozess hohen Stress verursacht.

In der folgenden Abbildung »Megatrends, die unsere Arbeit beeinflussen« wird deutlich, dass es einen weiteren Megatrend gibt, der entscheidenden Einfluss auf das Personale Gesundheitsmanagement hat: die demografische Entwicklung. Es wird erkennbar, dass immer mehr Anforderungen durch immer weniger Menschen gemeistert werden müssen.

> »Obwohl viele Menschen Tee trinken – wenn du den Weg des Tees nicht kennst, wird der Tee dich austrinken.« *Sen no Rikyū, japanischer Meister*

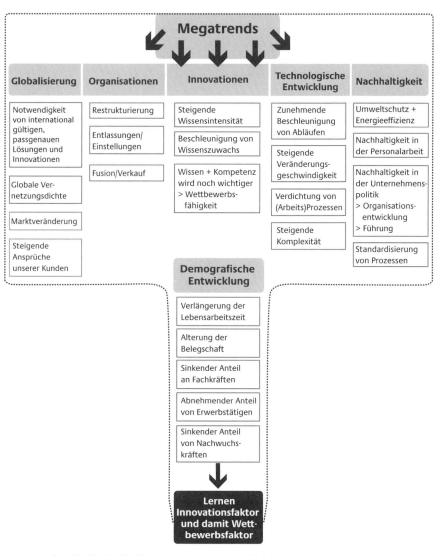

Einflussfaktoren: Megatrends, die unsere Arbeit beeinflussen

Quelle: © Claudia Härtl-Kasulke, bk+k, angeregt durch eine Folie bei einem Vortrag von Prof. Jutta Rump

»Wir werden eines Tages wieder so lange arbeiten müssen wie zu Bismarcks Zeiten«, meinte Altbundeskanzler Helmut Schmidt in einer Talkrunde. Bismarck initiierte zwar eine Sozialgesetzgebung, doch an den Arbeitszeiten von 12 bis 14 Stunden am Tag und der Sonntagsarbeit wollte er nichts ändern.

Übung

Wenn Sie sich vorstellen, dass Sie 12 bis 14 Stunden am Tag arbeiten müssen, auch Sonntage nicht als Freizeit nutzen können und die Lebensarbeitszeit sich stark verlängert: Welche Gefühle entdecken Sie bei sich?

....
....
....
....
....
....
....
....
....
....
....
....
....
....

Und wie schaut das Ergebnis bei Ihnen aus?

Der Wunsch nach mehr Leichtigkeit, mehr Transparenz, weniger Komplexität, weniger Geschwindigkeit wird inzwischen nicht nur in den Führungsebenen deutlich formuliert. Doch hier scheinen wir vor einem Dilemma zu stehen: Wie soll das geleistet werden, wenn immer weniger Menschen zur Verfügung stehen, die sich dieser Aufgaben annehmen können? Die demografische Entwicklung wirkt dabei wie die Tülle bei einem Trichter (s. Abbildung auf S. 31). Aktuell schauen die Zahlen der durchschnittlichen Arbeitszeit bei Vollbeschäftigten (Frankfurter Rundschau 30.01.2013) folgendermaßen aus (s. Übersicht auf der nächsten Seite):

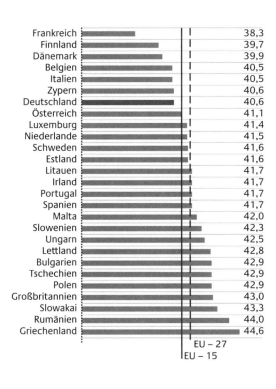

Durchschnittliche Arbeitszeit: So viele Stunden arbeiten Vollbeschäftigte im Durchschnitt in Europa

Eigentlich geht es uns in Deutschland gut. Wenn wir die durchschnittliche Arbeitszeit betrachten, liegen wir doch im komfortablen ersten Drittel, was die Anzahl der Arbeitszeit insgesamt in Europa anbelangt. Wäre da nicht die Suche nach Perfektion, die uns besonders in Deutschland treibt und uns über die Grenzen des »gesunden Tuns« hinausgehen lässt.

Perfektion in Kombination mit weniger Beschäftigten und höheren Anforderungen macht krank. Da sind auch komfortable Arbeitszeiten und Arbeitszeitmodelle nur ein Tropfen auf den heißen Stein.

Ein international tätiger deutscher Projektmanager erzählte mir, dass die Deutschen im Hinblick auf Qualität, Zeitaufwand, Prozesse und damit im gesamten Ergebnis deutlich federführend sind. Dass Perfektionismus zu guten Ergebnissen führt, zeigt sich meist auch in wirtschaftlich guten Ergebnissen. Dass Perfektion ein Kulturphänomen ist, zeigt der Blick über die Kontinente hinweg.

In Japan, mit den durchschnittlich ältesten Menschen weltweit, ist es zum Beispiel keine Seltenheit, über Jahre hinweg sechs bis sieben Tage wöchentlich zwölf Stunden zu arbeiten. Kein Wunder, dass sich in den vergangenen Jahren in Japan viele Arbeitnehmer zu Tode gearbeitet haben. Das Japanische kennt sogar ein eigenes Wort für den Tod durch Überarbeitung: »Karoshi«. Die Arbeitskultur, die hier gelebt wird, bringt mit sich, dass jeder seinem Selbstbild eines guten Mitarbeiters entsprechen will. Dazu gehören eben unzählige Überstunden, um den Arbeitgeber zufriedenzustellen (DRadio Wissen 22.06.2010). Gleichzeitig gibt es die lange philosophische Tradition des Wabi-Sabi – ein japanisches Konzept der Wahrnehmung von Schönheit –, mit dem Streben nach Einfachheit und Bescheidensein. Die Kunst des Alterns gehört zum Leben und zeigt sich in dem Gegensatzpaar Einfachheit des Lebens und Vergänglichkeit bis heute in Alltagsritualen (Härtl-Kasulke 2007).

So zeigt sich in vielem, dass die Qualität des einen nicht ohne das andere wahrnehmbar ist. Licht gibt es nicht ohne Schatten und umgekehrt. Anstelle des Entweder-oder holen wir uns mehr Leichtigkeit ins Leben, wenn wir dem Sowohl-als-auch mehr Platz geben. Das vermeintlich Widersprüchliche gibt uns Platz, hohe Anforderungen zu relativieren.

In Deutschland gibt es erste Anzeichen für einen kritischeren Umgang mit dem Thema »Perfektion in der Arbeitswelt«. Die TAZ titelte: »Der deutsche Perfektionismus zerstört tonnenweise Lebensfreude« (TAZ 30.12.2011) und die Redaktion von Folio, der Mitarbeiterzeitung von Evonik Industries, fand das Thema so wichtig, dass sie es zur Titelstory für ihre erste Ausgabe 2013 erhob und »Von der Kunst, Fehler richtig zu machen« schrieb (Schophaus 2013).

Sind wir damit nun auf dem Weg, uns der Formel von Vilfredo Pareto anzunähern, dass 80 Prozent Ergebnis in 20 Prozent der Gesamtzeit eines Projektes verwirklicht werden? Und übrigens benötigen die verbleibenden 20 Prozent der Ergebnisse 80 Prozent der Gesamtzeit und verursachen somit die meiste Arbeit.

Doch reicht ein Artikel über Fehlerkultur, um uns von überproportionaler Leistung zu verabschieden? Nein, hier wird sicher ein Abschiednehmen von alten Denkmustern und eine Veränderung der Unternehmenskultur benötigt. Wer hier Zeichen setzt, braucht Geduld, um alle mitzunehmen.

Allein – als Einzelner – ist ein solches Umdenken nicht zu bewältigen. Das Denken über den eigenen Tellerrand hinaus führt beispielsweise zu

Lösungen wie bei einem der führenden Sitzhersteller für Fahrzeuge, der bereits in der Entwicklungsphase mit seinen Kunden zusammenarbeitet, um das Optimum für die Zielsetzung zu erreichen. Hier wird klar die Überzeugung gelebt, dass eine gemeinsame Entwicklung mehr ist als eine Einzelleistung.

> Die Leichtigkeit des Personalen Gesundheitsmanagements lebt vom bewussten Einsatz des Sowohl-als-auch.

Wir haben eine komplexe Welt. Wir können Sie nicht verändern, doch wir können die Einstellung dazu verändern. Und wenn es schon so ist, dass der demografische Wandel diese Komplexität durch die weltweite Bevölkerungsentwicklung verstärkt, dann stellt sich doch die Frage, wie wir diesen Wandel als Chance wahr- und annehmen können.

Zweiter Paradigmenwechsel: Chance Demografie – Altern ist Zukunft!

> »In den Wäldern drüben, tief unter der Last des Schnees,
> ist letzte Nacht ein Pflaumenzweig erblüht.«
> *japanisches Gedicht*

Deutschland ist das Land mit den durchschnittlich ältesten Menschen in Europa und nach Japan nach dem Altersdurchschnitt betrachtet sozusagen das »zweitälteste Land« der Welt. Und: Deutschland hat den zweithöchsten Innovationsindex in der Europäischen Union. Welche besonderen Qualitäten bringen wir mit?

- ➡ Wir sind innovativ und analysefit.
- ➡ Wir sind risikobereit und kennen das Gewusst-Wie.
- ➡ Querdenken und Erfahrungsvielfalt gehören zu unseren Stärken.
- ➡ Unser Mehrwert: Wir lernen voneinander.

Innovationsrate der EU-Mitgliedsstaaten (Europäische Union 2014, S. 5)

Quelle: http://ec.europa.eu/enterprise/policies/innovation/files/ius/ius-2014_en.pdf

Nehmen wir die demografische Entwicklung als Chance an und klagen nicht nur über alternde Belegschaften, sondern betrachten ihre positive Wirkung auf Führung und Teams, dann eröffnen sich neue Lösungen. Indem wir die Innovationskraft und Flexibilität der Jüngeren und die ausgereifte Analytik, Erfahrung und Kompetenz der Älteren in der Umsetzung miteinander verbinden, können wir Teams mit hoher Expertise, also mit einer geballten Ladung Expertenwissen, entwickeln, die den Unternehmen die Zukunft sichern. Wenn wir darüber hinaus in den Präferenzen, den durch Sozialisation bevorzugten Handlungs- und Kommunikationsqualitäten (s. Team Management Sytem (TMS), S. 312 ff.) arbeiten und diese verstärkt zur Wirkung bringen, entwickeln wir ein Arbeitsklima, das Hochleistungen anregt.

Die Chance besteht auch darin, noch mehr als bisher Wissen über die intergenerative Wirkung (das Zusammenspiel jüngerer und älterer Generationen und deren Können) zu gewinnen, sei es im Bereich der Forschung, der Wirtschaft oder der Politik, und dies in den Fokus lösungsorientierten Geschehens zu rücken.

Auch hier ist es eine Frage der Einstellung: Kann jeder mit Toleranz das Wissen und Können der Jüngeren respektive Älteren in die Waagschale legen?

Wenn wir den Schatz der Ressourcen *aller* heben, dann erleben wir eine Vielfalt, die den Anforderungen der Zukunft trotzt und für unser Thema »gesund leben und arbeiten« das beste Fundament darstellt.

Viele Unternehmen stellen an uns die Frage: Können wir speziell für die Zielgruppe 50plus Maßnahmen durchführen? Unsere Antwort: Ja, wenn sie von Wertschätzung getragen sind und nicht defizitär kommuniziert werden.

Wenn wir die Entwicklung betrachten, wurde in manchen Organisationen bis vor nicht allzu langer Zeit die Zielgruppe 50plus, zum Teil sogar schon 45plus für Fortbildungen nicht mehr berücksichtigt und für würdig erachtet. Frei nach dem Motto: Das lohnt nicht mehr. Nach wie vor erleben wir es, dass Unternehmen Beschäftigte – unabhängig von der Altersstufe – bei unerwünschtem Verhalten wie Minderleistung, innerer Kündigung et cetera einfach als »Na, der geht ja bald in Rente« abtun. Ohne sich zu überlegen, welche Wirkung dies auf die anderen im Unternehmen, wie auch auf die Partner hat. Und das betrifft sowohl die Einstellung der Führung, hier nichts mehr verändern zu wollen, als auch das Verhalten des »Minderleistenden«.

In den Weiterbildungsangeboten zeigen sich mittlerweile auch Workshops, die der Stigmatisierung Älterer Rechnung tragen. Es werden spezielle Angebote an die Zielgruppe 50plus gemacht, um den »Qualitätsunterschied« – in der Leistung, dem Lernpotenzial, dem fachlichen Können – im Vergleich zu den Jüngeren auszugleichen. Und die Personalverantwortlichen wundern sich, dass keiner hingeht. Wenn die Veranstaltungen dann doch stattfinden, fehlt es meist am entsprechenden didaktischen Konzept und der Haltung des Begleiters.

Werden (Fortbildungs-)Angebote für die Zielgruppe ab 50 wertschätzend angeboten, erleben wir, dass die Ergebnisse für sich sprechen. Hohe Expertise und Erfahrung in Analytik und Lösungsorientierung bringen Ergebnisse sehr schnell auf den Punkt. Wird dann in den Lerninhalten die Brücke zu den persönlichen Erfahrungen der Teilnehmenden geschlagen und der Transfer zur aktuellen Aufgabenstellung hergestellt, erhalten wir Lernergebnisse von hoher Intensität.

Übung

Ältere bringen viel ein: Erfahrung, Expertenwissen, Analytik, Transferwissen zwischen Analysephase und der zügigen Umsetzung ... Was sehen Sie noch?

....
....
....
....
....

Jüngere bringen ebenso viel ein: den unverstellten Blick, Anfänger- und Entdeckergeist, Querdenken und Rahmensprengen ... Was sehen Sie noch?

....
....
....
....
....

Wann macht altersspezifische Weiterbildung Sinn?
➡ Die Unternehmen haben ein hohes Durchschnittsalter in (Teil-)Zielgruppen.
➡ Die spezielle Expertise dieser Zielgruppen ist gefragt.
➡ Eine wertschätzende Kultur wird im Unternehmen gelebt.

Was können für Sie weitere Überlegungen sein?

....
....
....
....
....

Sie sehen, dass es sich lohnt, diese Gedanken anzustellen. Als Fazit für Gelingenskriterien können wir festhalten:

- Lernen ist Innovation – Personalentwicklung setzt Impulse. Wir können entscheiden, wie wir diese Impulse setzen.
- Partizipation ist Motivator – Partizipation: heißt auch, wir organisieren uns intergenerativ!

Zum Gelingen trägt bei, wenn Folgendes berücksichtigt wird:
→ Lernprozesse einführen: zum Beispiel klare Ziele setzen, kleine Lerneinheiten in Besprechungen einbinden, in Trainings integrieren, wertschätzende Lernkultur entwickeln.
→ Die Coaches und Trainer nach deren Expertise für Lernsteuerung mit intergenerativen Teams auswählen.
→ Erfolge – auch vermeintlich kleine – sichtbar machen und feiern!

Wenn Sie diese Punkte beachten, wird sich Ihr Ergebnis schneller sehen lassen: Empowerment durch Lernkultur und altersübergreifende Teams. Das Zusammenspiel von beidem öffnet den Weg zu meist ungenutzten Ressourcen und Potenzialen.

Und nun eine Änderung des Blickwinkels:

Paradigmenwechsel: Ein Beispiel aus der Architektur

Die Niederländer kämpfen nicht mehr gegen das Wasser an, sondern nutzen es. Das Motto lautet: Nicht mehr gegen das Wasser kämpfen, sondern mit dem Wasser leben. Für Aquaarchitektur fluten sie Gebiete und stellen die Gebäude auf ein Stück Wasseroberfläche. Für die Holländer ist diese Entwicklung schon »fast normal« und verschafft den Architekturbüros internationale Aufträge. Empowerment pur.
»Mit Deichen allein ist es nicht mehr getan, wir müssen radikal umdenken. Wir dürfen das Wasser nicht länger als Gefahr sehen, sondern als Chance, als Herausforderung«, so äußerte sich Pavel Kabat, Mitglied der Deltakommission und Klimaforscher an der Universität Wageningen (Schweighöfer 2013).

Chance Demografie! Wie wäre dieses Zitat in leicht veränderter Form: »Mit dem Wissen um den demografischen Wandel allein ist es nicht mehr getan, wir müssen radikal umdenken.« Wir dürfen diese Bevölkerungsentwicklung nicht länger als Gefahr sehen, sondern als Chance, als Herausforderung.

Ein solcher Paradigmenwechsel im Denken und Handeln nimmt die Energie auf, die sich durch diese Entwicklung ergibt, und nutzt sie für Lösungsmöglichkeiten. Vergleichbar mit asiatischen Kampfsportarten, bei denen der Kämpfer den Schwung, die Kraft und die Energie des Gegners aufnimmt und ihn dadurch besiegt.

Ein Paradigmenwechsel ist es, wenn wir künftig stärker in Richtung Ressourcen denken und handeln. Was heißt das? Die Grundhaltung ist, dass wir davon ausgehen, dass alle Beteiligten an Bord das haben, was sie brauchen.

Die Führungskräfte und ihre Teams bringen das Bewusstsein mit, dass es so ist, und sie haben die entsprechenden Methoden für die Umsetzung.

Demografie als Chance ist auch dann zu sehen, wenn prominente Multiplikatoren wie Firmenvorstände und Politiker in unserer Gesellschaft nicht dafür gelobt werden, wenn Sie aus Gesundheitsgründen bei einem beruflichen Engagement von 80 Wochenstunden und mehr zurücktreten. Der brandenburgische Ministerpräsident Matthias Platzeck begründete seinen Rücktritt damit, dass sein Arzt deutliche Worte gesprochen habe. 40, 50 Stunden sind gesund, doch ein berufliches Engagement von 80 Stunden würde sein Körper nicht mehr lange mitmachen. Eine Chance ist es demgegenüber, sich diese persönliche »Ausbeutung« bewusst zu machen und die Arbeit so lebenswert zu gestalten, dass damit gesundes Leben möglich ist, und dafür öffentlich einzutreten.

Dazu gehört auch das Lösen von unserem »Höher, schneller, weiter …«. Im Sport führt es dazu, dass Doping mittlerweile fast an der Tagesordnung ist. In der Wirtschaft zeigt es sich in unethischem Verhalten, das wiederum Rückstellungen in Millionenhöhe für Gerichtsprozesse erfordert, die dann den Gewinn drastisch schmälern, wie wir das gerade bei einer großen Bank sehen können. Besondere Leistungen lassen sich auch ohne diese Superlative erreichen. Welche Qualitäten sind es, die in einer alternden Gesellschaft das »Höher, schneller, weiter …« ablösen können? Wie wäre es mit »Achtsamer, wertschätzender …«?

> Auch der historische Blick auf die Entwicklung bestätigt: Demografie ist unsere Chance.

1998 schrieb ich mein erstes Buch zum Thema Demografie: »Kommunikation und Marketing 50plus«. Seitdem gehören zu unserem Repertoire im Veränderungsmanagement auch Projekte zum Generationenmanagement, und das in seiner ganzen Vielfalt. Unser erster Kunde war ein großer Autohersteller in Deutschland mit dem Ziel, die Kundinnen und Kunden 50plus zu gewinnen. Diese erste Zeit war sehr vom Pioniergeist der Unternehmen getragen, auch wenn manche Großunternehmen, zum Beispiel Automotivhersteller, demografieaffine Unternehmensziele bereits Anfang des 21. Jahrhunderts formulierten. Erst Anfang 2008 wendete sich das Blatt. In Gesprächen mit Unternehmensvertretern, auch in mittelständischen Firmen, gab es mehr und mehr Wissen über den demografischen Wandel und seine Auswirkungen. Im Sommer 2008 schien der Knoten geplatzt: Personalleiter und Geschäftsführer sahen die Notwendigkeit und wollten aktiv werden. Eine der kraftvollsten Ursachen waren die in manchen Berufsfeldern, allem voran das Ingenieurwesen, bereits deutlich spürbar fehlenden Bewerber. Aber: Im September 2008 kam es zur Wirtschaftskrise. Und alles Vorhergegangene erschien wie ein Spuk. Plötzlich brauchte man keine weiteren Mitarbeiter, eigentlich hatte man zu viele. Gelder für Aus- und Weiterbildung für den demografischen Wandel fehlten, Maßnahmen wurden eingestampft …

Doch eines blieb: der Blick auf die Gesundheit. Seitdem haben sich in vielen mittelständischen und großen Unternehmen die unterschiedlichsten Aktivitäten zum Thema »Die Leistungsfähigkeit aller zu unterstützen und zu fördern« etabliert, bis hin zum professionell betriebenen Betrieblichen Gesundheitsmanagement (BGM). Offensichtlich wurde deutlich, dass auch in wirtschaftlich angespannten Zeiten Gesundheit ein Dauerbrenner ist. Gesundheit steht aber auch im Mittelpunkt in wirtschaftlich prosperierenden Zeiten, denn wir haben nach wie vor die besondere Entwicklung in Deutschland, dass unabhängig von der wirtschaftlichen Lage die Krankenstände relativ hoch sind.

Mein Resümee daraus lautet: Diese intensive Auseinandersetzung mit dem Thema Gesundheit in den Organisationen hätte es ohne die Brisanz der demografischen Entwicklung so nicht gegeben.

Und nun wieder zum Personalen Gesundheitsmanagement. Die Gelingens- und Erfolgsfaktoren des Personalen Gesundheitsmanagements haben Sie bereits kennengelernt. Sie werden sich nun sicherlich fragen: Was steckt eigentlich hinter dem, was hier »Personales Gesundheitsmanagement« genannt wird? Ich gebe Ihnen die Definition mit dem folgenden Text der kanadischen Schriftstellerin Oriah Mountain Dreamer, der das wiedergibt, was wir darunter verstehen.

Die Einladung

»Es interessiert mich nicht, wie du dein Geld verdienst.
Ich will wissen, wonach du dich sehnst, und ob du es wagst, davon zu träumen, der Sehnsucht deines Herzens zu begegnen.

Es interessiert mich nicht, wie alt du bist.
Ich will wissen, ob du es riskierst, dich für die Liebe lächerlich zu machen, für deine Träume, für das Abenteuer, lebendig zu sein.

Es interessiert mich nicht, welche Planeten im Quadrat zu deinem Mond stehen.
Ich will wissen, ob du den Kern deines Leidens berührt hast, ob du durch die Enttäuschungen des Lebens geöffnet worden bist, oder zusammengezogen und verschlossen, aus Angst vor weiterem Schmerz.

Ich will wissen, ob du im Schmerz stehen kannst, meinem oder deinem eigenen, ohne etwas zu tun, um ihn zu verstecken, ihn zu verkleinern, oder ihn in Ordnung zu bringen.

Ich will wissen, ob du mit Freude sein kannst, meiner oder deiner eigenen, ob du mit Wildheit tanzen und dich von Ekstase füllen lassen kannst bis in die Spitzen deiner Finger und Zehen, ohne uns zu ermahnen, vorsichtiger zu sein, realistischer zu sein, oder an die Beschränkungen des Menschseins zu erinnern.

Es interessiert mich nicht, ob die Geschichte, die du mir erzählt hast, wahr ist.
Ich will wissen, ob du einen anderen enttäuschen kannst, um dir selber treu zu bleiben. Ob du den Vorwurf des Verrats ertragen kannst und nicht deine eigene Seele verrätst.

Ich will wissen, ob du die Schönheit sehen kannst, auch wenn es nicht jeden Tag schön ist, und ob du dein Leben aus seiner Gegenwart entspringen lassen kannst.

Ich will wissen, ob du mit Versagen leben kannst, deinem und meinem, und trotzdem am Ende eines Sees stehen kannst, um zum silbernen Vollmond zu rufen, ›Ja‹.

Es interessiert mich nicht zu wissen, wo du lebst, und wie viel Geld du hast.
Ich will wissen, ob du nach der Nacht der Trauer und Verzweiflung aufstehen kannst, müde und zerschlagen, um dich um die Kinder zu kümmern.

Es interessiert mich nicht zu wissen, wer du bist, und wie es kommt, wie es kommt, dass du hier bist.
Ich will wissen, ob du in der Mitte des Feuers mit mir stehst ohne zurückzuweichen.

> Es interessiert mich nicht, wo oder was oder mit wem studiert hast.
> Ich will wissen, was dich von innen trägt, wenn alles andere wegfällt.
> Ich will wissen, ob du allein mit dir sein kannst, und ob du deine Gesellschaft in den leeren Momenten wirklich magst.«
>
> (Oriah Mountain Dreamer, http://www.platinnetz.de/artikel/die-einladung-indianische-gedanken-von-oriah-mountain-dreamer-55021)

Diese Einladung zum Lebendig-Sein leitet zum Personalen Gesundheitsmanagement ein. Lebendig sein im bewussten Leben und Erleben.

Dritter Paradigmenwechsel: Personales Gesundheitsmanagement (PGM). Eine Standortbestimmung

Was macht das Wörtchen »personal« mit dem Gesundheitsmanagement? Unter Personalem Gesundheitsmanagement verstehen wir im Rahmen dieses Buches die Konzeptionierung der Vielzahl von Aufgaben und Funktionen, deren Organisation und Umsetzung von mitarbeiterzentrierten, gesundheitsfördernden Maßnahmen. Ziel ist es, systemische Lösungsansätze bei der Umsetzung praxisorientierter Bewältigungsprozesse zu finden und diese optimal in das Leben zu integrieren.

Und Sie haben sicherlich bereits bemerkt: Hinter dem Personalen Gesundheitsmanagement steht ein Menschenbild. Aus meinem Verständnis bedeutet es:

> ➡ Das Bewusstsein aller, dass sie sich in einem wechselseitigen Verbundensein und Verpflichtetsein befinden.
> ➡ Daraus entsteht eine Solidarität im gemeinsamen Handeln und gleichzeitig das Wissen für die eigene, persönliche Verantwortlichkeit im individuellen Tun.

PGM im Unternehmen zu leben, ist eine Haltung. Die zeigt sich in der Unternehmenskultur der Organisation. Vorgehensweisen und Prozesse, die diese Qualitäten in den Mittelpunkt rücken, setzen Partizipation – also Beteiligung, Teilhabe, Teilnahme, Mitwirkung und Mitbestimmung – als wichtigsten Gelingensfaktor ein.

Gleichzeitig ist das PGM systemisch und ganzheitlich im Sinne von integral. Es bezieht alle bewusstseinsbildenden (zum Beispiel Unternehmenskultur, Arbeitsatmosphäre) und handelnden Ebenen mit ein (s. Abbildung auf S. 48). Dies geschieht in dem Wissen, dass eine Gemeinschaft mehr erreicht als die Summe ihrer Teile und dass ohne die Gemeinschaft Personales Gesundheitsmanagement so nicht möglich ist (Aschermann/Härtl-Kasulke 2012).

PGM ist gleichzeitig ein Modell dafür, unser wichtigstes Gut, die Gesundheit, in seiner Ganzheitlichkeit zu leben und dabei Körper, Geist und Seele als wichtige Partner für das Gelingen zu sehen.

> PGM findet also auf der physischen, psychischen, psychosozialen und mentalen Ebene statt.

Auch in diesem Sinne ist PGM wie das Leben ein Prozess – kein Projekt. Das gilt für die individuelle Ebene und für die Ebenen der Führung, des Teams und der Organisation.

Personales Gesundheitsmanagement macht keinen Boxenstopp, macht nicht Halt im Sinne von: »Hier ist es beendet«. Es fließt, und das bedeutet, dass die Menschen, die sich dafür entscheiden, wichtige Erkenntnisgewinne ins Privatleben tragen und umgekehrt.

Im Folgenden werde ich, wenn diese individuelle Ebene angesprochen wird, mit dem Begriff »persönliches PGM« als Teil des Personalen Gesundheitsmanagements arbeiten.

Das klassische Betriebliche Gesundheitsmanagement (BGM) wird oft in seiner Ausrichtung als »Instrument« gesehen. Als ein Instrument, um die Stresswahrnehmung zu reduzieren, weniger Krankheitsstände zu erzielen, ein Employer Branding zu etablieren und damit mehr Chancen auf dem Arbeitsmarkt zu erhalten, mehr Wirtschaftlichkeit, mehr Innovation, kurz: Es soll ein höchst facettenreiches »Mehr« erreicht werden.

PGM ist natürlich ebenfalls ein »Instrument«, um diese wichtigen und für die Organisationen notwendigen Entwicklungen anzustreben und zu erreichen. PGM hat genauso zum Ziel, die Wirtschaftlichkeit des Unternehmens zu sichern. Es gibt also kein Entweder-oder, sondern das verbindende Sowohl-als-auch.

> PGM heißt: Der Mensch steht im Mittelpunkt.

Denn ohne den Menschen bräuchte es all das nicht. Er ist das Zentrum, der Schlüssel, das Herz für das Gelingen. Personales Gesundheitsmanagement ist daher ein Plädoyer für den ganzheitlichen Blick auf das, was ist, und dafür, aus diesem zu schöpfen und damit mehr Leichtigkeit in unser Leben zu bringen. Die in diesem Buch vorgestellten Lebenswege, Best-Practice-Beispiele, Methoden und Prozesse sind mit diesem Wissen, dieser Erfahrung ausgesucht worden. Personales Gesundheitsmanagement integriert somit zum einen die persönliche Ebene, die Führungs- und Teamebene als auch die organisationale Ebene (mehr dazu auch in Aschermann/Härtl-Kasulke 2012).

Balance? – Zahlen sprechen Bände

Eine repräsentative Umfrage durch das Marktforschungsinstitut Mindmetre – im Auftrag der Firma Regus – brachte Folgendes zutage:
- Fast jeder Dritte arbeitet im Urlaub weiter.
- 29 Prozent arbeiten im Urlaub bis zu drei Stunden am Tag.
- 7 Prozent opfern sogar drei Stunden ihrer täglichen Freizeit.
- 14 Prozent sind in der Freizeit genauso viel am Schreibtisch wie in ihrer Arbeitszeit.

Hier können Männer von Frauen lernen: Frauen sind mit acht Prozent, Männer mit 15 Prozent dabei, im Urlaub drei Stunden am Tag zu arbeiten.

(Frankfurter Rundschau, 23.07.2013)

Personales Gesundheitsmanagement ist auch eine Kultur – eine Kultur des respektvollen Umgangs mit jedem von uns und mit all dem, was uns helfend unterstützt. Das bedeutet: wertschätzend zu handeln für mich persönlich, für uns in unserem Sein, mit dem, was es in seiner breiten Spanne von Können und Scheitern bedeutet und das entsprechende Verständnis für andere aufbringen.

Wir suchen oft nach entsprechenden Botschaften in anderen Kulturkreisen. Das Gute kann durchaus sehr nah liegen: »Liebe deinen Nächsten wie dich selbst.« Aus dem Verständnis der Liebe für mich selbst, kann ich das Herz öffnen für das Verständnis der anderen, und das mit dem tiefen Bewusstsein für: »Was du nicht willst, das dir man tu, das füg auch keinem andern zu«. Es beginnt also damit nachzuspüren, wie es sich anfühlt, mich zu lieben und wie es sich anfühlt, das auch auf meine Fehlbarkeiten, meine Fehler, mein Scheitern, meine Schattenseiten auszudehnen. Das ist sicherlich eine der größten Anforderungen in unserem Leben. Doch genau mit diesen Erkenntnissen finden wir den Weg auch für den anderen und können eine Ahnung entwickeln, wie es sein kann, was ich tun kann und worüber ich hadere, wenn ich auch den anderen mit dem gleichen Selbstverständnis achte, wertschätze.

Auf diese Weise wünsche ich mir, dass sich das eher instrumental ausgerichtete Betriebliche Gesundheitsmanagement, wie ich es leider allzu oft erlebe, mit dem Personalen Gesundheitsmanagement verbündet – es sind zwei wunderbare Erfolgspartner.

Betrachten wir zunächst das Personale Gesundheitsmanagement in einer Organisation aus der Perspektive des »Systems«. Hier ist die kleinste »Einheit« das Individuum mit

- seiner Lernhaltung und -kultur
- seiner (Eigen-)Verantwortung
- seinem Sozialverhalten und
- seinem Arbeitsplatz.

Diese persönliche Ebene ist die »Kernzelle« des Personalen Gesundheitsmanagements. Gewinnen wir den Einzelnen zum Handeln, dann ist das nicht nur eine persönliche Veränderung, sondern Vorbild im Tun für die anderen, die in den Startlöchern stehen.

Die jeweiligen Haltungen zu jedem dieser vier Punkte beeinflussen sich gegenseitig und bilden zusammen die Grundhaltung des Einzelnen als Arbeitnehmer. Sie wirken auch auf das private Umfeld und umgekehrt. Idealerweise steht die Grundhaltung des Einzelnen – wie wir gesehen haben – mit der des Unternehmens im Einklang. Doch kann dies auch im Spannungsfeld zur »Grundhaltung« im Unternehmen stehen, die sich meist in der Unternehmenskultur spiegelt.

> **Ein Beispiel auf der individuellen Ebene**
>
> Nach einem Burnout kam ein Mitarbeiter wieder zurück ins Unternehmen. Im Rückkehrgespräch mit dem Vorgesetzten wurde deutlich, dass für die Prävention eine Verhaltensänderung angesagt ist: Die Tagesabläufe müssen mehr gesteuert werden; das heißt auch, dass E-Mails nur en bloc und zu bestimmten Zeiten abgefragt werden.
> Das bedeutete: Überstunden sind in Ordnung, doch mit einem entsprechend zeitnahen Ausgleich und maximal über einen Zeitraum von drei Tagen. Zehn Stunden pro Tag sind die maximale Arbeitszeit. Pausen müssen eingehalten werden und sind fest zu bestimmten Zeiten geregelt. Die Erreichbarkeit durch E-Mails in der Freizeit wird eingestellt, da die Regeneration und der Kontakt mit Familie und Freunden ein wichtiger Stabilisierungsfaktor ist.
> Das Unternehmen ist jedoch ein Dienstleister. Die Mitarbeiter betreuen ihre Verbandspartner im 24-Stunden-Service.
> Die Führungskraft stimmte zu, wohl wissend, dass die Rahmenbedingungen im Unternehmen dem nicht entsprachen.
> Es dauerte nur zwei Wochen, dann schlug das anfängliche Verständnis für den Kollegen in Groll um, da wichtige Arbeiten liegen geblieben waren und kein Ersatz gefunden werden konnte. Der 24-Stunden-Service machte vor keinem Halt, und so entstand eine überproportionale Belastung der anderen Teammitglieder auch nach dem Krankenstand des Rekonvaleszenten. Serviceanforderungen konnten nicht erfüllt werden und Kunden reagierten verärgert.

Das ist nur ein Beispiel. Jedes Unternehmen, jede Organisation ist ein System. Und gleichgültig von wem oder von welcher Seite die Veränderung kommt, und sei sie noch so »gesund«, sie wirkt auf alle. Nachhaltige Einzellösungen zu finden bedeutet immer, gemeinsame Lösungen und Vereinbarungen treffen, damit es nicht zu verschobenen Belastungen kommt. Überlegungen, wie diese Einzellösungen auf die Teams, die Schnittstellen wirken, sind notwendige Voraussetzungen für gutes Gelingen. Meist ist kreatives und alternatives Denken gefragt.

Wie die Abbildung auf der nächsten Seite zeigt, ist die Lösung oder auch die Ursache immer in der Vernetzung der Ebenen zu finden.

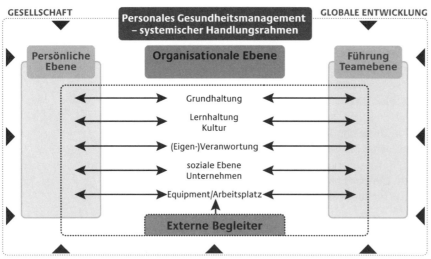

Systemisches Gesundheitsmanagement – Personales Gesundheitsmanagement

Quelle: © Claudia Härtl-Kasulke, bk+k

Team Im genannten Beispiel lautete die Frage: Was kann gemeinsam getan werden, um die Veränderung zu meistern?

Organisation Im zweiten Schritt war schnell klar, dass eine Lösung nur für das Team allein nicht ausreicht. Die Vermutung, jeder habe sowieso zu viel Arbeit, die keine Work-Life-Balance zulässt, lag nahe. Doch in der Analyse zeigte sich, dass Arbeitsabläufe, -struktur, -organisation genau den benötigten Freiraum schaffen konnten, gepaart natürlich mit Eigendisziplin. Denn die Verantwortung, wie oft zum Beispiel jeder seine E-Mails betrachtet, konnte niemanden abgenommen werden.

Die wichtigsten Veränderungen waren:

- Analyse der Abläufe und Dokumentation der Standards und der Schnittstellen im Qualitätsmanagement
- dazu 15-minütige Coachingsequenzen mit dem Üben im Arbeitsprozess, wie kontinuierliche Verbesserung fortgeschrieben werden kann
- kontinuierlich Besprechungen, wie aktuelle Veränderungen wirken und welche Veränderungen noch notwendig sind mit dem klassischen Blick einer SWOT-Analyse: Was läuft gut? Was sind noch Herausforderungen? Wo haben wir bereits Potenziale für die noch notwendigen Veränderungen? Was sind Herausforderungen? Was sind Risiken?

Persönliche Ebene Deutlich wird auf der Ebene der Organisation, dass all dies nicht ohne den Einzelnen machbar ist. Indem das Vorgehen partizipativ, das heißt unter Beteiligung aller Beteiligten entwickelt und fortgeschrieben wird, kann jeder auch seine persönlichen Bedürfnisse, Stärken und Engpässe einbringen, und daraus werden gemeinsam Lösungen entwickelt.

Wichtig dafür waren Vereinbarungen, die zwar im Team getroffen und kontinuierlich fortgeschrieben wurden, doch gleichzeitig den einzelnen Beschäftigten betreffen. Wie zum Beispiel: Wenn ein Kollege ausfällt, dann tritt auch kurzfristig ein anderer Kollege in Vertretung ein. Das kann – nach Rücksprache – im rollierenden System geschehen, damit die Überbelastung einer Person verhindert wird.

> **Ein Beispiel auf der organisationalen Ebene**
>
> Exemplarisch stelle ich hier die Situation eines Automobilzulieferers mit 200 Mitarbeitern zum Thema »Lernen und Fehlerkultur« vor.
> Die langjährigen Mitarbeiter aus der Produktion lebten die Einstellung: »Fehler gehören zum Handwerk, und das im Besonderen, weil wir ständig unsere Produkte verbessern.« Und wenn Fehler geschehen, ist es wichtig, sie zu beheben und daraus nachhaltige Lösungen zu entwickeln.
> Das war seit mehr als 15 Jahren im Unternehmen die Haltung des Inhabers. Jetzt übernahm der Juniorchef das Ruder. Die Botschaft an die Kunden und damit an alle Mitarbeiter lautete: »Wir liefern Perfektion.« Da diese Mission nicht auf der Handlungsebene im Unternehmen hinterfragt wurde, entwickelte sich daraus das widerspruchsfreie Statement: »Wir müssen perfekt sein, wir dürfen keine Fehler machen.«
> Das Ergebnis: Die Fehlerquote stieg. Die Lösungsquote sank, weil sich niemand mehr traute, einen Fehler zu machen. Das Lernen aus Fehlern war schnell verschwunden. Zunächst waren die eindeutigen Zahlen, die dies spiegelten, nicht erklärbar.
> Was war geschehen? Der »psychologische Vertrag«, der zwischen dem Unternehmen und den Mitarbeitern geschlossen wurde, hat sich verändert. Da diese Art »Verträge« nicht schriftlich formuliert wird, wurde diese Veränderung zunächst nicht wirklich wahrgenommen. Und die Herleitung der Fehlerquelle war durch interne Analysen nicht erfolgreich, da ausschließlich auf die Arbeitsebene, die die Abläufe analysiert, geschaut wurde und nicht auf die Menschen, die sie gestalteten.

Deutlich zeigt dieses Beispiel die Wechselbeziehung zwischen Individuum und Organisation, zwischen Kultur und Verhalten und natürlich dem wirtschaftlichen Ergebnis. Dies lässt sich natürlich auch auf die Zusammenarbeit mit der Führung und den Teams übertragen.

Auf unser Beispiel bezogen: Die Zielvereinbarungen mit den Führungskräften und den Mitarbeitern wurden nur noch in materiellen und produktiven Ergebnissen definiert. Die persönliche Ebene der Führungskraft, die der Mitarbeiter, ihre Innovationsfähigkeit, ihre impulsgebende Kraft für Veränderungen waren immer weniger im Blick, und damit schwand mehr und mehr ihre intrinsische Motivation. Ängstlichkeit trat an deren Stelle.

In der nächsten Phase zeigten sich weitere Folgen auf allen Ebenen: Zunächst stiegen die kurzzeitigen Erkrankungen, dann die Langzeitausfälle. Die Mitarbeiter fühlten sich der Situation, in der sie ihr Bestes geben wollten, nicht mehr gewachsen. Denn ungelöste Fehler gingen an keinem spurlos vorüber.

Das Beispiel zeigt, wie sehr die individuelle, die Führungsebene und die Ebene der Organisation sowie deren Kultur ineinandergreifen. Es ist das System insgesamt, das die Voraussetzung dafür schafft, dass das Personale Gesundheitsmanagement gelingt. Jeder Einzelne zählt. Eingebunden in einer stimmigen Unternehmenskultur und klar kommuniziert, führt dies alles zum Ziel.

Setzen wir voraus, dass die Unternehmenskultur wertschätzendes Miteinander fördert und die Führungskräfte entsprechend impulsgebend handeln. Setzen wir weiter voraus, dass die Arbeits(platz)situation, dass der Rahmen, in dem im Unternehmen gehandelt wird, gesundheitsfördernd gestaltet ist. Dann stellen sich folgende Fragen:

- Was kann der Einzelne – die Führungskraft, die Fachkraft, die Arbeiter, konkret jeder von uns – tun, um auf der Individualebene das Thema Gesundheit für sich in den Fokus zu nehmen?
- Wie kann dieses persönliche Personale Gesundheitsmanagement aussehen?
- Und wie wird es im System der Organisation verankert?
- Wie gehen wir mit Fehlern und Scheitern um?

Fangen wir an, den Menschen, also sich selbst, so zu begleiten, damit Arbeits- und Lebenswelt miteinander in Einklang gebracht werden, dass jeder sich in seinem Leben wohlfühlt und gesund ist.

Bereits bei den vorhergehenden Paradigmenwechseln wurde deutlich, dass persönliches Wachstum und Veränderung gefordert sind; das Arbeitsumfeld fordert es ein, und damit ist initiatives Lernen angesagt. Vieles im Leben schleift sich ein und ist nicht unbedingt der Gesundheit zuträglich. Einiges haben wir von unserer Familie »geerbt«, wie Veranlagung, Verhalten und vieles mehr, selbst wenn wir mit dem guten Vorsatz starteten, dass wir das nicht von den Eltern, Tanten, Onkels, Oma und Opa übernehmen werden …, genau das tritt dann doch in unser Leben, als ob es auf einen unbedachten Moment gewartet hätte. Jetzt haben wir verschiedene Möglichkeiten:

- Erstens: Wir bewerten es negativ und ärgern uns darüber – das ist mehr als ungesund!
- Zweitens: Wir nehmen es an und leben damit, ohne es zu bewerten (s. »Siebter Paradigmenwechsel: Das Persönliche Forschungsmodell und Spiritualität – lebe jetzt!«, S. 68 ff.).
- Und drittens als Alternative: Wir entschließen uns zur Veränderung in unserem Leben und lernen.

Vierter Paradigmenwechsel: Lernen, Emotion und Gesundheit, die starken Partner

Der Neurobiologe Gerald Hüther stellt in seinen Statements fest:

> ➡ Wir sind Meister im Lernen, denn jeden Moment unseres Lebens lernen wir, und das beginnt im Moment unserer Zeugung und geht bis zu unserem Tod.
> ➡ Wir lernen als soziales Wesen, immer im Kontakt mit anderen – unser erster Lernpartner ist unsere Mutter.
> ➡ Und dieses Wissen und Erfahrung können wir aktiv nutzen, ein Leben lang!

Auf die Frage, ob Lernen im hohen Alter möglich sei, stellt Hüther gern mit seinem unnachahmlichen Lächeln eine Gegenfrage: »Was können Sie tun, dass ein 86-jähriger Mann Chinesisch lernt? Antwort: Sie stellen ihm eine

»Im Atemholen sind zweierlei Gnaden: Die Luft einziehen, sich ihrer entladen; jenes bedrängt, dieses erfrischt; so wunderbar ist das Leben gemischt. Du danke Gott, wenn er dich presst, und dank ihm, wenn er dich wieder entlässt.«
Johann Wolfgang von Goethe

hübsche, junge, 65-jährige Chinesin vor, in die er sich sofort unsterblich verliebt und die seine Sprache nicht spricht …«

> Unsere Gefühle sind unser »Joker« – sie schenken uns die intrinsische Motivation, die Begeisterung, die uns von innen heraus beflügelt, das Lernen zu starten, durchzuhalten und es auf andere Situationen zu übertragen.

In der Hirnforschung gibt es dazu neue Erkenntnisse: Wir sind nicht nur Meister unseres Lernens, wir sind auch Meister unserer Gefühle. Eine wichtige Rolle spielen wir hier in unserem Zusammenwirken mit unseren Hirnregionen, allen voran dem Mandelkern (Amygdala) und dem Hippocampus. Wenn wir unserem Gehirn »Futter« geben, indem wir uns verstärkt dem zuwenden, was nicht gelingt, was uns belastet, was uns ärgert, und die dazugehörenden Gefühle leben, speichert das der Mandelkern. Und nicht nur das, er wächst. Hat er eine bestimmte Größe erreicht, befeuert, verstärkt er noch diese negative Wahrnehmung.

Doch natürlich gibt es auch den »Gegenpart«. Der Hippocampus speichert die positiven Gefühle und reagiert wie die Amygdala: Er wächst. Somit ermöglicht er Wachstum dessen, was uns guttut, und der damit verbundenen Gefühle. Voraussetzung ist, dass Sie das, was Sie tun, bewusst tun. Die Verstärkung folgt dann sozusagen auf dem Fuße: Nehmen Sie dabei Ihre Gefühle genau wahr. Sie verstärken das nachhaltige Ankern. Sie wissen ja: Als Kind die heiße Herdplatte zu berühren hat dauerhaft gewirkt und Sie berührten sie kein zweites Mal. Auch das ist emotionales Lernen und Ankern. Sie finden dazu einige Übungen im Methodenteil. Ein Beispiel dafür ist »Appreciative Inquiry« (s. S. 300 ff.).

Wenn Sie diese Erkenntnisse mit den Grundlagen des Personalen Gesundheitsmanagements vergleichen, entdecken Sie folgende Parallelen:

> ➡ In unserem Tun trägt uns das wechselseitige Verbundensein.
> ➡ Dazu gehören: meine persönliche und eigene Verantwortlichkeit für das, was ich tue, also mein Fühlen, Denken, Sagen, Handeln …

Wie viel Kraft der bewusste Umgang mit Lernen hat, zeigt ein Beispiel aus der Wirtschaftskrise 2008.

> **Beispiel für einen Paradigmenwechsel: Mit Lernkompetenz punkten**
>
> Ein Unternehmer gründete eine Firma, die sich dem Ziel verschrieb, ausschließlich Menschen 50plus einzustellen. Das Integrieren von Wissen durch bewusstes Lernen, die Betrachtung von Erfolgen und Misserfolgen als Impuls für das Fortschreiten war für alle Tagesprogramm. Auch die Beschäftigten dieses Unternehmens ereilte die Wirtschaftskrise. Doch sie hatten Kompetenz an Bord. Bewusst wurde die Fähigkeit, sich mit Lernen auseinanderzusetzen, jetzt für die neue Situation genutzt. Das Ergebnis: Es entstand eine neue Produktpalette und das Schiff war in weniger als sechs Monaten wieder in gutem Fahrwasser.

Das ist gleichzeitig ein gutes Beispiel, dass es Resilienzfaktoren – Kräfte, die uns befähigen, große Herausforderungen zu bestehen – auf allen Unternehmensebenen gibt:

> ➡ Erstens die individuelle Ebene: **Selbstwirksamkeit** – Ich weiß, dass ich es kann.
> ➡ Zweitens die Führungsebene: **Lernmanagement** – Ich führe so, dass wir für alle Unwegsamkeiten gewappnet sind.
> ➡ Drittens die Teamebene: eine **Solidargemeinschaft** trägt auch in großen Herausforderungen.
> ➡ Viertens die organisationale Ebene: **Wertschätzung und eine gute Fehlerkultur** prägt die Unternehmenskultur und unterstützt damit die drei anderen Ebenen.

Wenn Lernen als Lernmanagement angesehen wird und als wirkungsvolles Element im Unternehmen verankert werden soll, dann gibt es zwei wirkungsvolle Partner:

- biografisches Lernmanagement
- systemisches LernRessourcenManagement (LRM)

Biografisches Lernmanagement arbeitet mit Best-Practice-Erfahrungen, die jeder im Leben macht, und den Lösungen, die sowohl den Einzelnen als auch die Teams aus schwierigen Situationen führten. Diese Gelingenskriterien, wie sie unser Leben schreibt, werden bewusst wahrgenommen und dann auf die aktuelle Aufgabe übertragen. Eine sehr fördernde Methode ist hier Appreciative Inquiry (s. S. 300 ff.).

Partizipation, also die Beteiligung aller, ist ein wichtiger Erfolgsfaktor. Biografisches Lernmanagement ist demgegenüber eine zutiefst als Partizipation wahrgenommene Erfahrung: Der Mensch steht im Mittelpunkt mit all seinem Wissen, das zunächst unbewusst in ihm schlummert, dann entdeckt und zum Wohle aller eingesetzt wird. Können Sie sich mehr Motivation vorstellen?

Damit dies nicht nur ein vereinzeltes Feuerwerk bleibt, sondern systemisch im Unternehmen verankert ist, bedarf es eines inhaltlichen-didaktischen Konzepts (s. »Mit Konzeption punktgenau landen«, S. 235 ff.).

Systemisches LernRessourcenManagement (LRM) ist ein Modell (mehr dazu siehe Aschermann/Härtl-Kasulke 2012), mithilfe dessen das Lernmanagement in die Personalentwicklung eingepasst wird. Dies wird durch Unternehmenskommunikation begleitet, um es als Erfahrungsprozess für alle Beteiligten zu verstärken. Lebenslanges Lernen wird in die Arbeit bewusst integriert. Im Coaching und Training werden die Lernprozesse individualisiert, und zwar durch:

- biografische Arbeit als Methodik
- Selbststeuerung als Erfolgsfaktor
- intrinsische Motivation als Motor

und dazu gehören:

- Verantwortung macht Freude und Scheitern will gelernt sein.
- Führungskräfte, die dafür die Türen öffnen und den Rahmen halten.
- Personalentwicklung, die sich dafür stark macht.

Wenn Sie im Personalen Gesundheitsmanagement so arbeiten, wird die Vision von Lernen, Emotion und Gesundheit schnell und mit Leichtigkeit zur Realität. Das Mehr – Empowerment – heißt dann:

- Das konzeptionelle Arbeiten mit den »Erfolgspartnern« Lernen, Emotion und Gesundheit wird auf das Employer-Branding übertragen.
- Die Chance, Fördergelder zum Thema Lernen und Innovation zu bekommen, erhöht sich deutlich.

- Das Unternehmen gewinnt dadurch bundesweit ein Alleinstellungsmerkmal.

Personales Gesundheitsmanagement heißt:
➡ aus Lernerfolgen Energie schöpfen
➡ vorhandene Potenziale nutzen
➡ Selbstverantwortung einfordern

Das bedeutet: Das zu würdigen, was ist. Mit dem Wissen meiner eigenen Ressourcen, meiner Stärken und Chancen, denen ich oft genug in meinem Leben begegnet bin und begegne, gleichzeitig mit meinen persönlichen Grenzen und Risiken, mich auf den Weg machen, um meine eigene, individuelle Gesundheit zu fördern. Dazu lade ich Sie hier ein. Ich lade Sie ein, eigene Erfahrungen zu machen. Mit diesen werden Sie entdecken, was Ihnen guttut, was sie lieber weglassen möchten und wie Sie es modellieren, dass es auf Ihre persönliche Situation passt. Und wie kann das aussehen?

Ein Beispiel, das wir alle kennen

Stellen Sie sich vor, Sie sind mit dem verkehrten Bein aufgestanden. Oder noch besser, Sie merken direkt beim Aufwachen, dass der heutige Tag so ganz und gar nicht mit guter Laune, mit Energie, mit … – was auch immer Ihnen Kraft gibt – startet.
Sie haben es entdeckt und stehen mit dem Gefühl »Eigentlich will ich nicht!« auf. Sie putzen sich die Zähne. Das Zahnputzglas zerbricht. »Sch…, das hat mir gerade noch gefehlt!« denken Sie.
Sie setzen sich an den Frühstückstisch. Ihr Partner freut sich auf Sie und hat schon alles vorbereitet. Ihr Kommentar: »Mist, dass du den Kaffee nie warm auf den Tisch bekommst.« Sein fröhlicher Blick wird zu Eis. Ihr Gefühl? Ärger, Wut, Resignation? Das kann ja nur noch schlechter werden …
Ein Blick auf die Uhr. Zu spät! Der Run auf die Straßenbahn verfehlt sein Ziel. Verpasst. »Hab ich ja gleich gewusst«, und mit diesem Paket aus Gefühlen und Vorannahmen starten Sie Ihr erstes Gespräch im Büro … Was geschieht nun?

Wie kann es anders gehen?

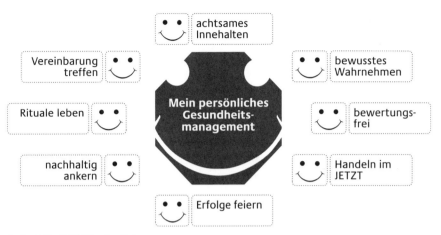

Die acht Schritte für persönliches Personales Gesundheitsmanagement

Quelle: © Claudia Härtl-Kasulke, bk+k

Lernen heißt im Alltag Neues entdecken und wachsen!

Die Begeisterung von innen, die intrinsische Motivation, baut sich vermeintlich langsam auf. Auf alle Fälle ist sie am Anfang ein kleines Pflänzchen. Wenn wir als Lernbegleiter dann powern, um Motivation von außen zu fördern nach dem Motto: »Ich weiß, du kannst es!«, »Mach weiter so, es wird klappen!«, dann verhindern wir das Entstehen der inneren Begeisterungsfähigkeit. Darauf zu verzichten, ist für uns als Begleiter am Anfang ein guter Lernprozess.

> **Übung: Ein Beispiel, das wir alle kennen, und wir programmieren es neu …**
>
> Stellen Sie sich vor, Sie sind mit dem verkehrten Bein aufgestanden. Oder noch besser, Sie merken direkt beim Aufwachen, dass der heutige Tag so ganz und gar nicht mit guter Laune, mit Energie, mit … – was auch immer Ihnen Kraft gibt – startet. Sie haben es entdeckt.
>
> **Schritt 1: Achtsames Innehalten**
> Sie halten inne, nehmen sich Zeit für sich selbst, bevor Sie den nächsten Schritt tun.
>
> **Schritt 2: Bewusstes Wahrnehmen**
> Sie nehmen bewusst wahr, wie es Ihnen gerade geht, welche Gefühle Sie spüren. Was ist die »Qualität« davon, dass Sie mit dem verkehrten Fuß unterwegs sind? Und vielleicht sogar, wo Sie es im Körper spüren. Vielleicht merken Sie ein leichtes Ziehen

in der linken Schläfe, einen Kopfschmerz, ein Drücken in der Brust, ein Angespanntsein im Magen … Es ist wichtig, diese Gefühle wahrzunehmen. Denn verdrängte Gefühle machen krank (siehe dazu: Frankfurter Rundschau 24./25. 11. 2012, S. 23).

Welche Gefühle haben Sie? Schreiben Sie sie bitte auf.

....
....
....

Welche Qualität haben diese Gefühle, was lösen sie aus? (Beispielsweise: »Ich bin sauer auf meinen Mann.«)

....
....
....

Schritt 3: Bewertungsfrei
Lassen Sie alle Bewertungen los, die Ihnen in den Sinn kommen. Dazu gehören Aussagen wie: »Ist ja schrecklich«, »Schon wieder so ein Tag«, »Womit hab ich das verdient« und so weiter. Lassen Sie diese Bewertungen ziehen, wie Sie Wolken am Himmel vorbeiziehen sehen.

Schritt 4: Handeln im Jetzt
Damit sind Sie schon auf dem besten Weg, Ihre Lebensqualität zu verbessern, den gefühlten Stress – denn um nichts anderes handelt es sich – aufzulösen. Und nun stellen Sie sich die Frage, was brauche ich JETZT? Vielleicht kommen Antworten wie: »Dreimal kurz durchatmen«, »Dem ersten Menschen, der mir heute begegnet, sagen, dass ich erst einmal sanft in den Tag einsteigen möchte und noch etwas Zeit brauche, um mich auf ein Gespräch einzulassen«. Oder: Sie überlegen sich, wie Sie den Tag langsam starten können.

Was brauchen Sie, damit es Ihnen gut geht?

....
....
....

Und genau das tun Sie: Jetzt!

Schritt 5: Kleine Erfolge feiern

Die kleinen Erfolge feiern heißt es nun. Gratulation! Sie haben Ihrem Tag bereits einen guten Start gegeben und die Zeichen, die sich morgens zeigten, verändert. Das ist ein Erfolg! Wenn Sie nun das erste Beispiel betrachten und sich die Folgehandlungen ansehen, können Sie es durchaus als großen Erfolg bezeichnen. JETZT heißt es erst einmal diesen Moment des Neuausrichtens zu würdigen und zu schätzen. Vielleicht schicken Sie einfach ein persönliches »Danke« an sich selbst. Sie wissen, damit füttern Sie Ihr limbisches System und Ihre Motivation, dieses neu entdeckte Handeln weiterzuverfolgen. Und das ist ein besonders wichtiger Motor für nachhaltiges Gestalten.

Schritt 6: Nachhaltig ankern

Diese fünf Schritte können Sie für jede Situation nutzen: für die »Laus«, die Ihnen über den Weg läuft, für große und kleine Ärgernisse, die Ihnen begegnen. Und Sie werden merken, dass sich die Qualität, wie Sie etwas wahrnehmen, verändert. Es werden Ihnen weniger Situationen begegnen, die Sie ärgern, verunsichern, irritieren.

Schritt 7: Rituale leben

Und wenn Sie diese sechs Schritte bewusst als Ritual leben, dann etabliert sich das neue Verhalten schneller und wird sich mehr und mehr auch in anderen, ganz unterschiedlichen Situationen automatisch einstellen. Durch das ritualisierte Verstärken haben sich in Ihrem Hirn neue Datenautobahnen aufgebaut, auf die sie nun intuitiv Zugriff haben, und Ihr neues Verhalten wird leichter in den Alltag und auf neue Situationen übertragbar.

Schritt 8: Vereinbarung treffen

Sie gehen mit sich eine Vereinbarung ein, dass Sie dieses Ritual mehr und mehr für sich leben. Vorsicht! Hüten Sie sich vor Vereinbarungen, die da heißen: »Ich werde es immer tun.« oder »Ich muss perfekt sein, wenn ich es tue.« Diese Art, sich selbst unter Druck zu setzen, führt selten zum Erfolg. Achten Sie lieber auf sich, und wenn Sie eine geeignete Situation entdecken, werden Sie aktiv. Sie wissen, je mehr Sie üben, desto weniger Zeit werden Sie benötigen und Sie werden belohnt. Ihr Leben verändert sich. Stressoren verwandeln sich, Ihre Zufriedenheit steigt und Sie entdecken das Glück in den kleinen Dingen.

> **Erkenntnis: Glück ist der Partner des Erfolgs**
>
> Hier gibt es eine spannende Auswertung einer Langzeitstudie, die in den USA mit mehr als 10 000 Teilnehmern durchgeführt wurde. Die Sozialwissenschaftler Jan-Emmanuel De Neve, University College London, und Andrew Oswald, Universität Warwick, fanden heraus: Wer bereits in jungen Jahren Zufriedenheit lebt, macht – unabhängig vom Status – eher einen Universitätsabschluss, ist aufgeschlossener, optimistischer. Die beiden Forscher stellten die hypothetische Frage, ob dies auf die Gesellschaft übertragen bedeute, dass Länder mit hohem Glücksniveau auch größeren Wohlstand generieren – nicht umgekehrt, der Wohlstand generiert das Glück (Herrmann 2012).

Lernrituale wirken wie ein Turbo: Durch das Gewinnen von Selbstbestimmung und Selbstwirksamkeit entsteht Empowerment. Oft zeigt sich, dass es dafür Impulse zum Entdecken der eigenen zum Teil verschütteten Ressourcen durch einen Begleiter braucht. Wird dies – den Impuls setzen und dann die weiteren Schritte in die Verantwortung des Lernenden übergeben – mit Konsequenz durchgeführt, ist es ein Modell für Lernen mit ressourcenorientiertem Denken und Handeln.

Viele Coaches, Berater und Trainer erleben in ihrer Arbeit, dass es einen Impuls zum Starten braucht. Voraussetzung dafür ist, dass sie den Beteiligten die Grundlagen der intrinsischen Motivation vermitteln. Die in diesem Buch vorgestellten Methoden fördern die eigene Motivation, indem sie mit den Kompetenzen, Fähigkeiten, Präferenzen der Beteiligten arbeiten. Eigenengagement und Empowerment entstehen durch Methoden, die sich vor allem den Erfolgen und dem gelungenen Bewältigen von Problemen und Herausforderungen widmen, wie sie sich in jedem Leben spiegeln.

Im Lernkreislauf »Empowerment durch Ressourcenimpulse« wird solch ein Modell vorgestellt. Der Start erfolgt durch Lerninhalte, die sich schnell entdecken lassen. Aufbauend auf der daraus entstehenden Motivation wird mit biografischen Methoden (wie Genogrammarbeit, TMS, AI) kontinuierlich der Transfer zur eigenen Lern- und Erfahrungsbiografie hergestellt. Perspektivenwechsel verstärken die Erkenntnisgewinne. Achtsamkeitsmeditationen erhöhen die Konzentration. Das Ergebnis ist sichtbare Freude am Lernen auch bei Lernenden, die sonst eher wenig Lernerfahrung haben.

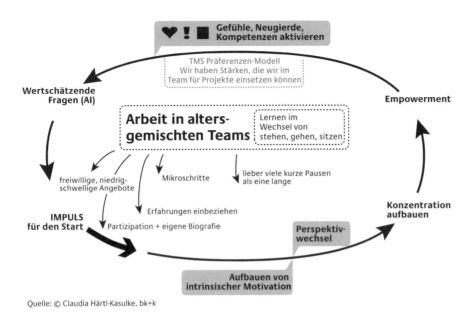

Lernkreislauf Empowerment durch Ressourcenimpulse

Ein Beispiel: Ressourcenorientiertes Lernen in Mikroschritten

Ein Beispiel für ressourcenorientiertes Lernen ist die Arbeit mit Mikroschritten. Dabei wird eine Lernphase in sehr kleine Schritte aufgeteilt und wie in Zeitlupe zusammengesetzt. Was zunächst wie eine Entschleunigung wirkt, ist in der Umsetzung sehr kraftvoll.

Lernbeispiel: Vor ein Publikum treten und dafür Sicherheit gewinnen. Die Gruppe steht im Kreis. Jeweils ein Teilnehmer im Kreis tritt einen Schritt nach vorn in Richtung Kreismitte. Nun folgt der erste Mikroschritt. Danach tritt der Teilnehmer zurück, der ganze Kreis rückt einige Schritte weiter. Jetzt tritt der nächste Teilnehmer einen Schritt in die Kreismitte und so weiter.

Erster Mikroschritt: Das tiefe Atemholen wird in der Gruppe geübt. Hier entsteht die Sicherheit zu wissen, wie wir vor solchen Auftritten zur Ruhe kommen. Gleichzeitig verstärkt sich diese Wirkung durch das Ritual, es in der Gruppe auszuprobieren. Alle Teilnehmer führen diesen Schritt durch. Dann startet die Kreisrunde aufs Neue. Jeder Teilnehmer macht Mikroschritt 1 und 2. Und so weiter …

Zweiter Mikroschritt: Das tiefe Atemholen wird wiederholt, und anschließend macht jeder Teilnehmer der Reihe nach einen zusätzlichen Schritt in die Kreismitte. Der Teilnehmer steht somit mehr im Fokus der Blicke.

Dritter Mikroschritt: Der erste und der zweite Mikroschritt werden wiederholt, und nach dem Schritt nach vorne schaut jeder Teilnehmer in Ruhe jeden der Gruppe an, ohne zu sprechen.

Vierter Mikroschritt: Der erste bis dritte Mikroschritt wird wiederholt, und wenn jeder Teilnehmer alle anderen Gruppenmitglieder angeschaut hat, sagt jeder ein Wort, einen Satz seiner Wahl zur Begrüßung.

Je nach Lernziel können Sie beliebig viele Mikroschritte einsetzen

Sie werden sich vielleicht fragen: Was ist da das ressourcenorientierte Arbeiten? Welche Ressourcen werden hier angesprochen? – Natürlich kennen wir alle die beschriebene Situation. Wir atmen tief durch, um uns zu beruhigen oder besser konzentrieren zu können. Wir gehen einen Schritt auf jemanden zu, sehen ihm dabei in die Augen und begrüßen denjenigen. Das ist Routine. Genau darin liegen die Ressourcen verborgen, die bei dieser Übung genutzt werden, um sie in besonderen Situationen, wie zum Beispiel einen Vortrag zu halten, mit gleicher Wirkung zu erleben.

➡ **Ressource 1:** Sicherheit gewinnen, Anknüpfen an bereits gewohntes, meist unbewusstes Wissen. Ganz plakativ: Atmen kann jeder.
➡ **Ressource 2:** Beruhigung und Konzentrationsförderung durch tiefes Atmen.
➡ **Ressource 3:** Bewusstes Kontaktaufnehmen und Handeln fördern: Bewusst auf Menschen zugehen, diese ansehen und begrüßen.

Strategien, die wir meist unbewusst einsetzen, werden in Mikroschritte aufgeteilt, damit bewusst gemacht und geübt. Dadurch werden Sie sich Ihres Know-hows bewusst und können dieses auf andere Situationen transferieren. Einsetzbar ist diese Lernstrategie für jeden Lerninhalt: mental, Persönlichkeitsentwicklung, Fakten lernen, Körperebene, wie zum Beispiel Sport, und vieles andere mehr.

Hier wird an die kollektive Erfahrung aller »angedockt«, und gleichzeitig findet sie in einem neuen Kontext statt.

Belohnen Sie sich, indem Sie diese Erfahrung machen. Sie werden überrascht sein, wie schnell die Teilnehmenden oder Sie als Teilnehmender lernen und wie stark die Motivation aus sich heraus entsteht, weil das tiefe Gefühl verankert wurde, es bereits zu können. Zudem stellt sich eine Geborgenheit in der Gruppe ein, die sich durch die Entschleunigung und das gemeinsame Gestalten entsteht. Auf besondere Weise greift hier das Solidaritätsprinzip des PGM als tiefe Erfahrung.

Mit etwas Kreativität lässt sich (fast) jede Lernsituation in Mikroschritten gestalten und damit niedrigschwellige Lernstarts kreieren. Dies ist nun pars pro toto ein Modell des ressourcenorientierten Arbeitens. Weitere Lernkreislauf-Modelle mit ressourcenorientierten Methoden finden Sie im Methodenteil.

Wichtig in diesem Lernkreislauf ist, dass die Startimpulse verbunden werden mit dem Aufbau intrinsischer Motivation, mit dem konsequenten und kontinuierlichen Unterstützen der Konzentration und dem Empowerment. Dies geschieht durch das bewusste Wahrnehmen der Gefühle, wie sie beim Entdecken der eigenen Fähigkeiten und Kompetenzen entstehen, die als tiefes Wissen im Inneren »versteckt« waren. Gleichzeitig entsteht auf diese Weise ein tiefes Verständnis mit- und füreinander, das unabhängig vom Alter das gemeinsame Wachstum beflügelt. Ein gutes Credo für intergenerative Teams!

Was ist für gutes Gelingen in intergenerativen Teams wichtig? Die Einstellung jedes Einzelnen:

- eine positive Fehlerkultur, das bedeutet: Fehler als hilfreichen Impuls im Lernprozess für die weitere Entwicklung zu verstehen
- Methoden, die diesen Prozess unterstützen
- bewusste Stressprävention und -intervention
- eine Unternehmenskultur, die alle bewegt

Dann beginnt die Zukunft jetzt, und alle gestalten sie mit. Und da an dieser Stelle alle stets Lernende sind, sind wir beim wichtigen Thema »Gesund arbeiten und leben« angelangt. Wir sind unsere eigenen Chancenmanager – ganz in dem Sinne, Chancen zu nutzen und zu »managen«. Eine wichtige Voraussetzung dafür ist das Leben wertschätzender Kultur.

Fünfter Paradigmenwechsel: Mit wertschätzender Kultur fängt alles an

Kultur – in diesem kleinen Wort ist Leben facettenreich In dem Begriff »Kultur« steckt nicht nur, wie wir miteinander umgehen, welche Werte wir leben, sondern auch, welche Einstellung wir zueinander haben und wie das im täglichen Leben und vor allem in Zeiten besonderer Herausforderung sichtbar wird und sich wertschätzend gestaltet.

Im wohlwollenden Sinn mit der Arbeit, dem Arbeitsumfeld, dem Arbeitgeber emotional verbunden zu sein, führt zu einer guten Work-Life-Balance und erhöht zusätzlich die Problemlösungskompetenz. So lassen sich die Ergebnisse des 48. Kongresses der Deutschen Gesellschaft für Psychologie 2012 zusammenfassen. Dies gilt sogar dann, wenn die unternehmensgesteuerte Flexibilität eher zu ungunsten der Selbststeuerung ausgerichtet ist. Wie Isabelle Stolper, Universität Hamburg, in ihrem Vortrag feststellte, heißt das: »Selbst wenn Beschäftigte wenig ›Arbeitszeitsouveränität‹ besitzen und lange Arbeitszeiten in Kauf nehmen müssen, können sie eine gelungene Work-Life-Balance wahrnehmen. Entscheidende Voraussetzung ist ›ein hohes affektives Commitment‹ mit dem Beruf.«

Diese Aussage deckt sich auch mit meinen Erfahrungen. Doch auf eine wichtige Einschränkung möchte ich aufmerksam machen: Solche Anforderungen dürfen nicht dauerhaft sein. Es wird ein gutes Selbstverständnis für das Grenzensetzen und dessen Akzeptanz in der Führung benötigt, und das muss in der Unternehmenskultur verankert sein. Betrachten wir den Part der Führung als wichtigen Erfolgsfaktor für gutes Unternehmensklima, so findet sich auch hier die Bestätigung.

Christine Syrek, Universität Trier, stellte bei ihrer Untersuchung fest: »Bei transformationaler Führung – sprich: Verständnis, Wertschätzung, Respekt des Chefs – kann der Beschäftigte seine emotionale Balance am besten halten und eine Erschöpfung vermeiden.« So stehen hier die Zeichen günstig, dass es nicht der omnipotente Chef sein muss, der alles richtet und alles kann. Wertschätzung ist das Schlüsselwort.

Und last but not least noch ein weiteres Untersuchungsergebnis von Reiner Wieland, Universität Wuppertal: »In der Wirtschaftspsychologie galt es bisher als gesichert, dass ein hoher Handlungs- und Gestaltungsspielraum dem Wohlbefinden von Beschäftigten zugute kommt; die vorliegende Untersuchung zeigt erstmals an einer großen Stichprobe mit mehr als 3 300

Verantwortung tragen? – Ja! Gerne! Wer wünscht sich das nicht?!

Teilnehmern, dass zwischen dem Umfang des Handlungsspielraums und seinen positiven Wirkungen tatsächlich eine umgekehrt U-förmige Beziehung besteht: Zu wenig und zu viel Spielraum beanspruchen die Betroffenen ähnlich stark; dies lässt sich anhand der Fehlzeiten und Gesundheitsprobleme ablesen.« (Details dazu siehe Riemann 2012.)

Fazit: Die Unternehmenskultur für eine gute Work-Life-Balance, in der Personales Gesundheitsmanagement besonders gut gelebt werden kann, zeichnet sich aus durch:

- wertschätzende Führung
- eine gute persönliche Einstellung zum Unternehmen, in dem gearbeitet wird
- eine gute Balance zwischen Handlungsspielraum und Vorgaben

Mit Fragen die persönliche Situation klären

Wichtig für Ihre persönliche Klarheit sind hier folgende Fragen. Sie können sich dazu Notizen machen:

Fühle ich mich in meiner Arbeitswelt wohl?

....
....
....
....

Woran erkenne ich das?

....
....
....
....

Erlebe ich wertschätzende Führung?

....
....
....
....

Woran erkenne ich sie?

....
....
....
....

Was ist mir an Handlungsspielraum wichtig?

....
....
....
....

Welcher Rahmen für meine Arbeit ist von Bedeutung?

....
....
....
....

Was darf auf keinen Fall passieren?

....
....
....
....

Was sind meine persönlichen Grenzen?

....
....
....
....

Deutlich wird auch hier: Es braucht alle für das Gelingen: den Einzelnen, die Führungskräfte und das Unternehmen als Struktur, die den Rahmen für das Handeln bildet.

Ein weiteres Thema, das in unserem Leben mehr wertschätzende Beachtung braucht, ist das Lernen. Lernen ist sicherlich in unserer Kultur eines der sensiblen Themen. Lernen und Fehlermachen hat wenig Akzeptanz. Der Satz: »Nur aus unseren Fehlern lernen wir« scheint pure Makulatur.

Lernen für das eigene persönliche Wachstum ist dabei die Kür. Und schnell stellt sich bei diesem den Einzelnen und/oder das Team berührenden Veränderungsprozess die Frage: Wie gehe ich, wie gehen wir mit Fehlern oder gar Scheitern um? Ist es doch ein wesentliches Erfahren im Lernprozess, um

➡ zu wissen, was alles geschehen kann
➡ dafür Lösungen zu entwickeln
➡ persönliche Grenzen auszuloten
➡ Fehler und Scheitern letztendlich als Impuls für Neues zu erkennen und zu nutzen

Sechster Paradigmenwechsel: Erfolge und Scheitern – Balance, die Dosis macht das Glück

Die Balance in allen Dingen scheint das Glück des Lebens auszumachen. Dafür fand der Soziologe Christian Kroll, Jacobs-Universität Bremen, der gemeinsam mit Sebastian Pokutta, Georgia Institute of Technolgy, die Daten des Psychologen Daniel Kahnemann auswertete, einen weiteren Beleg. Sie stellten in einer Studie mit 909 berufstätigen Frauen, Altersdurchschnitt 39 Jahre, fest, dass selbst, wenn man den idealen Tag kreiert und diesen auch lebt, »auch freudvolle Aktivitäten auf Dauer ermüden und viele Glücksmomente vom Reiz des Seltenen leben«. So blieben bei der Zusammenstellung des »idealen Tages« Berufs- und Hausarbeit auf dem Plan, die Zeit für Freunde und Familie wurde weise begrenzt (Müller-Lissner 2012).

Das Wohlbefinden hängt auch davon ab, dass sich in der mittelfristigen Planung wohldosierte stressige Tätigkeiten wiederfinden. Selbst Aktivitäten im Dienst der Gemeinschaft tragen dazu bei. Dieser in der genannten Untersuchung »ideale« Tag beinhaltet nur 36 Minuten Erwerbstätigkeit, ansonsten ist er ausgefüllt mit Sport, Meditation und Aktivitäten mit dem Partner. So wäre das aufgrund der Befragung erfolgte Ergebnis wohl eher ein Sonntag, kein Werktag, war das Resümee der Forscher (Müller-Lissner 2012).

Liegt hier nicht schon ein illustres Beispiel für Scheitern versteckt? Wenn wir von dem zu viel haben, was uns scheinbar glücklich sein lässt, dann könnten wir kaum unseren Lebenserwerb verdienen. Doch andererseits, täten wir es, fände das Glück nicht statt. Also gilt auch hier: sowohl als auch. Sie erinnern sich, im bewussten Gestalten des Glücks liegt das Dilemma.

Der Traumaforscher Peter Levine nennt es in seinem Buch »Trauma-Heilung: Das Erwachen des Tigers« (1999) das Umarmen des eigenen Tigers und meint damit, dass in der Schönheit auch der Verlust liegt; dass der Schatten und der Schmerz Teile unseres Lebens sind. Wenn wir dies annehmen, dann kehrt Leichtigkeit ein. Es entsteht ein »Raum«, der uns Möglichkeiten und Lösungen entdecken lässt, die wir sonst in der Bedrängnis nicht wahrgenommen hätten. Scheitern ist unter dieser Voraussetzung verbunden mit dem Motto »Nur aus unseren Fehlern lernen wir«. Und wenn wir das Fehlermachen bewusst dafür nutzen können, lernen wir, damit professionell umzugehen und es nicht aus Angst vor der Auswirkung zu verschweigen.

Doch wie kann das geschehen, wenn wir sichtbar scheitern? In unserer Arbeit, im Leben …? Wie können wir uns damit versöhnen, dass neben dem Erfolg auch die Erfahrung steht, dass nicht alles, was wir wollen oder was wir (geschäftlich) sollen, machbar ist? – Zum einen ist es wirklich die Versöhnung mit dem, was ist. Das öffnet uns den Blick für Möglichkeiten, damit umzugehen. Es hat nichts mit Resignation zu tun, eher mit Integration.

Loreen Klahr beschreibt in ihrem persönlichen Beispiel »Alles anders – alles neu« (s. S. 152 ff.), wie sie sich für solche Situationen ein Konzept entwickelte, das ihr Sicherheit gibt, um in schwierigen, nicht planbaren Situationen zu bestehen.

Im Beitrag von Cornelia Weitzel »Krisen und Gesundheit« (s. S. 165 ff.) lesen Sie von einem Ermöglichungsweg, wie dies in der Insolvenz eines Unternehmens Wirklichkeit wurde. Sie beschreibt, welche Erfahrungen auf der Individualebene im Moment des kollektiven Scheiterns gemacht wurden, und wie diese dann auf die Ebene der Beschäftigten übertragen wurden.

Auch im Methodenteil finden Sie einige Übungen, die Sie auf dem Weg unterstützen, das Scheitern zu akzeptieren und das Beste daraus zu machen. Besonders die Übung »Ein Beispiel, das wir alle kennen, und wir programmieren es neu …« (s. S. 56 ff.) hilft dabei. All diese Übungen führen uns in unser tiefes Inneres, das normalerweise im Vorborgenen blüht. Wie können wir diese persönlichen Forschungswege beschreiben und welche Rolle spielt dabei die Spiritualität?

Siebter Paradigmenwechsel: Das persönliche Forschungsmodell und Spiritualität – lebe jetzt!

> »Ich leb – weiß nicht wie lang. Ich stirb – weiß nicht wann. Ich fahr – weiß nicht wohin. Mich wunderts, dass ich so fröhlich bin.«
> *Grabspruch des Magisters Martruvs von Biberrach zu Hellbrom, gest. 1498*

Das Zusammenspiel der physischen und der psychischen Ebene, von Körper, Geist und Seele ist ein wichtiger Gelingensfaktor für das Personale Gesundheitsmanagement, konnten Sie gleich zu Beginn des Buches lesen. Unsere Entwicklung hin zum persönlichen Personalen Gesundheitsmanagement als die Essenz des PGM ist dann besonders erfolgreich, wenn wir uns dabei erkennen, persönlich erforschen und auf diese Weise unser persönliches Forschungsmodell entwickeln.

Die vielfältigen Definitionen von Spiritualität würden Seiten füllen: Hier eine, die nicht von Religionen geprägt ist.

Spiritualität

Der Psychologe Rudolf Sponsel definiert Spiritualität als mehr oder minder bewusste Beschäftigung mit Sinn- und Wertfragen des Daseins, der Welt und der Menschen und besonders der eigenen Existenz und seiner Selbstverwirklichung im Leben (ausführlich siehe Sponsel 2012).

Ein Beispiel, wie es wirkt, was sich dabei entwickelt, sich in seinem Innersten zu begegnen, Lebenslust selbst in unwegsamen Situationen zu erleben, beschreibt Joachim Galuska in seinem Beitrag und öffnet einen Blick auf sein persönliches Forschungsmodell »Leben« (s. S. 88 ff.).

Natürlich können Sie jede der Übungen, die Ihnen in diesem Buch begegnen, für Ihr persönliches Forschungsprojekt ad hoc, temporär, ritualisiert und situativ nutzen. Gleichzeitig eröffnen diese Methoden Ihnen auch die Möglichkeit, mehr und mehr bei sich anzukommen: Den Zeiten höchster Turbulenz die eigene Präsenz zur Seite zu stellen und in sich ruhen und so den Weg Ihrer praktisch ausgerichteten Spiritualität beschreiten. Denn laut

Duden ist Spiritualität Ihre Geistigkeit, die Sie, wie auch die Materialität, in Ihr Leben lassen.

> **Spiritualität – diese Seite von mir entdecken**
>
> Was bedeutet für Sie Spiritualität, spirituelles Wachstum?
>
> ....
> ....
> ....
> ....
> ....
> ....
> ....
> ....
> ....
> ....
> ....

Lebe jetzt! Das können wir uns bei all den vielen Einflussfaktoren auf unser Leben zurufen. Denn was in der nächsten Minute ist, wissen wir nicht, und können noch weniger das beeinflussen, was sich entwickelt. Was nützt es also, sich darüber verrückt zu machen, was kommt oder kommen könnte? Um dies leichter ins Leben zu integrieren, gibt es diese Übungen.

Manche von uns kennen höchst persönliche Wege. Sie erleben sich im Einklang mit der Natur, wenn Sie walken. Sind ganz bei sich, wenn Sie ohne Zeit und Raum der Langeweile frönen … Ja, Sie haben richtig gelesen. Langeweile leben ist eine der wichtigsten Übungen, um die Muße einkehren zu lassen und sich dann – in diesem Ruhen in sich selbst – von der Muse küssen zu lassen.

Wenn Sie sich dem aktuellen Moment zuwenden, werden Ihr Kopf und das Herz frei von all den Belastungen der Vergangenheit und der Zukunft für das, was jetzt zählt und ist.

Meditationen können uns dabei begleiten und es vertiefen. Es gibt inzwischen eine Vielzahl an Formen, die sich leicht in den (Arbeits-)Alltag einfügen lassen. Atemübungen: Achtsames Atmen (s. S. 340 ff.) und Gehmeditation (s. S. 356 ff.), die wir Ihnen vorstellen, gehören dazu. – Viele Schätze gibt es zu entdecken … starten Sie durch, sie zu heben.

Und für die Skeptiker:

> Es gibt eine Vielzahl an Forschungsprojekten, die bestätigen, dass Meditation
> - die Konzentration erhöht,
> - das Lernen erleichtert,
> - die Kreativität fördert,
> - kurz: dass Insichruhen einkehren lässt.

Das können Sie auf der physischen und der psychischen Ebene spüren. Die Voraussetzung dafür ist das Innehalten, das Pausemachen...

Achter Paradigmenwechsel: Entschleunigung ist Beschleunigung – Auf der Spurensuche nach dem Glück

> »Am meisten überrascht mich der Mensch, denn er opfert seine Gesundheit, um Geld zu machen. Dann opfert er sein Geld, um seine Gesundheit wiederzuerlangen. Und dann ist er so ängstlich wegen der Zukunft, dass er die Gegenwart nicht genießt. Das Resultat ist, dass er nicht in der Gegenwart lebt; er lebt, als würde er nie sterben, und dann stirbt er und hat nie wirklich gelebt.« *Dalai Lama*

Wie viele leben so? Ist das nicht erschreckend?

Auszeit – Nichts bringt uns weiter als eine Pause. Diese beiden großen Meister, Thich Nhat Hanh und der Dalai Lama, trugen wie kaum andere die Kultur des Verweilens vom Osten in den Westen. Ihre große Leistung besteht darin, dass sie für uns, die wir ein anderes Lebensmodell unser Eigen nennen, die Übersetzung tätigen, damit auch wir das Innehalten in unseren Alltag einkehren lassen können: Das Entschleunigen auf vielfältige Art und Weise. Nicht dass Sie denken, unsere Kultur hätte keine solchen Angebote: Ignatius von Loyola (1491–1555) entwickelte beispielsweise das Meditationsprogramm »Tage der Stille«. Heute nennen wir das Exerzitien oder Retreats. Hildegard von Bingen (ca. 1098–1179) und Meister Eckhart (um 1260–1328) lebten ebenfalls das Kontemplative. Und was sind Gebete anderes als mantrageführte Meditationen?

> »Sich des Atems bewusst zu werden ist eine Möglichkeit, im gegenwärtigen Augenblick anzukommen.« *Thich Nhat Hanh*

Inzwischen wissen wir, dass das Entschleunigen Rituale braucht, um voll zur Geltung zu kommen. Unser Hirn speichert besonders gern die dauerhaft kleinen, regelmäßigen, täglichen Pausendosen. Im Gegensatz zu einer großen Dosierung pro Woche. Das gilt sowohl für Bewegung als auch für Kontemplation. Das Gleiche gilt für all die anderen Dinge, die Sie auf Ihr Lernportfolio schreiben.

Um den Alltag anzuhalten, die Fülle wahrzunehmen und das Geschenk der Zeit auch an einem hektischen Tag zu erleben, reicht mir, zu jeder vollen Stunde eine bis drei Minuten zu meditieren. Das kann ich, indem ich auf meinen Atem achte oder indem ich die achtsame Atempraxis in meine Arbeit, meine Gespräche integriere. Und sobald ich laufe, nutze ich dies als Gehmeditation, sei es im Wald oder von einer Besprechung zur anderen. Durch das regelmäßige Tun, eben die kleinen Dosen, brauche ich mich nicht mehr daran zu erinnern; es stellt sich von allein ein. So erlebe ich mich dann auch abends nach einem vollen Tag in meiner Vitalität und kann den Tag in seiner vollen Länge mein Eigen nennen.

Sie können es auch wie eine meiner Freundinnen machen: Sie kam vor 15 Jahren »auf den Hund«, und diese neue »Partnerschaft« entwickelte ein Eigenleben. Er brauchte mehr Auslauf, als sie gedacht hatte, und sie arrangierte sich. Mindestens zwei Stunden am Tag, meist aber mehr, gehören seitdem ihm. Sommers wie winters. Bevor sie diese Erfahrung machte, konnte sie sich gar nicht vorstellen, dass sie täglich trotz ihrer Selbstständigkeit so viel Zeit übrig hat. Das ist noch nicht alles: Derart auf den Geschmack gekommen, nimmt sie sich täglich noch zusätzlich eine Stunde Mußezeit. Auf die Frage, ob sie dennoch ihre Arbeit schaffe, lachte sie: »Ja, natürlich! Sonst könnte ich es mir als Selbstständige nicht leisten. Ich habe an Konzentration gewonnen.« Und ich habe so seit 15 Jahren eine Freundin, die ich täglich beim Walken begleiten kann.

Ebenfalls aus der mittelalterlichen Klostertradition kommt das Lernen in Mikroschritten, das Ihnen bereits im vierten Paradigmenwechsel (s. S. 51 ff.) begegnete. In dieser Entschleunigung entsteht eine Beschleunigung des Lernens. Auf diese Art Gelerntes ist mit Leichtigkeit schneller und nachhaltiger verankert.

Das Entschleunigen öffnet einen anderen Blick auf Beschleunigung. Es ist die Beschleunigung, die Kraft und Mühe kostet. Wohingegen ich an Tagen, an denen ich bewusst langsam arbeitete, das Gefühl habe, mein Tag war ereignisreich und effizient. Da nutze ich Innehaltephasen sowohl als

Pause als auch zur »kontemplativen Steuerung« meiner Arbeit. Zu ALI, eine meiner Lieblingsübungen, lade ich Sie nun ein.

ALI

Wie wäre es es mit folgender Kurzmeditation:
- Atmen
- Lächeln
- Innehalten

Und noch eine weitere Übung zum Ausprobieren:

Die Pause und die wohl austarierte Balance

Nicht erst heute machen wir uns Gedanken über eine wohl austarierte Balance zwischen Arbeiten und Innehalten. So lade ich Sie an dieser Stelle mit Elizabeth Barrett-Browning zu einer Pause ein.

> Nichts bringt uns auf unserem Weg besser voran als eine Pause.
> Elizabeth Barrett-Browning (1806–1861) Britische Dichterin

Und vielleicht begleitet Sie dabei der Gedanke: Was ist es, das ich von diesem Buch erwarte? – Notieren Sie sich Ihre Gedanken.

....
....
....
....

Wenn Sie sich anhand von Best-Practice-Beispielen darüber kundig machen wollen, wie Pausen gut in den Arbeitsalltag eingebunden werden können, stellt Ihnen Ulrike Reiche in ihrem Beitrag »Aktive Erholungspause – Der Weg zu einem gesunden Arbeitsstil« (s. S. 135 ff.) einige Modelle vor.

Die verschiedenen Meditationstechniken sind in den spirituellen Traditionen immer auch Wege, die in einen umfassenderen Sinnzusammenhang führen.

Neunter Paradigmenwechsel: Personales Gesundheitsmanagement – jede Personalentwicklung fängt mit Veränderung an

Wenn Sie sich entschließen, Gesundheit mehr als bisher in den Blick zu nehmen, begeben Sie sich mitten hinein in das Abenteuer Veränderung. Diese kann auf verschiedenen Ebenen stattfinden: Sie können für sich selbst entscheiden, Gesundheit mehr zu leben (persönliches Personales Gesundheitsmanagement). Sie können als Team entscheiden, Gesundheit zum Thema Ihrer gemeinsamen Arbeit zu machen und gemeinsam daran zu arbeiten. Oder Sie bringen auf organisationaler Ebene den Fokus Gesundheit ein und entwickeln gemeinsam für das Unternehmen Strukturen, die Personales Gesundheitsmanagement ermöglichen. Ziel ist es, sich mehr als bisher in Sachen Gesundheit zu engagieren und mehr Mitarbeiterinnen und Mitarbeiter als die ohnehin Engagierten mitzunehmen, die bereits die angebotene Rückenschulung und das Fitnesstraining buchen.

Stets beginnt es damit, dem Sinn, der uns in den großen Herausforderungen des Alltags und des dichten Lebens oft verloren geht, wieder seinen Platz zu geben.

Persönlicher Umgang mit Veränderungen

Quelle: Eigene Darstellung nach Elisabeth Kübler-Ross
(in: http://www.changeminds.org/disciplines/change_management/kubler_ross/kubler_ross.htm)

Je nach Ihren Vorerfahrungen werden Ihnen im Laufe dieses Veränderungsprozesses unterschiedlichen Reaktionsphasen begegnen. Natürlich spielt dabei Ihre Entscheidung eine wesentliche Rolle, wie sehr Sie es sich wünschen und wie stringent Sie die Veränderung angehen. Es spielt auch eine Rolle, wie Sie in der Vergangenheit mit Herausforderungen umgegangen sind, ob Sie diese eher mit Leichtigkeit angingen oder eher als Unbill erlebten.

Auf alle Fälle findet der erste »Zugriff« mit der persönlichen Veränderung auf der mentalen Ebene statt. (Um sich hierfür die Türen zu öffnen, finden Sie eine Vielzahl an Methoden in diesem Buch, s. »Perspektivwechsel im Coaching: Vom Kommunikator zum Mentor zum Coach«, S. 103 ff.)

Dennoch kann es viele emotionale Antworten in dieser Entwicklung geben, wenn es anders eintritt, als Sie es wollen, wenn es nicht klappt, wenn nur einige der Beteiligten Ergebnisse beziehungsweise Erfolge sehen, oder wenn kaum jemand mitmacht. Oder im Worst Case: Keiner macht mit. Sie wünschen sich aber das Mitmachen, haben es gar als Ziel auf die Fahne geschrieben …

Da jede persönliche Veränderung auch Auswirkungen auf das Umfeld hat, können verzögerte und/oder unterschiedliche Reaktionsphasen nicht nur bei Ihnen selbst, sondern auch bei Kollegen, Mitarbeitern, Vorgesetzten auftreten. Transparenz und Kommunikation sind hier gefragt. Besonders, wenn Sie nicht auf der persönlichen Ebene, sondern auf der Team-, Führungs- oder Organisationsebene aktiv sind, ist ein Konzept wichtig (Methode »Mit Konzeption punktgenau landen«, s. S. 235 ff.), das dann mehr und mehr durch die Evaluation zu einem Dokument wird, das Sie, alle Beteiligten und die Organisation, auch in schwierigen Situationen begleitet.

Wenn Sie sich entschließen, diesen Veränderungen im Unternehmen einen festen Platz zu geben, als einen integralen Teil Ihrer Solidargemeinschaft, Ihres gemeinsamen Lebens und Arbeitens, dann sind Sie mitten in einem Veränderungsprozess.

Allein mit dem Ziel, Gesundheit zu leben, haben Sie schon die Kür im Blick. Erinnern Sie sich an die Megatrends mit dem demografischen Wandel als »Tülle«, die den Rahmen für unternehmerisches Handeln bilden. Auch das Personale Gesundheitsmanagement steht in dieser hohen Herausforderung. Wenn Sie dann noch die Paradigmenwechsel betrachten, die es zu integrieren gilt, wird schnell deutlich: Hier befinden Sie sich in einem besonderen Changeprozess, der besondere Kriterien des Veränderungsmanagements erfordert. Gleichzeitig zeigen die rahmenbildenden Umfelder, wie eben die Megatrends und die Paradigmenwechsel, dass es nicht ohne kontinuierliche Veränderungen geht. Es ist wichtig, hier aktiv zu werden und die persönliche Einstellung dafür zu gewinnen, die Gesundheit nicht nur ermöglicht, sondern erhält.

Wenn Sie sich nun auf den Weg machen, um diesen großen und kleinen Herausforderungen gewachsen zu sein, wenn Sie nachhaltig die Schritte gehen, die für Sie auch Sinn machen und zum großen Ganzen, zum Wohl aller beitragen, dann ist das Personale Gesundheitsmanagement ein guter Wegbegleiter. Inhaltliche und organisationale Steuerung sind dabei wichtig. Denn alles fließt. Anforderungen treffen das Unternehmen und fordern jeden dort Beschäftigten täglich, fordern alle, stellen sie in ihren Bann. So ist es doppelt wichtig, die Gesundheit aller nicht aus dem Blick zu verlieren und einen roten Faden zu spinnen, mit dem Sie sich selbst, Ihr Team, Ihre Mitarbeiter leiten.

Konzeptionelles Gestalten verbunden mit Prozessmanagement ist dafür ein gutes Handwerks- und Rüstzeug, das den Rahmen für die Kontinuität bildet (s. S. 235 ff.).

Gesundheit in das Unternehmen und zu den Mitarbeitern zu tragen und ihnen Impulse für die Begeisterung zum Mitmachen zu geben, gemeinsames Gestalten in den Mittelpunkt zu setzen, dafür finden Sie Best-Practice-Beispiele. Dort können Sie auch einen Blick auf meinen Beitrag »Der DemografieCoach – Chancen im Unternehmen entdecken und leben« als einem Modell für die Einführung und/oder die Fortentwicklung des Personalen Gesundheitsmanagements in Ihrem Unternehmen, mit seinen Potenzialen und Gelingenskriterien werfen. Die Projekte und Prozesse, wie sie Cornelia Kram, Loreen Klahr und Cornelia Weitzel beschreiben, sind in dieser Ausbildung entstanden.

Eine der wichtigsten Voraussetzungen für das Gelingen ist es zu lernen: an sich selbst, an Ihrem Verhalten und Ihren Erfahrungen, Ihren Erfolgen. Zu betrachten, wie Sie bereits gesund den Tag meistern, und das zu stärken. Welche Erfahrungen Ihre Mitstreiter machen und davon zu lernen ...

Dann wird deutlich: Wenn Sie Gesundheit auf organisationaler Ebene thematisieren, stecken Sie mitten in einem persönlichen Personalen Gesundheitsmanagement. Sowohl auf der persönlichen Ebene, auf der Ebene von Führungskräften und ihren Teams als auch auf der organisationalen Ebene zeigt sich eine tiefe Veränderung, die Sie und alle anderen aktiv und passiv Beteiligten in einer gemeinsam getragenen Unternehmenskultur verbindet.

> Eines ist somit klar: Gesundheit im Unternehmen im Sinne von Personalem Gesundheitsmanagement zu leben, und damit die Arbeitsfähigkeit aller zu erhalten und zu fördern, ist Veränderungsmanagement auf allen Ebenen.

Damit dies gut gelingt, braucht es eine gute inhaltliche und umsetzende Steuerung sowie Führungskräfte, die das Umsetzen in guter Balance leben.

Dafür ist wertschätzende Aufmerksamkeit und ein gutes Management notwendig. Kai Romhardt stellt in seinem Beitrag »Müheloseres Management durch Achtsamkeit ... oder was Change-Manager vom Buddhismus lernen können« (s. nächste Seite) ein Modell dafür vor.

Müheloseres Management durch Achtsamkeit

Martin Eppler und Kai Romhardt

... oder was Change-Manager vom Buddhismus lernen können

Dieses Interview mit Dr. Kai Romhardt führte Professor Martin Eppler von der Universität St. Gallen. Das Gespräch beruht auf der Annahme, dass sich Change-Manager, die sich eine mühelosere Praxis wünschen, nicht nur auf Erkenntnisse aus der Betriebswirtschaftslehre und der Psychologie stützen sollten. Sie sollten sich auch von Gebieten inspirieren lassen, die sich seit jeher mit Themen wie Gelassenheit und Achtsamkeit auseinandersetzen. Ein solches Gebiet ist der Buddhismus. Und mit Dr. Kai Romhardt befragen wir in diesem Gespräch einen buddhistischen Lehrmeister, der auch in Managementkreisen hohes Ansehen genießt. Dr. Romhardt legt dar, wie Achtsamkeit als Praxiselement wirkt und wie dies ganz konkret zu einer Ressource für Change-Manager werden kann.

Eppler: Herr Dr. Romhardt, warum sollten sich Manager für Konzepte wie Achtsamkeit, Gelassenheit oder Mühelosigkeit interessieren?

Romhardt: Achtsamkeit ist kein Konzept, sondern ein trainierbarer Geisteszustand. Ist unsere Achtsamkeit stark, sehen wir die Zusammenhänge zwischen unserem Denken, Fühlen, Handeln, Sprechen und Wahrnehmen klar und unverzerrt. Wir sehen, was im gegenwärtigen Augenblick wirklich vor sich geht, und übernehmen die Verantwortung für unseren Part. Wir sehen beispielsweise, dass es unsere eigene Gereiztheit oder unser negatives Bild unseres Gegenübers ist, was maßgeblich zu einem Konflikt beiträgt. Indem wir unsere Geisteshaltung ändern, entschärft sich die Situation. Achtsamkeit führt zu Konzentration und Sammlung; Konzentration und Sammlung führen zu Einsicht und Verstehen. Und tiefes Verstehen löst falsche Ideen und Vorstellungen über uns selbst, andere und die Welt auf, die unser Leben anspannen und mühevoll werden lassen können.

Manager sollten ein klares Verständnis ihrer selbst und ihres Umfelds haben. Achtsamkeit löst falsche Wahrnehmungen auf und lässt uns Verantwortung für unsere eigenen Taten übernehmen. Vieles davon entgeht uns, ist aber wesentlich: unsere Gedanken, unsere emotionale Gestimmtheit, unsere tiefere Motivation oder der Klang unserer Stimme.

Achtsamkeit bringt uns zudem in unmittelbaren Kontakt mit der steten Veränderung allen Lebens. Wir werden wach für die Mikroveränderungen in unserem Körper, in unseren Gedanken und Stimmungen, aber auch in den Menschen um uns herum und allen anderen belebten und unbelebten Objekten unserer Wahrnehmung. Im Buddhismus wird Veränderung als eines der drei Daseinsmerkmale gesehen, und der wache Kontakt mit ihr als immense Quelle der Erkenntnis. Achtsamkeit wandelt die intellektuelle Einsicht »Alles ist im Wandel« in eine Augenblick für Augenblick erlebbare Realität um. Für den Change-Manager scheint mir dieser tiefe Kontakt mit der steten Umwandlung aller Phänomene von höchster Bedeutung zu sein.

Eppler: Sie erleben in Ihren Achtsamkeitsseminaren viele Manager. Spüren Sie dabei eine Sehnsucht der Teilnehmer nach mehr Mühelosigkeit und Gelassenheit?

Romhardt: Ja, zunehmend. Viele Manager und Unternehmer sind müde geworden. Sie fühlen sich leer und ausgebrannt. Sie wissen, dass sie nicht mehr lange so weitermachen können wie bisher. Etwas muss sich ändern. Sie haben den äußeren Erfolg, aber ihnen mangelt es an Sinn. Oder sie haben in ihrem Herzen eine Vision, aber sind nach Jahren des Kämpfens an ihre körperlichen und mentalen Grenzen geraten. Planen, planen, planen. Und dann den eigenen oder fremden Zielen hinterherrennen. Das ist sehr anstrengend. Viele haben das Gefühl, am Wesentlichen vorbeizurasen, auf Autopilot zu sein, das Denken und Bewerten nicht mehr abschalten zu können, den tieferen Kontakt zu sich selbst und zu ihrer Familie zu verlieren Sie sehnen sich nach Lebendigkeit, unstrukturierter Zeit, Muße und – das ist ganz wichtig – nach Gemeinschaft. Einer Gemeinschaft, in der sie nicht funktionieren müssen, einer vergleichsfreien Zone, nach Brüderlichkeit. Sie wollen ihre Talente einbringen, sie wollen einen guten Job machen, aber nicht zu diesem Preis. Viele spüren, dass ihnen Achtsamkeit und Meditation neue Wege aufzeigen können. Dass sie freier sind, als sie sich selbst zugestehen.

Eppler: Ist es überhaupt möglich, Lebenspraktiken aus der sehr reflexiven Domäne des Buddhismus auf einen derart hektischen Job wie das Management zu übertragen, und falls ja, wie kann dies gelingen?

Romhardt: Grundsätzlich ja. Natürlich sind die Umfelder, über die wir hier reden, sehr unterschiedlich. Ich kenne Unternehmer, die ihre Mitarbeiter zur Meditation ermuntern. Sie haben selbst sehr positive Erfahrungen gemacht und wollen diese auf ihre Organisation übertragen. Und dann existieren andere Umfelder, in denen Klarheit nicht wirklich erwünscht ist. Achtsamkeit wird dort vielleicht als eine Stressbewältigungsmethode gesehen, die Personen, die kurz vor dem Burnout stehen, wieder stabilisieren kann.

Doch das ist zu kurz gegriffen. Stellen wir uns ein Unternehmen vor, das schädliche Produkte herstellt und diese mit aggressiven und irreführenden Marketingmaßnahmen vertreibt. Dieses Unternehmen wirkt nicht heilsam auf seine Kunden, Mitarbeiter und sein gesamtes Umfeld ein. In solchen Umfeldern ist Klarheit nicht wirklich willkommen. Achtsamkeit zeigt uns klar, was wirklich passiert. Wer als Unternehmer keine Angst vor diesem klaren Blick auf die Realität hat, der wird von wachsender Achtsamkeit profitieren. Wer unethisch, ausbeuterisch oder unmenschlich agiert, der wird durch Achtsamkeit mit diesem Verhalten konfrontiert werden.

Wollen wir sinnvolle Produkte und Dienstleistungen in die Welt bringen und dabei freudig und entspannt mit anderen zusammenarbeiten, dann ist Achtsamkeit unser Kompass. Geht es uns hingegen primär um unseren persönlichen Vorteil oder Gewinn, oder sind Produkte und Menschen für uns nur Mittel zum Zweck, dann kann die Achtsamkeitspraxis ungewollte Effekte haben. Ein Unternehmen wollte zum Beispiel durch ein Achtsamkeitstraining den Stresslevel in seinem Callcenter senken. Im Anschluss an das Achtsamkeitsseminar kündigte die Hälfte der trainierten Mitarbeiter. Das hatte der Auftraggeber wahrscheinlich nicht beabsichtigt.

Eppler: Was raten Sie Change-Managern, die unter großem Druck und oft gegen erheblichen Widerstand Veränderungen durchsetzen müssen? Wie können diese ihre Praxis achtsamer und müheloser gestalten?

Romhardt: Mühelosigkeit ist ein Begriff, der uns darauf hinweist, wie entscheidend es ist, wie – in welchem Geisteszustand, mit welcher Geisteshaltung – wir eine Handlung ausführen. Mühe ist nicht gleichbedeutend mit

Anstrengung. Anstrengung bezeichnet die Energie, die es braucht, um ein Hindernis zu überwinden. Mühe ist hingegen ein Extra. Während wir handeln fragen wir uns: »Wird das gut gehen?« Während wir handeln, malen wir uns die Konsequenzen unseres Scheiterns aus und bekommen Angst. Wir konzentrieren uns nicht auf die Gegenwart, sondern wandern immer wieder sorgend und planend in die Zukunft oder bedauern das, was wir nicht mehr ändern können. Darunter leiden unsere Taten in der Gegenwart und werden mühsamer.

Mark Twain hat einmal gesagt: »The worst things in my life never happened.« Die buddhistische Psychologie sagt: Den größten Teil unserer Probleme schafft der untrainierte Geist sich selber. Er kann aus Hügeln Berge machen und aus einem leicht genervten Kunden eine existenzielle Bedrohung. Innerer Kampf, Widerstand, Spekulation, ein rasendes Gedankenkarussel und die davon ausgelösten Emotionen sind es, die uns ermüden, die uns Mühe bereiten. Was uns auch ermüdet, sind Identifikationen, feste Bilder unserer selbst à la »Ich bin der erfolgreiche Change-Manager«. Es hilft sehr, bei unserer Arbeit mit etwas Größerem als uns selbst in Kontakt zu sein, etwas, das uns ausrichtet, mit dem wir durch alle Schwierigkeiten verbunden bleiben.

Achtsamkeit hilft uns, diese energieraubenden Prozesse zu beenden. Folgende Prinzipien und Übungsziele haben sich bewährt: Kultivierung von Impulsdistanz, Extralosigkeit im Handeln, Muße-Integration, systematisches Innehalten, Anfängergeist und De-Identifikation.

Eppler: Können Sie diese Prinzipien näher erklären und anhand von Beispielen erläutern?

Romhardt: Impulsdistanz ist die Fähigkeit, einen körperlichen oder geistigen Impuls klar wahrzunehmen, sein Anschwellen und Abklingen zu beobachten, ohne dem Impuls folgen zu müssen. Impulsdistanz ist die Grundlage für menschliche Freiheit und erlaubt uns, die Folgen einer Tat abzuschätzen und bei klarem Verstand eine Entscheidung zu treffen. Wir werden nicht mitgerissen. Wir müssen nicht reagieren oder zurückschießen. Und wir müssen nicht den dritten Espresso trinken, nur weil uns Kaffeearoma in die Nase dringt. Ein bis drei bewusste Atemzüge können ausreichen, um Distanz zu schaffen, und fünf Minuten später freuen wir uns, dass wir nicht reagiert haben.

Anfängergeist Auch wenn wir eine Tätigkeit tausendfach ausgeführt haben, ist sie doch niemals dieselbe. Jede Situation ist neu. In uns und um uns herum haben auf verschiedensten Ebenen Veränderungen stattgefunden. Schauen wir so auf die vielen kleinen Alltagsverrichtungen unseres Tages, bleibt uns unsere Offenheit erhalten. Wir entgehen der Gefahr, in Routine zu erstarren. Im Kern existiert keine Wiederholung. Langeweile stellt sich ein, wenn wir den Kontakt mit dieser inneren Offenheit verlieren, wenn wir zu scheinbar Wissenden werden. Vor Experten ohne Anfängergeist sollten wir uns hüten.

Extralosigkeit bedeutet, sich ganz auf den Kern einer Aktivität zu konzentrieren. Wir moderieren ein Meeting und fragen uns nicht ständig, was in diesem Meeting alles schieflaufen und was das wiederum für uns bedeuten könnte. Wir steigen nicht in negative Emotionen, Gedanken oder Szenarien ein. Ohne Extras werden viele Tätigkeiten einfacher, entspanntes Singletasking, wenn Sie so wollen. Viele Konflikte entstehen, weil die eine oder andere Seite inkorrekt mutmaßt, hofft, erwartet oder schlicht nicht bei der Sache ist.

Mußezeiten sind Zeiten, in denen sich das Leben ohne Zielerreichungsdruck entfalten kann. Muße, das ist Leben ohne vorgeplante Aktivitäten, Termine und Ergebnisse. Muße zieht ein, wenn wir die Zeit vergessen (können). Ein Termin fällt aus, und wir lassen nicht automatisch die nächste Tätigkeit auf der To-do-Liste nachrutschen. Oder wir verordnen uns einen »No-Business-Day«. Muße schafft natürliche Entwicklung und Kreativität. Auch Lernen braucht Muße. Ich veranstalte kein Zweitagesseminar ohne eine ausgedehnte Mußephase. Ohne Muße rennen wir von Projekt zu Projekt und geraten in Gefahr auszubrennen.

De-Identifikation bezeichnet die gesunde Distanzierung von Titeln, Erfolgen, Projekten, der eigenen Visitenkarte und äußeren Zuschreibungen. Wir sind viel mehr als unsere Erfolge und Misserfolge. Sehen wir dies klar, steigen wir weder in den inneren noch den äußeren Hype um uns ein und können auch unangenehmen inneren und äußeren Urteilen zulächeln. Das verschafft uns wachsende Freiheit und entspannt uns auf einer tiefen Ebene.

In **Arbeitsmeditationen** können diese Prinzipien sehr klar angewendet und in ihrer Wirkung auf das Arbeitsergebnis erfahren werden. Dies führt zu einem tieferen Verständnis der eigenen Arbeits-, Denk- und Gefühlsgewohnheiten und kann zu einem freieren und sinnvolleren Einsatz unserer Schaffenskraft führen.

Innere Freiheit ist der größte Schutz eines Change-Managers. Niemand zwingt ihn oder sie dazu, diesen Job zu machen. Change Management wird dann zur Tortur, wenn ich selbst nicht an die Sinnhaftigkeit des Prozesses glaube, wenn ich zum Erfüllungsgehilfen der Ideen und Pläne Dritter werde. Social Engineering ohne Herz macht Druck und schafft auf allen Ebenen Probleme. Als Change-Manager sollten wir uns gut überlegen, für welche Veränderungsprozesse wir zur Verfügung stehen, und ob diese mit unseren Werten übereinstimmen.

Achtsamkeit hilft uns, uns auf gute Art und Weise zu de-identifizieren, uns nicht persönlich über den Erfolg eines Veränderungsprozesses zu definieren und Abweichungen vom Veränderungsziel nicht als persönliche Niederlage zu empfinden. Ich plädiere für eine stärkere Inputorientierung, das heißt mich in meiner Arbeit stärker darauf zu konzentrieren, was ich selbst sinnvoll einbringen kann, als darauf zu schauen, ob Dritte das Projekt als Erfolg sehen. Meinen persönlichen Beitrag kann ich halbwegs steuern, für die tausend Unwägbarkeiten im Außen sollte ich nicht auch noch die Verantwortung übernehmen. Druck entsteht, wenn ich Veränderungen vorantreibe, von denen ich nicht überzeugt bin. Druck entsteht, wenn Methoden der Veränderung eingesetzt werden, die ich im Innersten ablehne.

Eppler: In welche Stressfallen tappen Manager Ihrer Erfahrung nach immer wieder und wie ließen sich diese vermeiden?

Romhardt: Hier eine kleine Aufzählung aus den Erfahrungen meiner Einzelcoachings mit Unternehmern, Managern und Beratern: Zu starke Identifikation mit dem eigenen Erfolg. Hoher Einsatz für Ziele, hinter denen man nicht wirklich steht. Fehlen bewusster Übergänge, Ruhepausen und Phasen des Nicht-Denkens. Dauer-Denken – Dauer-Planen – Dauer-Vergleichen. Große Strenge mit sich selbst, Identifikation mit dem inneren Richter. Hoher Druck, den Ansprüchen Dritter genügen zu müssen, geringe innere Freiheit. Innere Abhängigkeit von einem hohen materiellen Lebensstil. Idealisierung von Geistesgiften wie Ungeduld, Unzufriedenheit, Aggressivität/ Gereiztheit und Einsatz dieser zur Eigen- und Fremdmotivation. Scheinbare Alternativlosigkeit. Keine richtigen Pausen (Muße). Fehlende geistige Hygiene/systematische Geistesschulung (Integration einer Meditationspraxis). Ethische Orientierungslosigkeit ...

Eppler: Wie sind Sie selbst auf die Thematik des Buddhismus im Management gestoßen? Was war der Auslöser für Ihre Beschäftigung mit Themen wie Achtsamkeit oder Mühelosigkeit?

Romhardt: Vor vierzehn Jahren stieg ich frisch promoviert bei McKinsey ein, hatte gerade einen Management-Bestseller geschrieben und fühlte mich unverwundbar. Meine Beratungsarbeit machte mich aber nicht glücklich, sondern schwer depressiv. Nach kurzer Zeit kündigte ich und begann nach den Wurzeln meiner Getriebenheit, meiner Ängste und der inneren Gnadenlosigkeit mit mir selbst zu suchen. Auf dieser Suche begegnete ich dem Buddhismus in Form der Achtsamkeitspraxis in der Tradition des bekannten Zen-Meisters und Friedensaktivisten Thich Nhat Hanh. Meine ersten Meditationsretreats im buddhistischen Kloster Plum Village öffneten mir die Augen. Nie habe ich in so kurzer Zeit so viel Essenzielles gelernt. Und zwar ohne jede Mühe. Über mich selbst, meine Familie, unsere Gesellschaft, die Wirtschaft und die tieferen Ursachen für Glück und Unglück in seinen tausend Formen. Insgesamt zwei Jahre habe ich in Plum Village verbracht und bin heute noch regelmäßig dort. Ich habe hunderte von Menschen verschiedenster Herkunft und Nationalität erlebt, deren Leben sich durch die Achtsamkeitspraxis fundamental zum Positiven gewendet hat. Kriegsveteranen, Sozialarbeiter, Wissenschaftler, Unternehmer, Ärzte und Lehrer. Das hat mein Vertrauen in die Praxis extrem gestärkt. Und so habe ich mich entschlossen, in meiner eigenen Arbeit diese Methoden weiterzugeben und Unternehmen, Universitäten und anderen Organisationen anzubieten. Und Einzelpersonen bei der Neuorientierung, beim Umsteigen in heilsamere Arbeitsfelder zu unterstützen.

Eppler: Ihr Spiritus Rektor, Thich Nhat Hanh, hat vor drei Jahren ein Buch mit dem Titel »Das Wunder des bewussten Atmens: Der Weg zu mehr Gelassenheit und innerem Frieden« verfasst und dabei das Atmen als Schlüssel hierzu beschrieben. Warum ist Atmen so zentral?

Romhardt: Thich Nhat Hanh betont in seiner Lehre das achtsame Atmen besonders, weil es ihm auf vielfältige Weise geholfen und wertvolle Einsichten geschenkt hat. Wir können uns manchmal nicht vorstellen, dass uns so etwas scheinbar Einfaches wie das Atmen tiefe Einsichten schenken kann. Wir denken, dass hierzu komplizierte intellektuelle Prozesse nötig sind. Für mich ist das Gegenteil wahr. Achtsames Atmen hat mir eine Klarheit geschenkt, die mir mein alleingelassener intellektueller Geist nie schenken konnte. Thich Nhat Hanhs Lehre basiert unter anderem auf dem Anapanasati-Sutta, dem Sutta des achtsamen Atmens. Dies ist eine der bekanntesten Lehrreden Buddhas. In 16 Schritten des bewussten Atmens gewinnen wir Erkenntnisse über unseren Körper, unsere Emotionen, unsere Geisteszustände und schließlich über die grundlegenden Zusammenhänge des ganzen Universums. Thich Nhat Hanh bezeichnete den Tag, als er dieses Sutra fand und mit ihm zu üben begann, als den glücklichsten Tag in seinem Leben. Für das achtsame Atmen gilt dasselbe wie für alle anderen Methoden der Achtsamkeitspraxis: Man muss es tun, es üben, es neugierig ausprobieren. Darüber zu reden reicht nicht. Mit etwas Übung können wir mit zwei bis drei achtsamen Atemzügen einen inneren weiten Raum erzeugen, der uns hilft, schwierige Emotionen und Gedanken gehen zu lassen. Achtsames Atmen holt uns aus unseren Spekulationen und unserem Gedankenkino zurück in die Gegenwart und erdet uns. Das ist extrem stressreduzierend und nervensparend.

Die am leichtesten integrierbare Atemmethode, die ich in meinen Seminaren anbiete, lautet A-L-I: Atmen – Lächeln – Innehalten. Wir konzentrieren uns voll auf unser Atmen, ohne es in einen Rhythmus zu zwingen. Wir sitzen oder stehen aufrecht und sind uns der Berührungen des Körpers mit dem Boden oder dem Stuhl bewusst. Wir geben unseren Gedanken keine Nahrung, sondern lassen sie vorüberziehen. Wenige achtsame Atemzüge reichen aus, um unseren Körper und Geist in der Gegenwart zu sammeln, uns zu erfrischen und ein klares Bild von unserer aktuellen Situation zu erlangen. Üben wir A-L-I in einer Gruppe, zentriert sich die Gruppe, vertieft sich das Zuhören, wächst die Konzentration und Verbundenheit – mühelos. Das ist meine Erfahrung aus über hundert Seminaren und Vorträgen, in denen ich diese Methode eingesetzt habe. Es funktioniert.

Eppler: In Ihren eigenen Büchern – wie zum Beispiel in »Slow down your life. Vom Glück der Gelassenheit« – betonen Sie die Wichtigkeit des richtigen Tempos für mehr Wirksamkeit und Gelassenheit. Nun haben Change-Manager oft nicht den Luxus, sich beliebig lange Zeit zu lassen für ihre Planung oder Umsetzung. Wie können sie dennoch Hektik und Aktivismus vermeiden?

Romhardt: Langsamkeit und Schnelligkeit sind wie Bruder und Schwester. Es geht nicht darum, dass das eine gut und das andere schlecht ist. Aber wer zu schnell unterwegs ist, der kann leicht am Wesentlichen vorbeirasen und in Aktionismus geraten. Im individuellen und kollektiven Burnout beginnen die Gedanken, Entscheidungen, Pläne, Projekte immer schneller zu kreisen. So lange, bis gar nichts mehr geht. Und nicht selten ist es der Change-Manager oder Berater selber, der ausbrennt. Innehalten ist daher kein Luxus, sondern eine Notwendigkeit. Impulsdistanz, die Fähigkeit, innere und äußere Impulse des Handelns gelassen vorbeiziehen zu lassen, ist eine Schlüsselqualifikation für jeden, der sich nicht von der Dynamik der Ereignisse davonreißen lassen möchte. Wir brauchen mehr Menschen, die Ruhe bewahren, die Ungeduld nicht als eine Tugend betrachten, sondern als einen wenig förderlichen Geisteszustand, der eine Spirale negativer Emotionen auslösen kann. In mir selbst und um mich herum.

Eppler: In einem anderen Buch, »Wissen ist machbar«, schlagen Sie vor, müheloser zu leben, indem man ganz bewusst seine Informationsaufnahme reduziert. Ist das auch für Manager ein gangbarer Weg oder sehen Sie bei dieser radikalen Filterstrategie auch Risiken?

Romhardt: Ich schlage regelmäßige Phasen des Medienfastens vor. Medienfasten ist der bewusste Verzicht auf Medieninputs auf Zeit. Wie das körperliche Fasten reinigt und sensibilisiert uns eine Medienfastenkur für das Wesentliche und macht es möglich, zu neuen Mediengewohnheiten zu gelangen. In meinen Lehraufträgen für Wissensmanager haben wir regelmäßig eine Medieninputbilanz erstellt. Die Wissensmanager waren erstaunt bis entsetzt, wie viele Stunden der Woche sie dem reinen Medieninput widmen. 40 bis 60 Stunden. Und wie wenig Zeit sie der Verdauung widmen. Wie sie jede Pause, die sich auftut, mit neuen Inputs füllen und nicht einfach nur dasitzen können, im Vertrauen, dass sich die Dinge im Innern von allein ordnen und verbinden, wenn man ihnen hierfür nur die notwendige Zeit und den notwendigen Raum gibt. Einfach nur dasitzen, Wissen, Begegnungen und Ideen verdauen, das fällt uns schwer. Doch ohne diese Verdauungsphasen büßen wir an Klarheit und Kreativität ein.

Wir müssen nicht radikal filtern, aber wir sollten uns bewusst sein, dass Informationen und Medien Nahrung für unseren Geist sind, eine kraftvolle Wirkung auf unsere Gedanken und Grundstimmungen haben und unsere

Tage emotional färben und ausrichten können. Die Grundfrage lautet: »Lese ich die Zeitung oder liest die Zeitung mich?«

Eppler: Seit einiger Zeit ist Buddhismus und Achtsamkeit ein Modethema im Management. Was ist Ihrer Ansicht nach nötig, damit sich diese Themen nachhaltig im Management etablieren? Welche Rolle spielt Ihr Verein Achtsame Wirtschaft dabei?

Romhardt: Zuerst zum Netzwerk: Wir sind eine Community von Buddhisten und Nicht-Buddhisten, die sich in Achtsamkeit und Meditation üben und in der Wirtschaft tätig sind. Uns verbindet der Wunsch und die Erfahrung, dass wir eine achtsamere Wirtschaft schaffen können. Hierbei beginnen wir bei uns selbst und teilen unsere Erfahrungen dann mit den wirtschaftlichen Umfeldern, in denen wir tätig sind – nicht missionarisch, sondern entspannt einladend.

Seit acht Jahren wächst das Netzwerk stetig und wir organisierten in 2012 um die 100 Veranstaltungen in etwa 20 Städten. Inzwischen haben wir acht Regionalgruppen gegründet, unter anderem in Berlin, Frankfurt, München und Wien. Wir treffen uns regelmäßig zu Achtsamkeitsseminaren, längeren Retreats, regionalen Meditations- und Austauschabenden, zu Mindful Coworking Days (an denen wir Arbeit und Meditation integrieren). Unsere aktuellen Themen sind »Achtsamkeit in der Organisation«, »Achtsamkeit im Verkauf und der Kundenbeziehung« und die Formulierung einer buddhistisch inspirierten Wirtschaftsethik.

Und zum Thema Mode: Wir spüren, dass die Aufmerksamkeit für das Thema wächst und dass eine wachsende Anzahl von Trainern auf den Zug aufspringt. Viele tun sich damit keinen Gefallen. Achtsamkeit lässt sich nicht erjagen oder erzwingen. Sie will geduldig geübt und gestärkt werden. Wir sollten uns Zeit auf dem Weg vom Übenden zum Lehrenden lassen und aus gereifter persönlicher Erfahrung teilen. Aber ich verstehe die Sehnsucht vieler Trainer und Manager sehr gut, das Gelernte sofort teilen zu wollen. Wer einmal in einer Gruppe gelebt oder gearbeitet hat, die in Achtsamkeit miteinander verbunden ist, der will dies in seinem Arbeitsalltag immer wieder erfahren. Und mancher Change-Manager, der diese Verbundenheit einmal erlebt hat, wird sich vielleicht nach einem neuen Beruf oder beruflichen Umfeld umschauen.

Einige Effekte des Achtsamkeitstrainigs sind sehr schnell zu erfahren; wenn Sie so wollen sind es »quick wins«. Andere Effekte stellen sich erst mit der Zeit ein. Dazu gehören wachsendes Mitgefühl, innere Ruhe, grundlose Freude, ein liebevolles Verhältnis zu sich selbst und natürliches ethisches Verhalten.

Eppler: Wir danken Ihnen herzlich für das Gespräch.

Das Gespräch führte Prof. Dr. Martin Eppler. Die Erstveröffentlichung dieses Interviews erfolgte in: OrganisationsEntwicklung. Zeitschrift für Unternehmensentwicklung und Changemanagement. Düsseldorf, 02/2013. Siehe auch www.zoe.ch.

Leben

Joachim Galuska

Mein innerer persönlicher Weg, ich könnte sagen mein spiritueller Weg, war ein Weg zunehmender Bewusstwerdung. Moderne Spiritualität ist letztendlich die Entfaltung des eigenen Bewusstseins. Meine persönliche Suche danach, wer ich in meinem Innersten selbst bin, brachte mich zur Psychologie, zur Psychotherapie, zur Erforschung spiritueller Kulturen und veränderter Bewusstseinszustände und zur Entfaltung meines Bewusstseins hin zu Seele und Geist und dem, was all dies transzendiert, wie ich es beschrieben habe.

Das vertiefte und erweiterte Bewusstsein erkennt sich als Ausdruck einer umfassenderen Intelligenz, die es hervorbringt und sich entwickeln lässt. Der Fokus meiner persönlichen Suche bezog sich auf die Arbeit an der Ausdehnung meines Bewusstseins. Die Anwendung dieser Bewusstseinsformen und Bewusstseinszustände, zum Beispiel in der Psychotherapie, in der Unternehmensführung oder in meiner Lebensführung, erschienen mir wie Früchte auf diesem Weg. So begann ich immer mehr, in meinem Leben aufzuwachen und das Leben zu vergegenwärtigen, das ich gerade lebte. Ich begann, mich an den Platz in meinem Leben zu stellen, an dem ich eben gerade stand, mich in die Mitte des Lebens hineinzustellen als der, der ich eben war oder bin, mit allen meinen Eigenschaften, meiner Geschichte, meinem Sein, meinem Bewusstsein, meinen Bezügen und meiner Welt. Ich spürte die Bedeutung der Worte von Albert Schweitzer: »Ich bin Leben, das Leben will, inmitten von Leben, das Leben will.« Ich begann das Leben zu vergegenwärtigen, so wie es gerade geschieht, die Momente meines Lebens zu vergegenwärtigen in ihrer Ganzheit und ihrer lebendigen Präsenz.

Ich spürte den Satz von Albert Schweitzer noch weiter vereinfacht: »Ich bin Leben, das lebt, inmitten von Leben, das lebt.« Mein persönliches und individuelles Leben als Teil eines umfassenderen Lebensprozesses zu erkennen, ließ mich mein Leben und mehr noch das Leben selbst erforschen. Ich begann, inmitten des Lebens das Leben selbst zu spüren in seiner Lebendigkeit, in seiner enormen Präsenz, in seinem Strömen, dem Strömen unseres Lebensstromes, in seinem Fließen, dem Fließen des Flusses unseres Lebens,

Anmerkung: Dieser Beitrag ist Teil eines vom Autor herausgegebenen Werks mit dem Titel »Bewusstsein« (2013)

in seiner Ursprünglichkeit, pur, pures Leben. Ich begann zu spüren, was für eine Freude es ist, das Leben in seiner Essenz zu spüren, die Lebensfreude in ihrer Ursprünglichkeit zu empfinden, was für ein Glück es ist zu leben, gerade zu leben, diesen Quell dieses Stromes des Lebens zu spüren und ein Teil davon zu sein. Und ich begann, den Wert dieses Lebens zu spüren, wie großartig es ist, wie intelligent, und wie es sich entfaltet. Dass ich und wir nicht nur daran teilhaben können, sondern dies auch noch vergegenwärtigen können, erkennen können, dies erleben dürfen am Leben zu sein, zu leben, empfinde ich als eine große Gnade, das größte Geschenk, das jeder von uns erhalten hat und in sich trägt, solange er lebt. Und ich bin sehr, sehr dankbar dafür.

Auf meinem Weg habe ich mich immer wieder gefragt, was eigentlich fundamentaler ist: das Bewusstsein oder das Leben?

Ist die zentrale evolutionäre Bewegung die des Bewusstseins, das sich selbst vergegenwärtigt als Ausdruck einer umfassenden Intelligenz, die sich als dieses Universum manifestiert, als diese Evolution, die irgendwann einmal Leben hervorbringt und Nervensysteme, die erwachen und sich selbst erkennen als Teil dieser umfassenderen Intelligenz?

Oder ist der evolutionäre Prozess in sich selbst ein lebendiger Ausdruck dieser umfassenderen Intelligenz, eine lebendige Evolution, die sich im Zuge ihrer eigenen Bewusstwerdung und Vergegenwärtigung spürt und in voller Bewusstheit weiterentwickelt?

Mit zunehmendem Alter neige ich zu der zweiten Variante, das Leben zu begreifen als ein sich selbst aufklärender Prozess, als ein Geschehen, das sich seiner selbst bewusst wird und sich selbst zunehmend erkennt und vergegenwärtigt in seiner Art und Weise, in seinen Grundstrukturen, seinen innersten und äußersten Bewegungen, seinem evolutionären Potenzial, seiner eigenen Intelligenz. Der Fokus der Erforschung des Lebens liegt dann nicht mehr primär in der Vertiefung und Erweiterung des Bewusstseins, der inneren Loslösung aus den fixierenden Strukturen und Mustern und der Konzentration auf eine transzendente Wirklichkeit, sondern er bezieht sich auf das Innerste des Lebens selbst, auf eine Vertiefung und Erweiterung unseres Lebens.

Was geschieht, wenn wir inmitten unseres Lebens aufwachen, inmitten dieses Momentes, und ihm nichts entgegensetzen? Dann spüren wir unsere lebendige Präsenz, unsere lebendige Anwesenheit.

Was spüren wir, wenn wir inmitten dieses Moments, in dieser Präsenz ganz offen sind und in völliger Offenheit verweilen? Dann spüren wir die Fülle dieses Momentes, die Fülle dieser gesamten Erfahrung.

Die innere Leere unserer schwebenden Offenheit lässt uns die Fülle spüren unserer Sinneserfahrungen, unserer Empfindungen und Gefühle, unseres Bewusstseins.

Und wie ist es, uns an diese Fülle hinzugeben, uns ganz ausfüllen und erfüllen zu lassen von der Fülle des Lebens, uns ergreifen zu lassen von seiner Intensität, seinen Lebensenergien, dem Strömen, das von innen heraus diese Lebenserfahrung hervorbringt und weiter entfaltet? Es ist zumindest belebend, wahrscheinlich auf eine innerste Weise ästhetisch, einfach schön und lustvoll, letztendlich sogar ekstatisch. Das Leben von innen her in seiner überfließenden Fülle und Schönheit zu spüren ist letztendlich Ekstase, Teilhabe an der Freude des Lebens an sich selbst, am Geschmack des sich entfaltenden Lebensstromes. Vieles könnte und sollte man vielleicht auch an dieser Stelle sagen über Lebensfreude und Lebenslust, über Schönheit und Ästhetik. Sie wecken jedenfalls unser Herz und lassen uns dem Leben zuwenden, das Leben annehmen und lieben. Unser Herz zu öffnen und uns verbunden sein zu lassen mit den Menschen, der Natur, der Welt und dem Göttlichen und Unbekannten, erleichtert es enorm, auch das Leben anzunehmen, sich mit ihm verbunden sein zu lassen und es dann zunehmend in seinem Innersten zu spüren und sich von ihm ergreifen und führen zu lassen.

Mit dem Leben verbunden zu sein bedeutet, es ganz anzunehmen, nicht nur in seiner Schönheit, sondern auch in seinem Schrecken, wie Rilke sagt, nicht nur in seiner Leichtigkeit, sondern auch in seinem Ernst, wie Rilke ebenfalls feststellt, nicht nur in seiner Lebensfreude, sondern auch in seinem Schmerz und seinem Leid, nicht nur in seiner Tiefe, sondern auch in seiner Oberfläche, nicht nur in seiner individuellen Entfaltung, sondern auch in seiner kollektiven Verbundenheit.

Den Weg des Lebens zu gehen bedeutet auch, das eigene persönliche Leben anzunehmen, mich anzunehmen als Ausdruck meines Lebens. Und das ist vielleicht das Schwierigste: mich und mein Leben vollkommen zu akzeptieren und anzunehmen, so wie es ist und so wie ich bin, ohne Ablehnung, ohne Widerstand. Es bedeutet nicht, alles zunächst gutzuheißen oder schön zu finden, sondern eher es hinzunehmen, zunächst einmal sein zu lassen, zu spüren wie es ist, in allen seinen Licht- und Schattenseiten. Und es ist eben ein Sich-mitten-Hineinstellen in dieses Leben, ein Aufwachen in diesem Fluss meines Lebens und ein Vergegenwärtigen, wie es sich anfühlt und wie es ist, in dieser Zeit, auf diesem Planeten, in dieser Familie, in dieser Kultur geboren zu sein und als Mensch in dieser Form zu leben.

All dies ist Ausdruck des Lebens und gehört zu meinem persönlichen und individuellen Leben. Und wenn ich es spüre und erkenne und zu mir nehme, dann finde ich mich selbst darin und entdecke, dass ich mich darin bewegen kann. Und ich spüre, welches ungeheure Potenzial in diesem Leben als Mensch liegt, welche Möglichkeiten ich besitze, welche Kompetenzen, mein Leben zu gestalten und die Welt zu verändern. Wenn ich mein Leben ganz annehme, steht mir auch meine gesamte Lebensenergie zur Verfügung, meine gesamte Schaffenskraft, mein gesamtes schöpferisches Potenzial. Ich kann spüren, wie ich in meinem Leben wirken kann, verändern kann, gestalten kann, wie ich dabei an Grenzen stoße, aber auch Grenzen überwinde. Ich kann diesen kreativen Prozess des Lebens von innen her wahrnehmen und in meinem Leben zum Ausdruck kommen lassen. Und wenn ich mein Leben lieben lerne und mich mit ihm verbunden fühle, dann spüre ich diese immense und unmittelbare Verantwortlichkeit, die ich mir und meinem Leben gegenüber besitze, mein Leben auf eine lebenswerte Weise zu gestalten.

Den Weg des Lebens zu gehen heißt, das Leben in allen seinen Facetten zu durchdringen und zu verinnerlichen, das Leben von innen her zu spüren und zu leben. Unsere Bewusstseinsentwicklung kann dazu dienen, das Leben immer tiefer und weiter zu verstehen und zu durchdringen. Je höher entwickelt die Bewusstseinsstruktur, umso tiefer und umfassender ist das Verständnis des Lebens, umso mehr geschieht eine Verbundenheit und schließlich ein Einswerden mit dem Lebensstrom und dann auch mit der Intelligenz, die das Leben so sein und leben lässt, wie es eben lebt, die es konfiguriert und strukturiert. Und je mehr dieses Verinnerlichen geschieht, dieses vergegenwärtigte Leben zu leben, umso größer und tiefer ist die Freiheit und umso umfassender ist das Potenzial, es zu entfalten. Es braucht den Weg des Bewusstseins, um Seele, Geist und kosmische Intelligenz zu erspüren, und es braucht eine Öffnung für das Leben, das eh da ist, pulsiert, strömt und geschieht, um ein beseeltes und intelligentes Leben zu führen.

Leben will leben, wie Schweitzer sagt. Leben will erlebt werden. Leben will sich entfalten und erfüllen. Leben will so voll wie möglich leben. Aber wenn wir das Wollen aus all dem herauslassen, dann tut es das einfach, und wir gestalten unser Leben mit zunehmender Vergegenwärtigung unseres Lebens, mit zunehmendem Spüren unseres Lebens im Einklang, mit dem Leben.

Den Weg des Lebens zu gehen bedeutet, nicht nur das eigene persönliche Leben anzunehmen, sondern auch zu spüren, wie es ist, Teil einer lebendigen Gemeinschaft von Lebewesen zu sein, die eben gerade leben. In dieser offenen Präsenz zu schweben bedeutet, zu spüren, wie es ist, inmitten von Leben zu sein, wie es Albert Schweitzer tat. Das Leben der Lebewesen um mich herum zu spüren und zu realisieren, wie das Leben sich in allen Lebewesen ereignet, lässt mich teilhaben an der Fülle der lebendigen Entfaltungen dieser Evolution. Sie eröffnet mir einen ungeheuren Reichtum an Erfahrungen und eine unermessliche Vielfalt und Tiefe von Begegnungsmöglichkeiten. Sie weckt aber auch mein Mitgefühl für all das Schmerzliche, Leidvolle, Verirrte und Verwirrte. Und sie lässt mich meine Mitverantwortlichkeit spüren für diese Gemeinschaft, zu der ich gehöre, allein deshalb, weil ich gerade in und mit ihr lebe. Sie lässt mich meine Teilhabe an allem Leben und letztlich an der gesamten Evolution spüren, denn sie ist ja auch Ausdruck des Lebens. Sie lässt mich diese kollektive Qualität, diese Gemeinschaftlichkeit, diese Zusammengehörigkeit unmittelbar spüren. Nicht nur ich lebe, sondern wir leben, und ich gehöre dazu! Wir leben, wir leben als Familie, wir leben als Arbeitsgemeinschaft, wir leben als Gesellschaft, wir leben als Menschheit, wir leben als Gemeinschaft aller Lebewesen, wir leben als Natur, wir leben als Kosmos. Wir sind diese kosmische und universelle Intelligenz, die eben so lebt und sich entfaltet.

Es ist letztendlich kein Verlust, sein Leben hinzugeben an diesen kollektiven Lebensprozess, sein Leben in den Dienst der Gemeinschaft zu stellen, zu der man gehört. Das Leben gibt uns frei, unser Leben individuell zu entfalten, aber es bereichert es enorm, unser Leben gemeinsam zu entfalten. Wenn wir danach fragen, was uns Menschen am meisten erfüllt, sind es Partnerschaft und Familie und eine sinnvolle Arbeit, die ja immer etwas für andere Menschen tut. Sowohl aus der Sicht der Bewusstseinsentwicklung als auch aus der Sicht der gemeinsamen Lebensgestaltung ist die Mitverantwortung und die Mitwirkung an unserer Kultur – also unserem gemeinsamen Bewusstseins- und Lebensfeld – eigentlich eine selbstverständliche und natürliche Haltung. Bewusstseinsforschung als Entwicklungsweg führt aber etwas eher zur individuellen Entfaltung, zur individuellen inneren Befreiung und zur individuellen Verwirklichung und Anwendung der gewonnenen Einsichten. Lebenserforschung führt eher zur Lebensbejahung und zur »Ehrfurcht vor dem Leben«, wie Albert Schweitzer sagt, und das meint sowohl mein persönliches Leben als auch alles Leben.

Die eigentliche Lebenskunst besteht nicht nur darin, mein eigenes Leben kreativ und erfüllt zu leben, sondern es im Einklang mit allem Leben zu gestalten. Um es einmal so auszudrücken: »Meine Melodie in der Symphonie des Lebens zu spielen«. Mein Leben und unser Leben gehören untrennbar zusammen. Jeder von uns erleidet sein eigenes Leben und unser gemeinsames Leben. Jeder von uns genießt sein eigenes Leben und unser gemeinsames Leben. Und wir können gemeinsam großartige Lebenskunstwerke schaffen, großartige Symphonien miteinander improvisieren, wenn wir nicht so viel Lärm machen und mehr auf die Töne und Klänge der anderen lauschen.

Mir persönlich wird es mit zunehmendem Alter immer wichtiger, diese ästhetische Dimension unserem gemeinsamen Leben hinzuzufügen, die Welt ein wenig zu verschönern, gemeinsame Lebensräume zu kreieren, die uns inspirieren. Auch ein solcher Kongress ist ja ein Lebensraum, ein Erlebensraum für einige Tage, an denen wir uns gegenseitig inspirieren oder auch nerven und langweilen können. Wir gestalten hier Kultur, Lebenskultur für einige Tage, und das tue nicht ich alleine, sondern eine Gruppe, ein Team von Menschen, in dem jeder diesem gesamten Prozess dienen möchte. Letztendlich tun wir das alle hier gemeinsam, ohne es zu merken.

Aber was geschieht, wenn wir dies vergegenwärtigen, dass wir eben gerade gemeinsam unser Leben gestalten, nicht nur unser Bewusstsein bilden, sondern hier und jetzt leben?

Ich halte dies für pure kollektive Spiritualität. Mein spirituelles Verständnis hat mich letztendlich zum Leben geführt. Auch ich bin den Weg des Bewusstseins gegangen, zunächst zu versuchen, meinen Geist zu befreien von allen Verhaftungen in der Welt und offen zu werden für die Größe und Unmittelbarkeit des Absoluten und Unbekannten. Aber ich habe mehr und mehr gesehen, dass dies nur Bedeutung hat, wenn es mein Leben verändert und erfüllt, nicht wenn es mich von meinem Leben befreit. Meine Bewusstwerdung hat mich mein Leben spüren lassen und das größere Leben, das uns alle hervorbringt. Sie hat den Blickwinkel meiner Spiritualität weggeführt von dem Höheren, Visionären und Zukünftigen hin zum Unmittelbaren, Gegenwärtigen und Lebendigen. Eine Spiritualität des Lebens befreit nicht vom Leben, sondern sie befreit zum Leben, das aufwacht und sich seiner selbst vergegenwärtigt und sich seines Daseins erfreut, das spielt und tanzt.

Und es forscht und sucht:

> Es sucht Glück und es findet Glück.
> Es sucht Frieden und es findet Frieden.
> Es sucht Begegnung und es findet andere.
> Es sucht Stille und findet Stille.
> Es sucht Bewegung und es findet Bewegung.
> Es sucht Liebe und es findet Liebe.
> Es sucht Großes und es findet Großes.
> Es sucht das, was es überschreitet und es findet das, was es überschreitet.
> Das Leben verliert sich und vergisst sich und schläft ein und wacht wieder auf.
> Es wird krank und leidet und manchmal heilt es und manchmal nicht.
> Es wird geboren und wächst und stirbt – irgendwann.
> Es lebt als Ich, als Wir und als alles, was lebt.
> Und ich bin dankbar, dass ich all dies erleben und leben darf.

Abschließen möchte ich mit diesem schönen Gedicht von Rilke, das auch mein persönliches Verständnis meiner Spiritualität so schön ausdrückt:

> »Ich lebe mein Leben in wachsenden Ringen,
> die sich über die Dinge ziehn,
> ich werde den letzten vielleicht nicht vollbringen,
> aber versuchen will ich ihn.
> Ich kreise um Gott, um den uralten Turm,
> und ich kreise jahrtausendelang;
> und ich weiß noch nicht: bin ich ein Falke, ein Sturm
> oder ein großer Gesang.«

Personales Gesundheitsmanagement – Best-Practice-Beispiele

- Berichte über Best Practice
- Der DemografieCoach – Chancen im Unternehmen entdecken und leben
- Aktive Erholungspause – Der Weg zu einem gesunden Arbeitsstil
- Alles anders – alles neu
- Krisen und Gesundheit
- Von der Reaktion zur Prävention

↗02

Berichte über Best Practice

In diesem Buchteil entdecken Sie Best-Practice-Beispiele zum Personalen Gesundheitsmanagement. Die Autoren stimmen Sie jeweils ein mit einer kurzen Zusammenfassung unter dem Fokus: Was bringt es Ihnen, diesen Buchbeitrag zu lesen? In den Praxisbeispielen erhalten Sie Antworten auf Fragen wie:

- Was war der Impuls, der Anlass für den Start des Projekts beziehungsweise des Prozesses? Was hat dazu motiviert?
- Wie war die Situation, als das Projekt/der Prozess gestartet ist?
- Was ist das Ziel des Projekts/Prozesses?
- Welche Zielgruppen standen im Mittelpunkt?
- Welche Menschen wurden gewonnen, um das personale Gesundheitsmanagement zu initiieren und weiterzuentwickeln?
- Wie wurden die Initiatoren und Durchführenden unterstützt?

Es geht dabei um Folgendes:

Ergebnis Es wird festgehalten, welches Ergebnis sich konstatieren lässt. Also: Was ist bei den Zielgruppen nach dem Projekt/Prozess anders als davor? Woran lässt sich das erkennen (beispielsweise Verhalten oder Einstellung)?

Strategie, Maßnahmen, Taktik Hier stellen sich die folgenden Fragen: Welche Schritte wurden gegangen, um das Ziel zu erreichen und die Ergebnisse zu ernten? Nach welcher Strategie wurde vorgegangen? Welche Maßnahmen, Formate wurden gewählt, und wie wurden diese Maßnahmen eingesetzt? Welche Taktik wurde genutzt, um das Projekt wirkungsvoll umzusetzen?

Zeitraum Beschrieben wird auch die Zeitspanne, in der das Projekt oder der Prozess durchgeführt wurden. In welchem Zeitrahmen war es geplant, wie hat es sich entwickelt? Gerade wenn persönliche Lernprozesse im Mittelpunkt stehen, ist dies natürlich auch immer ein wichtiger Erfahrungshintergrund.

Lernerfolg und besondere Erfolge Bei der Umsetzung stellt sich immer wieder die Frage: Gibt es ein besonderes Augenmerk auf das Thema Lernen lernen? Wurde ein Lernerfolg erzielt? Wenn ja, wie wurde vorgegangen? Wie waren die Reaktionen der Beteiligten? Generell geht es um die erzielten Erfolge: Was waren kleine, besondere Erfolge? Gerade die kleinen Erfolge spielen im Alltag eine große Rolle, denn sie tragen die großen Erfolge.

Faktoren für das Gelingen Was waren die Gelingensfaktoren für das intrinsische Motivieren der Menschen, für sich selbstverantwortlich aktiv zu werden, zu sein? Welche Ergebnisse traten hier hervor? Was haben die Beschäftigten gesagt über das, was sie taten? Welche Veränderungen haben die Initiatoren, die Beteiligten gespürt, wahrgenommen? Was war das Besondere an dem Projekt oder Prozess? Welche Methoden wurden genutzt und mit welcher Wirkung? Welche Methoden haben beschleunigt, motiviert, Empowerment gefördert? Welche sind eher ungeeignet?

Welche Schwierigkeiten sind den Beteiligten auf dem Weg begegnet und wie wurden sie gelöst? Wie wurde das Scheitern gewürdigt, wenn etwas schiefging? Wie wurde das für die progressive Entwicklung des Prozesses genutzt?

Schließlich wird noch auf folgende Punkte eingegangen:

- Wie wurde die Nachhaltigkeit eingebracht?
- Was sind die wichtigsten Lernergebnisse?
- Was lief besonders gut?
- Worauf gilt es zu achten, was ist zu vermeiden?
- Was sind die Gelingensfaktoren?
- Und natürlich Tipps für die Umsetzung.

Der DemografieCoach – Chancen im Unternehmen entdecken und leben

Claudia Härtl-Kasulke

Den gesellschaftlichen Wandel als Chance zu entdecken, das schien 1998 – als mein erstes Buch »Marketing für Zielgruppen ab 50« auf den Markt kam und das Thema Demografie aufgriff, so weit entfernt wie der Mars als Reiseziel für Touristen.

Kosmetikunternehmen wie zum Beispiel Beiersdorf hatten Ende der 1990er-Jahre ihre ersten Recherchen zu diesem Thema gemacht, befüchteten aber, dass durch ein entsprechendes Engagement in Richtung ältere Zielgruppen die Marke »zu alt« werden könne – eine Marke, die bis dato bei Familien, vom Baby bis zu den Eltern, gepunktet hatte. Doch es kam anders, als es viele erwartet hatten: die Kosmetikserien für die reife Haut wurden zum Renner und die Zahl der weltweit für die Werbekampagne vorgesehenen Länder, in der die Produktfamilie beworben werden sollte, wurden weit übertroffen. Heute ist Kosmetik für die »ältere Haut« – auch wenn dies nach wie vor bei der Zielgruppe so nicht benannt werden darf – vom Markt nicht mehr wegzudenken.

Oder anders ausgedrückt: Zwei der wichtigsten Wachstumsmärkte sind heutzutage anerkanntermaßen die der Zielgruppen 50plus und Senioren. Und wenn wir nicht in Gegensätzen denken, sondern sowohl die Kinder, die Jugendlichen als auch die jungen und schon älteren Erwachsenen auf unsere Agenda schreiben und damit dem energieraubenden Entweder–oder begegnen, so ist, wie man sieht, nicht nur die Vision von der Reise auf den Mars inzwischen nähergerückt. Wir sind mittendrin, dem Thema der Bevölkerungsentwicklung auch die guten Seiten abzugewinnen. Das Zauberwort dafür lautet »intergenerativ«.

So zeichnete sich bereits in den Anfängen ab, dass mit der richtigen Strategie und dem richtigen Konzept die demografische Entwicklung als Chance zu sehen ist.

»Nicht müde werden, sondern dem Wunder leise, wie ein Vogel, die Hand hinhalten.«
Hilde Domin

> **BMW Deutschland setzt Zeichen**
>
> BMW Deutschland war 1998 unser erster Kunde im Segment Global Player, der bereits diese Zeichen erkannte, und der Auftrag war klar an den Chancen orientiert: Wie können wir – vor dem Hintergrund der stets älter werdenden Bevölkerung – die Kunden 50plus ansprechen und sie für unsere Autos gewinnen?

Fast scheint es so, als seien die Chancen nur im Marketing zu finden. Im ersten Schritt stimmte das. So wurde es jedenfalls von den Unternehmen wahrgenommen. Doch wenn ich mit dem Pionierblick – mit inzwischen fast 20 Jahren Erfahrung in Demografieprojekten – auf unsere Unternehmenslandschaft sehe, dann zeigt sich deutlich: Die Schätze, die durch die demografische Entwicklung vor unseren Füßen liegen, werden von vielen noch nicht erahnt, geschweige denn gehoben. – Und dennoch, es gibt bereits Entdeckungen!

> **Demografie: Mit Chancen punkten!**
>
> Das Jahr 2013 wurde vom Bundesministerium für Bildung und Forschung (BMBF) zum Wissenschaftsjahr »Die demografische Chance« ausgerufen. (http://www.demografische-chance.de/das-wissenschaftsjahr.html – Abruf 26.05.2014)
> Die Robert Bosch Stiftung stellte 2006 die Studie »Demografie als Chance« vor. Darin wird die Hypothese aufgestellt, dass weniger Kinder weniger Kosten verursachen. Summa summarum 100 Milliarden Euro. Diese in die Bildung investiert, bedeutet auch, in die Zukunft Deutschlands zu investieren (http://www.bosch-stiftung.de/content/language1/html/4446.asp – Abruf 26.05.2014).

> Es gilt, diese demografischen Chancen zu entdecken.

All unsere Generationsmanagementprojekte, die wir seitdem begleiteten, belegen dies. Sei es, dass ein Unternehmen, das durch sein Engagement im Generationenmanagement sein Alleinstellungsmerkmal so aufbaut und positioniert, dass es deutschlandweit Wirkung zeigt und damit neue Kunden gewonnen werden; sei es die Hochschule, die durch den Blick auf ihre Weiterbildung ihre Potenziale neu entdeckt oder das Großunternehmen, das Talentmanagement mit der Brille auf die zwar weniger, doch umso effektiveren High Potentials als wegweisende Zukunftsstrategie nutzt. Ich wage zu behaupten, dass ohne die Erkenntnisse aus der Bevölkerungsveränderung und dem Druck, der sich daraus auf die Unternehmen ergab, es die hier skizzierten Entwicklungen so nicht gegeben hätte.

Diese Erfahrungen wollte ich weitertragen, und so entstand das Weiterbildungskonzept zum DemografieCoach, das ich Ihnen hier vorstelle. Schwerpunkt dieser Ausbildung ist das Personale Gesundheitsmanagement. Warum dieser Schwerpunkt?

Demografie-Chancen leben: Die Handlungsfelder

Beim näheren Betrachten der Handlungsfelder im demografischen Wandel ist erkennbar, dass letztendlich alle auf das Personale Gesundheitsmanagement Bezug nehmen. Das geschieht zwar mit unterschiedlicher Gewichtung, doch ist der Zusammenhang klar ersichtlich. Beispielsweise dient ein demografiefestes Recruiting nicht nur der Besetzung von Stellen, sondern auch dem Ziel, dass

- die Beschäftigungsfähigkeit der Mitarbeiter unterstützt wird
- auf die Ressourcen im Unternehmen geachtet wird, um gesunde Arbeit zu ermöglichen.

In der Ausbildung zum DemografieCoach arbeiten wir auf der individuellen, Führungs-, Team- und auf der organisationalen Ebene (s. Abbildung S. 48). Dieser systemische Ansatz gilt sowohl für die Konzeption als auch für die Umsetzung.

Dazu erhalten Sie in diesem Buchteil die Best-Practice-Beispiele von Loreen Klahr, Cornelia Kram und Cornelia Weitzel. Gleichzeitig erkennen Sie, wie individuell diese Lösungen sind. Das ist ganz typisch für Demografieprozesse. Sie sind so individuell wie die Menschen in den Organisationen und das Unternehmen an sich. Das gilt natürlich auch für die Auswahl der Methoden und Techniken. Die im dritten Teil aufgeführten Methoden orientieren sich an unseren Projekten und den Gelingenskriterien für intergenerative Teams.

Gesunde Führung und gesunde Teams brauchen die Balance von transformationaler und transaktionaler Kompetenz. Dies gilt natürlich auch für das Personale Gesundheitsmanagement. Doch was bedeutet transaktionale und transformationale Kompetenz? Das ursprüngliche Konzept dazu entwickelte James MacGregor Burns bereits 1978. Heute erhält dieses Modell gerade im Bereich »Gesunde Führung« mehr und mehr an Bedeutung.

Transaktionale Führung setzt auf Ziele, Aufbau von Struktur und Verfahren, also auf klare Rahmen und belohnt das Erreichen dieser Vereinbarungen. Transformationale Führung baut auf Sinn, Werte, Ideale und Vision.

Was bedeutet das für den DemografieCoach? In dieser Ausbildung werden Strukturen und Zielsetzungen mit sinnstiftendem und werteorientiertem Handeln verbunden.

> Transaktionale Qualität in der DemografieCoach-Ausbildung entsteht, wenn die inhaltliche und kommunikative Struktur durch das Konzept mit einer kurz-, mittel- und langfristigen Planung und prozessualem Projektmanagement zusammentrifft.

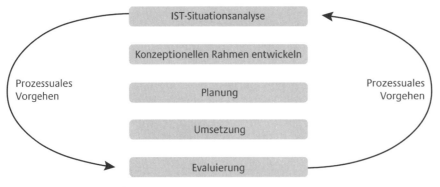

Struktur der DemografieCoach-Ausbildung

Fokus: Konzeption, Inhalte und Kommunikationsstrategie

Tiefer gehende Informationen zur Konzeption finden Sie im Kapitel »Mit Konzeption punktgenau landen«, S. 235 ff.

Dabei ist wichtig, nicht nur sinnstiftende und sinngebende Zielsetzungen zu initiieren, sondern gleichermaßen Sinn, Werte und Vision mit den Teilnehmenden – seien es die künftigen DemografieCoaches oder die Beteiligten in einem Demografieprozess – zu entwickeln. Nur so kann erkannt werden, ob Sinngebendes im Unternehmen auch wirklich auf die Teilnehmenden zutrifft.

Transformationale Qualität ist Bestandteil der DemografieCoach-Ausbildung durch

- gemeinsam entwickelte Werte
- Sinn und Vision
- Partizipation und intrinsische Motivation
- systemisches Vorgehen

Basis dafür ist die Selbsterfahrung als Voraussetzung für die Arbeit in Prozessen und Projekten, die Personales Gesundheitsmanagement zum Ziel haben.

> **Personales Gesundheitsmanagement startet mit der Selbsterfahrung**
>
> Die Kernfrage lautet: Wie entdecken die Teilnehmer sich selbst und entwickeln daraus ihr persönliches **Personales Gesundheitsmanagement**, um dann
> - entsprechend sensibilisiert und
> - aufbauend auf den persönlichen Erfahrungen
> - ihren Lernprozess als Basis
>
> für die von ihnen verantwortlich »gesteuerten« und partizipativ geleiteten Veränderungen wirkungsvoll einzubringen. Diese Frage wird so facettenrech beantwortet, wie es individuelle Wege gibt, für sich selbst und darauf aufbauend in der Organisation Personales Gesundheitsmanagement zu entwickeln. Genau das ist ein wichtiger Fokus der Ausbildung.

Eine wichtige Vereinbarung mit den Teilnehmenden – nicht nur im Hinblick auf die Selbsterfahrung – ist die Freiwilligkeit. Alle Angebote dienen der eigenen Orientierung und Erfahrung. Jede, jeder entscheidet mit dieser Erfahrung selbst, ob es sich um eine Methode, ein Instrument handelt, die/das für die persönliche Entwicklung und anschließend für die Umsetzung im Unternehmen genutzt werden kann oder nicht. Wichtig ist mir dabei, dass die Teilnehmer nicht nur einfach »abwählen« oder »übernehmen«, sondern sich Gedanken machen, warum sie es tun, welche »Wirkung« sie zu der Entscheidung führte.

Perspektivwechsel im Coaching: Vom Kommunikator zum Mentor zum Coach

In der Ausbildung ist es wichtig, dass die Teilnehmer die Beschäftigten im Unternehmen mit dem Blick des Coachs begleiten. Menschen lassen sich viel lieber in ihren Erfahrungen begleiten, als dass sie von anderen gesagt bekommen, was Sache ist. Und: Je älter die Beschäftigten sind, desto stärker ist normalerweise die Orientierung an eigenen Erfahrungen.

Auf diese Weise sind sie auch gern bereit, den Transfer zu für sie neue Situationen herzustellen. So ist der Coach als Begleiter in seiner Grundhaltung, die Ressourcen der Beteiligten zu entdecken und diese dann gemeinsam mit dem Coachee für die Situation zu nutzen, der ideale Partner auf Augenhöhe für solche Prozesse. Wenn Sie sich jetzt vielleicht fragen, wie das jüngere Menschen sehen, kann ich aus meiner Erfahrung berichten, dass sie sich sehr wertgeschätzt fühlen, wenn sie in ihren Potenzialen, Kompetenzen, ihrem Wissen und so weiter angesprochen werden. Das gilt natürlich für alle Beteiligten im Prozess. Diese Art zu arbeiten fördert die intrinsische, von innen heraus kommende Motivation und ist damit viel nachhaltiger als die extrinsische Motivation, in der versucht wird, den anderen emotional zu »aktivieren«. Das führt, wenn überhaupt, meist nur zu einem Feuerwerk: kurz, schön, doch dann flüchtig.

Perspektivwechsel 1: Der Kommunikator Für jeden Start, ob Projekt, Prozess oder Maßnahme, wird für jede Zielgruppe die richtige und wohl dosierte Information benötigt. Das bedeutet: Der Hut des Kommunikators wird aufgesetzt. Kommunikation zu planen und zu steuern ist für das Gelingen von Projekten, Prozessen und Maßnahmen ein wichtiger Faktor. Dies gilt nicht nur beim Start, um alle mitzunehmen und für das Vorhaben zu begeistern, sondern ist darüber hinaus während des ganzen Prozesses wichtig, um die Kontinuität der Umsetzung zu unterstützen. Das gilt gleichermaßen für das Feiern der kleinen und großen Erfolge wie auch der Förderung des Transfers zu anderen Aufgaben und Projekten.

Das Kommunikationsmodell

Der Kommunikator macht neugierig und sensibilisiert für das Thema, aktiviert die Zielgruppe und unterstützt das Handeln durch »gesteuerte« Information.

Perspektivwechsel 2: Der Mentor In der Rolle des Mentors begleiten Sie das Netzwerken, indem Sie Türen öffnen. Sie kennen die Resilienzfaktoren der Organisation und lassen die Beteiligten gern daran partizipieren, sorgen für notwendige Unterstützung und stellen den Kontakt dafür her. Im Zusammenhang mit Organisationen sind unter Resilienz die Kräfte gemeint, die helfen, Herausforderungen zu bewältigen. Diese können nicht nur von jedem Einzelnen, sie müssen auch von der Organisation eingebracht werden.

> Der Mentor unterstützt im Handeln, indem er sein Wissen von Kompetenzträgern, Informationswegen und Netzwerkstrukturen in den Dienst der Handelnden stellt.

Perspektivwechsel 3: Der Coach Der DemografieCoach begleitet die Umsetzung des Konzepts während des Prozesses im Unternehmen. Bei größeren Projekten werden mehrere Coaches benötigt.

Der DemografieCoach gibt »Hilfe zur Selbsthilfe«: Als Coach gehen Sie in die Tiefe und erforschen die Bedürfnisse, Ziele, Kompetenzen und Selbstregulierungsfähigkeiten des Coachees in Korrespondenz zu den Anforderungen im Unternehmen, um gezielt Fragen stellen zu können. Sie entdecken gemeinsam mit Ihrem Coachee, welche Ressourcen er mitbringt und wie diese für die Lösungen der Aufgabe genutzt werden können. Ihr Ziel ist es, den Coachee so zu begleiten, dass er seine eigene Motivation und Lösungskompetenz entdeckt und initiativ einsetzt.

In der Ausbildung sind diese Perspektivwechsel wichtige Erfahrungsfelder:

- Kommunikator: für die Sensibilisierung und kontinuierliche Begleitung im Hinblick auf die Informationen
- Mentor: für die unterstützende Begleitung und Vernetzung
- DemografieCoach: für den persönlichen und organisationalen Transfer

Diese Rollen sind für das Gelingen des Prozesses im Unternehmen notwendige Voraussetzungen. Und nicht nur das. Im Prozess sind es auch wichtige Rollenklärungen. Das wird im Verlauf der Ausbildung deutlich. Es ist notwendig, Trennschärfe in die jeweilige Rolle zu bekommen, wenn ich im Unternehmen aktiv werde. Manche der Teilnehmer entdeckten für sich, dass sie weniger die Rolle des DemografieCoachs, jedoch mehr oder vielleicht ausschließlich eine der anderen Rollen übernehmen wollen. Das waren Erkenntnisprozesse im Sinne von Rollenklarheit, die zunächst sowohl für die präferierten individuellen Vorgehensweisen als auch für die Arbeit mit den Beschäftigten in der Organisation von hervorgehobener Bedeutung waren. Die Teilnehmenden erkannten: Wenn sie in einer Rolle ihrer Präferenz arbeiten, sind sie folglich in dem Verhalten, das sie durch ihre Sozialisation in ihrem Leben bevorzugt und intuitiv nutzen, nicht nur authentischer, sondern auch wirkungsvoller.

So schafft diese Rollenklarheit zum einen den natürlichen Zugang zu sich selbst und zu dem, was mir leichtfällt und Freude macht. Gleichzeitig ist diese Klarheit eine wichtige Voraussetzung, um die Prozesse so zu steuern und zu supervidieren, wie es für gutes Gelingen notwendig ist.

Als Methode nutze ich das in USA entwickelte Role making – Role taking. Im ersten Schritt überlegen und definieren die Teilnehmer, welche Eigenschaften und Verhaltensweisen in der Rolle angelegt sind. Im zweiten Schritt probieren sie diese in konkreten Situationen aus. Für das Entdecken der persönlichen Präferenzen arbeite ich mit dem TeamManagementSystem (TMS), einem Präferenzenmodell, das nicht nur das Erkennen der bevorzugten sozialisierten Rolle ermöglicht, sondern darüber hinaus auch für Teambildung, Konfliktbewältigung und vieles andere mehr eingesetzt werden kann.

Gründe für die Ausbildung zum DemografieCoach gibt es viele

Jetzt werden Sie fragen, wozu das Ganze? Die Vorzüge und der Nutzen sind schnell dargelegt. Das Angebot der Weiterbildung zum DemografieCoach wendet sich an Menschen in Unternehmen, die Freude an Veränderung und dem Begleiten ihrer Kollegen haben. Sie können aus der Personalentwicklung, Personalverantwortung, aus den Bereichen Unternehmenskommunikation oder Betriebsgesundheit kommen, als Betriebsrat oder im sozialen Dienst aktiv sein und viele andere Möglichkeiten mehr. Wichtig ist, sie machen sich für das Thema demografische Entwicklung stark und tragen es engagiert ins Unternehmen, an ihren Arbeitsplatz.

Diese Freude am Tun, gepaart mit der eigenen Kompetenz, das daraus Entstehende wahrzunehmen und gemeinsam zu feiern, ist ein wertvoller Beitrag für die Entwicklung und das nachhaltige Ankern des Personalen Gesundheitsmanagements im Unternehmen. Dies wird besonders deutlich, wenn Sie die Best-Practice-Beispiele lesen. Diese wurden alle während der Ausbildung konzipiert, initiiert und supervidiert.

In den offen angebotenen Ausbildungen nehmen immer mehr Kollegen, Trainer, Coaches teil, oft auch am Punkt ihrer persönlichen Neuorientierung im Beruf.

> Der demografische Wandel setzt Zeichen.

Die Arbeits- und Leistungsfähigkeit, die Gesundheit zu erhalten und zu fördern ist inzwischen für die meisten Organisationen zu einem erfolgsentscheidenden Handlungsfeld geworden. Und selbst wenn die Entscheidung, sich dafür stark zu machen, vielleicht nur aus wirtschaftlichen Aspekten heraus getroffen wurde, ist es ein wunderbares Win-win-Prinzip für alle Beteiligten. Denn wer würde nicht gern gesund, in seiner Balance die Arbeit und sein Leben genießen?

Deshalb wird von Beginn der Ausbildung an das Thema Gesundheit als Querschnittsthema für alle Handlungsfelder eingeführt.

Ein wichtiger Fokus ist immer das Thema personale Gesundheit. Jeder Teilnehmer wird dabei auf der fortschreitend sich entwickelnden Basis seiner Selbsterfahrung begleitet, ein Personales-Gesundheitsmanagement-Projekt in seinem Unternehmen zu initiieren und dieses im Prozess kontinuierlich fortzuschreiben. Das betrifft die Phasen Analyse, Konzeptentwicklung, Umsetzung und Evaluation. Während dieses Prozesses werden die angehenden DemografieCoaches supervidierend in Peergruppen und durch ein Patenmodell begleitet. Dadurch erleben sie Supervisionsmethoden und lernen Kollegiales Team-Coaching (Kollegiales Teamcoaching (KTC), s. S. 322 ff.) und Kollegiale Team-Beratung (KTB) gleichzeitig als wirkungsvolle, partizipative Lernmodelle kennen. Die Ergebnisse in den Organisationen zeigen, dass selbst sehr komplexe Konzepte, wie beispielsweise die konsequente Umsetzung eines Personalen Gesundheitsmanagements im Unternehmen, innerhalb der Ausbildung zum DemografieCoach (s. »Von der Reaktion zur Prävention«, S. 193 ff.) realisiert werden können und/oder sich für höchst individuelle Anforderungen, wie eine Insolvenz oder den Einstieg in das Berufsleben nach dem Studium, wichtige Aspekte des Personalen Gesundheitsmanagements konzeptionell begleitend und wirkungsverstärkend umsetzen lassen.

Das Leben führt uns zu unserer Lebens- und Lernkunst: Bewusstheit gewinnen und das persönliche Forschungsmodell finden.

Die Ausbildung zum DemografieCoach ist für mich … (Cornelia Kram)

»… die Ausbildung mit dem von mir bisher erlebten höchsten Lerneffekt, weil sie nicht auf der Sachebene stehenbleibt, sondern in die tiefen Erlebniswelten vordringt:
➡ ein Sinnenschärfer, der mir hilft, zufällige Chancen zu erkennen und der mich die Methoden lehrt, diese auch zu nutzen
➡ ein Richtungsweiser auf dem Weg zum Gesundheitsmanagement in unserem Unternehmen und Zündkerze für die ersten konkreten Maßnahmen
➡ methodischer Wegweiser in Zeiten sehr hoher Arbeitsbelastung
➡ die beste Gesundheitsvorsorge für mich selbst
➡ der Anlass, nun andere an dem Erlernten teilhaben zu lassen …«

»Das Leben ist ein Koan – Ja, es ist unsere persönliche Kunst, den Widersprüchen umarmend zu begegnen.«
Claudia Härtl-Kasulke

Das war für Cornelia Kram in der Rückbesinnung auf die DemografieCoach-Ausbildung das für sie Wesentliche auf den Punkt gebracht. Mich berührten diese Worte zutiefst und gleichzeitig begann ich, mir Gedanken darüber zu machen, wie ich noch konkreter formulieren kann, was in dieser Ausbildung »hinter den Kulissen« geschieht, was vordergründig vermeintlich »nur« durch gelernte Methoden entstand. Dafür gab mir Joachim Galuska durch seinen Vortrag »Bewusstheit« auf dem Heiligenfelder Kongress 2013, wichtige Anregungen (Galuska 2013, s. S. 88 ff.). Für diese Erkenntnisse danke ich ihm herzlich!

Das Bild für mein persönliches Forschungsmodell

»Die Ausbildung zum DemografieCoach ist für mich … die Ausbildung mit dem von mir bisher erlebten höchsten Lerneffekt, weil sie nicht auf der Sachebene stehenbleibt, sondern in die tiefen Erlebniswelten vordringt.« – Aus meiner Sicht ist die Essenz dieses Satzes bezogen auf die Ausbildung zum DemografieCoach das »in die tiefen Erlebniswelten vordringen«. Dies ist das eigentliche Wesen, der Kern der Ausbildung. Hier möchte ich für Sie eine Brücke schlagen zu meiner Arbeit mit diesen tiefen Erlebniswelten.

Und Sie entführen zu meinem persönlichen Forschungsmodell in Sachen Bewusstheit.

Wenn wir uns in unseren tiefen Erlebniswelten begegnen wollen und uns damit zu einem tieferen Verständnis von uns selbst und der Welt vorwagen, so hat das mit dem Prozess zu tun, mit dem Wandeln auf dem Pfad der Bewusstheit, in dem uns mehr und mehr »Bewusstsein« ein größeres Verständnis der Bewusstheit ermöglicht. Der Bewusstheit, die sich so schwer in Worte fassen lässt, ist sie doch kein »Gegenstand«, kein im Außen erfahrbarer Prozess, nichts Messbares; nicht das, was unser Verstand glaubt, dass er es braucht, um es auch zu verstehen. Allem voran steht das Verstehen, das Innehalten, Entschleunigen und das Wollen, sich darauf einzulassen. Dann entdecken Sie, dass Sie Geduld brauchen. Geduld mit sich und den Schritten, die Sie gehen. Denn diese Schritte sind im Ergebnis leise.

Nicht nur bei mir selbst, auch bei meinen Teilnehmerinnen und Teilnehmern zeigt es sich meist auf ganz besondere Weise. Wir sind an einem Punkt in unserem Leben angekommen, an dem es nicht mehr reicht, die x-te Übung kennenzulernen, das nächste griffige Instrument, das avisierte Training, das hier die alles versprechende Erkenntnis bringen soll. Es wird Zeit, sich in das eigene »Innen« zu begeben. Wir nennen es auch Innenraum, Innenschau, Weltinnenraum. Es ist das, was den Raum öffnet für unsere Resonanz auf das, was uns begegnet, und wir uns damit auf eine höchst innige Weise begegnen. Hier, in diesem Raum, an diesem Platz können wir die Bewusstheit dafür entwickeln, wie sich meine und unsere Welt gestaltet. Und wir können mit dieser Erkenntnis mehr und mehr diese Bewusstheit für das Gestalten unseres Lebens nutzen.

Dafür stelle ich Ihnen Schritte als ein Modell vor, diesen Pfad zu gehen.

Doch halt – noch ein Wort davor!

Wenn Sie nun in diese Welt des Bewusstwerdens eintauchen, können Sie das mit unterschiedlichen Brillen sehen. Da ist zum einen die Brille, die uns alles aus dem Blickwinkel der Technik, der Methodik betrachten lässt. Sie haben Recht: Das was ich Ihnen vorstelle, ist auch Methodik.

Dann gibt es die Brille, die die Perspektive öffnet für die Metaebene. Wir betrachten mit einer übergeordneten Sichtweise unser Tun. Idealerweise bewertungsfrei, beschreibend. Dabei kann die Metaebene sich auf immer neue Metaebenen beziehen. Wir betrachten das, was wir gerade tun. – Dann betrachten wir, wie wir das betrachten, das was wir gerade tun und so weiter. Es können immer neue Metaebenen aufgesucht werden; eine absolute Metaebene gibt es nicht.

Sie werden sehen, wir betrachten in diesen Phasen uns selbst aus verschiedenen Metaebenen und gewinnen daraus Selbsterkenntnisse.

Dann gibt es noch die Brille, Bewusstseinsebenen zu betrachten. Mit den vorgestellten Methoden erreichen Sie unterschiedlich tiefe Bewusstseinsebenen, die Ihnen unterschiedliche Erkenntnisgewinne über sich selbst ermöglichen. Sie können dabei verschiedene Wahrnehmungen erfahren, Zugang zu Ihrer Intuition erhalten, einen neuen Blick auf Ihre persönliche Welt, Ihr persönliches (Er-)Leben und Wachstum erzielen. Und je nach theoretischem Modell können subjektive Qualitäten des Sich-Anfühlens, Empfindens einfließen. So erleben Sie mit der Arbeit Ihrer Bewusstseinsebenen nicht nur Erkenntnisse, sondern oft darüber hinaus auch Wege für das eigene Wachstum.

Die Qualität des Erlebens erreicht in den meisten der hier vorgestellten Phasen durch Meditationsübungen noch mehr Tiefe. Auch hier verlassen wir noch nicht das Feld der Methodik für das Thema Personales Gesundheitsmanagement. Denn wir wissen aus vielfältiger Forschung, dass sich durch Meditation unsere Gesundheit erhalten und auch unterstützen lässt. In Kliniken wird Meditation als Therapie zur Burnout-Prävention und -intervention genutzt, als wichtiges »Instrument« im Selbsthilfeprozess und die achtsamkeitsbasierte Stressreduktion (MBSR) findet mehr und mehr Einzug in Unternehmen als wirkungsvolle Methode, um erhöhten Stresswahrnehmungen entgegenzuwirken.

> **Mindfulness-Based Stress Reduction (MBSR)**
>
> Die Methode Mindfulness-Based Stress Reduction wurde in den späten 1970er-Jahren von dem Molekularbiologen Jon Kabat-Zinn entwickelt, um Stress durch die gezielte Lenkung von Aufmerksamkeit und das Lernen von Achtsamkeit besser bewältigen zu können.

Natürlich können Sie die folgenden Übungen durch die Brille sehen, die Ihnen Ihren ganz persönlichen Blick auf Ihr Innerstes ermöglicht: auf Ihre Spiritualität. Auf das, was unserem Leben Sinn geben kann.

Entscheiden Sie selbst, welche Brille Sie nutzen möchten, wenn Sie nun mein persönliches Forschungsmodell betrachten. Unabhängig davon, wie viele Brillen Sie nutzen, Sie werden auf alle Fälle Erkenntnisse über sich persönlich gewinnen. Bei den folgenden Erkenntnisphasen, die wir auch in der DemografieCoach-Ausbildung praktizieren, um uns selbst kennenzulernen und dann Schritte für unsere Gesundheit zu gehen, wünsche ich Ihnen Entdeckerfreude …

Erste Phase: Der Anlass

> Sie entdecken, dass Sie in Ihrem Leben sich selbst mehr in Ihren inneren Beweggründen kennenlernen und damit in Ihrem Inneren etwas bewegen wollen.

Natürlich kann der Anlass für das Innehalten unsere natürliche Neugierde sein, uns selbst zu erforschen. Aus meiner Erfahrung heraus ist es meist das Bedürfnis, etwas zu ändern, dem leisen und lauten Leiden in unserem Leben ein Zeichen zu setzen und es zu integrieren. Doch so würden es die meisten erst einmal nicht nennen. Es ist es das Bedürfnis nach Veränderung, das oft dem Leidensdruck folgt.

Sie haben sich also entschlossen, mehr bei sich selbst zu schauen, Erkenntnisse zu gewinnen, die Sie weitertragen, die Ihrer persönlichen Entwicklung dienen, die das Leben als Freude erfahren lassen, auch in schwierigen Zeiten. Mehr und Mehr.

Zweite Phase: Impuls für das Innehalten

»Wer bist du?
Ich bin Kairos, der alles bezwingt!
Warum läufst du auf Zehenspitzen?
Ich, der Kairos, laufe unablässig.
Warum hast du Flügel am Fuß?
Ich fliege wie der Wind.
Warum trägst du in deiner Hand ein spitzes Messer?
Um die Menschen daran zu erinnern, dass ich spitzer
bin als ein Messer.
Warum fällt dir eine Haarlocke in die Stirn?
Damit mich ergreifen kann, wer mir begegnet.
Warum bist du am Hinterkopf kahl?
Wenn ich mit fliegendem Fuß erst einmal vorbeigeglitten bin,
wird mich auch keiner von hinten erwischen,
so sehr er sich auch bemüht«
Poseidippos von Pella, 3. Jahrhundert v. Chr.

Selbst mit den stärksten Anlässen, dem besten Wollen, dem größten Bedürfnis etwas zu verändern, erlebe ich immer wieder bei meinen Coachees, den Ausbildungsteilnehmern und auch bei mir selbst, dass zuerst ein Impuls für das Innehalten notwendig ist. Ein Impuls, der das Innehalten erst ermöglicht. Die Art des Impulses ist so individuell wie wir Menschen. Wenn wir mit dem uns eigenen Anfängergeist dieses Entwicklungsmodell betrachten, darin unsere Motivation verspüren, beflügelt das die Entwicklung.

In den aktiven Zeiten unseres Lebens, mitten in der Arbeit, in unserem Tun, ist dieser sicher anders als in den Zeiten, in denen wir uns zurücklehnen, in kontemplativen Stunden, in denen das Ziel, der Inhalt des Innehaltens das »Abschalten« ist.

Anders erleben wir es mitten in den Herausforderungen unseres Alltags. Wie kann ich direkt in Situationen, die mich fordern, innehalten, in Momenten, die voller Dynamik sich zu verselbständigen scheinen, zum Beispiel wenn mich etwas ärgert, ich traurig oder enttäuscht über eine Person oder ein Ereignis bin, mich in meinen Selbstläufern aufhalte und nur noch perfekt sein will? Und ich glaube, all dies ist nur möglich, wenn ich in höchster (konzentrierter) Anspannung, getaktet in meinem Tun, auf den Punkt genau meine Arbeit vollbringe und dabei das Gefühl habe, ich sei im »Flow«.

Wilfried Belschner nennt es Alltagstrance (Belschner 2012, S. 237 ff.). In solchen Situationen den Impuls für das Innehalten zu setzen, ist sicherlich eine der größten Herausforderungen.

> **Tipps**
>
> **Die gute Nachricht**
>
> Zuerst die gute Nachricht: Methoden der Selbstwahrnehmung und der Selbstregulation, allen voran die Achtsamkeitspraxis (Handlungsaktives Wahrnehmen, s. S. 116), fördern den Raum für den Impuls, den es braucht, um im Sinne von Selbsterfahrung aktiv zu werden. Stephen Covey nennt diesen Raum die Zeit zwischen Reiz und Reaktion.
>
>
>
> Jeder kann das Verlängern dieser Zeitspanne zwischen Reiz und Reaktion trainieren, sodass mehr Zeit für die reflektierte Reaktion zur Verfügung steht. Das braucht zeitlichen Vorlauf. Üben ist angesagt.
>
> **Die zweite gute Nachricht**
>
> Das Innehalten klappt dann besonders gut, wenn Sie dabei Ihre Gefühle wahrnehmen, und das, ohne sie zu bewerten. Sie schauen diese Gefühle einfach an: »Ah ja – das sind meine Gefühle«, ist dabei Ihre Haltung. Auf diese Weise öffnen Sie sich selbst den Weg für die Veränderung, und Ihre Gefühle begleiten Sie, ohne den Weg zuzuschütten, die Veränderung zu vereiteln (siehe dazu auch Härtl-Kasulke 2011).

Transfer Impulsdistanz

Neben dem Impuls, etwas zu tun, braucht es – zusätzlich zur zeitlichen – die mentale Impulsdistanz. Im Coaching vermitteln wir das Atmen nach der Achtsamkeitspraxis und empfehlen, in solchen angespannten Situationen bewusst ein- und auszuatmen. Je mehr die Teilnehmer diese Praxis üben, desto leichter fällt es ihnen, in Momenten hoher Anforderung innezuhalten

(Impulsdistanz) (s. »Kurz mal anhalten«, S. 350 f.) und den weiteren Weg bewusst anders zu gestalten.

Eine der aus meiner Sicht wirkungsvollsten Ritualisierungen als Impuls für das Innehalten ist das achtsame Atmen im Stundentakt und das unabhängig davon, wo ich mich gerade befinde (s. Methode »Achtsames Atmen«, S. 340 ff.). Es lässt sich einfach in jede Situation integrieren.

Um mich in diesem Ritual zu unterstützen, kann ich mir kleine Erinnerungshelfer geben, zum Beispiel meinen Bildschirmschoner entsprechend programmieren: »Ich atme ein – Ich atme aus«. So etabliere ich das in meine Arbeit am Computer und auf meinem Handy, um auch für Adhoc-Situationen gut gewappnet zu sein. Die Regelmäßigkeit dieser Übungen ermöglicht es mir, fortschreitend bewusster mit meinem Leben umzugehen und anzuhalten, wenn etwas geschieht, das ich so nicht wünsche. Bewusst kann ich so entscheiden, wie ich reagiere, und nicht aus dem Ärger, der Irritation heraus im Affekt (s. »Handlungsaktives Wahrnehmen«, S. 116).

Und es gibt eine weitere gute Nachricht: Das nachhaltige Einüben solcher Methoden folgt dem Lernkreislauf und etabliert so bewusstes Tun im unbewussten Tun, das heißt, es stellt sich nach den vier Lernphasen ein »Automatismus« ein.

Übung am Beispiel »Innehalten« – von der unbewussten zur bewussten Kompetenz

Erster Schritt: Sie entdecken Ihre unbewusste Kompetenz. In diesem Fall ist es, dass Sie – wie jeder Mensch – die Kompetenz des Innehaltens haben und dies erkennen.

Zweiter Schritt: Sie üben mit einer Methode, diese unbewusste Kompetenz bewusst zu nutzen. In diesem Fall geschieht dies mithilfe des achtsamen Atmens (s. Methode »Achtsames Atmen«, S. 340 ff.).

Dritter Schritt: Sie ritualisieren diese Kompetenz. Das geschieht, indem Sie stündlich die beschriebene Kurzmediation machen; so stellt sich automatisch der nächste Schritt ein.

Vierter Schritt: Unbewusst verankern Sie die bewusst gemachte und geübte Kompetenz des Innehaltens. Auf Basis dieser Verkankerung kann die gewonnene Kompetenz nun auf andere Situationen übertragen werden. Das geschieht automatisch – eben wieder unbewusst und mit Leichtigkeit. Probieren Sie es aus! Meine Erfahrung zeigt, dass 20 bis 30 ritualisierte Übungen benötigt werden, um den unbewussten Einsatz zu erreichen.

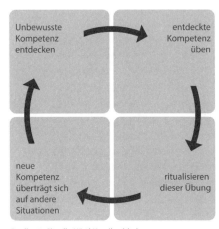

Der Lernkreislauf »Von der unbewussten Kompetenz zur bewussten Kompetenz«

Quelle: © Claudia Härtl-Kasulke, bk+k

Tipp

Da diese leisen Entwicklungen oft in der Veränderung nicht wahrgenommen werden, hilft Ihnen das Erfolgstagebuch (s. S. 369 ff.), die Schritte und ihre Ergebnisse zu dokumentieren und sich über die Ergebnisse zu freuen und sie zu feiern. Denn das vermeintlich Kleine sind große Entwicklungsschritte.
Sie entwickeln neue Fertigkeiten mit Ihren Kompetenzen und werden damit Forscher in eigener Sache.

Dritte Phase: Das handlungsaktive Wahrnehmen

Die Phase »Impuls für das Innehalten« geht nahtlos über in die Phase des »handlungsaktiven Wahrnehmens«. Es ist die Schwester der Impulsdistanz und eng mit ihr verbandelt.

Der Tag fängt ja gut an …

Stellen Sie sich also vor, Sie sind gerade mit dem linken Bein aufgestanden. Sie nehmen es wahr und sagen vielleicht noch: »Na, wird schon gutgehen«, und dann beginnt Ihr Tag, sich zu verselbstständigen. Beim Zähneputzen stellen Sie beim Blick in den Spiegel fest, dass Sie dunkle Ringe unter den Augen haben. Ihre Lieblingsbluse, die heute noch Ihren Tag retten könnte, ist in der Reinigung – zu spät! Ihr Partner hat bereits den Tisch gedeckt und begrüßt Sie zum Frühstücken. Ihr einziger Kommentar: »Der Kaffee könnte wärmer sein.« Souverän, wenn Sie jetzt eine zugewandte Reaktion von Ihrem Herzallerliebsten erhalten. Doch oft schaut die Realität anders aus. Möglicherweise ist Ihre Gefühlswelt hier schon außer Rand und Band. Sie eilen in letzter Minute zur Straßenbahn. Doch zu spät, sie fährt gerade los. Wie kommen Sie nun an Ihrem Arbeitsplatz an? … Wie geht es weiter?

Und eigentlich hatten wir doch wahrgenommen, dass unser linkes Bein unterwegs war!

Handlungsaktives Wahrnehmen ist ein Schritt mehr. Ich nehme wahr, dass ich mit meinem linken Bein unterwegs bin, und bevor ich aufstehe, lehne ich mich zurück und überlege mir, was ich nun benötige, das mir guttut.

Ich nehme wahr und überlege …

Was kann mir das Leben mit meinem linken Bein erleichtern? Die Bitte an meinen Partner um eine halbe Stunde Schweigen, oder der Wunsch an mich selbst nach einem kurzen Innehalten und einer Meditation?

Was ist Ihr persönlicher Wunsch für eine Veränderung?

....
....
....

Wichtig ist es, dabei die eigenen Gefühle wahrzunehmen und – selbst wenn sie noch so irritierend sind – diese liebevoll anzunehmen; sich selbst dafür zu danken, dass sie diesen Schritten Aufmerksamkeit schenken und das Verändern zulassen. Das Feiern dieses Veränderns zusammen mit dem Gefühl der Dankbarkeit stärkt das nachhaltige Ankern. Wir wissen inzwischen durch die Hirnforschung, dass das »Danken« unser Hirn positiv stimuliert.

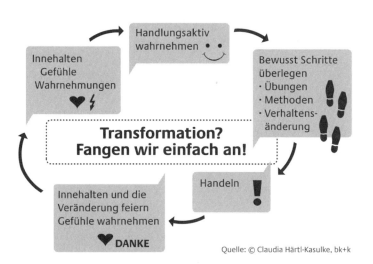

Handlungsaktives Wahrnehmen

Quelle: © Claudia Härtl-Kasulke, bk+k

Tipp: Ein Ritual verstärkt

Ganz besonders gut und nachhaltig gelingt dies, wenn Sie diese Übung nicht nur machen, wenn es gerade aufgrund Ihres linken Beins angesagt ist, sondern wenn Sie es ritualisieren (s. Übung »Ein Beispiel: Ressourcenorientiertes Lernen in Mikroschritten«, S. 60 f.). Bevor Sie aufstehen, nehmen Sie wahr und überlegen … und entsprechend Ihrer Überlegungen handeln Sie. Dann wird die Wirkung des »linken Beins« geringer. Synergien entstehen. Vergleichbare Wirkungen, die wir im Alltag kennen, werden weniger. Sie erhalten mehr und mehr von allein den Impuls zu folgender Handlung: Ich nehme wahr, überlege und handle …

Natürlich gilt dies für jede Situation im Leben, ob herausfordernd oder beglückend.

Tipp: Die Kür

Wenn Sie an der Stelle der »Überlegung« die achtsame Atempraxis stellen, dann kann es mehr und mehr geschehen, dass Sie in der Kurzmeditation oder danach die Antwort erhalten, was Ihnen konkret in diesem Moment am besten tut. Ein Wort, ein Satz stellt sich ein und gibt Ihnen Tipps. Sie aktivieren zur Unterstützung Ihre Intuition.

Unser Gehirn ist unser Partner: So, wie der Mandelkern wächst, wenn er durch vermeintlich negative Gefühle gefüttert wird, wächst das limbische System, wenn ihm positive Gefühle zugeführt werden. Und nicht nur das! Beide befeuern unser emotionales System, wenn sie genügend gewachsen sind. Na, ist das nicht Grund genug, den positiven Gefühlen den Vorrang zu geben?

Sie haben Ihre Intuition aktiviert! – Die Voraussetzung dafür ist, dass Sie sich bewusst werden. Sie sich selbst bewusst sind. Hier an dieser Stelle können Sie Weichen stellen. Sie können über diese reine Handlungsorientierung hinaus Ihre Bewusstheit ins Spiel bringen:

Vierte Phase: Forschung in eigener Sache Nr. 1: Bewusstsein leben

Mit diesen Übungen gehen Sie in einen fortschreitenden, sich stets mehr vertiefenden Veränderungsprozess. Lassen Sie uns mit einer Erfahrung starten, zu der ich Sie einlade.

Mit Metaebenen sich selbst erforschen
Die erste Metaebene

Schauen Sie zunächst etwas an, wie Sie es gewohnt sind: Sie sehen den Gegenstand oder eine Person. Sie nehmen die Farben wahr und wie die Oberfläche sich gestaltet. Wenn es ein Mensch ist, den Sie fokussieren, dann sehen Sie vielleicht seine Bewegungen, hören seine Stimme … bewertungsfrei.

Die zweite Metaebene

Jetzt verlassen Sie diese Aufmerksamkeit. Sie schauen wieder diesen Gegenstand oder diese Person an. Doch dieses Mal betrachten Sie gleichzeitig, während Sie schauen, *wie* Sie schauen. Sie nehmen wahr, wie Sie aus sich selbst heraus schauen, Sie sehen den Raum, Ihren »Betrachtungsgegenstand« im Raum. Und gleichzeitig bleiben Sie bei sich. Sie bleiben in dem Gewahrsein, Schauender zu sein. Was nehmen Sie wahr, wenn Sie diesen Ort des Schauens, Beobachtens erforschen? Wie ist es, bewusst Wahrnehmender zu sein? Wichtig ist es, dabei nicht zu bewerten. Es ist allein die Qualität des Wahrnehmens, die Sie hier begleitet. Es ist wichtig, sich dabei des eigenen Beobachtens bewusst zu werden und der Gefühle, der Bilder, die dabei entstehen können.

Sie sind dabei Ihr eigener Beobachter, Ihr Zeuge für Ihre Innenwelt, in der Resonanz entsteht. Und während Sie dies tun, entsteht etwas. Es ist stets gut, diese Erfahrungen aufzuschreiben.

Das Schauen auf sich selbst

Was entsteht? Was nehmen Sie wahr?

....
....
....
....

Was hat sich bei Ihnen verändert?

....
....
....
....

Was sagt es Ihnen?

....
....
....
....

Diese Veränderungen sind höchst individuell: So könnte es sein, dass Sie die Farben individueller wahrnehmen, der Raum für Sie eine andere Dimension erhält.

Ein lärmender Hubschrauber löst sich in Wolken auf …

Es kann beispielsweise so sein, wie ich es kürzlich erlebte: Ein Hubschrauber kreiste über unserem Haus und störte meine Konzentration. Als ich die Übung machte, stellte sich von selbst ein, dass die Geräusche plötzlich als an- und abschwellende Wolken zu sehen waren und mich damit nicht mehr belasteten, sie waren in mein Leben integriert. Es war ein Bild entstanden, über das ich lächelte.

Joachim Galuska, bei dem ich diese Übung kennengelernt habe, schreibt dazu: »Wenn unser Bewusstsein also nicht fokussiert ist auf unsere Sinneseindrücke, Gedanken oder Empfindungen, sondern wir uns des Schauens, Hörens, Denkens selbst bewusst sind, verändert sich unsere Bewusstseinshaltung. Dies ist kein logischer Denkvorgang, sondern eine Bewusstseinsveränderung [...]. Wenn wir diese Haltung des bewussten Erlebens dessen, was wir erleben, selbst untersuchen, so eröffnet sich ein neuer, andersartiger Bewusstseinsraum größerer Tiefe und Weite, als wir es üblicherweise erleben« (Galuska 2013, S. 3 f.).

> **Transfer: Bewusstsein leben**
>
> Eine der einfachsten Übungen für diese Phase kommt ebenfalls aus dem Achtsamen Atmen: Ich formuliere mein Mantra: »Ich atme ein, ich atme aus.« Einatmend nehme ich mein Einatmen wahr. Ausatmend nehme ich mein Ausatmen wahr. Dieses Mantra fokussiert mich auf meinen Atem. (Details zu dieser Übung s. Methode »Achtsames Atmen«, S. 340 ff.).

Ich kann aus eigener Erfahrung bestätigen, was Galuska beschreibt. Gleichzeitig beginnt eine Bewusstseinsveränderung aus meiner Sicht bereits in der beschriebenen zweiten Phase, wenn die Übung des Achtsamen Atmens ritualisiert über den Tag regelmäßig im Stundenrhythmus und in Kurzsequenzen von ein bis drei Minuten durchgeführt wird.

> Wenn wir dies in unseren BK+K-Coaching-Workshops durchführen, kommt es bereits nach einem Tag zu folgenden Wirkreflexionen der Teilnehmer: »Ich erlebe mich zum ersten Mal seit Langem auch abends noch konzentriert. Ich bin wach, trotz komplexer Lern-, Übungserfahrung. Und im Gegensatz zu meinem normalen Arbeitsalltag, an dem ich erschöpft nach Hause komme, ohne die Idee, die Energie, noch etwas unternehmen zu wollen, bin ich jetzt vital.«

Sie kennen es vielleicht auch. Sie sind abends nach getanen Taten so müde, dass sie keine Energie mehr haben, sich kaum daran erinnern können, wie viele Stunden Sie gearbeitet haben und schon gar nicht wissen, was Sie in den Stunden getan haben. Wenn Sie diese Übung über mehrere Tage hinweg durchführen, werden Sie Folgendes erleben:

- Sie erleben den Tag wieder in seiner vollen Länge.
- Sie wissen, welche Tätigkeiten Sie tagsüber durchgeführt haben.
- Sie sind abends noch energievoll.

Es ist wie ein Geschenk an Ihr Leben – das kann uns die insgesamt acht bis 24 Minuten pro Tag wert sein …

Fünfte Phase: Forschung in eigener Sache Nr. 2: Bewusstseinsfertigkeit

Joachim Galuska verwendet hier den Begriff »Technologie« im ursprünglichen Sinne: Fähigkeit, Kunstfertigkeit oder inneres Handwerk. Auf der Basis der vierten Phase können Sie als Beobachter Ihres Innenraumes das, was Sie schauen, beeinflussen. Sie schauen sich die Intensität Ihres Erlebens bewertungsfrei an – und, wenn sich nicht schon allein durch das Betrachten die Intensität verändert hat, können Sie diese nun dosieren. Sie betrachten Ihre Gefühle und können sie modifizieren, indem Sie sich auf dieser Metaebene darüber bewusst werden, welche Gefühle oder welche Intensität Ihrer Gefühle Sie wünschen. Oder Sie können sich in einen Flow begeben und damit in höhere Bewusstseinszustände, die Ihnen weitere Handlungsoptionen öffnen. Auch diese Methode braucht Übung. Wenn Sie bereits meditieren, kann es sein, dass Sie diese Ergebnisse schneller erzielen.

Eine Idee, erste »Zeichen« dafür entdecken Sie meist bereits in der vierten Phase (s. Beispiel »Ein lärmender Hubschrauber löst sich in Wolken auf …«, S. 119). Sie können auch erkennen, dass es ein fließender Prozess ist. Die Phasen gehen ineinander über. Der Unterschied zur aktuellen fünften Phase ist, dass es hier nicht des Wesens Kern ist, dass es sich von allein einstellt, sondern dass Sie es bewusst einsetzen, Ihr Bewusstsein auf das lenken, was Sie tun und damit vertiefen, verankern, Perspektiven wechseln …

Transfer Bewusstseinstechnologie

Mit einer Variante der Basisübung des Achtsamen Atmens (zweite Phase) können Sie das Modellieren üben. So können Sie zum Beispiel nach einer Lernsequenz während des Atmens das Schauen auf diesen Lernprozess nutzen, ihn bewertungsfrei betrachten und dabei Lernschritte, Begegnungen, Inhalte und die damit verbundenen Gefühle wahrnehmen und sich überlegen, ob Sie darin noch etwas verändern möchten.

In meiner Arbeit mit den Teilnehmern erlebe ich es oft, dass der Schritt des »Schauens« zu groß ist. Dann ist es gut, wenn Sie die einzelnen Schritte nochmals verkleinern und sich mit Mikroschritten Ihrem Innenraum nähern (s. »Ein Beispiel: Ressourcenorientiertes Lernen in Mikroschritten«, S. 60 f.). Eine Möglichkeit ist, dass Sie mit der achtsamen Atempraxis des Ein- und Ausatmens starten, dann zusätzlich auf Ihren Atem achten: Sie nehmen wahr, wie Sie einatmen, sie nehmen wahr, wie Sie ausatmen. Im nächsten Schritt lenken Sie Ihre Aufmerksamkeit auf das Beobachten Ihres Innenraumes, auf das, was da bei Ihnen entsteht. Und wenn Sie wollen, überlegen Sie sich nun, ob Sie dies so für sich leben oder kleine Schritte der Verändung zusätzlich mit einbauen.

Eins nach dem anderen

Machen Sie die Übungen zunächst Schritt für Schritt, jede einzelne für sich allein. Wenn Sie sich sicher fühlen, kombinieren Sie dann zwei miteinander und führen sie hintereinander durch, dann drei ... Nach einigem Üben in Stufen können Sie alle nacheinander durchführen.

Sie können Ihr Bewusstsein auf bestimmte Themen, Erfahrungen lenken und damit gezielt Einfluss auf Ihr Fühlen, Denken und Handeln nehmen.

Sechste Phase: Forschung in eigener Sache Nr. 3: Bewusstseinsgestaltung

Vergleichbar mit der fünften Phase bezieht sich die Phase der Bewusstseinsgestaltung ebenfalls auf unsere Lebensgestaltung, nur ist sie nun weiter gefasst. Mit den ersten fünf Phasen entwickeln Sie Bewusstseinskompetenzen. Auf dieser Basis können Sie gezielt Einfluss auf Ihr Leben nehmen.

Galuska formuliert es folgendermaßen: »Sie [die Bewusstseinsgestaltung] zielt ab auf eine kompetente und erfüllende Lebensführung und ist in diesem Sinne die Fähigkeit, sein eigenes Leben gemäß des eigenen Wesens und der mitmenschlichen Gemeinschaft zu gestalten […].«

Die zielführenden Fragen sind:

- Wie entwickeln wir die Struktur unseres Bewusstseins weiter?
- Wie gestalten wir in voller innerer Freiheit und Verantwortlichkeit unser Leben?

Dieses bewusste Einflussnehmen auf das eigene Leben knüpft an die fünfte Phase »Forschung in eigener Sache Nr. 2: Bewusstseinsfertigkeit« (s. S. 121 f.) an. Das Motto lautet hier: »Ich nehme Gefühle wahr und ich kann auf diese Einfluss nehmen. Ich kann sie modellieren, die Intensität verändern und ich kann sie in eine andere Qualität führen.«

Transfer: Bewusstseinsgestaltung

Übung 1

Meist genügt es, den Blick auf diese konkrete Situation zu lenken und bewertungsfrei zu betrachten, was geschieht. Hier, in dieser Phase betrachten wir, welche Gefühle auftauchen, und nehmen diese bewertungsfrei wahr. Wenn Sie das eine Weile getan haben, sind die Sie belastenden Gefühle »neutral« geworden. Sie verlieren mehr und mehr an Intensität.

Sie können sie weiterbetrachten, und ohne dass diese Emotionen Sie bezwingen oder irritieren, haben Sie einen anderen Blick darauf, wenn Sie jetzt den nächsten Schritt gehen. In dieser entlasteten Wahrnehmung können Sie viel gelassener überlegen, welche Lösung Sie entwickeln werden. So steht Ihnen wieder Ihr volles Repertoire an Fähigkeiten zur Verfügung – anders als in bedrängten Situationen. Sie können sich (emotions-)frei entscheiden.

Diese Übung lässt sich gleicherweise auf Gefühle anwenden, die uns beflügeln. Auch positive Gefühle können uns den Blick verstellen, wenn sie sich mit hoher Intensität in unserem Leben zeigen. Wenn das geschiet, können sie ebenfalls die Handlungsopitonen und Wahlmöglichkeiten einschränken. Hier ist diese Übung ebenfalls sehr hilfreich.

Übung 2

Nun kann es geschehen, dass sich Ihr Verstand wehrt, weil eine unbekannte Leichtigkeit eintritt, das vorausgegangene, belastende Gefühl ablöst und er – der Verstand – diese Art von Vorgehen nicht kennt. Dann gibt es die Möglichkeit, mit ihm in einem inneren Dialog in Kontakt zu treten. Auch hier ist der Fokus das jeweilige Gefühl.

Beispielsweise stehen Sie mutlos vor einer Situation. Fragen, die Sie sich stellen können, sind:

Was braucht mein Gefühl, damit es Mut entwickelt?

....
....
....
....

Was wird benötigt, dass dieser Mut sich zeigt?

....
....
....
....

Was braucht der Mut, damit er mich begleitet?

....
....
....
....

Was …? (Entwickeln Sie in diesem Modus Ihre eigenen Fragen, für die jeweilige Situation)

....
....
....
....

Mit diesen Übungen entdecken Sie mehr und mehr Freiheit in dem, was Sie tun. Nicht nur, dass Sie sich in den Situationen zu einer bewussten Lebensführung entscheiden und sich eine Leichtigkeit einstellen kann, indem Sie diese Schritte gehen. Sie übernehmen Verantwortung für das, was Sie tun, und das im vollen »Besitz« Ihrer Möglichkeiten. Das ist Freiheit.

»An Schwager Kronos

Spute dich, Kronos!
Fort den rasselnden Trott!
Bergab gleitet der Weg;
Ekles Schwindeln zögert
Mir vor die Stirne dein Zaudern.
Frisch, holpert es gleich,
Über Stock und Steine den Trott

Rasch ins Leben hinein!
Nun schon wieder
Den eratmenden Schritt
Mühsam Berg hinauf!
Auf denn, nicht träge denn!
Strebend und hoffend hinan!

Weit, hoch, herrlich der Blick
Rings ins Leben hinein!
Vom Gebirg zum Gebirg
Schwebet der ewige Geist,
Ewigen Lebens ahndevoll.

Seitwärts des Überdachs Schatten
Zieht dich an,
Und ein Frischung verheißender Blick
Auf der Schwelle des Mädchens da.
Labe dich! – Mir auch, Mädchen,
Diesen schäumenden Trank,
Diesen frischen Gesundheitsblick!

Ab denn, rascher hinab!
Sieh, die Sonne sinkt!
Eh sie sinkt, eh mich Greisen
Ergreift im Moore Nebelduft,
Entzahnte Kiefer schnattern
Und das schlotternde Gebein:

Trunken vom letzten Strahl
Reiß mich, ein Feuermeer
Mir im schäumenden Aug,
Mich geblendeten Taumelnden
In der Hölle nächtliches Tor!

Töne, Schwager, in's Horn!
Rassle den schallenden Trab,
Dass der Orkus vernehme: wir kommen;
Dass gleich an der Türe
Der Wirt uns freundlich empfange!«

Johann Wolfgang von Goethe

Siebte Phase: Von der Forschung zur Bewusstseinskunst

Mit der sechsten Phase sind Sie bereits bei dem Wissen angekommen, das Ihnen den Weg zu Ihrer persönlichen »Lebenskunst« öffnet. In der siebten Phase entdecken Sie Antworten zu den Fragen:

- Wie gestalte ich mein Leben, dass es seinem Sinn entspricht?
- Wie stelle ich mein Leben in das kollektive Gesamte?
- Wie erlebe ich es in seiner Gesamtheit als Erfüllung?

Forschend gehen Sie in Ihren inneren Lebensraum, wie es in der vierten Phase (»Forschung in eigener Sache Nr. 1: Bewusstsein leben«, s. S. 118 ff.) beschrieben ist. Bevor Sie die Übung starten, entwickeln Sie für sich die Frage, die für diese Zeit, für diesen Moment Ihre Essenz ist.

Nachdem Sie für sich die Fragen formuliert haben, bitten Sie darum, dass diese Frage eine Antwort findet. Anschließend betrachten Sie diese Frage, indem Sie in Ihrem Innenraum sind, und entdecken dabei die Gefühle, die sich Ihnen zeigen, erhalten Antworten und können zu diesen Antworten weiterführende Fragen stellen. – Achten Sie darauf, dass Sie diese Übung ohne zu bewerten durchführen, und freuen Sie sich über die Erkenntnisse, die Sie gewinnen.

> **Übung: Was sind Ihre Fragen zu Ihrer persönlichen Lebenskunst?**

Auch in dieser Phase handelt es sich um das bewusste Entwickeln von antizipierten Lebenserfahrungen im Sinne von Lebenskunst. Und ist es denn nicht immer Lebenskunst, wenn wir uns mit unserem Leben verbinden, verbünden?

In dieser Phase lässt sich das Leben als schönes, erfülltes Leben auch in seinen Schattenseiten integrativ miteinander verweben. Joachim Galuska geht erst in dieser Phase auf die Teilhabe an kollektiven Bewusstseinsprozessen ein. Aus meiner Erfahrung sind die Teilhabe und das »Modelling« kollektiver Prozesse bereits in der fünften und der sechsten Phase möglich. Indem ich mit der Energie des Kontemplativen in Ruhe und sanfter Aufmerksamkeit arbeite, hat auch das vermeintlich Individuelle Wirkung auf die kollektiven Prozesse – und das bei konkreter Betrachtung der Mikroergebnisse von der ersten Phase an. Also konkret immer, mein ganzes »Leben« lang.

Kollektives Bewusstsein ist so vielfältig, wie wir in unserem Leben Beziehungen eingehen: in der Familie, Partnerschaft, im Freundeskreis, in Arbeitsgruppen, Lebens-, Unternehmensgesellschaften, ebenso zwischen Kollektiven, wie sie sich durch Kongresse entwickeln, und gemeinsame Vereinbarungen, wie sie zwischen Staaten entstehen. Gleichzeitig gibt es äußere Einflussfaktoren auf das kollektive Bewusstsein: wie Themen, die kontinuierlich und mit hoher Resonanz kommuniziert werden, oder wie unsere Umwelt (Luft, Wärme, Umfeld, Atmosphären), Situationen, Lernräume, Religionen und vieles andere mehr.

Dabei ist der Zugang auf diese Prozesse höchst subjektiv und bewegt sich gleichzeitig im Spannungsfeld zur Objektivierung.

Wenn wir mit diesen Phasen im Sinne eines Phasenmodells arbeiten, ist es wichtig zu beachten, dass wir es nicht für absolut gesetzt halten. Es ist ein methodisches Beispiel, wie durch »bewusst sein« Wege zur Bewusstheit gegangen werden können. Und vielleicht kennen Sie bereits Aspekte davon, haben andere Erfahrungen mit mentalen Übungen gemacht, die Sie auf Ihrem Weg begleiten. Es ist ein Modell – individuelle Erfahrungen können es verändern, modellieren, fortschreiben …

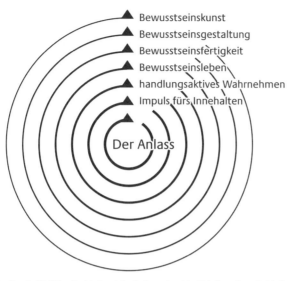

Ein persönliches »Forschungsmodell« auf dem Weg zur Bewusstheit

Quelle: Claudia Härtl-Kasulke, bk+k, auf der Basis von Joachim Galuska weiterentwickelt

---

Ihre Schritte auf dem Weg zu Ihrem persönlichen Modell

Welche Ideen, welche Erfahrungen sind Ihr Schatz, den Sie bereits mitbringen?

....
....
....
....

Was von dem, das Sie gerade gelesen haben, ist Ihnen wichtig?

....
....
....
....

Diese Phasen bauen aufeinander auf. Bis zu welcher Phase Sie Ihre Erfahrungen machen möchten, ist natürlich Ihre Entscheidung.

Ein weiteres »Modell« dieser Art, sich selbst zu begegnen und sich weiterzuentwickeln, habe ich mit dem »inneren Team« gestaltet (s. Härtl-Kasulke 2011, S. 193–210).

Was hat das mit der Ausbildung zum DemografieCoach und Personalem Gesundheitsmanagment zu tun? Ich höre Sie diese Frage stellen ... – Zum besseren Verständnis nochmals der Blick auf die Rückmeldung einer Teilnehmerin:

> **Feedback einer Teilnehmerin**
>
> Wir starteten mit dem Feedback einer Teilnehmerin zur DemografieCoach-Ausbildung. Sie stellte fest, dass sie in der Ausbildung nicht auf der Sachebene stehenblieb, sondern in die tiefen Erlebniswelten vordrang.
> Aus meiner Sicht wurde die Erfahrung, »in die tiefen Erlebniswelten vorzudringen«, vor allem durch die Übungen möglich, weil wir mit diesem »persönlichen Forschungsmodell« uns selbst verstehen lernen. Und das am Anfang durchaus meist mit vielfältigen persönlichen Widerständen. In der Folge wurde es zu einem Ermöglichungsmodell, das zunächst leise, in kleinen Schritten, dann durch Übung zu mehr und mehr sichtbaren Veränderungen führte.
> Wie begegnete ich diesen anfänglichen Widerständen? Einfach durch die Bitte, das Experiment mitzumachen, und dann mit der gemachten Erfahrung zu schauen, ob der einzelne Teilnehmer dies auch in der Folge nutzen möchte.
> Bereits am ersten Abend war die Reaktion der Teilnehmerin, die am entschiedensten die Achtsamkeitsatemübung (Basis: s. Methode »Achtsames Atmen«, S. 340 ff.) abgelehnt hatte, dass sie auf jeden Fall dabeibleibt. Schon lange hatte sie es nicht mehr erlebt, dass ein voller Tag sie so energetisiert in die Freizeit »entließ«. Und nicht nur das, sie hatte das Gefühl, den ganzen Tag das gewonnen zu haben, was ihr sonst im Arbeitsalltag verloren gegangen war.
> Was war geschehen? Ich startete mit der Basisübung der Achtsamkeitspraxis (s. Methode »Achtsames Atmen« (Basisübung). Zu jeder vollen Stunde wurde diese Übung zunächst für eine Minute (drei Atemzüge) und dann für drei Minuten (zehn Atemzüge) wiederholt. Durch das kurze Innehalten im Tun schöpften alle neue Kraft. Die langen arbeitsintensiven Tage bekamen zusätzlich Struktur. Bei den Teilnehmern stellte sich ein Gefühl der Entschleunigung ein und damit ein spürbarer Entlastungsmodus.

Als Begleiterin in Lernprozessen war für mich Folgendes deutlich zu sehen Kontinuierlich wuchs die Sensibilität für die persönliche Ebene und das Miteinander, ganz im Sinne eines »Sinnenschärfers«, der hilft, zufällige Chancen zu erkennen und damit als »Zündkerze« für die ersten konkreten Maßnahmen wirkt:

- Konzentration stellte sich ein.
- Kreativität war stets präsent, ohne dafür zusätzliche Methoden nutzen zu müssen.
- Die Wahrnehmung wurde auch für kleine Schritte und Entwicklungen geschärft.
- Lerninhalte verankerten sich ohne Wiederholungsphasen.
- Flexibilität, selbst in sehr herausfordernden Situationen, war ohne Hindernisse präsent.
- Der Transfer der eigenen Erlebnisse und Erfahrungen wurde mit Leichtigkeit in das Arbeitsumfeld übertragen.
- Damit führte die Ausbildung zum DemografieCoach dazu, dass sie zum Anlass wurde, nun andere an dem Erlernten teilhaben zu lassen.

Beispiele auf der Ebene der konkreten Außenwahrnehmung In den jeweiligen Rollen und im Bewusstsein für notwendigen Rollenwechsel entstand eine durchgängige Präsenz. Sei es nun auf der funktionalen Ebene vom Kommunikator zum Mentor zum Coach oder auf der Ebene der Rollenveränderung vom Führenden zum Impulsgeber für Partizipationsprozesse und die damit verbundene Wahrnehmung des Machtverlustes und dessen »Kompensation«. Das war sicherlich für viele eine wichtige Erfahrung, um als methodischer Wegweiser in Zeiten sehr hoher Arbeitsbelastung wirken zu können.

Die Präsenz auf der persönlichen Ebene wurde damit zur besten Gesundheitsvorsorge für alle Teilnehmenden und konnte damit als Best Practice für den Prozess in die Unternehmen hineingetragen werden.

Das führt zu Prozessen in den Unternehmen, deren Resonanz in den Zielgruppen und in den Teilschritten messbare Ergebnisse erzielen.

Wenn Sie nun aus der Perspektive des Lesens auf die Metaebene wechseln, stellen Sie fest, dass jeder einzelne dieser Punkte ein wichtiger Resilienzfaktor im Leben ist. Und dies nicht nur auf der persönlichen Ebene. Wenn ich es als Initiator in das Unternehmen trage und das mit gelebter Überzeugung tue, setze ich die Samen dafür, dass diese Resilienzfaktoren als Gelingensfaktoren auf der Führungs-, Team- und Unternehmensebene gelebt werden. Damit starte ich auch ein wesentliches Element für gelebte Unternehmenskultur »Richtungsweiser auf dem Weg zum Personalen Gesundheitsmanagement«.

Von der Haltung zum Methodenkonzept

Ich führte die unterschiedlichen persönlichen Forschungsmodellphasen sehr langsam ein. Konkret geschah dies über die gesamte Ausbildungszeit von 18 Monaten. Aber: Was haben diese Ergebnisse mit Gesundheit zu tun?

> Dieses »persönliche Forschungsmodell« ermöglichte Stressprävention und -intervention, und mit dieser Erfahrung fand der Transfer an den Arbeitsplatz und der Transfer in die Projekte und Prozesse statt.

Das geschah unabhängig davon, ob das ausbildungsbegleitende Projekt selbst das Thema »Gesundheit« spiegelte oder nicht. Mit den Übungen aus dem »persönlichen Forschungskonzept« erhielt jeder Teilnehmer Wissen und Erfahrung für sein mentales Selbstmanagement. In der Fachliteratur ist dieser methodische Ansatz auch unter den Begriffen »Selfcoaching« und »Inner Coaching« zu finden.

Wichtig ist mir, dass ich das Ermöglichen an die erste Stelle setze. Ich erlebe mich eher als »Hebamme«, die Impulse setzt, damit die Teilnehmer für sich selbst formulierbare Erfahrungen machen und die Sicherheit gewinnen, es auch allein zu können. Wichtig ist dabei die Augenhöhe – das Wissen, dass jeder Fehler machen kann. Auf diese Weise entstehen schon im Austausch untereinander in kleinen Gruppen von zwei Personen sehr gute, tragfähige und nachhaltige Lösungen für die Herausforderungen, die anstehen. Eine überzeugende Erfahrung darüber, dass wir alle die Ressourcen, die Resilienzfaktoren für die Anforderungen des Lebens in uns tragen.

Wenn ich in Bewertungen gehe, die das verhindern könnten, nutze ich die dargestellten Übungen (vor allem die der sechsten Phase, s. S. 123 ff.), die ich selbst auch immer mitmache.

> Mein Ansatz ist partizipativ – jeder nimmt an den Entwicklungen teil, gestaltet eigenverantwortlich mit.

Die Grenzen des freien Raums fürs Experimentieren und fürs persönliche Erfahren bestehen im Unversehrtsein, im Respektieren des anderen, im Würdigen des Menschseins der anderen in ihren Potenzialen und ihren Grenzen. Dies in meinem Handeln und dem Handeln aller Teilnehmer sichtbar zu machen. Das gilt umso mehr als wir auch die Teilnehmer und die Projekte/Prozesse in den Unternehmen supervidierend begleiten.

Natürlich bringe ich Methoden ein – die Teilnehmer üben sie direkt. Dabei waren die Methoden so individuell wie die Anforderungen, die sich durch die Teilnehmer und ihre Projekte und die Organisation ergaben. Aufbauend auf dem »persönlichen Forschungsmodell« (s. Abbildung S. 129) entsteht das Konzept. Im ersten Schritt werden die hier entwickelten Vorgehensweisen durch Selbsterfahrung reflektiert und supervidiert. Ziel ist es, im Unternehmen aus der eigenen Erfahrung sprechen zu können und damit die Glaubwürdigkeit der Vorgehensweise zu unterstützen, wenn dann in der Folge »soziale Lernprozesse« im Unternehmen gestartet werden.

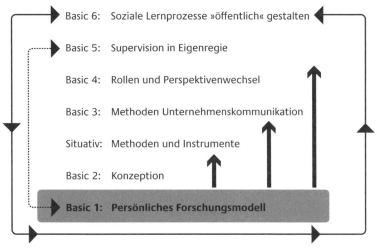

Quelle: © Claudia Härtl-Kasulke, bk+k

Aus meiner Sicht ist die Basis für diese intensive Entwicklung das persönliche Forschungsmodell und das stete Hinterfragen der eigenen Haltung, der eigenen Bewertungen und das aktive Arbeiten damit.

Im Wesentlichen ist es stets eines: »Dankbarkeit ist das Gedächtnis des Herzens« (Jean-Baptiste Massillon). »Danke dafür, dass mir mein Leben solch eine Vielzahl an persönlichen Forschungsmöglichkeiten schenkt und Danke an all meine Teilnehmerinnen und Teilnehmer, allen voran meine DemografieCoaches, die so wunderbare Lernende sind, dass sie mir stets das Bewusstsein schärfen, dass wir in unserem ganzen Leben Meister sind, die üben« (gemäß einer Zen-Weisheit).

Literatur

Aschermann, Ellen/Härtl-Kasulke, Claudia: *Lernen als Führungsaufgabe in Organisationen.* Handlungsregulation als theoretisches Modell und Aspekte der Implementierung unter integraler Perspektive. In: Wirtschaftspsychologie Aktuell. Deutscher Psychologen Verband GmbH, Berlin, Okt/Nov. 2012

Belschner, Wilfried: *Erwachen.* Qigong als Weg in die Freiheit. Reihe Transpersonale Studien. Band 14. Oldenburg 2012

Covey, Stephen R.: *Die sieben Wege zur Effektivität.* Ein Konzept zur Meisterung Ihres beruflichen und privaten Lebens. München: Heyne 2000

Galuska, Joachim: *Bewusstsein.* Grundlagen, Anwendungen und Entwicklung. Berlin: Medizinisch Wissenschaftliche Verlagsgeschichte 2013

Härtl-Kasulke, Claudia: *Marketing für Zielgruppen ab 50.* Kommunikationsstrategien für 50plus und Senioren. Neuwied:Luchterhand 1998

Härtl-Kasulke, Claudia: *Lernen mit Emotion und Intuition.* Der freudvolle Weg zum effizienten Lernen. Arbeitshandbuch für Manager, Personalentwickler und Selbstlerner. Breuer und Wardin: Bergisch-Gladbach:Breuer & Wardin 2011

Aktive Erholungspause – Der Weg zu einem gesunden Arbeitsstil

Ulrike Reiche

In diesem Kapitel wird eine niedrigschwellige Präventionsmaßnahme anhand eines Umsetzungsbeispiels in einem mittelständischen Unternehmen der Fertigungsbranche vorgestellt. Zuvor werden einige grundsätzliche Überlegungen zur Pausengestaltung dargelegt, die unabhängig von der betrieblichen Situation gleichermaßen für alle Mitarbeiter und Unternehmen gültig sind.

Ausgangssituation

Pausen sind ein wirksames Mittel zur Gesunderhaltung der Beschäftigten. Sie benötigen lediglich einen geringen organisatorischen und zeitlichen Aufwand. Materielle Investitionen aufseiten des Arbeitgebers sind nur in einem überschaubaren Umfang nötig.

Mit geplanten und bewusst gestalteten Pausen können verschiedene Zielsetzungen verfolgt beziehungsweise bestimmte Gesundheitsaspekte unterstützt werden. Dazu gehören zum Beispiel körperliche und geistige Erholung oder gesunde Ernährung. Regelmäßig eingehaltene Arbeitspausen beugen der Ermüdung vor und wirken sich günstig auf die Konzentrations- und Leistungsfähigkeit der Beschäftigten aus.

Damit fördert die Pausengestaltung einerseits die Gesundheit der Mitarbeiter, andererseits leistet sie auch einen wichtigen Beitrag zur Produktivitätssteigerung im Unternehmen. Denn wache, erholte Mitarbeiter arbeiten konzentrierter und kreativer, was der Arbeitsqualität zugute kommt und eine Effizienzsteigerung begünstigt. Gleichermaßen werden damit Ziele der Arbeitssicherheit, wie zum Beispiel die Unfallvermeidung, aktiv verfolgt.

Vielen Beschäftigten obliegt es – insbesondere bei flexiblen Arbeitszeiten – selbst, zumeist unter Abstimmung im Team, wann beziehungsweise wie lange sie Arbeitspausen einlegen. Dabei finden sie sich häufig in einem Spannungsfeld zwischen persönlichem Erholungsbedürfnis und hoch gesteckten Leistungszielen wieder. Bei erhöhtem Workload tendieren dann viele Menschen dazu, Pausen nur noch eingeschränkt wahrzunehmen oder gar komplett zu unterlassen, selbst wenn die Arbeitszeiterfassung die vorgesehene Mindestpausenzeit automatisch abzieht.

Allerdings ist den Beschäftigten (und ihren Führungskräften!) häufig nicht bewusst, dass die arbeitszeitrechtlichen Bestimmungen zur Pausenzeit vor allem auch darauf abzielen, ihre Gesundheit nachhaltig zu erhalten und zu fördern, und einen maßgeblichen Effekt auf ihre Leistungsfähigkeit sowie auch die Qualität ihrer Arbeit haben.

Eigenverantwortung des Mitarbeiters

Pausenzeiten sind zwar arbeitsrechtlich geregelt, doch wie sie von den Arbeitnehmern letztendlich genutzt werden, liegt in deren Eigenverantwortung. Die Pausengestaltung liegt damit im Wesentlichen in den Händen der Betroffenen. Üblicherweise denken viele Beschäftigte bei Arbeitspausen zunächst an Kaffeepausen oder die Mittagspause.

Für eine optimale Pausengestaltung ist es wichtig, dass eine Pause weder als reiner Arbeitsausfall noch als »verlorene Zeit« verstanden wird, sondern als notwendige Regenerationszeit: Arbeitspausen beugen der Ermüdung vor und fördern die eigene Gesundheit. Sie verbessern beziehungsweise sichern die Konzentrationsfähigkeit und sind damit eine essenzielle Voraussetzung für eine geringe Fehlerquote und eine optimale Arbeitsleistung.

Erholungspausen sind bei psychischer und physischer Erschöpfung unverzichtbar, um stressbedingten Beschwerden vorzubeugen. Besonders bei erhöhtem Arbeitsanfall und/oder in belastenden Stresssituationen sollte keinesfalls auf Pausen verzichtet werden. Im Sinne der betrieblichen Gesundheitsförderung ist es daher wichtig, die Beschäftigten zur gezielten Pausengestaltung anzuregen und entsprechende Impulse zu geben beziehungsweise geeignete Rahmenbedingungen im betrieblichen Umfeld zu schaffen.

Verantwortung des Arbeitgebers

Auch wenn die Ausgestaltung der Pausen den Mitarbeitern obliegt, sind deren Möglichkeiten in der Regel jedoch abhängig beziehungsweise beeinflusst von den organisatorischen Rahmenbedingungen und der jeweiligen Arbeitskultur. Anders als im Schichtbetrieb, in dem die Arbeits-, Pausen- und Übergabezeiten weitgehend festgelegt sind, bestehen im Fall von flexibilisierten Arbeitszeiten in den meisten Betrieben keine klaren Pausenzeiten oder fest definierte Arbeitsrhythmen mehr. Somit obliegt es den Beschäftigten innerhalb der Teams und in Abstimmung mit den Führungskräften, tagtäglich für die eigenen Arbeitspausen selbst Sorge zu tragen.

Die Führungskraft hat die Aufgabe, auf die Einhaltung der Pausen durch die Mitarbeiter zu achten und diese nötigenfalls einzufordern. Allerdings enden Einflussnahme und Weisungsbefugnis des Arbeitgebers beziehungsweise der Führungskraft hinsichtlich der Pausengestaltung da, wo die Mitarbeiter die Pausenzeiten zu ihrer freien Verfügung haben und selbst entscheiden können, wie sie diese verbringen. So besteht lediglich die Möglichkeit, die Beschäftigten zu einem gesundheitsfördernden Verhalten anzuregen. Hierfür sind günstige organisatorische Rahmenbedingungen förderlich, die die Motivation, Bedürfnisse und Interessenlagen der Mitarbeiter ausreichend berücksichtigen und ihnen Handlungsspielraum bei der Gestaltung sowohl der Arbeits- als auch der Pausenbedingungen einräumen.

Insgesamt kommt es sowohl aufseiten der Führungskräfte als auch der Mitarbeiter darauf an, über die Notwendigkeit einer gesunden Pausenkultur aufzuklären und Einfluss auf ihr jeweiliges Verhalten zu nehmen. Aus diesem Grund erscheint es notwendig, diese Thematik über die reine Arbeitszeitgestaltung hinausgehend in Personalentwicklungsmaßnahmen zu integrieren und diese mit geeigneten Gesundheitsangeboten zu verbinden. Maßnahmen können sein:

- Sensibilisierung der Führungskräfte im Rahmen von Trainings, Workshops oder Coachings für ein (gesundheits- und pausen-) förderliches Führungsverhalten
- Vermittlung von Hintergrundwissen zur Notwendigkeit und Wirkweise der Pausenzeiten, zum Beispiel im Rahmen von Seminaren für Fach- und Führungskräfte, die einen Transfer zur individuellen Arbeitssituation herstellen

- Kursangebote, in denen die Mitarbeiter zu aktiver Bewegung und Entspannung angeregt werden beziehungsweise in denen Stressbewältigungsmethoden trainiert werden, die sich in Arbeitspausen integrieren lassen
- Berücksichtigung der Pausenthematik bei der Wiedereingliederung von Mitarbeitern, die nach längerem Krankheitsausfall an den Arbeitsplatz zurückkehren

Bei der Ausgestaltung geeigneter Maßnahmen ist darauf zu achten, dass diese auf eine Verhaltensänderung der Mitarbeiter – und gegebenenfalls auch der Führungskräfte – abzielen und einen nachhaltigen Praxistransfer sicherstellen. Dies erfordert erfahrungsgemäß eine enge Begleitung des gesamten Entwicklungsprozesses. An diesem Punkt setzen spezielle Maßnahmen zur Gesundheitsförderung an, die bestenfalls parallel zur Einführung eines flexiblen Arbeitszeitmodells aufgesetzt werden.

Das nachfolgende Programm ist ein vielfach erprobtes Format, Fach- und Führungskräfte für die aktive Gestaltung von Arbeitspausen zu sensibilisieren und geeignete Entspannungsmethoden zu trainieren. Sowohl Zeit- als auch finanzieller und organisatorischer Aufwand halten sich dabei in überschaubaren Grenzen. Dennoch handelt es sich um einen fundierten Ansatz, der nachhaltige Wirkung zeigt. Idealerweise wird die Maßnahme in arbeitsplatznaher Lage – zum Beispiel in einem Pausen- oder Konferenzraum – angeboten, sodass die Mitarbeiter kurze Wege haben und eine direkte Integration in den Arbeitsalltag möglich ist. Im Folgenden wird exemplarisch der Implementierungsprozess vorgestellt, ergänzt um Erfahrungswerte aus der Berater- und Trainerpraxis sowie Feedbacks der Mitarbeiter.

Bestandsaufnahme und Auftragsklärung

Um eine bedarfs- und zielgerichtete Maßnahme zu planen, ist es wichtig, sich zunächst ein umfassendes Bild von der aktuellen betrieblichen Situation zu verschaffen und zu überlegen, welche Ziele erreicht werden sollen. Die folgenden Fragestellungen helfen dabei, die verschiedenen Einflussfaktoren und Rahmenbedingungen zu analysieren.

Analyse der Mitarbeiterstruktur Mit diesen Daten verschaffen Sie sich einen Überblick über die Zielgruppe, die mit der Maßnahme erreicht werden soll. Sie erhalten erste Informationen über sinnvolle Handlungsansätze: Bei vielen Erkrankungen aufgrund von Rückenbeschwerden sind andere Maßnahmen angezeigt als bei psychomentalen Krankheitsbildern wie zum Beispiel Burnout. Folgende Fragen helfen bei der Analyse:

- Wie hoch ist der Krankenstand? Wie hat er sich in den vergangenen Jahren entwickelt? (Gesamtbetrachtung sowie nach Bereichen)
- Sind auffällige Häufungen von bestimmten Beschwerdebildern bekannt? Wie hoch ist der Anteil der Langzeitkranken? Gegebenenfalls können anonymisierte Auswertungen der (Betriebs-)Krankenkasse herangezogen werden.
- Wie hoch ist die Fluktuationsquote? (Gesamtbetrachtung sowie nach Bereichen)
- Wie stellt sich die Altersstruktur im Unternehmen dar?
- Wie viele Frauen und Männer werden beschäftigt?
- Gibt es unbesetzte Stellen? Gibt es Rekrutierungsprobleme?

Arbeitszeitmodell Ein Schichtbetrieb bringt andere gesundheitliche Belastungen mit sich und bietet andere zeitliche Rahmenbedingungen für die Umsetzung einer arbeitsplatznahen Maßnahme als flexible Arbeitszeiten. Auch unterliegen die Mitarbeiter anderen zeitlichen Regelungen und haben unterschiedliche Gestaltungsspielräume hinsichtlich ihrer Pausenzeiten. Dies ist bei der Ausgestaltung des Programms zu berücksichtigen. Hilfreiche Fragen sind:

- Wie sind die Arbeitszeiten im Unternehmen geregelt?
- Wenn es sich um einen Schichtbetrieb handelt: Wurden bei der Festlegung des Schichtplans die bekannten gesundheitsförderlichen Aspekte ausreichend berücksichtigt (vorwärts rollierende Wechselschichten, keine reinen Nachtschichten und so weiter)?
- Wie sieht die Pausenkultur der Mitarbeiter aus? Wie verbringen die Mitarbeiter gewohnheitsmäßig ihre Pausen?
- Welche Ruhe- beziehungsweise Rückzugsräume gibt es für die Mitarbeiter?

Betriebliches Gesundheitsmanagement Anhand der Antworten auf die nachfolgenden Fragen erkennen Sie, wie weit die Überlegungen zur Umsetzung des betrieblichen Gesundheitsmanagements im Unternehmen gediehen sind und was davon bereits umgesetzt wird.

- Existieren – über den Arbeitsschutz und den betriebsärztlichen Dienst hinaus – kontinuierliche Maßnahmen zur Gesundheitsförderung? Wenn ja, welche?
- Gibt es Betriebssport oder andere arbeitsplatznahe Bewegungs- beziehungsweise Gesundheitsangebote für die Mitarbeiter?
- Welche Kooperationen, zum Beispiel mit Krankenkassen oder anderen Gesundheitsanbietern, gibt es bereits in diesem Sektor?
- Inwieweit werden Gesundheitsthemen in der Personalarbeit und bei Fortbildungsangeboten berücksichtigt?

Wie ist die aktuelle Situation im Unternehmen? Erfahrungsgemäß werden Zeiten der organisatorischen Veränderungen oder wirtschaftlich angespannter Phasen von Fach- und Führungskräften als besonders belastend empfunden. Häufig sind die Mitarbeiter dann vorrangig damit beschäftigt, ihren neuen Platz in der Organisation zu finden oder aber den Fortbestand ihres bisherigen Arbeitsplatzes sichergestellt zu wissen, bevor sie sich für anders gelagerte Themen interessieren. Es empfiehlt sich daher, den Start einer neuen Maßnahme in eine entspanntere Phase zu legen. Daher gilt es zu fragen:

- Wie sieht die aktuelle wirtschaftliche Entwicklung des Unternehmens beziehungsweise der Organisation aus?
- Welche strategischen Projekte laufen derzeit und welche Konsequenzen ergeben sich daraus möglicherweise für die Mitarbeiter?
- Wie stellt sich das Betriebsklima dar?

Stakeholder Für den Erfolg des Programms ist es maßgeblich, dass möglichst frühzeitig alle Beteiligten eingebunden werden, damit eine breite Unterstützung sichergestellt ist.

- Wer ist Auftraggeber? Das heißt: Wer hat Interesse an der erfolgreichen Durchführung? Welche Zielsetzung wird damit verfolgt?
- Wenn die Unternehmensführung nicht selbst Auftraggeber ist: Inwieweit befürwortet sie die Maßnahme? Sind die Führungskräfte entsprechend eingebunden?
- Inwieweit sind die Mitarbeiter interessiert beziehungsweise motiviert, an der Maßnahme teilzunehmen?
- Welche Akteure sind bei der Planung und Umsetzung noch einzubeziehen? Zum Beispiel: Personalabteilung, Betriebsrat, Führungskräfte, Mitarbeiter und so weiter.

Bei dem eingangs erwähnten Fertigungsbetrieb wurde im Rahmen der Auftragsklärung eine umfangreiche Arbeitszeitanalyse durchgeführt. Diese machte deutlich, dass bei einer relativ alten Mitarbeiterstruktur ein überdurchschnittlich hoher Krankenstand mit vielen Langzeitkranken vorlag. Es gab sowohl viele körperliche als auch psychomentale Belastungen. Gleichzeitig war die Fluktuationsquote vergleichsweise niedrig. Die Mitarbeiter waren allesamt männlich und arbeiteten im Schichtbetrieb. Neben dem üblichen Arbeitsschutz und betriebsärztlichen Dienst gab es kein übergreifendes Programm zur Gesundheitsförderung. Allerdings wurde seit kurzer Zeit regelmäßig eine Rückenschule im Betrieb angeboten. Das Unternehmen hatte zunehmend Rekrutierungsprobleme und litt nach eigenen Angaben unter Fachkräftemangel.

Vor diesem Hintergrund wurde in Abstimmung mit der Geschäftsführung und unter Einbeziehung des Betriebsrats das nachstehende Format entwickelt und umgesetzt.

Zielsetzung des Programms insgesamt

Die Teilnehmer

➡ Die Mitarbeiter kennen die arbeitszeitrechtlichen und organisatorischen Rahmenbedingungen der Pausengestaltung im Betrieb.
➡ Sie lernen die unterschiedlichen Methoden zur aktiven, gesunden Pausengestaltung kennen und können diese ganz gezielt im Arbeitsalltag eigenständig umsetzen.
➡ Durch das Einüben von speziellen Bewegungs- und Entspannungstechniken erfahren die Teilnehmer deren positive Wirkung auf ihr Wohlbefinden und werden hierüber generell zu einem nachhaltig gesundheitsfördernden Verhalten motiviert.

Infolgedessen

➡ Prävention durch zeitnahen Stressabbau
➡ Steigerung der Leistungs- und Konzentrationsfähigkeit der Teilnehmer
➡ Verbesserung des individuellen Gesundheitszustands, implizit Reduzierung des Krankenstands

Übersicht über die Maßnahmen

Das von mir entwickelte Programm zur gesunden Pausengestaltung kombiniert verschiedene Formate, die auf ein systematisches, teilnehmerorientiertes Training abzielen. Im Mittelpunkt steht die Bedeutung eines eigenverantwortlichen, kontinuierlichen Pausenmanagements für die individuelle Gesundheit beziehungsweise Regeneration. Anhand von praxiserprobten Maßnahmen erhält der Teilnehmer Tipps zu geeigneten Entspannungsmethoden und deren Integration in den Berufsalltag.

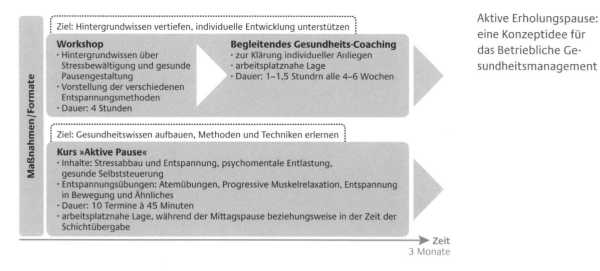

Aktive Erholungspause: eine Konzeptidee für das Betriebliche Gesundheitsmanagement

Ablauf, Inhalte und Methoden lassen sich folgendermaßen darstellen:

> **Programmformate: Kombinierte Maßnahmen zur Unterstützung des Lernprozesses**
>
> ➡ Workshop als Auftaktveranstaltung
> ➡ Anschließend erfolgt das Training am Arbeitsplatz – Kurs über 8–12 Sequenzen mit Bewegungs- und Entspannungsmethoden zur Integration in den Arbeitsalltag
> ➡ Bei Bedarf gibt es noch ein begleitendes individuelles Gesundheits-Coaching (nach vorheriger Absprache mit dem Unternehmen).

Workshop-Zielsetzung

Diese Maßnahme versteht sich als Auftaktveranstaltung für das nachfolgende Training am Arbeitsplatz. Die Teilnehmer setzen sich mit ihrem individuellen Verhalten unter Stress auseinander und erhalten das notwendige Hintergrundwissen, um auftretenden Belastungen in Zukunft besser begegnen zu können.

Workshop als Auftaktveranstaltung

Inhalte
- Impulsreferate zu den Themen »Stressentstehung«, »Gesunde Gestaltung von Arbeitspausen«, »Gesunder Rücken«, »Ausgleich von Bewegungsmangel im Berufsalltag«
- Für die Zielgruppe Führungskräfte gibt es zusätzlichen Input: »Arbeitspausen fördern – und fordern!«. Hinzu kommen arbeitszeitrechtliche Grundlagen und Dokumentationspflichten.
- Reflexion des eigenen Verhaltens unter Stress beziehungsweise hoher Arbeitsbelastung
- Allgemein und individuell: typische Verhaltensmuster
- Vorbeugendes, präventives Verhalten: Einflussmöglichkeiten erkennen und nutzen
- Vorstellung der verschiedenen Methoden »Bewegung und Entspannung«, die in den nachfolgenden Trainingssequenzen vertieft beziehungsweise trainiert werden.

Methoden
- Präsentation durch den Trainer
- Einzelarbeit
- Partner- beziehungsweise Gruppenarbeit
- Moderierter Austausch im Plenum
- verschiedene Entspannungsmethoden

Zielgruppe
Fach- und Führungskräfte, 8–12 Teilnehmer

Dauer/Termin
4 Stunden (inklusive 20 Minuten Arbeitspause)

Der Workshop wurde in arbeitsplatznaher Lage an einem Freitagnachmittag zum Schichtende angebeboten, sodass möglichst viele Mitarbeiter daran teilnehmen konnten. Der erste Flipchartbogen illustrierte das Arbeitsergebnis aus einer Reflexionsübung, bei der sich die Mitarbeiter ihre bisherigen Entspannungsstrategien bewusst machten. Der zweite Flipchartbogen dokumentierte das Abfrageergbenis zu den gewünschten methodischen Schwerpunkten im anschließenden Kurs.

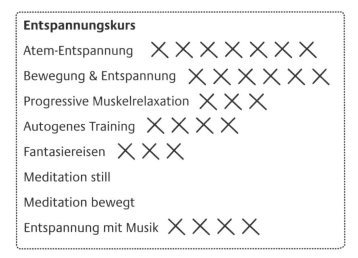

Hinweis: Idealerweise findet der Workshop außerhalb des Unternehmens statt. Erfahrungsgemäß erleichtert die räumliche Entfernung zum Arbeitsplatz es, das eigene Arbeitsverhalten einmal aus einem anderen Blickwinkel wahrzunehmen. Sofern der Workshop in unternehmenseigenen Räumlichkeiten durchgeführt werden soll, kann zum Beispiel ein Pausen- oder Besprechungsraum genutzt werden. Benötigte Technik und Medien sind: Flipchart, Pinnwand, Beamer und Leinwand.

Kurs »Aktive Pause«

An den Auftaktworkshop schloss sich zeitnah ein mehrwöchiger Kurs an. Im Vordergrund dieses Angebots stand die Übungspraxis, das heißt das Erlernen von effizienten Bewegungs- und Entspannungsübungen, die sich problemlos in den (Arbeits-)Alltag und/oder Arbeitspausen integrieren lassen. Dabei wurden die Wünsche aus dem vorangegangenen Workshop berücksichtigt, in dem die Mitarbeiter die verschiedenen Übungsmethoden kennengelernt hatten. Außerdem wurden insbesondere Übungen zur Steigerung des Konzentrationsvermögens und zur psychomentalen Entlastung angeboten.

Kursziele und -Inhalte

Zielsetzung
Der mehrwöchige Kurs vermittelt im Verlauf unterschiedliche Bewegungs- und Entspannungsübungen, die auf verschiedene Belastungssituationen abgestimmt sind. Durch die kontinunierliche Wiederholung wirkt der Kurs wie ein systematisches Training und gewährleistet einen optimalen Praxistransfer.

Die Teilnehmer
➡ Sie erlernen leicht in den (Berufs-)Alltag zu integrierende Techniken, um den gesundheitlichen Auswirkungen der Belastungen entgegenwirken zu können.
➡ Sie entwickeln ein Gespür dafür, wann, wo und wie diese Techniken einsetzbar sind.
➡ Sie werden motiviert, selbständig präventiv und nachsorgend zu üben.

Inhalte
➡ Impulsreferate:
  - Hintergrundwissen zur Wirkweise der jeweiligen Methoden und Techniken
  - Ideale Rahmenbedingungen für Entspannung schaffen
  - Zielgerichtet entspannen: die passende Übung auswählen
  - Gesunde Arbeitspausen: Entspannung im Arbeitsalltag
➡ Methodenauswahl:
  - Entspannung in Bewegung
  - Anspannung – Entspannung (Progressive Muskelrelaxation)
  - Bewegungsübungen zum Stressabbau und Energieaufbau
  - Atemübungen als Refresher
  - Entspannungsmusik
  - Wahrnehmungs- und Achtsamkeitsübungen
  - Fantasiereisen und Autogenes Training

Zielgruppe
Fach- und Führungskräfte, 8–12 Teilnehmer pro Gruppe

Dauer
Je Sequenz 45 Minuten.

Durchführung
Der Kurs umfasst 8–12 Termine, je nach Möglichkeit ein- bis zweimal pro Woche, zum Beispiel in der Mittagszeit beziehungsweise während der Schichtübergabe. Termine erfolgen nach Absprache.

Das Training wurde zweimal hintereinander in der Mittagszeit während der Schichtübergabe angeboten, sodass Mitarbeiter aus verschiedenen Schichten alternierend daran teilnehmen konnten. Es wurde im Besprechungsraum durchgeführt; die Übungen fanden im Sitzen, Stehen oder Liegen statt.

Damit Sie die Wirkung besser beurteilen können, finden Sie nachstehend einige Beispiele von Teilnehmerfeedbacks, die den Effekt der Übungen illustrieren.

Beispiele von Teilnehmerfeedbacks

»Neu war für mich, dass für eine gute Entspannung auch Bewegung notwendig ist. Ich bin ganz überrascht gewesen, wie schnell ich mich entspannen kann, wenn ich zuvor meinen Körper intensiv bewegt habe.«
»Ich hatte schon einmal ein autogenes Training besucht und fand das eher langweilig. Die Kombination aus Bewegung und Entspannung gefällt mir besser, auch weil sie schon innerhalb von ein bis zwei Minuten wirkt, toll!«
»Am besten gefallen mir die Atemübungen, die gehen so einfach und wirken sofort. Und ich kann sie überall ohne viel Aufwand ausüben.«
»Ich fühle mich insgesamt viel gelassener, auch in Stresssituationen. Und ich schlafe besser als zuvor.«
»Ich habe erst im Kurs gemerkt, wie sehr angespannt ich war. Das ist im Kursverlauf deutlich besser geworden, meine Schulterverspannungen sind fast weg und ich bin nicht mehr so nervös.«
»Im Kurs habe ich gelernt, wie mein Körper mit mir kommuniziert.«

Im Verlauf dieser Zeit wurde der Kurs von einigen Mitarbeitern nur unregelmäßig besucht. Dies lag unter anderem an einem erhöhten Arbeitsanfall durch viele Krankschreibungen aufgrund einer Grippewelle, während der bis zu 30 Prozent der Mitarbeiter fehlten. In anderen Wochen wurden zeitgleich Teambesprechungen durchgeführt, sodass die jeweiligen Mitarbeiter anderweitig gebunden waren.

Gesundheits-Coaching

Im Gesundheits-Coaching wird gezielt auf die individuelle Situation des jeweiligen Klienten (Mitarbeiters) eingegangen. Der Klient reflektiert die eigenen Handlungsspielräume, entwickelt Strategien für ein gesundes Selbstmanagement und trainiert ein gesundheitsförderndes Verhalten.

Voraussetzung für ein erfolgreiches Gesundheits-Coaching ist die Vertraulichkeit zwischen Coach und Mitarbeiter, das heißt der Coach verpflichtet sich zur Verschwiegenheit und dazu, Gesprächsinhalte nicht an Dritte weiterzugeben. Aus diesem Grund empfiehlt es sich, Gesundheits-Coachings von entsprechend ausgebildeten externen Coaches durchführen zu lassen.

Gesundheitscoaching zur Unterstützung bei individuellen Fragestellungen

Typische Anlässe für ein Gesundheits-Coaching sind:
- Stressbewältigung
- Burnout-Prophylaxe
- bereits vorhandene Gesundheitsbeschwerden, die eine Veränderung der Lebens- und Arbeitsgewohnheiten nach sich ziehen (zum Beispiel chronifizierte Beschwerdebilder)
- psychosoziale Beschwerdebilder
- Wiedereingliederung nach längerer Krankheit
- Nachsorge von Gesundheits-Check-ups
- eigeninitiierte Gesundheitsvorsorge, um dauerhaft leistungsfähig zu bleiben

Zielgruppenbeispiele
- Mitarbeiter, für die eine individuelle Terminfindung wichtig ist und/oder die eine intensive Begleitung wünschen/benötigen
- Fach- und Führungskräfte, die unter Stressbelastung leiden
- Langzeitkranke, zum Beispiel im Rahmen der Wiedereingliederung

Im geschilderten Praxisbeispiel wurde das Gesundheits-Coaching gezielt den Mitarbeitern angeboten, die bereits seit längerer Zeit krankgeschrieben waren beziehungsweise sich in der Wiedereingliederungsphase befanden. Leider haben sie allesamt dieses Angebot nicht in Anspruch genommen.

Gesundheitscoaching in der Praxis

Methodik
Kommunikationsmethoden aus dem professionellen Coaching, Reflexionsübungen, Visualisierungstechniken und anderes mehr. Je nach Offenheit und Möglichkeit des Mitarbeiters kommen unterstützende körperorientierte Techniken (zum Beispiel Atem- oder Spürübungen) zum Einsatz.
Diese Kombination verschiedener Methoden zielt darauf ab, dem Mitarbeiter ein – verbessertes – Gespür für die eigenen Ressourcen und Kapazitätsgrenzen zu ermöglichen beziehungsweise bewusstzumachen und so ein gesundes Selbstmanagement einzuüben.

Dauer
Je Coachingtermin 60–120 Minuten. Dauer und Anzahl der Termine abhängig vom vereinbarten Coachingziel.

Organisatorisches
Arbeitsplatznahe Lage, Einzelbüro oder Besprechungsraum, wünschenswerte Ausstattung: Stühle, Flipchart und Moderatorenkoffer.

Kritische Erfolgsfaktoren im betrieblichen Umfeld

Abschließend werden einige grundlegende Aspekte dargestellt, die für eine erfolgreiche Implementierung einer gesunden Pausenkultur maßgeblich sind. Pausen sind ein wirksames Mittel zur Gesunderhaltung der Beschäftigten, sie steigern die Leistungsfähigkeit und beugen Dauerstressbelastung sowie Ermüdungserscheinungen vor. Im betrieblichen Umfeld tragen die zeitliche Einplanung von Arbeitspausen und die Förderung einer entsprechenden Pausenkultur entscheidend zur Mitarbeitergesundheit bei. Neben der Schulung von Fach- und Führungskräften sind folgende Faktoren für eine erfolgreiche und nachhaltige Umsetzung in der Praxis entscheidend.

Arbeitszeitgestaltung Um Arbeitsbelastungen auszugleichen, müssen in den Arbeitsverlauf Erholzeiten in Form von Pausen eingeplant werden. Nur auf diese Weise kann der durch Ermüdung eintretende Verlust an Leistungsfähigkeit, vor allem Abnahme der Konzentration, ausgeglichen werden. Auch kann einer Ermüdung schon im Vorfeld durch ein geeignetes Pausensystem vorgebeugt werden.

Für die gezielte Planung organisierter Pausen spricht zudem, dass sie einen höheren Erholungseffekt haben als unstrukturierte, selbst gewählte Pausen. Diese erfolgen in der Regel zu spät, seltener und länger als günstig.

Arbeits- und Erholungszeit müssen im richtigen Verhältnis zueinander stehen: Die Erholung – ähnlich der Ermüdung – nimmt nicht linear zu, sondern findet besonders zu Beginn einer Pause statt und nimmt mit zunehmender Zeitdauer der Pause ab, das heißt die ersten Abschnitte einer Erholungsphase sind erholungswirksamer als die späteren.

Hinsichtlich der Lage und Dauer der Pausen ist in jedem Fall das Mitbestimmungsrecht des Betriebsrats zu berücksichtigen.

Pausenkultur Da die Pause zur freien Verfügung der Mitarbeiter steht, benötigen diese Informationen über die verschiedenen Gestaltungsmöglichkeiten und die Wirkungszusammenhänge zwischen ihrem individuellen Pausenverhalten und der eigenen Leistungsfähigkeit. Dies geschieht zum einen im Rahmen des vorgestellten Trainingsprogramms, kann zum anderen aber auch durch eine entsprechende unternehmensinterne Kommunikation vorteilhaft unterstützt werden.

Des Weiteren ist es wichtig, im Arbeitsumfeld geeignete Rahmenbedingungen zu schaffen (zum Beispiel Einrichtung von Pausen- oder Ruheräumen, Platz/Raum für Bewegungsmöglichkeiten).

Führungskultur Seitens der Führungskräfte besteht häufig Unsicherheit darüber, inwieweit sie auf die Pausenzeiten der Mitarbeiter Einfluss nehmen können. Bei hoher Arbeitsbelastung im Team tendieren viele dazu, den Mitarbeitern enge Vorgaben zu machen, was dann meistens zu wachsender Unzufriedenheit führt. Aus diesem Grund ist es wichtig, klare Regelungen und Absprachen zu treffen, um allen Beteiligten eine gute Orientierung zu geben.

Im Falle von Schichtarbeit oder Funktionszeiten sind Pausenzeiten seitens des Arbeitgebers fest geregelt. Doch bei flexiblen Arbeitszeitmodellen haben die Beschäftigten einen erheblichen Einfluss darauf, zu welchem Zeitpunkt sie eine Pause einlegen. Dies geschieht erfahrungsgemäß am besten in Abstimmung mit den Teamkollegen. Führungskräfte werden nur dann eingeschaltet, wenn Kapazitätsengpässe oder Abstimmungsschwierigkeiten in der Gruppe vorliegen.

Idealerweise orientieren sich Mitarbeiter bei ihrer persönlichen Pausengestaltung nicht allein an organisatorischen Erfordernissen, sondern behalten auch ihr persönliches Wohlbefinden im Blick. Schließlich dienen die Pausen ihrer Erholung und Gesundheit. Grundsätzlich empfiehlt es sich, Arbeitspausen fest in den Alltag einzuplanen. Spätestens bei Vorliegen eines oder mehrerer der folgenden Symptome ist eine Arbeitspause notwendig:

- sinkende Konzentration
- reduzierte Leistungsfähigkeit
- verminderte Kreativität
- erhöhte Fehlerquote
- körperliche Beschwerden (zum Beispiel Rücken- oder Kopfschmerzen)
- Hungergefühl, Unterzuckerung

Eine Führungskultur, die den Beschäftigten individuelle, bedarfsgerechte Pausenzeiten ermöglicht und eine entsprechende Ablauforganisation gewährleistet, bietet einen idealen Rahmen für eine gelebte gesunde Pausengestaltung. Aus diesem Grunde sollten Führungskräfte explizit in die Trainingsmaßnahme einbezogen werden.

Alles anders – alles neu

Loreen Klahr

In diesem Beitrag geht es um Grenzerfahrungen als Chance für das Wahrnehmen von Veränderungen und wie diese mithilfe der Achtsamkeitspraxis erfolgreich bewältigt werden können.

Alles anders

Als Pädagogin in einem Internat habe ich keine Führungsverantwortung und musste mich bisher nicht aus dieser Perspektive mit dem Thema Gesundheitsmanagement befassen. Doch als Arbeitnehmerin habe ich eine Verantwortung für mich und meine Gesundheit. Dass ich ein sensibler Mensch bin, ist in meinem Beruf meistens von Vorteil. Das bedeutet allerdings auch, dass ich mich bestimmter Situationen sehr annehme und von der Emotionalität, die mich dabei überflutet, immer wieder Abstand gewinnen muss.

Nach einer besonders heftigen Arbeitssituation, die mich an meine körperlichen und psychischen Grenzen gebracht hatte, wurde mir klar, dass ich mich dringend mit diesem Thema auseinandersetzen sollte. So entwickelte ich mein persönliches Personales Gesundheitsmanagement, das mich seither begleitet.

Wie alles begann – mein Weg zum persönlichen Gesundheitsmanagement

Als sich mein Studium dem Ende zuneigte, nur noch die Abschlussarbeit auf dem Programm stand, fasste ich den Entschluss, den Berufseinstieg anzugehen. Ich wollte eine Teilzeitbeschäftigung in meinem Arbeitsbereich und nicht mehr, wie bisher, »irgendeinen Job« zum Geldverdienen. Gleich die erste Bewerbung war ein Volltreffer. Die Stelle war perfekt und ich begann meinen Dienst als Pädagogin im Internat einer staatlichen Heimschule. Die ersten Wochen lief ich bei den verschiedenen Diensten mit, um eingearbeitet zu werden. Die Arbeit bestand darin, den Alltag mit den Schülern zu gestalten: vom Wecken und Frühstücken über Mittagessen, Hausaufgabenbetreuung, Freizeitgestaltung zum Abendessen und bis hin zum Zubettbringen.

Mit Beginn des Schuljahrs 2012/2013 wurde ich als eigenständige Mitarbeiterin in den Dienstplan aufgenommen und bekam die Verantwortung für den Studiersaal der fünften Klassen: 25 Schüler, die von Montag bis Freitag oder an einzelnen Tagen die Nachmittagsbetreuung besuchten. Ich unterstützte sie bei den Hausaufgaben und beim Lernen, mithilfe individueller Lern- und Förderpläne, die ich selbst erstellte und in Zusammenarbeit mit den Eltern koordinierte. Ziel war und ist es, die Kinder auf das selbstständige Lernen vorzubereiten und sie die Freude daran erleben zu lassen.

Einen besseren Berufseinstieg hätte ich mir nicht wünschen können – eine Beschäftigung, der ich mich gewachsen fühlte und ein Team, das mich herzlich aufgenommen hatte.

Doch: Kurz nach Beginn des Schuljahres erkrankte eine der Vollzeitkräfte schwer und fiel von einem Tag auf den anderen vollständig aus. Es dauerte einige Wochen, bis eine neue Sozialpädagogin eingestellt werden konnte, sodass die offenen Stunden von uns anderen Kollegen aufgefangen werden mussten. Mit jedem Schuljahresbeginn entsteht zusätzlich Spannung im Haus, da neue Schüler einziehen. Ein Jugendlicher machte uns zu dieser Zeit besonders Sorgen, da er immer wieder durch aggressives Verhalten gegenüber anderen Mitbewohnern auffiel.

Ich hatte in dieser Woche schon zirka 60 Stunden gearbeitet und vier Nächte im Internat verbracht. Von einer ausgeglichenen Life-Balance konnte nicht mehr die Rede sein. Eines Abends gab es zwischen dem eben beschriebenem Jugendlichen und seinen zwei Zimmergenossen massiven Streit. Während ich versuchte, die Lage in den Griff zu bekommen, rief der Jugendliche seinen Vater an. Um 22:00 Uhr traf dieser wütend in der Schule ein. Das Gespräch mit ihm eskalierte, er stieß wütende Drohungen aus und griff zudem die anderen Schüler verbal an. Ich war gefordert, die Situation zu entspannen und auszugleichen. Am Ende dieser Nacht war ich ziemlich angespannt und konnte nicht einschlafen, da mich der Vorfall noch ungeheuer beschäftigte.

Verordnetes Innehalten

Am nächsten Morgen ging ich direkt zu meinem Vorgesetzten und schilderte die Ereignisse. Meine Nerven lagen blank. Eigentlich hätte ich direkt nach dem Gespräch nach Hause gehen sollen, doch ich versicherte ihm, dass ich in der Lage sei zu arbeiten.

Im Nachhinein denke ich, dass ich mir einfach nicht eingestehen wollte, wie mich dieser Vorfall mitgenommen hatte. Eine Stunde später rief mich unsere Verwaltungsleiterin an und bat mich in ihr Büro. Mein Vorgesetzter hatte ihr von der Nacht erzählt, da sie Mitglied im Personalrat ist. Es wurde ziemlich schnell klar, wie sehr diese Situation mich überfordert hatte. In der Besprechung zwischen der Verwaltungsleiterin und meinem Chef kamen sie schließlich zum Ergebnis, mich für zwei Tage freizustellen und mir dann eine Woche Arbeit ohne Nachtdienste zuzuteilen.

Nach all diesen Erfahrungen stellte sich für mich die Frage, wie ich zukünftig mit derartigen Belastungen umgehen würde. Ich arbeite in einem Beruf, in dem ich viel Leid, Elend, Wut und Trauer erlebe. Immer wieder komme ich mit Menschen zusammen, bei denen ich an meine Grenzen stoße, mir eingestehen muss, dass ich ihnen nicht wirklich helfen kann. Manche Schicksale berühren mich so sehr, dass ich sie nicht in der Arbeit lassen kann, sondern auch zu Hause darüber nachdenke oder mit jemandem darüber sprechen muss. Mir wurde klar, wie wichtig es ist, die eigene Life-Balance so herzustellen, dass mich berufliche Ausnahmesituationen nicht mehr dermaßen »aus dem Lot bringen«.

Auf zu neuen Ufern – mein persönliches Personales Gesundheitskonzept

Die Grundlagen für mein »Gesundes Lernen und Arbeiten« entdeckte ich während der Ausbildung zum DemografieCoach. Obwohl dies nicht die eigentliche Intention zum Beginn dieser Ausbildung war, lernte ich dort die wichtigsten Methoden, um als Coach zu arbeiten, Konzepte zu entwickeln und umzusetzen. Zusätzlich beschäftigten wir uns dort mit den Themen Achtsamkeit, bewusstes Wahrnehmen und Resilienz. Und wir lernten, die richtigen Fragen zu stellen.

Als ich mich im Zuge dieser Ausbildung intensiver mit Gesundheitsfragen und meiner individuellen Life-Balance widmete, wurde mir bewusst, dass dieses Vorhaben Struktur benötigte. All das Wissen, dass ich mir aneignete, die Methoden und Übungen, die ich lernte, mussten aufeinander abgestimmt werden und ein schlüssiges Gesamtbild ergeben. Mir wurde klar: Wenn alles nur lose nebeneinander herläuft, wird sich die Wirkung nicht völlig entfalten können. Folglich entwickelte ich mein persönliches Gesundheitskonzept.

Was will ich? Thema meines Konzepts ist die Frage, wie ich mich auf derartige Ausnahmesituationen vorbereiten kann, um in der Situation mit mehr Ausgewogenheit zu reagieren, der agierende Part bin oder sogar (im Vorfeld) präventiv wirke. Weiterhin ist es mein Ziel, künftig zu verhindern, dass eine berufliche Situation auf diese Weise meinen privaten Alltag bestimmt. Folglich war es meine Aufgabe, mir dementsprechend Wissen und Methoden anzueignen und diese gezielt in meinen beruflichen und privaten Alltag zu transferieren.

Im nächsten Schritt erfolgte eine Analyse der Ist-Situation. Als meine Stärken erkannte ich vor allem meine Neugierde und Offenheit. Ich lerne gern Neues kennen, probiere gern aus. Dies, gepaart mit der hohen intrinsischen Motivation, etwas für mein gesundes Arbeiten zu unternehmen, ist eine wunderbare Voraussetzung für Lernen und praktisches Umsetzen. Ich erkannte zudem, dass ich bereit bin, viel dafür zu investieren, sowohl finanziell als auch Freizeit und Energie. Eine besondere Hilfe war die Ausbildung zum DemografieCoach, weil ich mit Claudia Härtl-Kasulke eine Expertin an meiner Seite hatte, die ihr Wissen gern mit mir und den anderen Teilnehmern teilte. Durch das gemeinsame Eintauchen in die Welt der Achtsamkeit während der Ausbildung konnten wir uns als Teilnehmer gegenseitig stärken und von unseren Erfahrungen profitieren. Als Herausforderung entdeckte ich zum einen, dass ich noch nicht genug Know-how hatte, dass ich zum anderen zu ungeduldig mit mir selbst war und mehr Konsequenz wichtig für meine Umsetzung war. Ich wollte Ergebnisse sehen, und zwar am besten schon gestern. Doch die Wirkung lässt sich nicht einschalten wie eine Lampe. Sie entwickelt sich langsam und wird stärker, je mehr man übt. Diese Erfahrung musste ich erst selbst machen, bis ich es tatsächlich glaubte.

Die Inkonsequenz hängt eng mit der Ungeduld zusammen. Wenn Methoden ihre Wirkung nicht gleich zu meiner Zufriedenheit entfalteten, verwarf ich sie wieder, tat sie als Hokuspokus ab. Am Ball zu bleiben, regelmäßig zu üben, mich selbst immer wieder davon zu überzeugen, war die größte Herausforderung in diesem Prozess. Ich hatte also schon den Mut, mich bewusst mit mir selbst auseinanderzusetzen, den Willen, etwas zu ändern und Experten an meiner Seite. Was ich noch brauchte, waren Informationen und Menschen, die mich langfristig bei dieser Aufgabe begleiteten und unterstützten.

Wie kann ich das erreichen? Nach der Analyse der aktuellen Situation erfolgte die Festlegung der verschiedenen Ziele. Das oberste Ziel ist der Erhalt meiner körperlichen und geistigen Gesundheit. Strategisches Ziel ist die Entwicklung und Umsetzung eines auf mich zugeschnittenen Gesundheitskonzepts. Daraus abgeleitete operative Ziele sind Informieren über das Thema, die eigene Sensibilisierung für körperliche und geistige Symptome (Reaktionen auf Stress, Überforderung) sowie die damit verbundene Reflexion, das Einüben von Methoden und deren Transfer in den Alltag (beruflich und privat), zudem die Anpassung der Maßnahmen an die jeweilige Situation. Die Bestimmung der Zielgruppe ist in diesem Konzept eindeutig: Das bin ich.

Im nächsten Schritt der konzeptionellen Erarbeitung werden der Nutzen für die einzelnen Zielpersonen und die geplanten Ergebnisse formuliert. Der Nutzen dieses Konzepts liegt für mich darin, dass ich mich bewusst mit mir auseinandersetze. Ich lerne meinen Körper und seine Reaktionen auf bestimmte Umstände besser kennen. So erfolgt eine Sensibilisierung, die es mir erlaubt, gezielt aktiv zu werden und gegebenenfalls rechtzeitig die Notbremse zu ziehen. Weiterhin werde ich leichter zwischen Freizeit und Arbeitszeit trennen können, mich nicht mehr zu Hause grämen, wenn bei der Arbeit etwas nicht so läuft, wie ich mir das wünsche oder ich von Schicksalen tief berührt bin. Ich werde eine Handlungsaktivität erlangen, die mir effektives Arbeiten erlaubt, ohne mich selbst zu überfordern. Ich werde ausgeglichen zur Arbeit gehen und ausgeglichen wieder nach Hause kommen.

So umgehe ich Situationen, in denen ich falsch reagiere, weil ich beispielsweise gestresst oder überfordert bin. Das kommt meinen Schülern zugute und vor allem meinem Mann, der beruflichen Frust, den ich nicht bei der Arbeit gelassen habe, dann zu Hause abbekommt. Kurzum: Ich werde zufrieden sein. Dass Ergebnis wird sein, dass ich eine ausgeglichene Frau sein werde, die bewusst lebt.

> Die daraus abgeleitete Botschaft an mich selbst lautet: Mit dem passendem Konzept gesund durch den privaten und beruflichen Alltag.

Die Taktik besteht aus einem Pool an Methoden, der hauptsächlich aus der Achtsamkeitspraxis stammt:

- Erfolgstagebuch (s. S. 369 ff.)
- Achtsames Atmen (s. S. 340 ff.)
- Achtsames Essen (s. S. 365 ff.)
- Gehmeditation (s. S. 356 ff.)

Zusätzlich war es wichtig, Strukturen für den beruflichen und privaten Alltag zu entwickeln, Regeln festzulegen und diese zu beachten, konsequent zu sein.

Die Taktik ist nicht starr. Sie kann verändert und je nach Situation flexibel eingesetzt werden.

Let's start!

Nach der Entwicklung des Konzepts war es an der Zeit, dieses in die Tat umzusetzen.

Selbstcoaching: Mich mit Fragen führen Während wir uns in der Ausbildung zum DemographieCoach intensiv mit dem Thema Coaching befassten, stellte ich fest, dass viele Fragen, Herausforderungen und Belastungen einen emotionalen Hintergrund haben, auch wenn sie zunächst einen sehr funktionalen Eindruck machen.

Wir erarbeiteten einen Fragenkatalog, mit dem wir dem Coachee sehr schnell auf die Spur kommen können. Je mehr ich die Fragen und deren Wirkung kennenlernte, desto mehr wurde mir klar, dass ich diese auch bei mir selbst anwenden kann, indem ich mir die Coachingfragen selbst stelle. Am häufigsten stelle ich mir Worst-Case-Fragen (Was wäre das Allerschlimmste, das mir passieren könnte? Was würde das für mich bedeuten?) Dadurch erkenne ich meistens, dass die Situation gar nicht so schlimm ist.

»Wenn du willst, was du noch nie gehabt hast, dann tu, was du noch nie getan hast.«
Nossrat Peseschkian

Das ist sehr beruhigend und hilft, den Blick wieder nach vorn zu richten, lösungsorientiert zu denken, statt zu lamentieren.

Die Frage »Was erlebe ich gerade?« hilft dabei, sich einer Situation ganz bewusst zu werden. So kann ich deutlicher erkennen, was um mich herum passiert, wie es dazu gekommen ist. Verbunden mit emotionsorientierten Fragen (Was fühle ich im Moment? Was fühle ich, wenn ich an die Situation denke?) richte ich den Blick bewusst auf meinen Körper und spüre genau hin. Flache Atmung, Zittern, Unkonzentriertheit, Angst, Panik, Nervosität sind Anzeichen dafür, dass momentan etwas nicht stimmt.

Ebenso kann ich den Blick gezielt auf positive Ereignisse richten. Diese bewusste Wahrnehmung von Schönem beflügelt, zaubert ein Lächeln in mein Gesicht und wirkt sich positiv auf meine Ausstrahlung aus. Das merken natürlich auch die Menschen um mich herum, besonders die Schüler, mit denen ich sehr engen Kontakt habe. Außerdem motiviert es weiterzumachen. Transferfragen sind ebenfalls hilfreiche Begleiter: Was sollte bis dahin oder danach anders sein? Was ist der erste Schritt dafür? Womit fange ich an? Wer kann mir dabei helfen? – Diese Fragen helfen mir, den Blick nach vorn zu richten, lösungsorientiert zu denken und zu planen.

Durch dieses bewusste Fragen und Wahrnehmen lerne ich viel über mich selbst, darüber, was ich brauche, damit mir etwas gelingt, ob ich zufrieden bin oder was ich verändern möchte.

> **»Handarbeit« statt Laufen**
>
> Zum Beispiel dachte ich lange Zeit, ich müsste wieder mit dem Laufen beginnen, um den Kopf freizubekommen, und habe mich ständig über mich selbst geärgert, dass ich es nicht schaffte, meinen »inneren Schweinehund« nicht überwinden konnte. Inzwischen habe ich festgestellt, dass Laufen für mich nicht mehr die richtige Methode zum Abschalten ist. Viel wichtiger ist es für mich, etwas mit meinen Händen zu machen. Allein diese Erkenntnis schafft Entspannung, weil ich mich nicht mehr ständig über mich selbst ärgere. Kochen, Backen oder mich im Garten um meine Pflanzen kümmern, sind momentan die schönsten Auszeiten für mich.

Diese Entwicklung hat mir gezeigt, wie wichtig es ist, offen zu bleiben. Was mir heute guttut, muss morgen nicht mehr dieselbe Wirkung haben. Deshalb ist es so wichtig, sich selbst zu beobachten, hinzuspüren und bewusst wahrzunehmen.

Erfolge im Blick Indem ich lösungsorientierte Fragen stelle, Fragen, die den Blick nach vorn auf die positiven Aspekte richten, erkenne ich, welche Erfolge ich habe. Und zur Verstärkung der damit verbundenen guten Gefühle schreibe ich diese Erfolge in mein Erfolgstagebuch. Dafür habe ich mir extra ein schönes Notizbuch gekauft. Da wird nur Positives und nichts Negatives hineingeschrieben. Mit dieser Methode bin ich auch für kleine Erfolge sensibel geworden.

Nicht immer schreibe ich alles auf. Das ist aber nicht schlimm, denn allein die Tatsache, dass ich etwas zum Aufschreiben weiß, erfreut mich. Immer öfter denke ich: »Toll, das gehört in mein Erfolgstagebuch!« Das bedeutet, mein Blick für das Defizitäre ist nicht mehr so stark wie der für das Positive.

Tun, was mir Spaß macht Dass ich heute einen Beruf ausübe, der mir viel Freude bereitet, verdanke ich ebenfalls den richtigen Fragen. Mit deren Hilfe konnte ich herausfinden, was ich will und was nicht, aber auch was ich brauche und was nicht und worauf ich Wert lege.

Dass Arbeit krank machen kann, habe ich bei mir selbst schon erlebt. Seither weiß ich, dass kein Job so wichtig ist wie meine eigene Gesundheit. Und: Einer Arbeit nachzugehen, die mich erfüllt, ist für mich die beste Gesundheitsvorsorge.

Immer schön atmen Die Achtsamkeitspraxis lehrt uns, dass Leiden ein fester Bestandteil unseres Lebens ist. Unser Leiden entsteht aus dem Wunsch nach Kontrolle und Beständigkeit in einer nicht kontrollierbaren, unbeständigen Welt. Es gibt Wege zur Freiheit vom Leiden. Einer dieser Wege zur Freiheit ist die Achtsamkeitspraxis.

Sie umfasst verschiedene Methoden für bewusstes Wahrnehmen und Erleben und ist eine der faszinierendsten Methoden, die ich kennengelernt habe. Die Grundlagen sind simpel und dennoch extrem wirkungsvoll. Innehalten und Atmen ist in jeder Situation anwendbar, sensibilisiert, entschleunigt, gibt Kraft. Seit ich diese Methoden kenne, nutze ich sie fast täglich im privaten und beruflichen Alltag: Wenn sich die zu erledigenden Aufgaben stapeln und ich nicht mehr weiß, wo ich zuerst anfangen soll: Innehalten und Atmen. Wenn eine Aufgabe dann erledigt ist, die nächste aber schon darauf wartet, von mir bearbeitet zu werden: Innehalten und Atmen. Wenn drei oder vier Schüler gleichzeitig kommen und etwas von mir wollen: Innehalten und Atmen. Wenn ich nach einem anstrengenden Arbeitstag nach Hause komme, mich auf einen entspannten Abend freue, mein Mann aber spontan Freunde eingeladen hat, die auch schon da sind: Innehalten und Atmen.

Natürlich stellt sich die Wirkung nicht umgehend ein. Trotz der einfachen Anwendung erfordert die Achtsamkeitspraxis Übung. Je öfter ich übte, desto schneller und intensiver trat die Wirkung ein. Heute brauche ich manchmal nur drei bis vier tiefe, bewusst durchgeführte Atemzüge, um mich zu beruhigen, Kraft zu tanken, zu entschleunigen oder zu entspannen.

Gleichzeitig ist es für mich wichtig, dass ich das entspannte Gefühl, das sich bei mir einstellt, nicht gleich als Aufforderung sehe, nun noch eine Portion Arbeit »draufzusetzen«. Wenn das geschieht, weiß ich, dass dann Erschöpfung eintritt, die ich auch mit Achtsamkeitspraxis nicht mehr korrigieren kann.

Zum achtsamen Atmen muss allerdings nicht immer innegehalten werden. Mit der Zeit habe ich gelernt, diese Atmung bewusst in bestimmte Aktivitäten einzubetten. In meinem Beruf laufe ich sehr viel – von Haus zu Haus, von Raum zu Raum, und das über drei Etagen. Das kann sehr anstrengend sein, vor allem dann, wenn ich gerade lieber eine Kaffeepause einlegen oder am PC arbeiten möchte.

Ich habe mir angewöhnt, langsam zu laufen und dabei bewusst auf meinen Atem zu achten. Natürlich könnte ich eilen. Doch bemerken die anderen wirklich die 20 Sekunden, die ich dann schneller bin? Ich glaube nicht. Die entschleunigende Wirkung ist jedoch enorm. Ich bin gelassen, ruhig und nicht aus der Puste. Ich kann klar denken und bin so in der Lage, die Situation zu erfassen und entsprechend zu reagieren. Ich fühle mich wohl und nicht gestresst. Und meinen Kollegen fällt auf, dass ich so ruhig und gelassen wirke.

Das gleiche Prinzip wende ich beim Essen an. Es ist oft schwierig, ungestört und in Ruhe zu essen. Da es nicht gesund ist und zusätzlich stresst, das Essen eilig hinunterzuschlingen oder während des Essens zu arbeiten, nehme ich mir grundsätzlich die Zeit. Wenn mich Schüler oder Kollegen während des Essens ansprechen oder vielleicht doch einmal das schlechte Gewissen kommt wegen der vielen Arbeit, hilft mir das achtsame Atmen, um auch wirklich ruhig zu bleiben. So kann ich anschließend gestärkt wieder an meinen Arbeitsplatz zurückkehren.

Stopp Multitasking! Ich habe gelernt, in meiner Arbeit klare Regeln zu leben, im Umgang mit den Schülern und mir selbst. Diese haben stets das Bedürfnis, ihr Anliegen zum Wichtigsten zu erklären. Das bedeutet, sie sprechen mich an und reden mit mir, auch wenn ich gerade im Gespräch mit anderen bin, telefoniere oder eine andere Arbeit ausübe. Darüber hinaus meinen sie, dass ihr Problem sofort, umgehend, auf der Stelle gelöst werden müsste. Natürlich ist es meine Aufgabe, mich um ihre Belange zu kümmern, sie zu unterstützen und ihnen zu helfen. Doch ich kann nicht überall gleichzeitig sein und leiste nur dann gute Arbeit, wenn ich mich konzentrieren kann. Multitasking ist auf Dauer zu anstrengend und stressig. Daher helfe ich den Schülern einen nach dem anderen und erledige meine Schreibarbeit step by step.

Im Büro achte ich stets darauf, nicht mehrere Dinge gleichzeitig zu machen, sondern immer eine Aufgabe nach der anderen abzuarbeiten. Das fällt nicht immer leicht, weil alles schnell erledigt werden muss, die Termine sehr eng gesetzt werden. Meist ist unsere Bürotür offen, damit die Schüler wissen, dass wir da sind. Ich habe mir angewöhnt, die Zwischentür zu schließen, wenn ich in Ruhe arbeiten möchte. So wissen zwar alle, dass ich anwesend bin, doch sie müssen anklopfen, bevor sie in den Raum kommen. So habe ich die Möglichkeit, einen Gedanken auch wirklich zu Ende zu bringen, bevor ich »Herein« rufe, und die Schüler können nicht einfach drauflosreden, sondern müssen warten, bis ich ihnen die Möglichkeit dazu gebe. Wenn das vorgetragene Anliegen nicht von absoluter Wichtigkeit ist, bitte ich denjenigen, später nochmals zu kommen, und mache zudem eine klare Zeitangabe. Ich lasse auch nicht mehr alles stehen und liegen, sobald das Telefon klingelt. Auf diese Art und Weise kann ich gelassen eine Aufgabe nach der anderen abarbeiten.

Im Studiersaal der fünften Klassen ist immer viel los. Jeder weiß etwas zu erzählen, hat etwas Aufregendes erlebt, das nicht warten kann, bis ich richtig zur Tür hereingekommen bin. Selbst wichtige Informationen wie Noten oder eine Information der Eltern an mich werden sofort erzählt, sobald die Schüler mich sehen. Auf diese Weise war der Beginn der Nachmittagsbetreuung immer sehr anstrengend für mich, weil ich nicht jedem gleichzeitig zuhören kann und vor allem nicht auf dem Gang belagert werden möchte. Also mussten die Schüler und ich eine Strategie entwickeln.

Als wichtigste Regel legte ich fest, dass es einen Ablauf gibt, der allen bekannt ist, wer wann was macht oder sagt. Mit Beginn der Studierzeit sitzen alle auf ihren Plätzen und beginnen mit ihren Hausaufgaben. Zur gleichen Zeit sitze auch ich an meinem Platz und mache die Anwesenheitskontrolle. Anschließend können diejenigen Schüler zu mir kommen, die eine Information der Eltern an mich haben. Wenn das alles geklärt ist, sind diejenigen an der Reihe, die etwas zu den Noten zu sagen haben.

Wichtig dabei ist: Es darf immer nur einer an meinem Schreibtisch stehen. Diese Vorgehensweise schafft Struktur und Klarheit für alle Beteiligten und beugt einem »rauchenden Kopf« vor. Außerdem bitte ich immer wieder darum, dass nicht alle durcheinanderreden, sondern immer nur einer spricht.

Eine große Entlastung in der Arbeit mit den Internatsbewohnern ist die Absprache unter den Kollegen. Es ist wichtig, dass wir die vielen täglichen Aufgaben verteilen und miteinander offen reden, um uns gegenseitig zu unterstützen. Dazu gehört auch, dass ich um Hilfe bitte, wenn ich diese brauche. Ich muss nicht alles allein machen oder still vor mich hinleiden. Im Umgang mit den Schülern gilt auch hier: Als Erzieherin habe ich das »Sagen«. Ich lege selbst fest, wann ich welche Aufgabe erledige. Die Schüler müssen lernen, sich zu gedulden. Offenheit und Kommunikation ist daher nicht nur unter den Kollegen wichtig. Die von mir aufgestellten Regeln muss ich den Schülern immer wieder erklären, sie daran erinnern. Nur so können diese langsam in den Alltag integriert werden. Es ist toll, gemeinsam mit Schülern und Kollegen die kleinen Erfolge zu erleben. Das beflügelt, gibt neue Energie, um weiterzumachen.

Wichtig ist in diesem Zusammenhang, dass ich eindeutig zwischen Arbeit und Freizeit trenne. Ich erledige weder berufliche Aufgaben zu Hause, noch umgekehrt. Das fällt nicht immer leicht, und ich muss mich hin und wieder ermahnen. Doch die klare Trennung tut mir gut.

Strukturen und Regeln

Für die Umsetzung eines Konzeptes müssen passende Strukturen entwickelt werden sowie Regeln, an die sich alle Beteiligten auch wirklich halten. Geschieht dies nicht, wird es schwer, die konzeptionelle Erarbeitung praktisch umzusetzen.

Auf den vorhergehenden Seiten habe ich beschrieben, was ich schon alles umgesetzt und verändert habe. Doch das ist harte Arbeit. Ich empfinde

»Ich kann, wenn ich will, und ich weiß, wenn ich will, dann kann ich.«
Peter Maffay

es als sehr anstrengend, meine Ideen und Wünsche praktisch umzusetzen. Bei der Erstellung des Gesundheitskonzepts stellte ich bereits fest, dass die größte Herausforderung sein wird, am Ball zu bleiben, mich immer wieder zu motivieren, da Inkonsequenz mein ständiger Begleiter ist.

Beruflich fällt es mir wesentlich leichter, klare Regeln aufzustellen und mich daran zu halten. Dies ist wunderbar, da es mir meinen Arbeitsalltag erleichtert. Im Privaten fällt es mir dagegen sehr schwer. Immer wieder stelle ich Regeln für mich selbst auf, mache Pläne und schreibe Listen, doch am Ende halte ich mich nicht daran. Es gibt immer wieder Phasen, die stressiger sind, in denen vieles gleichzeitig ansteht. In diesen Zeiten fällt es mir besonders schwer, mein Wissen anzuwenden, obwohl ich es dann am meisten bräuchte. Für diese Herausforderung habe ich leider noch nicht die passende Strategie gefunden. Hier heißt es weiterhin offen zu sein, genau hinzuspüren und vor allem ehrlich zu mir selbst zu sein. Dann schaffe ich es bestimmt herauszufinden, wo die Ursachen dafür liegen, und kann sie gezielt angehen. Bis dahin tröste ich mich damit, dass die ersten Schritte auf dem Mond sicherlich auch nicht leicht zu realisieren waren – und doch wurde es möglich.

Fazit

Aktiv und gelassen zu sein, ist ein wunderbares Gefühl, das ich zu schätzen gelernt habe und das mir ein wichtiger Motivationsfaktor geworden ist – für das Starten, das Durchhalten und das Weitermachen. Die Achtsamkeitspraxis hat meine Einstellung verändert. Ich bin optimistischer als vorher, versuche die Dinge zu nehmen, wie sie kommen. Es ist schön, sich nicht mehr so viel aufzuregen – das raubt nur Zeit und Kraft, ändert aber rein gar nichts. Stattdessen zu sagen: »Okay, so ist es«, und mit diesem Blick zu schauen, was ich aus der Situation machen kann, tut wirklich gut. Es lohnt sich auszuprobieren. »Ein Schatz, den es zu heben gilt.« – wie Claudia Härtl-Kasulke gern sagt.

»Yes – we can!«
Barak Obama

Literatur

Hirschhausen, Eckhart von: *Das Glück kommt selten allein.* Reinbek: Rowohlt 2011

Kumar, Sameet: *Der achtsame Weg durch Sorge und Grübelei. Wie wir Seelenruhe finden und Angst und depressive Gedanken hinter uns lassen.* Freiburg: Arbor 2011

Peseschkian, Nossrat: *Wenn du willst, was du noch nie gehabt hast, dann tu, was du noch nie getan hast. Geschichten und Lebensweisheiten.* Freiburg: Herder 2008

Krisen und Gesundheit

Cornelia Weitzel

Die Krise als Chance wahrnehmen und verstehen

In diesem Kapitel beschreibe ich mein Erleben in einem Unternehmen, das ich in den letzten sechs Jahren als Personalleiterin begleitete. Dabei fokussiere ich mich auf den Zeitraum vom Beginn der drohenden Insolvenz bis hin zur Betriebsstilllegung.

Die Erfahrungen und Erkenntnisse in und mit der Krise basieren auf vertraulichen Gesprächen mit Kolleginnen und Kollegen in dieser Zeit. Dabei geht es mir nicht um eine Bewertung, welche Gründe letztendlich zur Betriebsschließung geführt haben, sondern um den Umgang mit der Krise und die Chance für ein nachhaltiges Lernen in der Krise.

Was war für mich der Impuls, diese Zeilen zu schreiben? Mein erstes prägendes Erlebnis hatte ich im Jahr 2006, als ich zum dritten Mal ein Unternehmen aus betriebswirtschaftlichen Gründen verlassen musste. Das Unternehmen wurde verkauft und nur wenige Abteilungen – dazu gehörten der Außendienst, die Softwareentwickler und die Consultants – gingen in den neuen Betrieb über. Alle anderen Mitarbeiter erhielten eine Kündigung und wurden mit sofortiger Wirkung freigestellt. Von dieser Maßnahme war auch die Personalabteilung betroffen: also auch ich.

Bei meiner nun folgenden Arbeitssuche war für mich die Sicherheit des Arbeitsplatzes das wichtigste Kriterium. Wichtiger noch als das Gehalt. Eine Beschäftigungsoption bis zum Eintritt der Rente war mein erklärtes Ziel. Zu dem Zeitpunkt war ich 45 Jahre alt.

Als Personalverantwortliche kannte ich die Stigmatisierung und Einstellungshemmnisse älterer Arbeitnehmer am Arbeitsmarkt. Abhängig von Angebot und Nachfrage war man mit 45 Jahren ein älterer Mitarbeiter, eine ältere Mitarbeiterin. Dass ich, wie bereits erwähnt, während meiner beruflichen Laufbahn zum dritten Mal, sei es aufgrund Unternehmensschließung oder Outsourcing, meinen Arbeitsplatz verloren hatte, verstärkte mein Sicherheitsdenken.

Als ich nach erfolgreicher Suche meinen Arbeitsvertrag bei meinem zukünftigen Arbeitgeber unterschrieb, war ich mir sicher, dass ich mein Ziel erreicht hatte: Hier bleibe ich bis zum Eintritt meiner Rente! In einem erfolgreichen mittelständischen Familienunternehmen mit einer durchschnittlichen Betriebszugehörigkeit von 19 Jahren und einem durchschnittlichen Alter von 46,7 Jahren. Genau hier wollte ich sein und mich mit meinen persönlichen Fähigkeiten ganz und gar einbringen.

Sechs Jahre später. Wir schreiben das Jahr 2012. Das Unternehmen wirft seit Jahren keine Gewinne mehr ab. Die erste Massenentlassung vor zwei Jahren und die eingeführte Kurzarbeit führten nicht zum gewünschten Ergebnis. Weitere Maßnahmen folgten als letzte Chance, das Unternehmen vor dem Untergang zu retten. Dazu gehörten die Einleitung einer vorläufigen Insolvenz mit Beginn des Jahres und die Suche nach Investoren. Der Inhalt des Rettungspakets wurde mit unterschiedlichen Interessenten – Banken, Unternehmensberater und Insolvenzverwalter – geschnürt.

Es begann eine Zeit des Hoffens und des Bangens, der Ratlosigkeit und der Verzweiflung. Und es kam, wie es kommen musste. Zum 31. August 2012 wurde der Betrieb stillgelegt.

Was war geschehen? Hatten wir die Zeichen der Zeit nicht erkannt und (oder) zu spät auf die drohende Krise reagiert?

Bin ich eine Ausnahme, dass ich zum vierten Mal meinen Arbeitsplatz verloren habe? Wir leben in einer Zeit der schnellen Veränderungen, die auch den Arbeitsmarkt stark beeinflussen. In der Generation meiner Eltern arbeitete man in der Regel in ein und demselben Unternehmen bis zur Rente. Das gab sowohl dem Einzelnen als auch der ganzen Familie Planungssicherheit, auch für mittel- und langfristige Investitionen.

Es herrschte in der Regel ein autokratischer/patriarchalischer Führungsstil in den Chefetagen. Loyalität, Gehorsam, Pflicht und Treue gehörten zu den gelebten Werten im Unternehmen. Verantwortung und Unternehmensentscheidungen waren ganz allein Sache der Firmenleitung. Die Ansprüche der Mitarbeiter an das Unternehmen stiegen proportional mit der erbrachten Leistung. Mehr Arbeit = mehr Geld. Die Lohnerhöhungen versprachen mehr Wohlstand und ein gutes Leben. Das war gestern. Was hat sich verändert?

Die Globalisierung und die Einführung neuer Technologien, um nur zwei Kriterien zu nennen, fordern die Unternehmen und den einzelnen Menschen zum Umdenken heraus. Um dem Preisdruck standzuhalten, werden oftmals Einsparungen bei den Lohn- und Produktionskosten angesteuert. Mit der Folge, dass viele Unternehmen ihre Produktionsstätten ins Ausland verlagern. Die hiesigen Mitarbeiter verlieren ihren Arbeitsplatz. Eine Kultur der Veränderung ist erforderlich, um den steigenden Anforderungen der Kunden an die Qualität der Produkte, verbunden mit einem exzellenten Service, gerecht zu werden.

Freie Stellen werden oftmals nur noch befristet ausgeschrieben, oder sie werden nach Ausscheiden des Mitarbeiters erst gar nicht mehr besetzt. Die verbleibenden Kollegen müssen die zusätzliche Arbeit in immer kürzerer Zeit mitbewältigen. Die Arbeitsverdichtung führt zu einem stetig steigenden Arbeitsdruck und kann die Gesundheit mittel- und langfristig gefährden.

Zudem haben sich auch die Anforderungen an die Mitarbeiter grundlegend verändert. Ein Mitarbeiter muss viele Eigenschaften nachweisen können: zielorientiert, leistungsfähig, durchsetzungsstark, gesund, motiviert und flexibel. Erweiterte, vielfältige Kompetenzen, gepaart mit lebenslangem Lernen verschaffen ihm erst einen entsprechenden Marktwert.

Im Rahmen meiner Tätigkeit als Personalleiterin konnte ich aus vielen Lebensläufen ersehen, dass die Anzahl der kurzen Beschäftigungsverhältnisse überproportional steigt. Die Meldungen aus den Nachrichten sind uns vertraut, wenn von Unternehmensschließungen und Entlassungen von Mitarbeitern die Rede ist. Werden wir dadurch noch emotional berührt oder haben wir uns schon daran gewöhnt?

Das Solidaritätsprinzip gehört ebenfalls der Vergangenheit an. Das Sozialversicherungssystem deckt höchstens noch eine Grundversorgung ab. Die Lücken mit einer privaten Vorsorge zu schließen, liegt in der Verantwortung jedes Einzelnen. Vorausgesetzt, er kann es sich finanziell leisten. Die Kluft zwischen Arm und Reich wird immer größer.

Diese Entwicklung in unserer Gesellschaft ist nicht das Verschulden allein der Unternehmen. Wir alle tragen zu dieser Entwicklung bei. Allein mit unserem Kaufverhalten, unserer »Geiz ist geil«-Mentalität, fördern wir die Verlagerung von Produktionsstätten in Billiglohnländer. Unser Umgang mit begrenzten Ressourcen und die Umweltverschmutzung als Folge nehmen wir dabei billigend in Kauf. Wir lassen uns beherrschen und manipulieren von der Wirtschaft und uns vorgaukeln, was wir alles benötigen, um Zufriedenheit und Glück zu erlangen. Eine Spaßgesellschaft mit nie endenden Ansprüchen.

Was ist die Folge, wenn unser Anspruch nicht gedeckt wird, nie enden will? Zuerst möchte ich auf den Unterschied zwischen einem Bedürfnis und einem Anspruch eingehen.

Bei einem Bedürfnis (s. folgende Abbildung) handelt es sich in der unteren Stufe um physiologische Grundbedürfnisse wie Essen, Trinken, Schlafen, Bewegen. Sind diese Bedürfnisse gedeckt, erstrebt der Mensch die nächste Stufe der Bedürfnisse nach Sicherheit und Schutz. Bis hin zur Selbstverwirklichung. Nach dem Modell von Maslow, dem Begründer der humanistischen Psychologie, haben manche Bedürfnisse Priorität vor anderen Bedürfnissen.

Maslowsche Bedürfnispyramide

Im Gegensatz dazu werden Ansprüche individuell definiert und verändern sich durch ein Mehr an Besitz an materiellen und immateriellen Gütern. Wenn wir – jeder für sich und wir in unserer Gesellschaft – zulassen, dass ein Anspruch zu einem Rechtsanspruch wird, kann alles, was wir haben, zu einer Selbstverständlichkeit werden – und dann wird es nie genug sein. Wir produzieren ein Mangelbewusstsein. Weitere Konsequenzen, die daraus entstehen könnten, wären, dass wir von unserem Anspruchsdenken verleitet werden, wir hätten ein Recht auf Glück und Versorgung. Oder: Wir hätten ein Recht darauf, noch größere Güter an Freizeit und Sicherheit, an Gewinn und Besitz zu beanspruchen. Zudem könnte hieraus ein weiterer Anspruch auf ein Tun oder Unterlassen von jemand anderem erwachsen. Gemeint ist das Recht, etwas von jemandem verlangen zu dürfen. Wenn ein Mensch von dieser Art von Ansprüchen besetzt ist, wird er nie satt werden und geneigt sein, die Schuld für seinen angeblichen Mangel bei anderen zu suchen.

Kommen wir auf mein Erleben in dem Unternehmen zurück. Wie war die Reaktion der Mitarbeiter, als der drohende Verlust des Arbeitsplatzes zum Greifen nahe war? Bei vielen Mitarbeitern zeigte sich ein starkes Anspruchsverhalten an den Arbeitsplatz. O-Ton Mitarbeiter: »Immerhin habe ich jeden Tag meinen Dienst getan. Ich war immer pünktlich und war auch bereit, Überstunden zu leisten. Und das ist der Dank!« Dass die geleistete Arbeit am Monatsende mit Lohn/Gehalt vergütet wurde, blieb außer Betracht. Die Zugehörigkeit zu einem System, das Handeln innerhalb eines Systems, vergleichbar mit einer Familie, erklärte dieses Anspruchsdenken. Einen Anspruch auf einen Arbeitsplatz bis zur Rente. Dieses Denken war bei vielen stark verankert.

Das ist das gleiche Anspruchsdenken, das sich bereits in der Vergangenheit zeigte, als die Arbeitsleistung nicht mehr proportional zum Einkommen stieg. Das ungeschriebene Gesetz »mehr Arbeit = mehr Geld« war keine zuverlässige Größe mehr. Das hatte zur Folge, dass sich viele Mitarbeiter betrogen und ausgenutzt fühlten.

Auffallend war auch, dass sich bei Mitarbeitern mit einer langen Betriebszugehörigkeit eine starke Bindung zeigte, die ihnen so gar nicht bewusst war. Erst der drohende Verlust brachte dies zum Vorschein.

Als nach und nach alle erkannten, dass die Strukturen, Gewohnheiten und die vertrauten Pfade im Unternehmen keinen Halt mehr versprachen, löste das Ängste aus und bestimmte das Denken und Handeln. Es war wie ein böser Traum, aus dem man hoffte, bald wieder zu erwachen.

Diese Zeit wurde von jedem Einzelnen ganz individuell durchlebt. Abhängig von Erfahrungen, Glaubenssätzen, persönlicher Konfliktfähigkeit und eigener Stärken zeigte sich deutlich, wer in sich ruhte, stark verwurzelt war, Verantwortung für sich und andere tragen konnte, Perspektiven für sein Leben hatte.

Mitarbeiter, die in ihrem Leben bereits Krisen durchlebt hatten und die die Chance in der Krise erkannten und nutzten, zeigten sich auffallend gelassener und strahlten oftmals Selbstvertrauen in das Leben aus. Sie berichteten uns von ihren eigenen Erfahrungen in der Krise und ihrem Umgang mit der Krise. Vergleichbar mit einem Baum, der gepflanzt wird, dann zu einem großen Baum heranwächst und Früchte trägt, waren bei ihnen Früchte wie Halt, Sicherheit, Verbundenheit und Vertrauen sichtbar und für uns er- und begreifbar. Veränderungsprozesse brauchen Zeit. Zeit zur Entwicklung und Zeit zum Reifen. Diese Mitarbeiter hatten sich in der Vergangenheit dem veränderten Prozess bereits gestellt.

Von der persönlichen Erkenntnis zum Gestalter meiner persönlichen Situation

Der Gewinn nach einer durchlebten Krise wird oftmals erst im Rückblick verstehbar. Positive Erfahrungen werden verankert und sind bei Bedarf abrufbar.

Haben Sie Methoden parat, die in einer Krise anwendbar sind? Wenn nicht, dann können Sie jetzt damit beginnen. Dazu möchte ich Ihnen am Beispiel meiner Situation im Unternehmen Mut machen. Werden Sie zum Gestalter Ihrer persönlichen Situation, unabhängig von äußeren Umständen. Nehmen Sie sich in regelmäßigen Abständen Zeit für sich und reflektieren Sie Ihre Lebensumstände, Ihr Denken und Handeln.

Mein Stoppschild auf dem Weg

Fragen Sie sich: »Lebe ich noch oder werde ich gelebt?« Schreiben Sie alles auf, was Ihnen bei den folgenden Fragen in den Sinn kommt. Vertrauen Sie darauf, dass Ihr Unterbewusstsein die richtigen Antworten kennt.

....
....
....
....
....

Stimmt das, was ich tue, mit meinem persönlichen Verständnis vom Leben überein?

....
....
....
....
....

> Wenn ja, woran erkenne ich es?
>
> ....
> ....
> ....
> ....
>
> Wo habe ich mich bereits angepasst?
>
> ....
> ....
> ....
> ....
>
> Wo muss ich mich in der aktuellen Situation zusätzlich anpassen?
>
> ....
> ....
> ....
> ....
>
> Wo muss ich mich lösen, um in meiner Balance zu sein?
>
> ....
> ....
> ....
> ....

Resümierend aus den unterschiedlichen Gesprächen im Mitarbeiter- und Kollegenkreis war es mein Ziel, bedarfsgerechte Methoden zu entwickeln. Eine »erste Hilfe«, um mit der aktuellen Situation besser umgehen zu können. Zu verstehen, was den Stress auslöst, zu erkennen, wo wir handeln können und sogar Wahlmöglichkeiten haben und zudem zu erkennen, wo wir selbst für unser Denken und Handeln verantwortlich sind.

Obwohl ich das vierte Mal meinen Arbeitsplatz verloren hatte, durchlebte ich wieder die klassischen vier Phasen einer Krise.

Phase 1: Nicht wahrhaben wollen Die erste Phase zeigte sich bei mir im »Nicht-wahrhaben-Wollen«. Lieber die Situation verleugnen. »Ich möchte mich nicht schon wieder verändern. Nein, ich will nicht!«, dachte ich bei mir.

Phase 2: Aufbrechende, chaotische Emotionen Die zweite Phase folgte auf dem Fuße in Form von Emotionen. Ich war wütend. Ja, und genau das wollte ich auch sein. »Warum passiert mir das immer wieder?«, fragte ich mich. Ein Vollbad nehmen, getränkt in Selbstmitleid, mir Bedauern aussprechen, wenn es doch sonst keiner tut. Einfach herrlich, wie ich darin baden konnte. Ich genoss es regelrecht. Und es kam noch dicker, denn alles, was ich so wunderschön unter meinen Teppich gekehrt hatte: unerledigte Aufgaben oder Entscheidungen, die ich nicht getroffen hatte, kamen zum Vorschein. Da waren sie wieder. »Verschwindet sofort, jetzt doch nicht! Euch kann ich jetzt gar nicht gebrauchen!«, schimpfte ich vor mich hin. Das half nicht viel, wie Sie sich sicherlich vorstellen können. Die linke Hirnhälfte, zuständig für das rationale, lineare Denken, war offline.

Phase 3: Suchen, finden und sich trennen Diese legte den Hebel erst in der dritten Phase um. Jetzt war ich herausgefordert, die Situation anzunehmen. Dazu entschied ich mich ganz bewusst! In der Vergangenheit hat mir in ähnlichen Situationen eine Gehmeditation durch die Natur sehr geholfen. Also suchte ich mir einen bekannten Weg aus, der mich innerlich berührt und ging los. Bei jedem Schritt sagte ich »JA, JA, DANKE, DANKE«, wie eine Art Mantra (»Gehmeditation«, s. S. 356).

So konnte ich während des Laufens meine Gedanken und Gefühle sortieren. Mit jedem Schritt wurde ich zunehmend gelassener und entspannter. Hier zeigte sich der Gewinn meiner bereits durchlebten Krisen sehr deutlich. Das Akzeptieren der Situation fiel mir aufgrund der positiven Erfahrungen aus der Vergangenheit erstaunlich leicht. Ich war stark und fühlte mich geerdet. Ich wusste, dass ich nicht abhängig bin von äußeren Umständen. Es ist nie zu spät für einen Neuanfang.

Phase 4: Loslassen, Überwinden der Krise, Offensein für Neues Die vierte Phase ist das Loslassen, ein wichtiger Schritt. Aber wie? Vielleicht mithilfe meines Lieblingsrituals? Dazu brauche ich lediglich eine schöne Wiese und einen kleinen Ast, mehr nicht. In Gedanken sah ich alles schon vor mir, das frische Gras und die Gänseblümchen. Nicht lange aufschieben, die Zeit nehmen, die ich brauche, mir die Erlaubnis geben, trotz der viel zu vielen Arbeit mich auf den Weg machen. Das ist für mich immer wieder eine Herausforderung, meine Bedürfnisse nicht an zweite Stelle zu setzen (»Mein Weg in die Freiheit«, s. S. 352 f.).

Das kleine Ritual half mir, mich von meinen Ansprüchen, Erwartungen, Enttäuschungen, Hoffnungen und Ängsten zu lösen. Als ich vor etwa fünf Jahren die ersten Erfahrungen mit diesem Ritual machte, bin ich immer wieder zu dieser Wiese zurückgekehrt. Diesmal kehrte ich nur zweimal dorthin zurück. Auch hier zeigte sich der Erfolg durch stetige Wiederholung.

Sich von allen Bindungen zu lösen, war für mich der erste Schritt in die Freiheit, ein Weg hin zu mir selbst. Sie müssen dieses Ritual nicht auf die gleiche Weise umsetzen. Finden Sie Ihre eigene Methode. Für mich war es die optimale Vorbereitung für einen Neuanfang. Der Weg zur Phase 4 war frei, denn jetzt war ich bereit für etwas Neues.

Das Durchleben der vier Phasen in Krisen ist – psychologisch gesehen – ein wichtiger Prozess, um zu erkennen, loszulassen und neu zu beginnen. Wenn ich nicht loslassen kann, wenn ich mich nicht aussöhnen kann mit der Situation, bin ich nicht frei für einen neuen Weg. Der »Seelenmüll« bleibt. Wie oft schleppen wir alte Seelenmüllsäcke aus der Vergangenheit mit uns herum? Wollen wir das wirklich? Nutzen Sie die Chance, sich von altem Müll zu befreien. Es lohnt sich! Das gilt auch für liebgewonnene Gewohnheiten und festgefahrene Gedanken. Die Bereitschaft, sich selber in Frage zu stellen und Herr über die eigenen Gedanken zu werden, das wünsche ich Ihnen. Probieren Sie es aus. Sie werden staunen, was sich alles bei Ihnen verändert.

Wie kann ich Herr über meine Gedanken werden? Ein Mitarbeiter sagte zu mir: »Ich habe Stimmen, die ich nicht unterdrücken kann«. Ein anderer meinte: »Ich kann nachts nicht schlafen, weil ich meine Gedanken nicht ausschalten kann.« – Das sind nur zwei Beispiele von vielen. Was aber wäre, wenn ich es doch kann! Ist es tatsächlich erlernbar? Bin ich der Konstrukteur meiner Gedanken? Ist das der Grund, dass für den einen das Glas halb leer und für den anderen das Glas halb voll ist? Lassen Sie sich überraschen.

Als Trainerin für Neurolinguistisches Programmieren (NLP) beschreibe ich in diesem Beitrag Interventionen und Lösungsmöglichkeiten aus dem NLP zu folgender Fragestellung: Wie werde ich Herr über meine Gedanken in dieser Krise …, wenn Selbstverständlichkeiten plötzlich nicht mehr selbstverständlich sind …, wenn vermeintliche Sicherheiten keine Sicherheiten mehr bieten …, wenn auf einmal nichts mehr so ist, wie es einmal war? Was oder wer trägt mich in dieser Zeit und gibt mir Halt? (Bandler 2001, S. 9.)

In den 1970er-Jahren wurde von vielen Wissenschaftlern der Computer als Modell für unser Gehirn gesehen. Folglich sind unsere Gedanken und Handlungen die Programme. Wenn wir uns diesen Vergleich anschauen, besagt das, dass wir unsere Denkmuster und Programme ändern können. Wenn ein Softwareentwickler die Software ändern möchte, wird er es nicht schaffen, wenn er es sich wünscht, möchte oder will. All das führt zu keiner Änderung. Er muss in dem Programm die Befehle ändern und *neue* Befehle programmieren.

Hier wird deutlich, dass der Vergleich mit dem menschlichen Gehirn nicht so einfach umzusetzen ist. Leider kommen wir nicht mit einer Betriebsanleitung für unser Gehirn auf die Welt. Neue Affirmationen für unser Gehirn können aber durch stetige Wiederholung unsere Programme verändern oder erweitern. Wer hat meine Software geschrieben? Individuelle Lebenserfahrungen, die umgebende Kultur, Glaubenssätze, Werte, Interessen und Annahmen sind in diesem Programm gespeichert.

Im NLP spricht man davon, dass die Landkarte nicht das Gebiet ist. Was bedeutet das? Wir Menschen haben eine eingeschränkte Wahrnehmung und richten unsere Aufmerksamkeit auf das, was uns interessiert. Das andere blenden wir aus. Die Filter unserer Wahrnehmung bestimmen, wie wir die Welt sehen. Ein arabisches Sprichwort sagt: »Wie das Stück Brot aussieht, hängt davon ab, ob du Hunger hast oder nicht.«

Mit dem Wissen, dass es meiner Sichtweise entspricht, wie ich die Welt betrachte, resultierend aus meinem Softwareprogramm, wird deutlich, dass es hier nicht um Rechthaben geht. Wir konstruieren uns unsere eigene Wirklichkeit, die wir fälschlicherweise für die Wahrheit halten. Wir alle kennen Gespräche, in denen es um Meinungsverschiedenheiten und um Rechthaberei geht. Mit diesem Wissen um die Subjektivität von Meinungen, Denkstrukturen und Ansichten gehe ich mit einem komplett anderen Anspruch in eine Diskussion.

Kann ich denn überhaupt Herr über meine Gedanken werden? Habe ich tatsächlich Einfluss auf mein Denken und somit auch auf mein Handeln? Bin ich der Schöpfer meiner Gedanken und somit auch meines Handelns?

Ein Großteil unserer Gedanken ist ungeordnet, völlig planlos und wiederholt sich ständig. Wir denken ständig.

Wer bereits Erfahrungen gemacht hat beim Erlernen einer Entspannungsmethode weiß, wie leicht die Gedanken abschweifen.

Ich lade Sie hier zu einem kleinen Experiment ein: Nehmen Sie sich zwei Minuten Zeit und beobachten Sie einfach Ihre Gedanken. Beginnen Sie gleich jetzt. Sie werden feststellen, dass die Gedanken sehr schnell bei Problemen und bei anderen Schwierigkeiten hängenbleiben. Geben Sie ihnen den Raum und nehmen Sie die Gedanken einfach nur wahr. Was macht das mit Ihnen? Beherrschen diese Gedanken und Gefühle Bereiche in Ihrem Leben und beeinflussen sie Ihre Handlungen? Wenn Ihnen der Platz hier im Buch nicht reicht, nehmen Sie einfach ein Blatt Papier und schreiben Sie Ihre Erkenntnisse auf.

Wahrnehmen und Kennenlernen meiner Gedanken

Meine Gedanken

....
....
....
....
....

Gefühle, die dabei entstehen

....
....
....
....
....

Handlungen, die sie erschweren oder/und verhindern

....
....
....
....
....

Kennen Sie das? Sie stecken gerade in einer Krise oder Sie haben gerade eine Krise durchlebt. Die Gedanken sind so mächtig geworden, dass Sie nachts keinen erholenden Schlaf mehr finden. Ist Ihnen bekannt, dass Gedanken, durchlebte Szenarien einer Handlung so viel Energie benötigen, wie der Mensch in der realen Situation dafür benötigen würde? Das bedeutet, wenn Sie vor einer Situation, die vor Ihnen liegt, Angst haben und Sie diese Situation gedanklich mehrfach durchleben, dann stellt sich die Frage: Wie viel Energie steht Ihnen dann noch für den eigentlichen realen Augenblick zur freien Verfügung? Die gute Nachricht lautet: Sie haben Einfluss auf Ihre Gedanken und Sie können Gedanken zulassen oder verändern. Machen Sie sich Ihre Gedanken bewusst.

Vor allem für uns in unserer westlichen Kultur ist das ungeheuer wichtig, denn wir nehmen die Gedanken sehr ernst und identifizieren uns mit ihnen. Im Vergleich hierzu sieht ein östlich sozialisierter Mensch seine Gedanken als nicht so wichtig an. Die Gedanken kommen und gehen. Wie Wolken am Himmel. Genauso – mit diesem Bild – können wir sie ebenfalls ziehen lassen.

Achtung: Hier geht es nicht um das bewusste Denken, das uns hilft, unser Leben zu organisieren, Dinge zu planen oder zu reflektieren. Hier geht es einfach und allein um die unbewussten Gedanken, die uns beeinflussen, auch innerer Dialog genannt. Fakt ist, je weniger wir diese unbewussten Gedanken denken, umso stärker und glücklicher werden wir. Ist das nicht ein lohnenswertes Ziel?

Wie aber kann ich meine Gedanken zur Ruhe bringen? Dafür ist es wichtig, dass ich meine Gedanken kenne und sie aufmerksam verfolge. Sie werden staunen, wie viel Sie dadurch über sich selbst erfahren und lernen.

Die Kunst, Gedanken zu beinflussen

Nehmen Sie einen Stift und notieren Sie alle Gedanken, die Ihnen spontan in den Sinn kommen.

Meine Gedanken

....
....
....
....

Was könnte sich für Sie verändern, wenn Sie diese Gedanken in Zukunft mehr zulassen würden?

....
....
....
....

In Krisensituationen lösen Gedanken in der Regel Gefühle der Angst aus, beispielsweise Angst vor dem Verlust des Arbeitsplatzes. Das führt nicht nur bei Mitarbeitern, die aufgrund ihres Alters oder anderer Hemmnisse auf dem Arbeitsmarkt stark benachteiligt sind, zu Stress und löst Existenzängste aus. Angst vor einem Verlust entsteht bei jedem. Wenngleich die Intention, abhängig von der eigenen Betroffenheit, unterschiedlich ist. Jeder muss im Umgang mit der Krise seinen eigenen Weg finden und gehen. Durchgehen durch die Krise. Sie hat die Wirkung eines Stoppschilds, gesetzt auf dem persönlichen Lebensweg an einer Wegkreuzung, einem Wendepunkt im Leben. Wie geht es Ihnen beim Lesen dieser Zeilen? Welche Gedanken, Erinnerungen oder Gefühle bringt der Text hervor. Bewerten Sie diese Zeilen als + oder –?

Den inneren Beobachter aktivieren

Notieren Sie sich alles, was Ihnen spontan hierzu einfällt:
Eine persönliche Krise – Woran erkennen Sie das Stoppschild?

....
....
....
....

Eine persönliche Krise – Welche Gedanken melden sich bei Ihnen?

....
....
....
....

Eine persönliche Krise – Welche Erinnerungen haben Sie daran?

....
....
....
....

Eine persönliche Krise – Welche Erinnerungen, Assoziationen zu anderen, früheren Situationen kommen bei Ihnen an?

....
....
....
....

Chancen

....
....
....
....

Herausforderungen

....
....
....

Stärke	Heraus-forderungen
Wie erleben Sie Ihre Gedanken und Erinnerungen?	
Chancen	Risiko

Und was sagen Ihnen diese Erinnerungen?

....
....
....
....
....

Welche Hinweise auf Veränderung in Ihrem Leben geben Sie Ihnen?

....
....
....
....
....

Als die Nachricht von der Insolvenz alle erreichte, war für mich der Austausch mit den Kollegen, der Familie und Freunden sehr wichtig. Die Gespräche halfen mir, die Situation zu erfassen und zu begreifen. Die eigenen Ängste wahrzunehmen und deren Ursache zu erkennen. Oftmals half mir, dass meine Gesprächspartner einfach nur präsent waren und zuhörten. Das Reden hat vieles ins rechte Lot gebracht.

Alle weiteren »Weltuntergangsgespräche« habe ich bewusst vermieden. Denn wie Mark Aurel betont: »Mit der Zeit nimmt die Seele die Farben Ihrer Gedanken an.«

Das war einer meiner wichtigsten Botschaften, die ich meinen Kolleginnen und Kollegen weitergegeben habe. Wichtig ist, auf die Gedanken zu achten, weil die Gedanken die Gefühle und das Handeln beeinflussen. Sie beherrschen und sie gefährden sogar unsere Gesundheit. Das ist vergleichbar mit einem schleichenden Vergiftungsprozess, der uns innerlich aushöhlt. Wir fokussieren uns auf Dinge, die wir nicht ändern und beeinflussen können. Das lähmt unser Denken und Handeln. Nicht die Situation selbst, sondern unsere Bewertung der Situation ist verantwortlich für unser Befinden.

Umsetzung im Unternehmen

Mit dieser Überlegung entwickelte ich ein Alternativprogramm, das einen veränderten Blickwinkel zur Folge hatte. Dieses Programm gab ich an meine Kollegen weiter. Das war kein geplantes Seminar oder ein zeitlich abgestimmtes Programm mit einem festen Rahmen. Wir erlernten keine Methoden für den Umgang in der Krise, wir waren bereits mitten in der Krise.

An dem Programm konnte jeder teilnehmen, der wollte oder schon dafür bereit war. Viele meiner Kolleginnen und Kollegen hatten sich in ihrer Enttäuschung und Wut eingerichtet und wollten in dieser Situation erst einmal so bleiben. Andere waren schon seit Längerem auf der Suche nach einem neuen Arbeitsplatz und hatten vor Beginn der Insolvenz schon innerlich gekündigt.

Machen Sie sich ein eigenes Bild von dem Programm: Ein Garant für innere Stärke und Selbstvertrauen.

Das »Gute-Laune-Programm«

Heute fokussiere ich mich auf folgende Fragen und gebe damit meiner Arbeit einen Sinn:

Was kann ich heute an meinem Arbeitsplatz beeinflussen und tun?

....
....
....
....

Was kann ich nicht verändern und werde es deshalb akzeptieren?

....
....
....
....

Was kann ich heute für mich tun?

....
....
....
....

Wofür kann ich danken in meinem Leben?

....
....
....
....

Was hat für mich positiv verändert?

....
....
....
....

> Welche Schwierigkeiten haben sich aufgetan?
>
> ....
> ....
> ....
> ....
>
> Was haben die Schwierigkeiten mit mir zu tun?
>
> ....
> ....
> ....
> ....
>
> Welche Lösungsmöglichkeiten ergaben sich?
>
> ....
> ....
> ....
> ....

Das nannten wir das »Gute-Laune-Programm«. Oder Sie kennen vielleicht das Gelassenheitsgebet (s. Randspalte), das vermutlich von dem Theologen Reinhold Niebuhr verfasst wurde, aber auch auch dem Theosophen Friedrich Christoph Oetinger (1702–1782) zugeschrieben wird.

Wir erzählten uns bei unseren Begegnungen, sei es im Flur oder im Büro, über unsere Erkenntnisse, unsere Schwierigkeiten und auch über unsere Erfolge bei der Umsetzung des »Gute-Laune-Programms«. Wir fühlten uns miteinander verbunden, halfen uns gegenseitig beim Lenken der Gedanken und erlebten, wie viel Einfluss wir – jeder von uns – auf unser Denken und Fühlen haben.

> »Gott gebe mir die Gelassenheit, Dinge hinzunehmen, die ich nicht ändern kann, den Mut, Dinge zu ändern, die ich ändern kann, und die Weisheit, das eine vom anderen zu unterscheiden.«

Wir brauchen nicht zum Müllschlucker aller destruktiven Gedanken werden!

Diesen Teufelskreislauf können Sie unterbrechen. Das ist die gute Nachricht. Entscheiden Sie sich für ein Alternativprogramm, wie am Beispiel meiner Firma beschrieben. Die nachfolgende Übung gehörte für mich und für meine Kollegen zum »Erste-Hilfe«-Set. Eine Übung, die sich immer griffbereit im kleinen Notfallkoffer verstauen lässt (s. S. 354 f.).

Wir nahmen uns auch ausreichend Zeit, um unsere Gedanken während der Arbeit zu überprüfen.

Wie analysiere ich meine Gedanken?

Folgende Fragen sind dabei hilfreich:

Wer oder was denkt da?

....

....

....

....

....

Und was macht es mit mir?

....

....

....

....

....

Wir haben Einfluss auf unser Denken und Handeln

Die wichtige Grundlage war, dass nicht der Insolvenzverwalter unser Feind ist, sondern unsere negativen Gedanken, die wir zulassen und die uns beherrschen. Dass wir mit dieser Gedankenmühle nichts ändern, sondern lediglich unser Selbstmitleid stärken und sogar unsere Gesundheit in Gefahr bringen. Diese Erkenntnisse waren für uns die Motivation, der Motor, uns aktiv für unsere persönliche Veränderung starkzumachen. Wir selbst haben den Schlüssel für Veränderungen in der Hand:

Weil Gedanken zudem Gefühle erzeugen, ist es auch wichtig, die Gefühle wahrzunehmen. Wesentlich dabei ist, dass Sie die Gefühle nicht bewerten. Wie anhand dieses Beispiels: »Der oder die sind daran schuld, dass ich meinen Arbeitsplatz verliere«. Oder: »Hätte ich doch gar nicht erst angefangen, hier zu arbeiten. Ich habe so viele Überstunden gemacht und mich engagiert und wozu, die machen doch sowieso, was sie wollen …!«.

Solche Gedanken nähren die negativen Gefühle. Seien Sie sich gewiss, dieses Jammertal führt immer wieder in weitere.

Gelingt es Ihnen, die Gefühle wahrzunehmen, sie anzunehmen mit dem Ziel, sie loszulassen, werden Sie nicht länger von ihnen beherrscht. Das ist der Weg in Ihre Freiheit. Sie werden zum Gestalter Ihres Lebens.

Mit dieser Erkenntnis, dass wir störende Gedanken, die unsere Gefühle und unser Handeln beeinflussen, ändern können, können wir auch gezielt positive Gedanken erzeugen. Denn die Gefängnisse bauen wir uns mit unseren Gedanken selbst. Bleiben wir bei einer Metapher, die im Gefängnis spielt. In dieser Geschichte erzählen die Shaolin-Mönche davon, wie wir uns positiv beeinflussen können:

Auch dies geht vorbei!

Ein Häftling im Gefängnis war voller Angst und sehr niedergeschlagen, denn er hatte viele Jahre abzusitzen. Die steinernen Wände seiner Zelle saugten jegliche Wärme auf, die harten Eisengitter höhnten dem Mitgefühl. Der Klang aufeinanderprallenden Stahls ließ erahnen, hinter wie vielen Toren die Hoffnung weggeschlossen wurde.
Am Kopfende seines Lagers entdeckte er folgende Worte in die Wand geritzt: ›Auch dies geht vorbei.‹ Dieser Satz half ihm durch die schwierige Zeit – wie er wohl auch dem Häftling vor ihm Mut gemacht hatte.
Ganz gleich, wie schlimm es wurde, er dachte: ›Auch dies geht vorbei.‹ Am Tag seiner Entlassung erkannte er die tiefe Wahrheit hinter diesen Worten. Er hatte seine Strafe abgesessen. Die Zeit im Gefängnis war tatsächlich vorbeigegangen. Als er wieder ins normale Leben zurückkehrte, dachte er oft an diese Botschaft. Und in schlechten Zeiten halfen ihm die Worte: ›Auch dies geht vorbei.‹ Wenn gute Zeiten anbrachen, genoss er sie, aber nie allzu sorglos, denn er entsann sich der Worte: ›Auch dies geht vorbei.‹
Am Ende seines Lebens flüsterte er seinen Liebsten zu: »Auch dies geht vorbei.« Und er fand einen ruhigen Tod. Seine Worte waren ein letzter Liebesdienst für seine Familie und Freunde. Sie hatten von ihm gelernt: ›Auch die Trauer geht vorbei‹.«
(Späth/Bao 2011, S. 62)

Diese Geschichte verdeutlicht, dass wir den Umgang mit unseren Gedanken und unseren Gefühlen durch stetige Wiederholung, durch Rituale verändern können. Durch das stetige Wiederholen von positiv formulierten Sätzen richtet sich Ihr Verhalten danach aus, und Sie bekommen eine neue Lebenseinstellung.

Ein weiterer wichtiger Lernaspekt, dem ich mich hier widmen möchte, ist die Achtsamkeit. Ich achte auf meine Gefühle und lerne, sie anzunehmen, aber auch loszulassen. Denn das ist eine Voraussetzung, um meine unbewussten Gedanken kontrollieren zu können.

Exkurs: Mit Achtsamkeit das Leben meistern

In unserer westlichen Gesellschaft erhält das Thema »Achtsamkeit« eine immer größere Bedeutung. Die Angebote zum Erlernen vom Achtsamkeit sind vielfältig und werden oftmals damit in Verbindung gebracht, Stresssymptomen entgegenzuwirken. Sie eignen sich hervorragend zur Burnout-Prophylaxe.

Die Vielzahl der in Anspruch genommenen Angebote wie zum Beispiel Entspannungskurse, ein Wochenende oder eine ganze Woche Rückzug ins Kloster oder eine Pilgerwanderung zeigen die Sehnsucht der Menschen nach innerer Ruhe, Stärke und zu mehr Ausgeglichenheit und Sinnerfüllung. Um nur einige Ziele zu nennen.

Nicht nur Krisen, sondern der tägliche, der permanente Zeitdruck, den wir in fast allen Bereichen unseres Lebens zu spüren bekommen, auch die ungeheure Informationsflut und die schnellen Veränderungen sind Antreiber, die uns wie in einem Hamsterrad keine Ruhe und Zufriedenheit gewähren. Ganz im Gegenteil. Der Eindruck, wir werden nicht fertig, wir müssen noch schneller, wir müssen noch mehr ..., treibt uns häufig wie Gehetzte durch den Tag.

> **Umgang mit der Zeit**
>
> Eine kleine Anekdote hierzu: »Ein westlicher Geschäftsmann ist auf einer Auslandsreise und trifft unterwegs einen Ziegenhirten. Der Geschäftsmann hält vor ihm an und fragt, wann er denn in der Stadt sein werde. Der Ziegenhirte sitzt vor seinem alten Autowrack. Er kreuzt seine Hände über dem Bauch und schaut, wie ein paar Ziegen Blätter vom Dornenstrauch pflücken. Er schweigt, wischt sich den Schweiß vom Gesicht, und bevor er mit dem Geschäftsmann spricht, malt er Kreise auf die Erde. Dann sagt er: ›Ihr, ihr habt doch nur die Uhr, die Zeit haben wir.‹« (CD »Alles ruht in Dir« von Manfred Siebald, Literaturwissenschafter und Liedermacher).

Achtsamkeit stabilisiert und fördert die eigenen Kräfte in einer Krise. Sie hilft uns, unsere bewussten Gedanken, die wir denken, zu fokussieren. Um im Augenblick zu leben, im Hier und Jetzt. Denn wir denken an gestern und denken an morgen. Aber wir leben im Heute. Wann leben wir bewusst? Achten Sie einmal auf Ihre Gedanken. Folgende Lernmethode von Eckhart Tolle, ein deutschstämmiger, in Vancouver lebender Bestsellerautor spiritueller Bücher möchte ich Ihnen mit an die Hand geben:

> »Achte auf Pausen – die Pause zwischen zwei Gedanken, die kurze Pause zwischen den Worten eines Gesprächs, zwischen den Tönen beim Klavier- oder Flötenspiel, auf die Pause zwischen Ein- und Ausatmen. Wenn du diesen Pausen Aufmerksamkeit schenkst, wird aus dem Gewahrsein von ›etwas‹ einfach Gewahrsein. Die gestaltlose Dimension reinen Gewahrseins steigt in dir auf und tritt an die Stelle der Identifikation mit Form.«
> (Tolle 2013, http://www.sasserlone.de/autor/12/eckhart.tolle/)

Es ist Achtung, die erlernt werden kann. Durch kontinuierliches Üben. Wie das Spielen eines Instruments, das man erlernt. Zuerst beginnt der Schüler, das Instrument mit seiner Funktionalität kennenzulernen. Und dann beginnt er mithilfe eines Lehrers, die ersten Töne zu entlocken. Eine tägliche Übung ist der Garant für den Erfolg. Ein Sprichwort aus China sagt:

> »Wenn du Bambus malen willst, dann musst du ein Leben lang Bambus malen. Dann kannst du vielleicht Bambus malen.«

Hier wird deutlich, dass eine Achtsamkeitsübung erst der Anfang ist, sich wahrzunehmen und durch regelmäßiges Tun die Fähigkeit zunimmt, sich zu spüren. Hilfreich sind Übungen, die Sie im Alltag jederzeit durchführen können. Probieren Sie einen Tag lang, einmal stündlich eine kleine Wahrnehmungsübung einzubauen (s. S. 356).

Exkurs: Glaubenssätze, die fördern

Abschließend möchte ich mich dem Thema Glaubenssätze widmen. Was sind Glaubenssätze? Glaubenssätze sind Sätze, an die wir glauben. Überzeugungen, die auf unsere Art, wie wir die Welt sehen, einen großen Einfluss haben. Jeder von uns hat Glaubenssätze über sich selbst oder andere. Sie haben bestimmt schon einmal den Begriff der sich selbst erfüllenden Prophezeiung gehört. Bereits in der Bibel steht der Satz: »So, wie du glaubst, wird dir geschehen«.

Auch das bekannte Zitat von Henry Ford geht in diese Richtung:

»Ob du glaubst, du schaffst es, oder ob du glaubst, du schaffst es nicht, du hast auf jeden Fall Recht.«

Glaubenssätze sind Generalisierungen; vermeintlich verallgemeinern und vereinfachen sie ein Thema. Sie können für Verhaltensweisen positiv sein. Immer, wenn ich auf eine heiße Herdplatte greife, verbrenne ich mich, wäre ein nützlicher Glaubenssatz. Er kann aber auch hinderlich sein. Oftmals sind sie uns mit auf den Weg gegeben worden. Wir sind uns in vielen Fällen nicht bewusst, dass wir unser Verhalten danach ausrichten und sie uns in bestimmte Richtungen lenken.

An folgenden Beispielen möchte ich dies noch einmal verdeutlichen:

Glaubenssätze

Erlaubende Glaubenssätze
- Ich kann alles, was ich will.
- Mir öffnen sich Türen.
- Ich kann vertrauen.
- Ich bin eine Gewinnerin/ein Gewinner.
- Mein Leben verläuft erfolgreich.

Einschränkende Glaubenssätze
- Ich bin immer die/der Letzte.
- Mir geht immer alles daneben.
- Ich muss mich immer anstrengen.
- Den anderen geht es immer besser als mir.
- Ich werde nur geliebt, wenn ich Leistung bringe.
- Ich habe immer Recht.

Hatten Sie ein Aha-Erlebnis beim Lesen? Vielleicht haben Sie den einen oder anderen Satz schon einmal gehört, von den Eltern oder Freunden. Viele Glaubenssätze sind Sprichwörter, die uns ganz selbstverständlich von den Lippen kommen.

Glaubenssätze erkennen

Meine erlaubenden Glaubenssätze:

....
....
....
....

Meine einschränkenden Glaubenssätze:

....
....
....
....

Durch ein Wiederholen der Sätze schreiben wir unser eigenes Softwareprogramm. Es spiegelt sich anschließend in unserem Handeln wieder. Oftmals ist uns gar nicht klar, woher unsere Einstellungen kommen. Wir hinterfragen die Quellen nicht. Wir halten diese Überzeugungen für unsere eigenen Meinungen und merken nicht, dass Sie uns im Leben hindern, Grenzen zu überwinden.

Dabei wollen wir den Nutzen von Glaubenssätzen nicht vergessen. Sie helfen uns im Alltag, Alltäglichkeiten einzusortieren. Wir müssen uns nicht immer wieder damit beschäftigen, ob wir bei Regen nass werden, und ich bin sicher, dass ein Auto Sprit im Tank haben muss, damit es fährt.

Achten Sie in den nächsten Tagen auf Ihre Glaubenssätze, wie sie verallgemeinern, und hinterfragen Sie Ihre Annahmen. Zu erkennen sind sie leicht, da häufig Wörter wie »immer, nie, grundsätzlich, alle, jeder« in einem solchen Satz zu finden sind. Die Problematik bei einschränkenden Glaubenssätzen ist, dass sie uns daran hindern, unsere Wünsche und Ziele zu erreichen.

Welche Auswirkungen einschränkende Glaubenssätze haben, verdeutlicht das Zitat, zu dessen Verbreitung der englische Schriftstellers Charles Reade (1814–1884) beigetragen hat:

»Achte auf deine Gedanken, denn sie werden deine Worte. Achte auf deine Worte, denn sie werden deine Handlungen. Achte auf deine Handlungen, denn sie werden deine Gewohnheiten. Achte auf deine Gewohnheiten, denn sie werden dein Charakter. Achte auf deinen Charakter, denn er wird dein Schicksal.«

Was aber, wenn ich einschränkende Glaubenssätze verändern möchte? Voraussetzung hierfür ist, dass Sie erkennen, dass Sie einschränkende Glaubenssätze haben. Nehmen Sie sich einen der Glaubenssätze, die Sie verändern möchten. Hinterfragen Sie den Glaubenssatz, um eine Klarheit der Auswirkungen zu erhalten.

Hinderliche Glaubenssätze ändern

Mein Glaubenssatz, den ich verändern möchte:

....
....
....

Woher habe ich den Glaubenssatz?

....
....
....

Welche meiner Glaubsenssätze zeigen mir Grenzen auf?

....
....
....

Was würde ich anders machen, wenn ich diesen Glaubenssatz nicht hätte?

....
....
....

Welchen positiven Glaubenssatz könnte ich alternativ dafür einsetzen?

....
....
....

Was verändert sich dadurch für mich?

....
....
....

Denken Sie hier wieder an Ihr Softwareprogramm. Fangen Sie an, zu experimentieren. Sie nehmen einen für Ihre Ziele positiven Glaubenssatz. Verhalten Sie sich einmal so, als wenn der Glaubenssatz wahr wäre und schauen Sie, was sich verändert. Wenn Sie erkennen, dass das Einzige zwischen Ihnen und dem, was Sie möchten, ein Glaubenssatz ist, können Sie beginnen, einen neuen anzunehmen, indem Sie einfach so handeln, als sei er wahr.

Bis in die 1960er-Jahre galt es in der Leichtathletik als unmöglich, die Meile unter vier Minuten zu laufen. Generationen von Läufern bestätigten das immer wieder. Bis ein Mann namens Roger Bannister auf die Aschenbahn kam und sich einfach weigerte, diesen Unsinn zu glauben. Das Resultat: 1954 durchbrach er die Vier-Minuten-»Schallmauer«. Aber nun kommt das wirklich Erstaunliche: Bereits im selben Jahr schafften es 37 Läufer ebenfalls, diese Grenze zu durchbrechen, und im Jahr darauf waren es sogar 300 Läufer. Ja, es scheint wohl doch zu stimmen, das Wort vom Glauben, der Berge versetzt – aber halt nur für den, der das auch glauben kann. Oder wie Vergil sagte: »Sie können, weil sie glauben, dass Sie können.«

Ich wünsche Ihnen, dass Sie Veränderungen in Ihrer Lebenssituation als Chance begreifen, alte Denk- und Verhaltensstrukturen infrage stellen, dass Sie erkennen, warum Sie aufgebracht sind, wenn andere Ihre Glaubenssätze nicht erfüllen, dass Sie den eigenen Ärger, die Ängste und die Enttäuschungen verstehen, wenn Gewohnheiten und Strukturen nicht mehr den vermeintlichen Halt versprechen. Dass Sie Ihre Fähigkeit entdecken, Dinge anzunehmen, die Sie nicht ändern können, und sie auch loslassen zu können. Dass Sie sich dieser Wechselseitigkeit des Lebens bewusst werden, das wünsche ich Ihnen auf Ihrem weiteren Lebensweg.

Werden Sie zum Gestalter Ihrer eigenen Lebenssituation und schaffen Sie durch Veränderungen Ihres eigenen Denkens und Handelns einen Nährboden für Gesundheit und Lebensfreude! Das Wissen, dass Grenzen überwindbar sind, und der Glaube daran wird Ihnen dabei helfen!

Literatur

Bandler, Richard: *Veränderung des subjektiven Erlebens. Fortgeschrittene Methoden des NLP.* Paderborn: Jungfermann 2001

Späth, Thomas/Boa, Shi Yan: *Shaolin. Das Geheimnis innerer Stärke.* München: Gräfe und Unzer 2011

Tolle, Eckhart: http://www.erinnerungsforum.net/forum/yoga-meditation-etc/eckhart-tolle/10/ Abruf 01.06.2013. Das Erinnerungsforum ist eine Plattform für informelle Wahrheiten und alternative Denkstrukturen jenseits der Mainstream-Medien.

Von der Reaktion zur Prävention

Cornelia Kram

Der Weg vom reaktiven Eingliederungsmanagement zum ganzheitlichen Betrieblichen Gesundheitsmanagement

Vor vier Jahren startete ich mit dem Konzept des Veritas Eingliederungsmanagement (VEM), führte es im Unternehmen ein und war bis 2013 unter anderem als Eingliederungsmanagerin für die Veritas AG tätig. Der mit der Anzahl der hilfesuchenden Mitarbeiter immer größer gewordene Handlungsdruck auf mich zwang mich zum Weiterdenken in Sachen Gesunderhaltung und Erhalt der Arbeitsfähigkeit. Die Ausbildung zum DemografieCoach bei Claudia Härtl-Kasulke brachte mir neue methodische Kompetenzen, mittels derer ich die Veritas auf dem Weg von der Reaktion zur Prävention begleiten konnte.

Mein Beitrag beschreibt die Entwicklung von einer Einzelmaßnahme, dem VEM, hin zu einem systemisch angelegten Betrieblichen Gesundheitsmanagement (BGM). Sowohl in der Maßnahme VEM als auch im Prozess des BGM war mein Fokus stets darauf gerichtet, alle betrieblichen Akteure einzubinden und in die Verantwortung zu nehmen.

Die Chancen für den jeweils nächsten Schritt zur Entwicklung eines systemischen BGM habe ich stets erst während des Erlebens des vorherigen Schrittes gesehen. Mit der Lektüre begleiten Sie, liebe Leserin, lieber Leser, zunächst mich und später die Veritas AG bei diesem Lern- und Entwicklungsprozess.

Phase 1: Die Ausgangssituation bei der Veritas AG

Die Veritas AG wurde 1849 als »Berliner Gummiwarenfabrik« gegründet und ist heute ein international tätiger Systempartner der Automobilindustrie mit den Kernkompetenzen Fluid- und Spritzgießtechnik und einem Gesamtjahresumsatz von 580 Millionen Euro im Konzern. Veritas verarbeitet und verbindet Elastomere, Kunststoffe, Aluminium und Stahl zu maßgeschneiderten, einbaufertigen Kraftstoff-, Hydraulik- und Luftführungsleitungen oder multifunktionalen Dichtsystemen.

Mit Ausnahme weniger Streuaktien befindet sich die Veritas AG auch heute noch in Familienhand. Am Unternehmenssitz in Gelnhausen arbeiten aktuell 1 675 Beschäftigte in 35 Abteilungen unter der Führung von über 160 Führungskräften. Der Altersdurchschnitt der Belegschaft beträgt derzeit 43,4 Jahre. Etwa 43 Prozent der Mitarbeiter arbeiten im direkt wertschöpfenden, gewerblichen Bereich. Hier überwiegen leichte bis schwere körperbetonte Tätigkeiten im Stehen und Gehen im Wechselschichtbetrieb. Der Krankenstand in diesem Bereich lag im Jahr 2012 durchschnittlich bei acht Prozent.

Die übrigen Mitarbeiter arbeiten in produktionsnahen Serviceabteilungen (zum Beispiel Technische Dienste und Logistik) sowie im administrativen Bereich (beispielsweise Entwicklung, Labor, Controlling, Vertrieb, Personalmanagement). Hier überwiegen sitzende Tätigkeiten mit der Schwerpunktbelastung im psychischen Bereich. 2012 lag der Krankenstand in diesen Abteilungen bei 4,5 Prozent.

Ich begann bei der Veritas AG am 01.06.2008 als Personalreferentin und war für die Aufgabengebiete Kollektiv- und Individualarbeitsrecht im Bereich Personalmanagement zuständig. Bereits zu diesem Zeitpunkt existierten zahlreiche Angebote und Maßnahmen rund um die Gesundheit der Mitarbeiter:

- Ein Betriebsarzt und eine Betriebskrankenschwester standen für regelmäßige Vorsorgeuntersuchungen, Impf- und Reiseberatung, Arbeitsplatzbegehungen, Begleitung von Wiedereingliederungen und arbeitsmedizinische Empfehlungen zum gesundheitsgerechten Einsatz von Mitarbeitern bereit.
- Einmal monatlich tagte der Arbeitssicherheitsausschuss (ASA) mit dem Ziel der engen Zusammenarbeit der Arbeitssicherheitsfachleute des Betriebs zur ständigen Verbesserung von Gesundheitsschutz und Arbeitssicherheit.
- Seit den frühen 1990er-Jahren verbesserten entsprechend den berufsgenossenschaftlichen Vorgaben eigens eingesetzte Sicherheitsfachkräfte und -beauftragte ständig die Arbeitssicherheit im Betrieb. Seit dem Jahrtausendwechsel existiert eine eigene Abteilung für Umwelt, Sicherheit und Gesundheit (USG), die konzernweit die Einhaltung der Arbeits-

schutzvorschriften überwacht und den Fachabteilungen immer wieder neue Impulse für die Verbesserung der Arbeitssicherheit in den unterschiedlichen Arbeitsbereichen gibt. Von hier aus werden die Sicherheitsbeauftragten, über die die USG die Fachbereiche in den Sicherheitsthemen fachlich führt, aus- und weitergebildet und vernetzt.
- Für Führungskräfte, Teamentwicklung und in Konfliktfällen besteht ein fachkompetentes und vertrauliches externes Supervisionsangebot.
- Mitarbeiterbefragungen, kontinuierlicher Verbesserungsprozess (KVP) und Verbesserungswesen sowie Workshops werden als Instrumente zur Beteiligung von Mitarbeitern eingesetzt.
- Seit 2008 bestehen im Rahmen einer Betriebsvereinbarung für die Mitarbeiter besondere Hilfsangebote zur Suchtprävention und bei Suchterkrankungen. Die Führungskräfte werden in der Umsetzung des 5-Stufenplans (vorgeschlagen durch die Berufsgenossenschaft Rohstoffe und Chemische Industrie, BGRCI) durch zwei bei der BGRCI ausgebildete Betriebliche Suchtbeauftragte unterstützt.
- Ferienspielangebote für Mitarbeiterkinder, die Bereitstellung eines Eltern-Kind-Büros sowie Homeoffice- und Teilzeitmöglichkeiten nach einer Matrix (zur Prüfung der Möglichkeit, ob bestimmte Aufgaben mittels Homeoffice ausgeübt werden können) verbessern die Vereinbarkeit von Familie beziehungsweise Pflege und Beruf.

Phase 2: Konzeption und Einführung des Veritas Eingliederungsmanagements (VEM)

Eine meiner ersten Aufgaben im Personalmanagement bestand darin, den Prozess des Betrieblichen Eingliederungsmanagements entsprechend der Vorgaben des § 84 Abs. 2 SGB IX auszuarbeiten und in der Veritas zu installieren. Abgesehen von den gesetzlichen Erfordernissen ergab sich in den Fachabteilungen immer häufiger Unterstützungsbedarf bei der Suche einer gesundheitsgerechten Beschäftigung von leistungsgewandelten Mitarbeitern im gewerblichen Bereich. Der mit knapp 50 Jahren vergleichsweise hohe Altersdurchschnitt in mehreren Produktionsabteilungen in Kombination mit teilweise schweren körperlichen Arbeiten und Wechselschichtarbeit erzeugte in immer kürzeren Abständen neue Einzelfälle von Erkrankungszeiten über sechs Wochen innerhalb von zwölf Monaten.

Ziele und Ablauf des VEM Das Hauptziel des VEM ist die Wiederherstellung und der Erhalt der Beschäftigungsfähigkeit betroffener Mitarbeiter. In folgenden Fällen erhalten betroffene Mitarbeiter eine schriftliche Information zum VEM und ein entsprechendes Gesprächsangebot:

- mit Beginn einer stufenweisen Wiedereingliederung oder Belastungserprobung nach der Rehabilitation
- nach Vorlage einer die Arbeitsfähigkeit betreffenden arbeitsmedizinischen oder hausärztlichen Stellungnahme
- im Falle individueller Anregung durch den Mitarbeiter, die Führungskraft oder einen betrieblichen Sonderfunktionsträger
- mit Vorlage einer Gleichstellungs- oder Schwerbehinderungsbescheinigung
- bei mehr als 42 Arbeitsunfähigkeitstagen innerhalb von zwölf Monaten.

Das VEM verläuft nach dem Schema der folgenden Abbildung (s. gegenüberliegende Seite) und besteht aus folgenden Phasen:

- Angebot des VEM und Rückmeldung des Mitarbeiters
- Untersuchung und Beratung beim Betriebsarzt
- Fallbesprechung
- Durchführung von Maßnahmen
- Überprüfung des Ergebnisses
- alternativ: Beendigung des VEM oder erneute Fallbesprechung

Das VEM beruht von Anfang an auf dem Prinzip der Partizipation. Bei Veritas kann der betroffene Mitarbeiter bereits den Kreis der Gesprächsteilnehmer selbst mit bestimmen. Das schafft Vertrauen zu den Gesprächspartnern und erhöht die Passgenauigkeit der erarbeiteten Lösung.

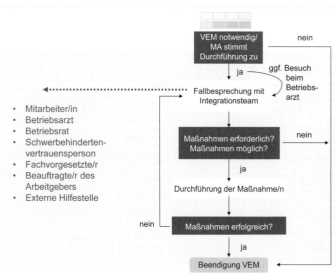

Veritas Ablauf des Veritas Eingliederungsmanagements

Das wichtigste Ziel besteht darin, die betroffenen Mitarbeiter im Unternehmen zu halten und möglichst in der aktuellen Funktion gesundheitsgerecht einzusetzen. Als Mittel der Wahl setzen wir zum Beispiel individuelle Arbeitszeitgestaltung, Anpassung der Rahmenbedingungen oder die Installation von Hilfsmitteln ein. Sofern dies nicht Erfolg versprechend oder nicht finanzierbar ist, wird nach einer anderweitigen gesundheitsgerechten Einsatzmöglichkeit gesucht. Priorität A ist hierbei der gesundheitsgerechte und Priorität B der darüber hinaus qualifikationsgerechte Einsatz. Wir suchen immer nach einer Stelle, auf der das Anforderungsprofil und das Leistungsprofil des Leistungsgewandelten deckungsgleich sind. Dies führt zu einer Egalisierung der Leistungseinschränkung, und der Mitarbeiter ist wertschöpfend eingesetzt. Dies ist nicht nur zum Vorteil des Unternehmens. Wir hören von den Mitarbeitern immer wieder, dass ihre Arbeitszufriedenheit nur eintritt, wenn sie sich ebenfalls leistungs- und fähigkeitsgerecht eingesetzt fühlen. Ein Beispiel zum Vergleich:

> **Leistungswandlung bedeutet nicht Minderleistung**
>
> Ein Konzertpianist, der bei einem Unfall einen Finger verliert, kann keine Klavierkonzerte mehr geben. Setzt man ihn als Dirigent eines Orchesters oder als Klavierlehrer ein, so ist die Einschränkung dagegen nicht so relevant. Er besitzt auf der neuen Stelle volle Leistungsfähigkeit.

Bewerbungen leistungsgewandelter Mitarbeiter auf intern ausgeschriebene Stellen werden bei gleicher Eignung bevorzugt berücksichtigt. Hierdurch beschleunigen wir die Erreichung eines gesundheitsgerechten Einsatzes. Parallel dazu müssen wir abgelehnten internen Bewerbern Gelegenheit geben, diese Entscheidung zu verstehen. Dies erreichen wir, indem die zuständige Führungskraft die Hintergründe der Entscheidung in einem persönlichen Gespräch erläutert. Die meisten Mitarbeiter erkennen hierin die Chance für sich selbst, im Bedarfsfall von einer solchen Maßnahme ebenfalls einmal profitieren zu können.

Die Versetzung eines leistungsgewandelten Mitarbeiters auf eine gesundheitsgerechte Position ist nicht selten mit Entgeltverlusten verbunden, weil Positionen mit niedrigeren Leistungsanforderungen oft auch geringer vergütet werden. Wir haben festgestellt, dass wir betroffene Mitarbeiter erst überzeugen müssen, ein gesundheitsgerechtes, aber geringer vergütetes Stellenangebot anzunehmen.

Dies gelingt uns in Form der Kombination von zwei Maßnahmen: Mitarbeiter, die über 50 Jahre alt und mindestens 23 Jahre im Betrieb sind, erhalten bei gesundheitsbedingtem Stellenwechsel eine tarifliche Entgeltsicherung für ältere Beschäftigte. Für Mitarbeiter, die eine oder beide Bedingungen nicht erfüllen, haben wir in Anlehnung hieran eine Entgeltzulage im Sinne des VEM eingeführt. Diese fängt – resultierend aus dem Grundsatz der partnerschaftlichen Verantwortung für den Erhalt von Gesundheit und Arbeitsfähigkeit – 50 Prozent der Entgeltdifferenz zwischen dem bisherigen Entgelt und dem Entgelt auf der neuen Position auf. Parallel hierzu werden dem Mitarbeiter die Risiken einer fortgesetzten gesundheitsschädlichen Tätigkeit erläutert. Dies übernehmen unser Betriebsarzt und der Eingliederungsmanager.

Unsere Erfahrungen mit dem VEM

In vier Jahren VEM-Gesprächen und VEM-Maßnahmen habe ich als Eingliederungsmanagerin viel gelernt.

Erfahrungen mit dem Veritas Eingliederungsmanagement (VEM)

Erzielte positive Effekte

Für das Erreichen des Hauptziels (Erhalt und Wiederherstellung der Beschäftigungsfähigkeit) hat sich das VEM als **absolut geeignetes Mittel** erwiesen. Zwei Drittel der Menschen, deren Beschäftigungsfähigkeit unter den bisherigen Bedingungen akut gefährdet war, konnten wir mit individuellen VEM-Maßnahmen im Unternehmen halten. In den Zeiten des demografischen Wandels sehen wir einen der wichtigsten Erfolgsfaktoren darin, Menschen bis zum Regelrentenalter und auch mit Leistungswandlung mit ihrem Know-how und ihrer Erfahrung im Unternehmen wertschöpfend einzusetzen.

Das **Verfahren ist fair und transparent für die Beteiligten,** weil es in objektiv einheitlichen Schritten abläuft und jeder Gesprächsteilnehmer eine Gesprächsnotiz erhält, in der die getroffenen Vereinbarungen verschriftlicht sind.

Aufgrund der **Einbindung** der Betroffenen haben die VEM-Ergebnisse in der Regel eine hohe Akzeptanz.

Leistungswandlung muss **nicht zum Karriereknick** führen. Leistungsgewandelte Kollegen haben sich bei uns schon mehrfach erfolgreich auf höherwertige Positionen beworben und sich hierdurch nicht nur finanziell weiterentwickelt.

Entdeckte Verbesserungspotenziale

Das VEM ist sehr **zeitaufwendig,** weil die VEM-Fälle aufgrund der Individualität der Betroffenen sehr individuelle Lösungen erfordern. Die ständig steigende Zahl der Fälle konnte ich neben meinen anderen operativen und strategischen Aufgaben ab einem bestimmten Zeitpunkt nicht mehr bewältigen.

VEM ist für nicht an den Gesprächen beteiligte **Außenstehende** (zum Beispiel Abteilungskollegen) **nicht transparent,** weil diese nicht einbezogen sind. Individuelle Maßnahmen sind daher von Kollegen aus dem Bereich nicht immer nachvollziehbar und werden – ohne entsprechende Kommunikation – als eigene Benachteiligung wahrgenommen. (»Wieso muss der Kollege X keine Nachtschicht mehr arbeiten, wir aber schon?«).

Ich habe bei den betroffenen Beschäftigten oft eine **Versorgungshaltung** beobachtet. Sie übernehmen selten und in geringem Umfang für den Erhalt ihrer Gesundheit und Beschäftigungsfähigkeit selbst die Verantwortung, suchen diese hauptsächlich beim Arbeitgeber. Das VEM als bisherige Beteiligungsmethode wirkt nicht ausreichend aktivierend auf die Betroffenen, dass diese ihre Eigenverantwortung für ihre Gesunderhaltung übernehmen.

Wo kein Wille ist, ist kein Weg: Die Erarbeitung konstruktiver Lösungen steht und fällt mit der jeweiligen Führungskraft. Mit Vorgesetzten, die zum VEM an sich und zum Mitarbeiter eine positive Grundhaltung haben, fanden wir immer eine Lösung, die für beide Seiten gut war. Andere Führungskräfte wälzten die Aufgabe, einen alternativen gesundheitsgerechten Arbeitsplatz zu finden, auf das Personalmanagement ab.

Der **Informationsbedarf** aufseiten der Führungskräfte ist sehr groß: Gesprächen mit Vorgesetzten habe ich entnommen, dass diese vor dem Einsatz von leistungsgewandelten oder schwerbehinderten Kollegen deshalb Respekt haben, weil sie davon ausgehen, dass jene unkündbar sind, selbst wenn sie sich für die zu besetzende Stelle als völlig ungeeignet erweisen.

Der Erfolg des Eingliederungsmanagers hängt nicht nur von der kommunikativen Kompetenz, sondern auch von den **Fachkenntnissen** in puncto technischer Erleichterungen der Arbeitssituation ab. Andernfalls kann mit den Fachabteilungen nicht auf Augenhöhe über mögliche und sinnvolle Investitionen zur Schaffung von Erleichterungen diskutiert werden. Wer weniger weiß, zieht in Diskussionen zwangsläufig den Kürzeren.

Indem ich als Personalreferentin die Funktion des Eingliederungsmanagers ausübte, erlebte ich mich in einem **Rollenkonflikt:** Im Rahmen des VEM kommen nicht selten Informationen zur Sprache, die einem Leistungsgewandelten schlimmstenfalls (im Rahmen einer krankheitsbedingten Kündigung) zum Nachteil gereichen können. Mitarbeiter, die sich zur Mitarbeit im VEM entschlossen haben, geben nicht nur gegenüber dem zur Verschwiegenheit verpflichteten Betriebsarzt Auskunft zu medizinischen Details, Diagnosen oder Prognosen. Sie sind in der Regel auch im VEM-Gespräch aufgeschlossen.

Auf Dauer würde dies die Glaubwürdigkeit und das positive Image des VEM zerstören, weil ich einerseits das VEM mit dem Ziel des Erhalts des Arbeitsverhältnisses leitete, andererseits aber auch die krankheitsbedingte Beendigung desselben Arbeitsverhältnisses würde vorbereiten müssen, wenn es denn so weit käme. Und es kam in wenigen Fällen tatsächlich so weit. Bei ernsthaften und langwierigen Erkrankungen kann selbst das beste und ernsthafteste Betriebliche Eingliederungsmanagement krankheitsbedingte Kündigungen nicht völlig ausschließen.

Das VEM ist derzeit **ausschließlich reaktiv.** Es wird nur den Menschen angeboten, die bereits eine Leistungswandlung haben oder hiervon konkret bedroht sind. Rein präventiven Charakter im Sinne des Angebots an völlig gesunde Mitarbeiter zum Erhalt beziehungsweise der Stabilisierung ihrer Gesundheit hat es nicht. Gleichzeitig

> beobachteten wir einen Bedarf an präventiven Maßnahmen: Aufgrund des hohen Wettbewerbsdrucks und der sinkenden Margen steigt zum Beispiel mit der Arbeitsverdichtung und immer weiter gehenden Flexibilitätserfordernissen die psychische Belastung der Mitarbeiter ständig an. Wir beobachteten einen Anstieg der Fälle von akutem Erschöpfungszustand, Hörsturz, Bandscheibenvorfall und Tinnitus.
> Das VEM entfaltet eine **vorwiegend individuelle Wirkung** auf einen einzelnen Mitarbeiter. Lediglich im Falle der Anschaffung von beispielsweise technischen Hilfsmitteln zur Verbesserung der Ergonomie am Arbeitsplatz können auch Kollegen aus den anderen Schichten profitieren, wenn sie die Hilfsmittel auch abwechselnd einsetzen.

Schlussfolgerungen aus unseren Erkenntnissen

Das VEM muss zur Hauptaufgabe werden! Zum einen entdeckten wir Verbesserungswürdiges innerhalb des VEM, das wir durch die Veränderung der Prozesse oder Beteiligten noch würden verbessern können.

Zur Optimierung des VEM an sich unterbreitete ich daher meiner Vorgesetzten den Vorschlag, das VEM weiter auszubauen. Gemeinsam entwickelten wir die Umsetzung dieser Idee wie folgt: Die Position des VEM-Managers haben wir ausgeschrieben, mit einem internen Bewerber als Vollzeitkraft besetzt und die Funktion vom Personalmanagement in die Abteilung Umwelt/Sicherheit/Gesundheit verlagert. Hierdurch erreichten wir eine höhere zeitliche Kapazität und die Rollentrennung zwischen VEM-Management und Personalmanagement.

Über die Auswahl meines Nachfolgers stellten wir eine bessere Vernetzung der Kompetenzen Mensch und Technik sicher: Der neue VEM-Manager verfügt über eine technische Basisqualifikation, eine Ausbildung als Berufspädagoge und jahrelange Berufserfahrung in der Veritas AG sowie in der Interessenvertretung. Deswegen kennt er bereits viele Arbeitsplätze und Prozesse und die gesundheitlichen Anforderungen an die Mitarbeiter vor Ort.

VEM alleine reicht nicht! Zum Zweiten zeigte sich in den Erkenntnissen aber auch die begrenzte Reichweite des VEM in der Bemühung darum, ein Unternehmen demografiefit zu machen und die Menschen gesund und arbeitsfähig zu halten. VEM alleine reicht nicht, um der steigenden Zahl der Leistungsgewandelten konstruktiv zu begegnen. Es kann vielmehr nur ein

Baustein eines großen Ganzen sein: eines Betrieblichen Gesundheitsmanagements (BGM) mit einem ganzheitlichen Ansatz.

Phase 3: Völlige Ahnungslosigkeit, Neuorientierung

Schlussfolgernd aus den entdeckten Verbesserungspotenzialen stellte sich für uns die Frage, wie wir in der Veritas nun vom VEM die Kurve bekommen hin zu einem funktionierenden, erfolgreichen BGM.

Was sagt die Literatur? Seit meiner Studienzeit habe ich gute Erfahrungen damit gemacht, mich neuen Themen- und Aufgabengebieten zunächst mittels Fachliteratur zu nähern. Daher habe ich auch in dieser Situation wieder zu dieser Recherchemethode gegriffen und mich auf die im Internet in großer Vielzahl verfügbaren Informationen konzentriert.

Hier erfuhr ich vor allem drei Dinge:

- BGM besteht nicht darin, dass eine Person des Unternehmens ausgedeutet wird, die sich losgelöst von allen anderen Prozessen um das Thema Mitarbeitergesundheit kümmert. BGM ist vielmehr nur dann erfolgreich, wenn es sich nicht auf individuelle oder vereinzelte Gesundheitsfördermaßnahmen beschränkt, sondern in den drei Handlungsfeldern Verhalten, Verhältnisse und Kultur gleichermaßen wirkt und sämtliche Aktivitäten eng miteinander vernetzt (s. Abbildung auf der gegenüberliegenden Seite).
- Der Schlüssel zum Erfolg des BGM ist die Gewinnung der Führungskräfte und deren Einsatz als Vorbilder und Promotoren.
- Ohne Moos nix los.

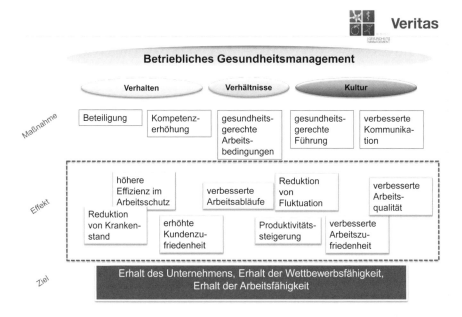

Systemischer Ansatz für höchste Wirksamkeit – Zusammenhänge

Was machen die anderen? Erkenntnisse aus Best-Practice-Beispielen Auf der Suche nach einem Einstieg habe ich während der Recherchezeit auch an einer kleinen Auswahl an Tagungen, Symposien und Weiterbildungen zum Thema Gesundheitsmanagement teilgenommen, von denen der Markt gerade überschwemmt wird und deren Qualität und Praxisnähe teilweise stark voneinander differiert.

Als wenig hilfreich empfand ich »Verkaufsveranstaltungen«, an denen viele Dienstleistungsanbieter aus dem Gesundheitssegment mehr oder weniger professionell um die Aufträge neuer Kunden buhlen. Sehr erhellend dagegen waren für mich Vorträge von Wissenschaftlern und Ärzten zu den Zusammenhängen zwischen Belastungen und gesundheitlichen Auswirkungen und hieraus resultierenden betrieblichen Einflussmöglichkeiten. Auch in Vorträgen von BGM-Verantwortlichen aus unterschiedlichen Unternehmen habe ich viel gehört zu den dort gefundenen Lösungen.

Meine Haupterkenntnis aus den Best-Practice-Beispielen ist, dass eine Nachahmung 1:1 nicht empfohlen werden kann. Man kann sich zwar gedankliche Anregungen bei anderen Unternehmen holen. Eine Musterlösung für ein BGM, ein universelles Konzept, das für alle Unternehmen gleichermaßen gut geeignet wäre, gibt es hingegen nicht. Jedes Unternehmen

Am Tagesablauf eines Seminars oder einer Tagung sowie der Kurzvorstellung der Referenten kann man ganz gut erkennen, ob es vorwiegend um die Anpreisung von Dienstleistungen oder um Tipps von geübten Praktikern geht.

ist aufgerufen, sich maßgeschneiderte, situations- und anforderungsgerechte Lösungen selbst zu erarbeiten. Unternehmensgröße, Branche, Altersdurchschnitt, Arbeitsplatz- und Betriebszeitanforderungen, zeitliche und finanzielle Ressourcen sind einige Merkmale, in denen sich Firmen unterscheiden. Hiermit gehen jeweils verschiedene Bedarfe hinsichtlich der Gesunderhaltung der Mitarbeiter einher.

Woher bekomme ich hierfür die methodische Kompetenz? Am Markt werben zahlreiche Beratungs- und Coachingunternehmen mit dem Dienstleistungsangebot, ein interessiertes und solventes Unternehmen im Prozess der Entwicklung und Einführung eines passgenauen Betrieblichen Gesundheitsmanagements zu unterstützen.

Weder bei der Literaturrecherche noch aus den Best-Practice-Beispielen anderer Unternehmen erfuhr ich allerdings, wie ich die methodische Kompetenz erwerben könnte, um die Veritas AG bei der Erarbeitung eines maßgeschneiderten BGM selbst zu begleiten. Da zu diesem Zeitpunkt bei uns noch kein konkretes Budget dafür festgelegt war, hielt ich dies für die einzig erschwingliche Methode. Die Frage war also: Wie schaffe ist das? Was könnte mir hierbei helfen?

In dieser Phase meiner Überlegungen gelangte ein Flyer des Odenwaldinstituts auf meinen Schreibtisch, der für eine neuartige Ausbildung von Claudia Härtl-Kasulke zum DemografieCoach warb. Dem Ausbildungsablauf entnahm ich, dass es schwerpunktmäßig einerseits um die Vermittlung methodischer Kompetenzen ging, ein Unternehmen und dessen Mitarbeiter auf dem Weg zur demografieorientierten Personalarbeit konstruktiv zu begleiten. Andererseits sollte im Verlauf der einjährigen Ausbildung ein individuelles Unternehmensprojekt konzipiert und supervisorisch begleitet umgesetzt werden.

Meine Führungskraft unterstützte mich in dem Ansinnen, die methodische Kompetenz für die Übernahme der Aufgabe selbst zu erwerben, und setzte sich für die Freigabe der Ausbildungskosten ein. Damit die Veritas AG in den ersten drei Jahren nach meiner Ausbildung auch tatsächlich von meinem künftigen Know-how profitiert, haben wir uns als Gegenleistung für die Übernahme der Kosten auf die Unterzeichnung einer Rückzahlungsvereinbarung verständigt.

Ausbildung zum DemografieCoach Die Ausbildung zum DemografieCoach gab zunächst mir und damit indirekt auch der Veritas AG den entscheidenden Impuls für den Start zum Aufbau eines ganzheitlichen BGM, letztendlich zum Personalen Gesundheitsmanagement. Dabei kam die Ausbildung zum DemografieCoach nicht mit trockenem Fachwissen und praxisferner Methodenvermittlung daher. Vielmehr brachte meine Ausbildung zum DemografieCoach unser Unternehmen voran, indem sie mich persönlich durch Selbsterfahrung weiterbrachte.

Einerseits erarbeiteten wir uns die Methodenkompetenz für Konzeptarbeit, Initialisierung und Begleitung eines Demografieprojekts in Unternehmen. Andererseits – und diese Form des Lernens war für mich bis dahin völlig ungewohnt – erlebten wir Selbsterkenntnisse aus den Beratungs- und Coachingübungseinheiten, achtsames Atmen und achtsames Arbeiten (s. Übungen im Methodenteil) sowie das Ausprobieren von zahlreichen Varianten dieser Methoden.

In dem Grad, in dem ich mittels dieser Kombination an Lerneffekten meine eigene Haltung während der Ausbildung änderte und mein Wissen sowie meine methodischen Fähigkeiten erweiterte, konnte ich das Demografiekonzept in unserem Unternehmen voranbringen. Das hatte den Vorteil, dass die Veritas AG und ich parallel in die Fähigkeiten für die Bewältigung dieses anspruchsvollen Aufgabengebiets hineinwachsen konnten, ohne überfordert zu sein.

> Seit dieser Ausbildung begleitet mich als fester Bestandteil meines Alltags zum Beispiel die Gehmeditation (s. S. 336 f.). In Phasen besonders hoher Arbeitsbelastung ist dies mein Mittel für Entlastung und Entspannung.

Konzeption des BGM Zentraler Bestandteil des ersten Ausbildungsmoduls zum DemografieCoach war die Konzeption unseres Demografieprojekts. Ich entschied ich mich für ein Konzept für ein ganzheitliches BGM in der Veritas AG.

Thema	**Gesundheitsmanagement: Stärkung und Sicherung der Beschäftigungsfähigkeit der Mitarbeiter der Veritas AG**
Aufgabe	➡ Ermittlung von Ursachen und Risikofaktoren für Einschränkung und Verlust der Beschäftigungsfähigkeit ➡ Erhebung persönlicher und betrieblicher Einflussmöglichkeiten ➡ Durchführung vereinbarter Maßnahmen
Aktuelle Situation	**1. Stärken** ➡ Betriebsarzt fördert und fordert die Mitarbeiter ➡ quartalsweise erscheinende Mitarbeiterzeitung ➡ Personalmanagement und Betriebsrat wollen demografiefitte Personalarbeit ➡ Tarifvertrag Lebensarbeitszeit und Demografie gilt auch für die Veritas AG **2. Herausforderungen** ➡ Hierarchie und starke Arbeitsteilung erschweren Analyse- und Entscheidungsprozesse ➡ hohe Männerquote ➡ geringe Gesundheitskompetenz ➡ interkulturelle Belegschaft ➡ hoher Altersdurchschnitt in Abteilungen mit hoher körperlicher Beanspruchung und Schichtarbeit ➡ hoher Technisierungsgrad der Arbeitsplätze ➡ Führungskräfte haben noch wenig Erfahrung mit Demografie ➡ detailliert beschriebene Prozesse, wenig eigener Gestaltungsspielraum ➡ hoher Anteil ungelernter Kräfte ➡ hohe Arbeitsdichte ➡ geringe Margen ➡ Mehrschichtbetrieb notwendig

Thema	Gesundheitsmanagement: Stärkung und Sicherung der Beschäftigungsfähigkeit der Mitarbeiter der Veritas AG

3. Was haben wir schon?

- BEM-Team und Verfahren
- betriebsärztliche Versorgung
- Abteilung Umwelt/Sicherheit/Gesundheit
- Abteilung Verbesserungsmanagement
- Prinzip KVP
- funktionierender Arbeitssicherheitsausschuss
- BV Suchtprävention
- BV-Entwurf BEM
- Demografieanalyse
- Arbeitsunfähigkeitsanalyse
- Gesundheitsberichte der Krankenkassen

4. Was brauchen wir für die Analyse?

- Mitarbeiterbefragung zum Thema BGM und arbeitsplatzbezogene Belastungen
- Kostenzusammenstellung Entgeltfortzahlung im Krankheitsfall
- Befragung der Führungskräfte
- Arbeitsplatz- und Arbeitssituationsanalyse
- Vervollständigung der Gefährdungsbeurteilungen

5. Was brauchen wir für die Zielerreichung?

- Einbindung aller Mitarbeiter und Führungskräfte in demografiebedingte Themenstellungen
- Katalog für betriebliche und eigenverantwortliche Maßnahmen
- Festlegung der Beteiligten und der Prozesse im BGM und Abschluss einer BV
- Regelung von Budget- und Führungsverantwortung
- Erweiterung der BSC um die Ziele im Sinne des BGM

Thema	Gesundheitsmanagement: Stärkung und Sicherung der Beschäftigungsfähigkeit der Mitarbeiter der Veritas AG
Ziel	**1. Dachziel** Veritas erfüllt auch in 20 Jahren und trotz des demografischen Wandels noch die Kundenaufträge und erzielt damit ein positives Betriebsergebnis. **2. Operative Ziele** ➡ Erhöhung der persönlichen Gesundheitskompetenz und -verantwortung ➡ Senkung/Stabilisierung der Arbeitsunfähigkeitsquoten ➡ Mitarbeiter sind bis zum Regelrentenalter fit und arbeitsfähig ➡ Erhöhung des Wohlbefindens der Mitarbeiter ➡ Erhöhung der Gesundheitskompetenz der Veritas und der Führungskräfte ➡ Leistungsprofil der Mitarbeiter passt zum Anforderungsprofil der Stellen
Zielgruppen	**1. Entscheider** ➡ Vorstand ➡ Personalmanagement **2. Primärzielgruppe** ➡ Führungskreis ➡ Betriebsrat ➡ Promotoren **3. Prozessuale Zielgruppen** ➡ Fachkraft für Arbeitssicherheit ➡ Datenschutzbeauftragter ➡ Schwerbehindertenvertretung ➡ Umwelt/Sicherheit/Gesundheit ➡ Verbesserungsmanagement ➡ Unternehmenskommunikation ➡ Unternehmensqualität **4. Kooperationspartner** ➡ Betriebsarzt ➡ Krankenkassen ➡ Berufsgenossenschaft

■ **Thema**	■ **Gesundheitsmanagement: Stärkung und Sicherung der Beschäftigungsfähigkeit der Mitarbeiter der Veritas AG**
Nutzen	**1. Nutzen für die Entscheider** ➡ Reduktion der Entgeltfortzahlungskosten ➡ Reduktion des Leihkräftebedarfs ➡ Erhöhung der Wirtschaftlichkeit ➡ Prävention: weniger Mitarbeiter erfahren eine Leistungswandlung **2. Nutzen für die Primärzielgruppe** ➡ Projekt pro Mitarbeiter ist positives Image für den Betriebsrat ➡ hohe Einsatzquote der Mitarbeiter bietet Planungssicherheit für die Führungskräfte ➡ Verbesserung von Gesundheit und Wohlbefinden sowie Sicherung des Lebensunterhalts fördert die Mitarbeiter **3. Nutzen für die prozessualen Zielgruppen** ➡ Quote der Arbeitsunfälle sinkt aufgrund der eigenen Sensibilität ➡ Verbesserung der Effekte für die Gesunderhaltung durch Vernetzung der Akteure im Betrieb **4. Nutzen für die Kooperationspartner** ➡ Unterstützung des Betriebsarztes mit dem Ziel der Gesunderhaltung am Arbeitsplatz ➡ Werbung für die beteiligte Krankenkasse
Ergebnis	➡ Gesundheit ist eine selbstverständliche Aufgabe für jeden Mitarbeiter und das Unternehmen. ➡ Die Angebote des Unternehmens zur Gesunderhaltung werden von den Mitarbeitern regelmäßig genutzt.
Vision	Veritas hat gesunde und bis ins hohe Alter leistungsfähige Mitarbeiter, die motiviert und mit Freude ihre Arbeit verrichten und im Regelrentenalter fit und gesund in den Ruhestand gehen.
Botschaft	Veritas verbindet Mitarbeitergesundheit mit dem Unternehmenserfolg.

Thema	Gesundheitsmanagement: Stärkung und Sicherung der Beschäftigungsfähigkeit der Mitarbeiter der Veritas AG
Strategie	➡ Steigerung der Gesundheitskompetenz der Führungskräfte und der Mitarbeiter ➡ gesundheitsgerechte Gestaltung der Arbeitsplätze ➡ gesundheitsgerechte Ausrichtung der Schichtsysteme ➡ Angebote für persönliches Gesundheitsmanagement ➡ betriebliche Förderung der Re-Integration nach Krankheit
Taktik	➡ Erweiterung des Führungskräftetrainings um ein BGM-Modul ➡ Implementieren der Ziele des BGM in BSC und in Unternehmens- und Abteilungsziele ➡ Trainingsangebote, Impulsvorträge für Mitarbeiter ➡ Ist-Analyse: Altersstrukturanalyse, AU-Datenanalyse, Prüfung der spezifischen Belastungen an den Arbeitsplätzen, arbeitsmedizinische Anamnese, Gesundheitsberichte der Krankenkassen ➡ Erarbeitung eines Methodenkoffers an gesundheitsfördernden Maßnahmen ➡ Ausbildung von Gesundheitscoaches

Phase 4: BGM – vom Konzept zur Umsetzung

Der erste Schritt in der Umsetzung des Konzepts bestand darin, als Kommunikatorin in der Veritas AG das Thema Demografie und BGM zum Thema zu machen, die Führungskräfte und Mitarbeiter für die Auswirkungen des demografischen Wandels zu sensibilisieren und zum Mitdenken an der Entwicklung konstruktiver Lösungen einzuladen. Hierbei habe ich die folgenden Ressourcen und Möglichkeiten genutzt:

Erstens: Bereits bestehende Kommunikationswege und -medien nutzen und weiterentwickeln In der Veritas AG wird quartalsweise die Mitarbeiterzeitung VeriINFORM aufgelegt. In Zusammenarbeit mit unserer Abteilung für Unternehmenskommunikation erscheint in jeder Ausgabe mindestens eine Doppelseite zum Thema Demografie und BGM. Hier wechseln wir zwischen Artikeln zu Hintergrundinformationen, Interviews mit BGM-Akteuren und Berichterstattung mit Bildern zu durchgeführten Maßnahmen.

Den Artikel und die Startseite der Mitarbeiterzeitung finden Sie als Download direkt beim Buch: http://www.beltz.de/de/weiterbildung/beltz-weiterbildung/titel/personales-gesundheitsmanagement.html.

Es hat sich als sehr wichtig herausgestellt, die Adressaten darüber zu informieren, aus welchem Grund man sie zum Thema anspricht und welche Erwartungen an sie man damit verknüpft. Insbesondere Führungskräfte sind dankbar für die möglichst konkrete Formulierung der an sie gestellten Erwartungen.

Die Führungskräfte als Schlüsselmitarbeiter für eine erfolgreiche Einführung und Umsetzung des BGM habe ich zu zwei gesonderten Informationstagen zum BGM eingeladen, im Rahmen derer ich über das erarbeitete BGM-Konzept, den aktuellen Entwicklungsstand und die nächsten Schritte informiert habe.

Methodisch greife ich in der Vorbereitung einer solchen Veranstaltung regelmäßig zum Mindmapping (s. S. 356 ff.). Mindmaps helfen mir einerseits, die zu vermittelnden Inhalte zu sammeln und fortzuschreiben; andererseits sind sie eine gute Stütze für den Aufbau einer verständlichen Struktur des Vortrags.

Als attraktiv und aktivierend hat sich erwiesen, innerhalb derselben Veranstaltung zu verschiedenen Medien (PowerPoint, Metaplanwände, Flipchart) zu greifen und die Präsentation über konkrete Fragestellungen ins Plenum und die Möglichkeit des Feedbacks und der Beteiligung über Antwortkarten interaktiv zu gestalten.

> Ich spiele seit vielen Jahren Theater und stehe regelmäßig auf der Bühne. Bei Vorträgen zum BGM habe ich entdeckt, dass es auch hier hilfreich ist, die Zuhörer nicht nur kompetent, sondern zugleich lebhaft und authentisch anzusprechen. Dies halte ich für einen meiner wichtigsten Gelingensfaktoren.

Zweitens: Vorhandene Prozesse und Strukturen nutzen (ressourcenorientiertes Arbeiten) Unmittelbar im Anschluss an das erste DemografieCoach-Ausbildungsmodul starteten in der Veritas AG die Vorbereitungen für die in zweijährigem Abstand stattfindende Mitarbeiterbefragung. Ein Teil der Fragen war festgelegt und erfolgte konzernweit einheitlich, der zweite Teil sollte standortspezifische Fragen enthalten. Hier brachte ich mich als Kommunikatorin mit dem Ergebnis ein, dass folgende Items zu den Themen Demografie und Gesundheit in den standortspezifischen Fragebogen aufgenommen wurden, um die Ergebnisse später für die Feststellung von Handlungsbedarf zu nutzen. Zugleich erhofften wir uns Impulse aus der Mitarbeiterschaft für die Festlegung von Handlungsfeldern, auf denen das BGM ansetzen müsste.

Beispielfragen aus dem standortspezifischen Teil der konzernweiten Mitarbeiterbefragung

1. »Ich bin informiert über den demografischen Wandel in der Gesellschaft.«
2. »Ich weiß, dass dieser Wandel auch Auswirkungen auf die Veritas haben wird.«
3. »Ich bin ausreichend über die Möglichkeiten der betrieblichen und tariflichen Altersversorgung informiert.«
4. »Die festgelegten Sprechzeiten und die Verfügbarkeit des Werksarztes halte ich für ausreichend.«
5. »Die psychische Belastung an meinem Arbeitsplatz empfinde ich als gering.«
6. »Mein Arbeitsplatz ist optimal (ergonomisch) eingerichtet.«
7. »Ich bin für den Erhalt meiner Gesundheit und Leistungsfähigkeit verantwortlich.«
8. »Ich möchte mehr über Gesundheit und Gesunderhaltung wissen und würde an Gesundheitstagen, Vorträgen und Gesundheitsworkshops teilnehmen.«
9. »Ich wünsche mir, dass Veritas weitere gesundheitliche Leistungen wie Gesundheits-Check-ups anbietet und bin bereit, hierfür einen finanziellen Beitrag zu leisten.«
10. »Ich bin an meinem Arbeitsplatz gut eingearbeitet worden.«
11. »Ich bin über die Einarbeitung hinaus an meinem Arbeitsplatz qualifiziert worden.«
12. »Für eine bessere Vereinbarkeit von Familie und Beruf würde es mir konkret helfen, wenn ich auf Möglichkeiten der Kinderbetreuung außerhalb der regulären Öffnungszeiten zurückgreifen könnte.«

Die Mitarbeiterinnen und Mitarbeiter hatten die Möglichkeit, ihre Übereinstimmung mit diesen Aussagen wie folgt zu differenzieren: »stimmt genau«, »stimmt teilweise«, »stimmt kaum«, »stimmt nicht« oder »kann ich nicht beantworten«.

Das Ergebnis der Mitarbeiterbefragung spiegelte beispielsweise eine als hoch empfundene psychische Belastung der Mitarbeiter wider. Dieses Ergebnis unterstrich unsere Beobachtungen aus der Durchführung des Veritas Eingliederungsmanagements während der Dauer von vier Jahren und zeigte damit einen sehr dringenden Handlungsbedarf auf.

Die psychische Belastung an meinem Arbeitsplatz empfinde ich als gering.

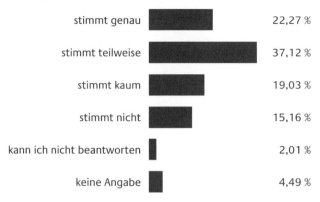

stimmt genau	22,27 %
stimmt teilweise	37,12 %
stimmt kaum	19,03 %
stimmt nicht	15,16 %
kann ich nicht beantworten	2,01 %
keine Angabe	4,49 %

Ein Ergebnis aus der Mitarbeiterbefragung

Zwischen Personalmanagement und Betriebsrat bestand bei Sichtung der Umfrageergebnisse sofort Einigkeit, dass dieser Entwicklung rasch konstruktiv entgegengewirkt werden musste. Die Frage war: In welcher Form?

Drittens: Sich bietende Chancen und Möglichkeiten nutzen
Baustein 1: Ausdehnung der Kooperation mit bewährten Partnern (Individuelle Mitarbeiterberatung) Just zu dem Zeitpunkt lud mich ein Mitarbeiter des Behindertenwerks Main-Kinzig (BWMK) zu einem Gespräch ein. Das BWMK ist in Gelnhausen seit über 20 Jahren beratend tätig und Träger der Integrationsfachdienst-Beratung (IFD), mit der wir bereits seit vielen Jahren vertrauensvoll und erfolgreich bei der Betreuung und Reintegration schwerbehinderter und von Behinderung bedrohter Menschen zusammenarbeiteten.

Gesprächsauslöser waren veränderte Vorschriften für die Finanzierung der IFD-Beratungsdienste und deren Auswirkung auf unsere Zusammenarbeit. Im Verlauf des Gesprächs entdeckten der BWMK-Mitarbeiter und ich, dass beide Seiten von einer Erweiterung unserer Kooperation auf alle Mitarbeiter der Veritas profitieren würden, und vereinbarten weitere dahingehende Gespräche.

Gemeinsam entwickelten wir ein Konzept für ein neues Beratungsangebot für die Mitarbeiter der Veritas AG, das zeitgleich ein neues Dienstleistungsangebot des BWMK für Unternehmen darstellte.

Veritas — Inhalte und Zweck der Individuellen Mitarbeiterberatung

Zweck
- Beratungsangebot für Mitarbeiter
- Hilfe, Beratung und Begleitung in Krisensituationen und belastenden Lebensphasen
- Prävention in Zeiten des Wandels in der Arbeitswelt
- Win-Win: gesunde Mitarbeiter – gesundes Unternehmen

Inhalt

Privates Umfeld	Gesundheit	Arbeit
Trauer, Trennung, Scheidung Partnerschaft und Familie Kindererziehung Pflegebedarf finanzielle Schwierigkeiten	chronische Erkrankungen Psyche und Psychosomatik Trauma BEM und Eingliederungen Rehabilitation Sucht	Konflikte im Team oder mit FK Mobbing Stress, Erschöpfung Über-/Unterforderung Arbeitsumstände, Arbeitssituation

Für das neu ausgearbeitete Konzept mussten zunächst der Vorstand als Geldgeber und anschließend der Betriebsrat als Interessenvertreter gewonnen werden. Hierbei achtete ich bei der Kommunikation gegenüber dem Vorstand und dem Betriebsrat immer auf adressatengerechte Sprache und Argumentationsfolge.

Als Vorbereitung für beide Schritte habe ich zunächst entsprechend der Veritas-spezifischen Einkaufsvorgaben alternative Angebote sogenannter EAP-Anbieter (Employee-Assistance-Programs) eingeholt und dem auch die Möglichkeit der Anstellung eines eigenen Mitarbeiters für die psychosoziale Beratung gegenübergestellt. Im Angebotsvergleich nach folgenden Kriterien überzeugte letztlich das Behindertenwerk Main-Kinzig:

- geografische Nähe und damit gute Erreichbarkeit für alle Mitarbeiter
- nur telefonische oder auch persönliche Beratung möglich
- Sicherung der Vertraulichkeit der Beratung
- Vernetzung mit regionalen Hilfsdiensten
- gute Referenzen
- flexible Anpassung des Dienstleistungsumfangs an unserer Bedarfe
- Kosten

Gleichzeitig barg der Aufbau der individuellen Mitarbeiterberatung für unseren Kooperationspartner und die Veritas AG – beiderseits Neulinge auf diesem Sektor – große Herausforderungen. Das Konzept musste sich in der Praxis bewähren, Prozesse mussten neu gestaltet und erprobt, das Angebot von den Mitarbeitern als Entlastung angenommen und an die Mitarbeiterbedarfe angepasst werden. Als Nächstes musste der Vorstand von der Notwendigkeit des Unterstützungsangebots überhaupt, vom ausgearbeiteten Konzept und vom Anbieter überzeugt werden, damit er das notwendige Budget dafür freigab. Zur Überzeugung des Vorstands waren aus meiner Sicht folgende Argumente – fern jeder Sozialduselei – erfolgreich:

- Aufzeigen der aktuellen Belastungssituation der Mitarbeiter (Erkenntnisse aus der Mitarbeiterbefragung und dem VEM)
- Erläuterung der Zusammenhänge zwischen Belastungen und Arbeitsfähigkeit/Arbeitsbereitschaft mittels des Hauses der Arbeitsfähigkeit (2005 entwickelt von Illmarinen, grafische Darstellung vom Finnischen Institut für Gesundheitsschutz am Arbeitsplatz, Age Power, 2010)

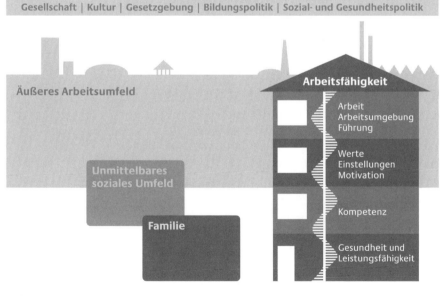

Das Haus der Arbeitsfähigkeit

Quelle: © Finnisches Institut für Gesundheitsschutz am Arbeitsplatz

- Aufzeigen der Auswirkungen reduzierter Arbeitsfähigkeit und -bereitschaft auf Betriebsabläufe, Qualität, Kundenzufriedenheit, Arbeitsunfähigkeitszeiten und Betriebsergebnis

Hinsichtlich der Auswahl des Anbieters überzeugten den Vorstand die objektiven Kriterien, nach denen ich die Angebote verglichen und die Vorzüge des Behindertenwerks Main-Kinzig herausgearbeitet hatte. Er stimmte zu und gab ein limitiertes Jahresbudget frei, über das, sofern es die Bedarfe der Mitarbeiter gegebenenfalls nicht decken sollte, zu einem späteren Zeitpunkt nachverhandelt werden würde.

Im Nachgang hierzu präsentierte ich die gleichen Inhalte adressatengerecht in einer Sitzung des Betriebsratsgremiums, das seine Zustimmung zu Vorgehensweise und Anbieter gab. Gleichzeitig verständigten wir uns auf die gemeinsame Erstellung der Kommunikationsmedien, mittels derer das neue Beratungsangebot den Mitarbeitern vorgestellt werden sollte.

Zur Bekanntmachung der Individuellen Mitarbeiterberatung (IMB) griffen wir wieder auf bewährte Kommunikationsmedien (Mitarbeiterzeitung, Intranet, Aushänge) zurück und erstellten mit der Abteilung Unternehmenskommunikation einen Flyer zur IMB, den jeder Mitarbeiter mit seiner Entgeltabrechnung des Monats vor dem Start der IMB erhalten hat.

> Wir haben festgestellt, dass eine einmalige Versendung des Flyers kaum zu einer durchgängigen Bekanntheit des Angebots in der Belegschaft geführt hat. Als viel wirksamer hat sich herausgestellt, konkret Betroffenen im Gespräch das Angebot zu erläutern, gegebenenfalls sogar bei der Terminvereinbarung zu unterstützen

Baustein 2: Nutzung von Workshops im Rahmen eines Förderprojekts Das Qualifizierungsförderwerk Chemie (QFC), eine Tochter der Industriegewerkschaft Bergbau/Chemie/Energie, hat die VeritasAG schon Ende 2011 eingeladen, an einem Förderprojekt mit Mitteln aus dem Europäischen Sozialfonds zur Verbesserung der Chancengleichheit für weibliche Führungskräfte im Betrieb (FrauenMachtErfolg) teilzunehmen. Für die Vorbereitung und Umsetzung entsprechend zielführender, individueller betrieblicher Maßnahmen standen Fördermittel zur Verfügung.

Meine Führungskraft war als Leiterin des Personalmanagements von Anfang an Mitglied der Projektgruppe, die darüber hinaus mit Betriebsräten, drei weiblichen Führungskräften der Veritas AG, einer Trainerin der Personalentwicklung, unserer externen Supervisorin und der QFC-Projektleiterin besetzt war. Sie sorgte dafür, dass ich ebenfalls Mitglied in der Projektgruppe wurde. So konnte ich auch hier in meiner Funktion als DemografieCoach das Thema BGM mit in die Arbeit einbringen.

Gemeinsam legten wir in der Projektgruppe fest, dass sich der Aspekt der Chancengleichheit in unserem Projekt nicht ausschließlich auf die Verbesserung der Situation für weibliche Führungskräfte beschränken sollte. Unser Projekt sollte weiter reichen. Es ging uns darüber hinaus um die Chancengleichheit von jüngeren und älteren Mitarbeitern, Menschen mit und ohne Schwerbehinderung oder Leistungswandlung und Menschen mit und ohne Migrationshintergrund.

Sensibilisiert durch die DemogafieCoach-Ausbildung erkannte ich in diesem Projekt eine Möglichkeit, die Mitarbeiter zu aktivieren, Eigenverantwortung für ihre Gesunderhaltung zu übernehmen. Es gelang mir, die Teilnehmer der Projektgruppe für die Methode der Partizipation zu begeistern. Überzeugt hat die Gruppe die Erkenntnis, dass die Projektgruppe an sich bereits durch Partizipation die Passgenauigkeit des Pilotprojekts mit beeinflussen konnte. Wir erkannten gemeinsam, welche Chancen sich daraus ergaben, Menschen mit ihren eigenen Kompetenzen und Ressourcen in die Prozesse rund um ihre eigene Gesundheiterhaltung einzubinden. Völlig unabhängig von den konkret zu entwickelnden Maßnahmen ergab sich hier eine Möglichkeit, bereits in Form der Methode Partizipation gleichzeitig in den Handlungsfeldern Verhalten und Unternehmenskultur positive Impulse für das BGM zu setzen.

Konzept für die Partizipationsworkshops

Mit drei Pilotgruppen haben wir mithilfe der Fördermittel Partizipationsworkshops zum Thema Gesundheitsbewusstsein und Work-Life-Balance durchgeführt. Zielgruppen waren ein Team aus der Produktion, ein Team aus der Administration und eine Gruppe weiblicher Führungskräfte der Veritas AG. Das Workshopkonzept sah übereinstimmend vor, im Abstand von acht Wochen je zweimal einen Tag mit der Gruppe von ungefähr 15 Personen zu arbeiten.

Die Übersicht zum Konzept des Partizipations-Workshops »Gesundheitsmanagement« finden Sie als Download unter www.beltz.de direkt beim Buch: http://www.beltz.de/de/weiterbildung/beltz-weiterbildung/titel/personales-gesundheitsmanagement.html.

Die Ziele, die wir mit der Durchführung der Pilotprojekte verfolgten, lassen sich wie folgt zusammenfassen:

- Sensibilisierung der Führungskräfte für die Problematik und Partizipation der Beschäftigten
- Verbesserung der Chancengleichheit
- Verbesserung der Situation der Frauen im Unternehmen
- Optimierung der Work-Life-Balance
- Entfaltung eines Dialogs zur Work-Life-Balance
- Erhöhung der Eigenverantwortung
- Erweiterung von Soft Skills
- Sammlung von Erfahrungen über Pilotprojekte

Erfahrungen Mittels der Pilotworkshops haben sämtliche Beteiligte viele Erfahrungen gewonnen.

Wer ...	... hat welche Erfahrungen gemacht?
Teilnehmer der Workshops	→ Wertschätzung und Anerkennung in Form der Einladung zur Teilnahme → Networking tut gut! Positive Veränderung in der Zusammenarbeit zwischen Kollegen, die vorher wenig miteinander zu tun hatten → Gemeinsame Erarbeitung von Basiswissen zu gesunder Ernährung, gesundem Umgang mit Schichtarbeit, Umgang mit Stressoren und Arbeitsbelastungen → Erkennen von Verantwortung und Einflussmöglichkeiten auf die eigene Gesunderhaltung → Erlernte Kurzentspannungstechniken können auch im Alltag fortgeführt werden.
Führungskräfte der Teilnehmer	→ Die Teilnahme an den Abschlussrunden der Trainingstage vermittelt nur einen kleinen Einblick in die Lernerfolge. → Im Übrigen hat die Führungskraft keinen Einfluss auf den Ablauf und die Ergebnisse des Workshops. → Ihre Einflussmöglichkeit beginnt erst wieder in der Verwendung der Ergebnisse, beispielsweise für die Veränderung von Bedingungen am Arbeitsplatz. → Wertschätzungseffekt wird verstärkt, indem die Vorschläge der TN aus dem Workshop sorgfältig auf Umsetzbarkeit geprüft und Rückmeldungen hierzu gegeben werden.

Bewährt hat sich aus unserer Sicht, die Teilnahme am Workshop freiwillig zu halten und nicht als Pflicht zu formulieren. Dies intensiviert den partizipativen Effekt und die Qualität der Workshopergebnisse.

Wer …	… hat welche Erfahrungen gemacht?
Mitglieder des Projektteams	➡ Die Teilnehmer der Workshops öffnen sich eher, wenn der Trainingstag von einem externen Trainer moderiert wird. ➡ In diesem Zusammenhang ist einer der wichtigsten Gelingensfaktoren die präzise Auftragsklärung mit den externen Trainern. ➡ Partizipationsworkshops sind dann besonders erfolgreich, wenn das Konzept nicht zu starr ist, sondern die Trainer sowohl inhaltlich als auch methodisch besonders flexibel auf die Bedarfe der Teilnehmenden eingehen können. ➡ Für den Erfolg des Trainingstags förderlich ist vorab die Klärung der Erwartungshaltung der Teilnehmer. ➡ Das Ausgangsniveau der Teilnehmer ist verschieden hoch. Tendenziell zeigt sich eine Korrelation zwischen der Ausprägung der Allgemeinbildung und der Ausprägung der Gesundheitskompetenz.

Sicherung der Nachhaltigkeit Bleiben die Pilotworkshops isolierte Ereignisse ohne Folgemaßnahmen, so wird zum einen der Wertschätzungseffekt rasch verfliegen und sich zum anderen keine nachhaltige Wirkung der Lerneffekte entfalten. Aus diesem Grund haben wir vor, während und nach den Pilotworkshops mehrere Treffen in der Projektgruppe dazu genutzt, die aktuellen Ergebnisse im Arbeitsprozess sofort zu sammeln und auf deren Verwendbarkeit im Sinne der Nachhaltigkeit zu prüfen.

Hieraus haben wir verschiedene Maßnahmen abgeleitet. Die weiblichen Führungskräfte beispielsweise wollen sich vorrangig stärker vernetzen, um sich regelmäßig auszutauschen und von den jeweiligen Erfahrungen der anderen zu profitieren. Sie werden sich einmal im Quartal zum gemeinsamen Mittagessen und lockerem Austausch treffen. Daneben wird es in größeren Abständen moderierte Treffen zu Themen des gemeinsamen Interesses geben. Auch ein weiterer Tag mit der externen Trainerin zur Reflexion und Auffrischung des Erlernten ist in Planung.

Die Gruppe der Produktionsmitarbeiter war besonders angetan von der positiven Wirkung der erlernten Entlastungstechniken am Arbeitsplatz. Sie schlugen vor, die Methode über die betrieblichen Sicherheitsbeauftragten in der Produktion als allgemeines Angebot vorzustellen und einzuführen.

Dieser Vorschlag wurde wie folgt umgesetzt: Im Rahmen eines Seminars bei der Berufsgenossenschaft Rohstoffe/Chemische Industrie wurden die Sicherheitsbeauftragten der Veritas AG von einer Physiotherapeutin als Praxisanleiterin für Lockerungs- und Dehnübungen ausgebildet. Mittels ausgehändigter bebilderter Anleitung tragen sie die Übungen nun im Rahmen der 5-Minuten-Sicherheitsgespräche direkt zu den Mitarbeitern in die Produktion, die vorwiegend handbelastende Tätigkeiten ausüben. Dort werden die Übungen gemeinsam ausgeführt.

In allen drei Gruppen wurden von den Teilnehmern auch Verbesserungsvorschläge zur Sprache gebracht, die vorwiegend die Führungskraft oder das Unternehmen beeinflussen können, zum Beispiel Schichtmodelle, Führungsverhalten oder die Arbeitsplatzergonomie. An den beiden ersten Themen wird unter der Leitung des Gesundheitsforums (Steuerungsorgan der Veritas AG für das Betriebliche Gesundheitsmanagement) weitergearbeitet, die Arbeitsplatzergonomie wird auf Abteilungsebene weiterverbessert. In beiden Fällen werden die Teilnehmer der Workshops über die Entwicklungen regelmäßig informiert und die Fortschritte über eine Infotafel mit Ampelsystem (gelb = in Arbeit, grün = umgesetzt, rot = nicht umsetzbar, weil ...) kommuniziert.

> An den Übungen in der Produktion werden abwechselnd Führungskräfte der beiden höchsten Ebenen teilnehmen, um damit die Wichtigkeit und die Akzeptanz »von ganz oben« zu signalisieren.

Baustein 3: Chancen für ein Budget sehen und nutzen In der Fachliteratur und aus Best-Practice-Beispielen habe ich immer wieder erfahren, dass für die Entwicklung des BGM ein Budget unerlässlich ist. Ferner sollte dessen Planung und Verwendung über eine gesonderte Kostenstelle gemonitort werden. Anspruchsvoll ist bei der ersten Beantragung eines solchen Budgets, den meist ausschließlich von Zahlen–Daten–Fakten gesteuerten Entscheidern die Wirksamkeit von BGM-Maßnahmen im konkreten Unternehmen im Voraus vorzurechnen. Für mich als betriebswirtschaftlichem Laien stellt diese Aufgabe bereits rechnerisch eine der größten Herausforderungen dar. Ferner habe ich immer wieder gelesen, dass es sehr gefährlich sei, die Wirksamkeit ausschließlich mit sinkenden Entgeltfortzahlungskosten aufgrund sinkender Arbeitsunfähigkeitszeiten zu prognostizieren. In Zeiten des demografischen Wandels sei bereits ein Beibehalten der Arbeitsunfähigkeitsquoten bei zeitgleich ansteigendem Altersdurchschnitt ein Erfolg.

Noch während ich überlegte, wie ich den Vorstand zur Freigabe eines weiteren Budgets für den raschen Ausbau des BGM veranlassen könnte, ergab sich im Rahmen der betrieblichen Umsetzung des Tarifvertrags im Hinblick auf Lebensarbeitszeit und Demografie, dass im Jahr 2012 über 200 Mitarbeiter der Veritas AG den Demografiebetrag des Arbeitgebers nicht in Anspruch nehmen wollten. Als sich dies im Sommer 2012 abzeichnete, schlug ich dem Vorstand vor, dieses Geld 2013 für den Aufbau des BGM zu verwenden. Ende des Jahres einigten sich Arbeitgeber und Betriebsrat im Rahmen einer Betriebsvereinbarung, die nicht in Anspruch genommenen Demografiebeträge in das BGM zu investieren.

Damit haben wir über die Laufzeit der Betriebsvereinbarung bis Ende 2014 nun die Möglichkeit, das gewidmete Budget für das BGM einzusetzen und die Wirksamkeit entsprechender Maßnahmen in Form von eigenen Erfahrungen zu belegen.

Parallel verfolgen wir das Ziel, Krankenkassen und die für uns zuständige Berufsgenossenschaft Bergbau Rohstoffe Chemische Industrie (BGRCI) in unsere Planungen einzubinden. Im Zuge der Präventionsaufträge sind beide aufgerufen, Betriebe im BGM zu unterstützen. Dies kann zum Beispiel in Form von Finanzmitteln, fachlichem Know-how oder Bereitstellung von Referenten geschehen. Wir erhoffen uns, durch die Beteiligung von Krankenkassen und BGRCI unser Budget aufstocken zu können.

Die BGRCI wird von unserer obersten Fachkraft für Arbeitssicherheit angesprochen, zu der bereits seit vielen Jahren ein vertrauensvoller Kontakt besteht. Als potenzielle Kooperationspartner unter den Krankenkassen haben wir geprüft, bei welchen Krankenkassen die meisten unserer Mitarbeiter versichert sind. Die drei am stärksten vertretenen Krankenkassen werden wir ansprechen und an der Weiterentwicklung des BGM beteiligen.

Baustein 4: Zusammenarbeit mit einem Absolventen des weiterbildenden Studiengangs Betriebliches Gesundheitsmanagement Im Sommer 2012 ging eine Initiativbewerbung eines Absolventen des weiterbildenden Zertifikatsstudiengangs »Betriebliches Gesundheitsmanagement« der Universität Bielefeld bei uns im Personalmanagement ein. Der Absolvent interessierte sich für ein Praktikum mit dem Ziel der Erstellung einer Abschlussarbeit für den Erwerb seines Universitätszertifikats.

Im Vorstellungsgespräch stellten wir fest, dass eine Kooperation auf dem Feld des BGM für beide Seiten vielversprechend wäre, und vereinbarten, dass er uns bei der Formulierung und der Einrichtung der Mindeststandards für die Umsetzung eines systemischen BGM unterstützen sollte.

Anforderungen an ein systemisches BGM

Die Ausarbeitung ergab folgende wesentlichen Mindestanforderungen an ein systemisches BGM:
- Formulierung einer klaren, inhaltlichen Zielsetzung
- Abschluss schriftlicher Vereinbarungen
- Einrichtung eines Lenkungsausschusses
- Bereitstellung von Ressourcen
- Festlegung personeller Verantwortlichkeiten
- Qualifizierung von Experten und Führungskräften
- Beteiligung und Befähigung der Mitarbeiter
- Betriebliche Gesundheitsberichterstattung
- Interne Kommunikation und Marketing
- Durchführung der vier Kernprozesse Analyse, Planung, Umsetzung, Evaluation

An manchen Punkten kann parallel gearbeitet werden; bei anderen empfiehlt es sich, individuell eine Reihenfolge festzulegen. So haben wir die Gründung des Gesundheitsforums zum Beispiel an den Anfang gestellt.

Der Großteil der Akteure im Gesundheitsforum kam bereits einmal monatlich im Arbeitssicherheitsausschuss (ASA) zusammen. Ich gewann sie für die Mitarbeit im Gesundheitsforum mit der Argumentation, dass diese bisherige Funktion hierdurch ergänzt und unterstützt würde. Ein weiteres Argument war, die Sitzungen beider Gremien zur Optimierung der Synergieeffekte perspektivisch zusammenzuführen.

Aus den genannten Anforderungspunkten erarbeiteten der Absolvent des Studiengangs »Betriebliches Gesundheitsmanagement« als strategischer Fachmann und ich als DemografieCoach gemeinsam ein Konzept zur weiteren Vorgehensweise.

> **Gründung des Gesundheitsforums**
>
> Im Mittelpunkt stand zunächst die Vernetzung aller betrieblichen Akteure des Themas Mitarbeitergesundheit zu einem zentralen Gremium, das die Aufgabe der Steuerung der Einführung und des Ausbaus des BGM übernehmen sollte: das Gesundheitsforum. Alle von uns zur Mitarbeit im Gesundheitsforum eingeladenen Teilnehmer nahmen am Gründungsworkshop teil und nahmen die Aufgabe an:
> - ein Mitglied der Anteilseignerfamilie
> - Leiterin Personalmanagement
> - Leiter Umwelt/Sicherheit/Gesundheit
> - Betriebsarzt
> - Eingliederungsmanager*
> - Schwerbehindertenbeauftragter*
> - Betriebsrat
> - betrieblicher Suchtbeauftragter
>
> *ebenfalls Mitglieder im Betriebsrat

Der Workshop war interaktiv gestaltet, mit verschiedenen Möglichkeiten der Mitwirkung über Kartenabfragen, Kleingruppenarbeit und moderierte Plenumsdiskussionen.

Das Konzept des Gründungsworkshops (s. S. 307 ff.) sah die Erarbeitung eines gemeinsamen Gesundheitsverständnisses vor, einen Input zum Thema Verhaltens-, Verhältnis- und systemische Prävention, einen Überblick über die Mindeststandards und Funktionszusammenhänge (Treiber und Ergebnisse) eines systemischen BGM und die Vermittlung von Basiswissen zum Thema Arbeitsfähigkeit und Erhebung des Workability-Index, der die Arbeitsfähigkeit eines Mitarbeiters in einem Wert zwischen 7 (arbeitsunfähig) und 49 (höchste Arbeitsfähigkeit) ausdrückt.

Im Workshop leiteten wir auf Basis der Unternehmensziele in der Balanced Scorecard gemeinsam die Ziele des BGM in der Veritas AG ab, die in Zukunft die Richtschnur für unsere gemeinsame Arbeit sein sollten.

Den Titel »Gesundheitsforum« erarbeiteten wir gemeinsam im Verlauf des Eröffnungsworkshops. Das schaffte bereits von der ersten Stunde an eine hohe Identifikation mit der Arbeitsgruppe und den Ergebnissen.

Veritas

Systemischer Ansatz für höchste Wirksamkeit – Ziele des BGM

Es gelang uns, alle Teilnehmer zu aktivieren und im partizipativen Stil zu arbeiten, der sich in den Pilotprojekten bereits als ergebniswirksam erwiesen hatte.

Hiervon ausgehend formulierten wir unsere nächsten Aufgaben. Diese teilten wir in zwei Handlungsstränge. Zum einen stand formell als Nächstes an, sich als neues Gremium vom Vorstand und vom Betriebsrat jeweils das Mandat für die künftige Arbeit und die Verwendung des BGM-Budgets erteilen zu lassen. Als Vorbereitung hierzu vereinbarten wir inhaltlich die Ausarbeitung des Konzepts, wie wir als Gesundheitsforum in Zukunft auf Basis der erarbeiteten Ziele das BGM in der Veritas AG einführen wollten. Wiederum dies vorbereitend wollten wir uns zunächst mit der Identifikation und der Auswahl geeigneter Kennzahlen für eine Analyse der Ausgangssituation und die zukünftige Messung der BGM-Wirksamkeit beschäftigen. Für uns war von Beginn an klar, dass wir mindestens den Vorstand mit Kennzahlen würden überzeugen können.

Um in diesen Schritten möglichst rasch voranzukommen, legten wir fest, uns in der Anfangszeit des BGM in kurzen Abständen (alle zwei bis vier Wochen) zu treffen. Zuletzt wurde ich wurde zur Moderatorin des Gesundheitsforums ernannt. Ich bin mir sicher, dass ich mich bereits durch die Vorarbeit im VEM und die Vorbereitung des Eröffnungsworkshops für die Übernahme dieser Funktion empfohlen hatte.

Arbeit des Gesundheitsforums Sowohl der Vorstand als auch der Betriebsrat erteilten dem Forum das Mandat und bezeugten ihr Einverständnis mit den erarbeiteten Zielen für das BGM der Veritas AG. Hauptargumente für die Überzeugung des Vorstands und des Betriebsrats waren aus meiner Sicht die interdisziplinäre Zusammensetzung der Arbeitsgruppe und das präzise erläuterte und systematisch gestaltete Konzept für die Vorgehensweise zum Auf- und Ausbau des BGM:

- Ableitung der Handlungsfelder (Verhältnisse, Verhalten und Kultur) aus den Zielen des BGM
- Ist-Analyse in Form der Auswertung folgender Kennzahlen: Demografiedaten (gesamt und nach Abteilungen), Arbeitsunfähigkeitsdaten (nach Abteilungen und Kostenstellen), Fluktuationsauswertung (nach Abteilungen), Gesundheitsberichte der Barmer GEK und der AOK über die Versicherten in der Veritas AG aus den Jahren 2010 bis 2012, Arbeitsunfallstatistik (nach Abteilungen), Gefährdungsbeurteilung und Lastenhandhabung (nach Abteilungen und Arbeitsplätzen)
- anhand der Daten Identifikation der Abteilungen und Bereiche, die von Maßnahmen im Sinne des BGM aktuell voraussichtlich am meisten profitieren werden
- in diesen Abteilungen Erhebung des WorkAbilityIndexes (durch den Betriebsarzt) zur Feststellung der Ausgangssituation und zur vertieften Ursachenanalyse für die auffälligen Kennzahlen (zum Beispiel hohe Arbeitsunfähigkeitszeiten)
- Einbindung der Führungskräfte und der Mitarbeiter der Bereiche in die Entwicklung von Maßnahmen (Input von grundlegendem Wissen, Partizipationsworkshops, Gesundheitsförderangebote und so weiter)
- Durchführung der Maßnahmen, Messung der Ergebnisse

Ausblick – Lessons learned

Zu dem Zeitpunkt, als dieser Buchbeitrag entsteht, haben wir im Gesundheitsforum gerade die Auswahl der Abteilungen abgeschlossen, auf die wir uns mit den ersten BGM-Maßnahmen konzentrieren wollen.

Wir wählten eine Abteilung im produzierenden, gewerblichen, dreischichtig arbeitenden Bereich mit 80 Mitarbeitern aus und eine administrative Abteilung mit 25 Mitarbeitern, die in Gleitzeit Bürotätigkeiten ausüben. Auf Basis der Analyse der Ausgangsdaten haben sich diese beiden Abteilungen im Vergleich am meisten empfohlen. In der gewerblichen Abteilung ist bei einem Altersdurchschnitt von 50 Jahren auf bereits sehr hohem Ausgangsniveau seit drei Jahren ein weiterer deutlicher Anstieg der krankheitsbedingten Fehlzeiten und der Registrierung der Leistungswandlungen zu beobachten. Im ausgewählten administrativen Bereich haben wir aus der Mitarbeiterbefragung eine hohe psychische Belastung der dort tätigen Mitarbeiter herausgelesen. Zeitgleich zeigen die Arbeitsunfähigkeitsdaten in den letzten drei Jahren einen deutlichen Trend nach oben.

Als nächste Schritte planen wir, zunächst die dort zuständigen Führungskräfte und anschließend die Mitarbeiter für ihre Mitwirkung zu gewinnen. Zu diesem Zweck werden wir – im Wege der persönlichen Kommunikation – Hintergrundinformationen zur Verfügung stellen, unser Konzept erläutern und über einzelne Handlungsabschnitte informieren.

Gegenüber Betriebsrat und Mitarbeitern steht eine sorgfältige Information und Aufklärung über die geplante Analyse des Work AbilityIndex (WAI) mittels des Tests an. Wir werden insbesondere die Vertraulichkeit und die Anonymisierung der Testauswertung in den Räumlichkeiten des Betriebsarztes in den Vordergrund stellen, um hierüber eine gute Teilnahmequote an der freiwilligen Erhebung und damit ein signifikantes Ergebnis zu erreichen.

Auf Basis der Ergebnisse der WAI-Analyse werden wir die nächsten Maßnahmen festlegen. Hier haben wir vor, weiterhin konsequent den partizipativen Ansatz weiterzuführen. Die Ergebnisse werden wir im Kreis der Mitarbeiter veröffentlichen und besprechen. Danach werden wir – im Rahmen von Workshops – mit den Mitarbeitern gemeinsam Maßnahmen erarbeiten, die alle Beteiligten für die Verbesserung der Gesundheit und des Wohlbefindens als zielführend empfinden. Hierbei erwarten wir, dass die Workshops nie absolut identische Ergebnisse bringen werden, sondern dass sich immer wieder die Besonderheiten der Arbeitsanforderungen in einem konkreten Bereich und die individuellen Mitarbeiterbedürfnisse auf die konkret entwickelten Maßnahmen auswirken.

Wir wollen bei der Maßnahmenentwicklung darauf achten, dass die Felder »Verhältnisse, Verhalten und Kultur« jeweils berührt werden, sodass die ganzheitliche Wirkung eintreten kann, weil die Eigenverantwortung der Mitarbeiter und die Unternehmensverantwortung gleichermaßen gefordert und gefördert werden. Konkret kommen aus unserer Sicht als Maßnahmen zum Beispiel die folgenden in Betracht (und dies sind nur einige wenige Beispiele):

> **Beispiele für Maßnahmen**
>
> **Verbesserungen der Verhältnisse**
> ➡ technische und ergonomische Verbesserungen an Arbeitstischen, Maschinen, Werkzeugen und Prozessen
> ➡ Einführung ergonomischer Schichtmodelle
> ➡ Überprüfung der Teilzeitmöglichkeiten für ältere Mitarbeiter und Mitarbeiter in der Produktion
> ➡ Überarbeitung des Konzeptes für die Mitarbeiterkantine
>
> **Verbesserung des gesunden Verhaltens**
> ➡ Infotage BGM für Mitarbeiter
> ➡ Angebot von Schulungen, Trainings und Workshops zu Gesundheitswissen und dessen Umsetzung
> ➡ Gesundheitsförderangebote (Sport- und Bewegungsangebote, Stressprävention, Entspannungsangebote)
>
> **Verbesserung der Kultur**
> ➡ Führungskräftetraining: »Gesundheitsgerechte Mitarbeiterführung«
> ➡ Vorleben eines wertschätzenden und respektvollen Umgangs miteinander
> ➡ Infragestellen und Überarbeiten der Besprechungskultur

Grundsätzlich ist geplant, über die Ergebnisse der BGM-Maßnahmen regelmäßig Bericht zu erstatten. Hierzu werden wir einen jährlichen Gesundheitsbericht herausgeben und in den Betriebsversammlungen die aktuellen Stände und Entwicklungen vorstellen.

Rückblick – Was waren die bisherigen Herausforderungen und was die Gelingensfaktoren?

Die Herausforderungen lassen sich wie folgt zusammenfassen:

Herausforderungen	
Die Geschwindigkeit der Weiterentwicklung des Gesundheitsforums ist hoch	Wir halten die frühe Einbindung anderer Abteilungen für sinnvoll, zum Beispiel in Form eines betriebsbezogenen Seminars bei der BG. Regelmäßige Nutzung sämtlicher Kommunikationsmittel (beispielsweise Mitarbeiterzeitung, Beilagen zur Entgeltabrechnung, Aushänge) nimmt die Menschen mit.
Verselbstständigung der Ereignisse	Neue und unerfahrene Akteure im Bereich BGM sind sehr motiviert, zumal es sich um ein dankbares Thema handelt und aufgrund der Verständlichkeit der Terminologie jeder mitreden kann. Zeitgleich besteht bei den neuen Akteuren aufgrund der kurzen Einbindung meist noch keine vollständige Übersicht über die komplexen Zusammenhänge des BGM. Insofern ist es für mich zeitlich und organisatorisch herausfordernd, mehrere parallel angefangene Aktivitäten so zu begleiten, dass die Maßnahmen ein Erfolg werden. Jeder, der im Namen des BGM unterwegs ist, wirkt auf dessen Ansehen ein – positiv oder negativ.
Die gleichmäßige Verteilung der Arbeit im Gesundheitsforum: auf achten	Die Durchführung der Treffen des Gesundheitsforums bedarf einer guten Moderation und sorgfältigen Dokumentation. Die Übernahme der Aufgaben muss gut abgesprochen sein, andernfalls bleibt vieles an einer Person hängen. Wir achten auch auf eine strikte Zeitplanung, damit die Weiterentwicklung nicht träge wird.
Auf die Balance zwischen individueller und einheitlicher Kommunikation achten	Indem immer mehr Menschen am Thema Gesundheit mitarbeiten, reden auch immer mehr darüber. Jeder kommuniziert dabei auf seine eigene Weise. Dies beinhaltet Chancen, weil so verschiedenste Mitarbeiterebenen gut erreicht werden können. Zeitgleich verbirgt sich darin das Risiko der Uneinheitlichkeit. Wir achten darauf, dass im Gesundheitsforum als Nukleus jeder Weiterentwicklung einige zentrale Wörter für die Kommunikation innerhalb des Unternehmens einheitlich verwendet werden. Ein gutes Beispiel ist der Begriff der Leistungswandlung. Indem wir in Gesprächen innerhalb und außerhalb des Gesundheitsforums immer wieder diesen Begriff nutzen, ist es uns gelungen, die weniger wertschätzende »Leistungseinschränkung« nahezu vollständig zu verdrängen.

Herausforderungen

Herausforderungen für mich persönlich

Ich erlebe die Einführung eines systemischen BGM als langwierigen Prozess mit starker Retardwirkung. Meine eigene Motivation für das Durchhalten hochzuhalten, ist für mich eine große Herausforderung, da ich eher ein Instant-Typ bin: Knopf drücken, Wirkung sehen, Erfolg haben.

Das funktioniert beim Thema BGM überhaupt nicht.

Es reicht nicht, wenn einige wenige die Zusammenhänge verstehen und wissen, was zu tun ist. Es gibt keine Fachabteilung BGM, die im Auftrag und mit Wirkung für alle anderen die Mitarbeitergesundheit verbessern kann. Jeder Mensch muss konkret erreicht werden, wenn wir möchten, dass er im BGM aktiv mitwirkt. Und nur wer erreicht werden will, also: wer interessiert ist, den erreichen wir auch.

Andere Menschen zu überzeugen, gelingt mir am besten in Form des persönlichen Gesprächs. Aus diesem Grund war einer der effektivsten Schritte die Gründung des Gesundheitsforums. Die Mitglieder wirken jetzt als Multiplikatoren, und ich muss nicht mehr allein »für unsere Sache« werben.

Gleichzeitig erlebe ich mit zunehmender Verselbstständigung der Ereignisse ein Gefühl, das ich zwar registrierte (und sofort als unangenehm empfand), anfangs aber überhaupt nicht beschreiben konnte: Machtverlust.

Indem ich andere Menschen einbinde in die Gestaltung des BGM, muss ich natürlich damit rechnen, dass diese mitwirken und sich daraus vieles entwickelt, was ich nicht mehr selbst in der Hand habe.

Wir befinden uns in der Veritas AG in einem Veränderungsprozess, und ich bin mittendrin. Genauso, wie die Menschen in unserem Unternehmen auf die Veränderungen aufgrund des BGM mit Angst, Flucht oder Lähmung reagieren, werde auch ich ein »Opfer« dieser archaischen Empfindungen. Darauf war ich gedanklich nicht vorbereitet.

Meine DemografieCoach-Gruppe hat mir in einem unserer Supervisionstreffen hierfür den Blick geschärft und damit das Gefühl schon zum großen Teil ausgemerzt.

Ich stelle fest, dass es meine Aufgabe, aber auch meine Chance ist, meinen Platz und meine Aufgabe im BGM-Geschehen neu zu finden.

Ich denke, ich muss nicht betonen, dass die Einführung des BGM keine Aufgabe für Allein-Arbeiter und Kommunikations- oder Entscheidungsmuffel ist. Es findet nahezu keine Routinearbeit statt und es gibt daher wenig Sicherheit in der täglichen Arbeit. Darüber hinaus sollte man sich darauf einstellen, dass so viele neue Dinge auf einmal selten auf Anhieb und fehlerfrei funktionieren. Ich habe auch selbst erst lernen müssen, Mikroschritte in der Weiterentwicklung zu entdecken und damit als Erfolg auch zufrieden zu sein. Um mir dessen bewusst zu werden, bediene ich mich des Erfolgstagebuchs (s. S. 369 ff.).

Meine Gelingensfaktoren

Rückblickend erkenne ich folgende Umstände als die Bedingungen, die mich in meiner Arbeit unterstützt und entscheidend zum Gelingen beigetragen haben:

- Meine Führungskraft! Sie hat Vertrauen zu mir, lässt mir Freiraum, gibt mir bei Bedarf Rat und Unterstützung und stärkt mir den Rücken beim Vorstand und im Kreis der Bereichsleiter. Gleichzeitig lässt sie den Erfolg bei mir und setzt sich nie selbst die Lorbeeren auf.
- Regelmäßige Supervision, Motivation und Erdung durch die DemografieCoach-Ausbildungsgruppe, die sich nach der Ausbildung als Supervisionsgruppe etabliert hat.
- Niemals müde werden, wieder einem Gesprächspartner von Anfang an die Zusammenhänge des BGM zu erläutern. – Kommunikation, Kommunikation, Kommunikation!
- Nutzung vorhandener Strukturen und Prozesse (nicht nur neue Säue durchs Dorf treiben)
- Vernetzung von betrieblichen Kompetenzen und Funktionen, damit Bündelung von Kraft und Wirksamkeit
- Einbindung der Führung von ganz oben als Vorbilder und Promotoren
- Einbindung der Interessenvertretung von Anfang an (Teilnehmer im Gesundheitsforum sind Promotoren im Betriebsratsgremium)
- Einbindung und Verpflichtung von Krankenkassen und BG zur Budgetoptimierung
- … und auf mich selbst achten, dass ich mental und physisch in der Balance bleibe.

Die Methoden zu den Best-Practice-Beispielen

- Methoden für Organisationentwicklung und Führung
- Methoden für Einzel- und Teamarbeit
- Methoden für die persönliche Entlastung

↗03

Einführung

Claudia Härtl-Kasulke

Im dritten Teil finden Sie die wichtigsten Methoden und Instrumente, die in den Best-Practice-Beispielen benutzt wurden. Mit den Methoden für Organisationentwicklung und Führung stellen wir Ihnen die Konzeptionslehre und weiterführende Methoden vor, die Sie für das Personale Gesundheitsmanagement nutzen können. Das betrifft die Ebenen:

- Organisation (Konzeptionslehre)
- Führung und Team (TMS)

> Die Konzeptionslehre führt Sie in diesen Methodenteil ein. Sie ist die Basis auf der organisationalen Ebene.

Gleichzeitig ist sie die Grundlage für alle Ihre Maßnahmen von der Gestaltung des Prozesses bis zum Training, von der Entwicklung einer Präsentation bis zum Schreiben eines Buches. Mit dem Beitrag von Cornelia Kram sehen Sie einen konzeptionell entwickelten Startprozess für Personales Gesundheitsmanagment als Beispiel quasi pars pro toto.

Im Anschluss daran finden Sie Methoden für die Einzel- und Teamarbeit, die Sie für das persönliche Personale Gesundheitsmanagement einsetzen können. Zum einen auf der individuellen Ebene sowie auf der Ebene Führung und Team.

Dazu gehören Methoden zum Innehalten und Ankern, Instrumente zum Fördern von Partizipation und Lernen sowie für »Notfallsituationen«. Alle diese Methoden lassen sich für Ihre individuelle Erfahrung und in der Einzelarbeit als auch für Gruppen, in Besprechungen und für viele andere Einsatzmöglichkeiten nutzen.

Wenn wir gezielte Hinweise in den Methoden für persönliches PGM beziehungsweise PGM im Text geben, dann sind diese mit grauem Raster hinterlegt und mit einem Pfeil versehen, damit Sie sie schnell nachschlagen können.

Ziel ist es immer, die Umsetzung in die Praxis zu fördern. Sie erhalten zudem Tipps für die Führungsebene (TMS), wie Teams begleitet werden können, damit die Teammitglieder Sicherheit für eigenverantwortliches Handeln und ihr persönliches personales Gesundheitsmanagement erhalten.

Die Methoden sind vor allem ressourcenorientiert (biografisches Arbeiten, Achtsamkeitspraxis, resilienzorientierte Führung, Appreciative Inquiry). Wir gehen davon aus, dass Sie die Erfahrung mit diesen Übungen zunächst selbst machen, um sie dann mit den daraus gewonnenen Erkenntnissen, dem entsprechenden Verständnis und entsprechender Haltung zu vermitteln (s. »Gesundheit! Schätze heben und Sinne schärfen«, S. 18 f.). Im Wesentlichen sind die Methoden nach folgendem Schema gegliedert:

Methodenschema

→ Name der Methode
→ Thema
→ Vorbereitung: Was braucht man an Equipment und Raum (Einrichtung)?
→ Anzahl der Teilnehmer
→ Zeit
→ Ziel
→ Ergebnis: Was ist nach der Übung anders?
→ Beschreibung der Schritte
→ Warum ist die Methode besonders für intergenerative Teams geeignet?
→ Was sind besondere Hinweise für den Lernprozess der Teilnehmer?
→ Tipps: Worauf ist besonders zu achten?
→ Learnings für die Teilnehmer
→ Alternative 1 (soweit vorhanden)
→ Alternative 2 (soweit vorhanden)
→ Literatur zum Thema (soweit vorhanden)

Das ist das Grundschema, an dem Sie sich orientieren können. Nur manchmal ergeben sich kleine Abweichungen.

Tipp
Wenn Sie selbst Methodenbeschreibungen machen, empfiehlt sich dieses Format sowohl als Checkliste für die wichtigsten Inhalte als auch als Standard für ein Methodenformular, das dann noch individuell ergänzt werden kann.

Methoden für Organisationentwicklung und Führung

- Mit Konzeption punktgenau landen
- Die Konzeption und ihre Entwicklungsschritte
- Checklisten und -fragen
- Appreciative Inquiry
- Gründungsworkshop Gesundheitsforum
- Team Management System (TMS)
- Kollegiales Teamcoaching (KTC)

↗ 3.1

Mit Konzeption punktgenau landen

Claudia Härtl-Kasulke

Eine gute Konzeption bietet eine Vielzahl an Einsatzmöglichkeiten vor allem bei strategisch ausgerichteten Kampagnen, Projekten und Prozessen. Der Vorteil liegt auf der Hand: Die Aufgaben, die konzeptionell geplant und durchgeführt werden, ermöglichen durch die dezidierte Chancen- und Risikoabwägung Klarheit in der Vorgehensweise: Dies betrifft die Entwicklung der Strategie ebenso wie die Planung und die Umsetzungsphase. Sowohl inhaltliche als auch organisatorische Abweichungen und Fehlentwicklungen sind schneller erkennbar. Es entsteht somit eine hohe Planungssicherheit.

Was ist eine Konzeption?

In den ersten beiden Teilen dieses Buches wurde die Grundlage für ein bewusstes und damit erfolgreiches Personales Gesundheitsmanagement gelegt. Sie haben anhand von Beispielen erfahren, dass sich der Einsatz in der Praxis lohnt. Nun wird es Zeit, auch die Einführungsmethoden näher zu betrachten. Denn erst mit dem richtigen Handwerkszeug können Sie Ihr Vorhaben tatkräftig und zielsicher umsetzen.

> Große Herausforderungen – und vor allem dann, wenn sie über lange Phasen, längere Zeiträume gehen und das Ende nicht absehbar ist, wir also von Prozessen sprechen –, lassen sich am effektivsten in Teilprojekten und mit den Methoden des Projektmanagements und der Projektkommunikation organisieren.

Auf diese Weise wird die Komplexität von Prozessen reduziert. Sie haben eine klare Definition hinsichtlich des Einsatzes von Ressourcen (zum Beispiel Budget, Personal), des Termins (bis wann ein Teilprojekt, eine Aufgabe umgesetzt sein soll) und der Qualität (Zieldefinition als Aufgabenstellung). Damit sind wesentliche Rahmenbedingungen für das prozessuale Vorgehen geschaffen, die für den Einführungs- und Umsetzungsprozess des Personalen Gesundheitsmanagements notwendig sind.

Der Verlauf und die Entwicklung eines Prozesses lassen sich mithilfe von Teilprozessen abbilden, die wiederum in Teilprojekte und Teilaufgaben unterteilt werden. Sie sind der Pfad, an dem sich die Durchführenden orientieren.

Nun fehlt noch die Antwort auf die Frage nach der inhaltlichen Ausgestaltung. Hier unterstützt Sie das konzeptionelle Gestalten. Denn damit kann jede Aufgabe, jedes Projekt und jeder Prozess inhaltlich gesteuert werden.

> **Konzeption und ihre Historie**
>
> Aus methodischer Sicht war es Klaus Dörrbecker, der in den 1950er-Jahren die Konzeption von USA nach Deutschland brachte. Durch meine Konzeptionsausbildung bei ihm Anfang der 1990er-Jahre beeinflusste er mich maßgeblich mit seinem synergetischen, vernetzten Denken.
> Die Vorteile für diese Arbeitsweise liegen dabei auf der Hand:
> ➡ strategische Steuerung, zum Beispiel ausgerichtet an den Unternehmenszielen
> ➡ Planungssicherheit und Qualitätsmanagement
> ➡ Erhöhung der Effizienz und Effektivität
> ➡ passgenaue begleitende Kommunikation im Dialog mit den Zielgruppen

Sie werden sich jetzt fragen: Warum ist eine Konzeption für das Personale Gesundheitsmanagement wichtig?

> **Personales Gesundheitsmanagement**
>
> Das Personale Gesundheitsmanagement
> ➡ verfolgt einen partizipativen und didaktischen Ansatz, der durchgängig den ganzen Prozess begleitet. Damit dieser nicht verloren geht, ist es wichtig, ihn in der Taktik mitzubeschreiben und in den Maßnahmen kontinuierlich zu planen.
> ➡ Der besondere Fokus auf das Informieren, Sensibilisieren, Aktivieren und Handeln, das sich an alle Beschäftigten richtet, benötigt entsprechende strategische Überlegungen, um Synergien aufzubauen und gleichzeitig nicht zu überfordern.
> ➡ Das gilt auch für die Prozesskommunikation. Sie braucht vorausschauende Planung und im Hinblick auf die Kommunikationsinhalte und den Personaleinsatz eine taktische Ausrichtung.

Eigenverantwortliches Handeln Eine der grundlegenden Fragen ist: Wie setze ich Impulse für das eigenverantwortliche Handeln? Oft wird dies mit »Hilfegeben« verwechselt: »Ich helfe den Beteiligten«, »Ich weiß, wie es geht und gebe dazu die Anleitung« … Wenn wir so arbeiten, verhindern wir die Entdeckerfreude der Einzelnen und der Teams. So entsteht kaum Begeisterung, die aufkommt, wenn wir erkennen, dass wir es können, dass wir bereits etwas davon gestaltet haben oder in anderem Zusammenhang bereits Erfahrung sammelten, die wir hier in den Transfer in unser, mein persönliches Personales Gesundheitsmanagement übertragen können.

Persönliche Erfahrungen sind in jeder Hinsicht dabei das Lebenselixier, das die Menschen beflügelt und solch einen Prozess trägt.

Fehler und Scheitern Dazu gehört auch, dass Fehler gemacht werden können und dass Scheitern erlaubt ist. Sie kennen sicher die Erfahrung, wie es ist, in persönlichen Entwicklungen, die wir uns von ganzem Herzen wünschen, steckenzubleiben. Wir ärgern uns. Wir schimpfen mit uns. Wir hadern mit uns und unserem Schicksal oder noch schlimmer: wir verurteilen uns. Das ist bei vielen Menschen der Fall. Im Personalen Gesundheitsmanagement arbeiten wir daher intensiv daran und versuchen, den Einzelnen dafür zu gewinnen, dass er genau für eine Veränderung in dieser individuellen Einschätzung, Beurteilung bei sich eintritt und sich für diese persönliche Entwicklung verantwortlich zeigt. Daher ist es sehr wichtig, bereits in der Konzeption dafür Raum, Platz, Zeit, Rituale, die Sicherheit geben, und ebenso Methoden, die Hilfe zur Selbsthilfe vermitteln, fest zu integrieren. Es braucht Platz für Fehler und Scheitern. Trauer und Bedauern, dass es uns »passiert« ist, wird zugelassen, um daraus die Kraft für die nächsten Schritte zu gewinnen. Scheitern sollte optimalerweise als etwas gesehen werden, das uns die Idee für den nächsten Schritt gleich mitliefert. – Eine solche Fehlerkultur wirkt sich im Unternehmen nicht nur positiv auf die Gesundheit aus, sondern wirkt auf jede Innovation befruchtend.

Das sind die wichtigen Voraussetzungen dafür, dass der Einzelne und die Teams ihre Motivation für das Starten wecken und dann in der Umsetzung auch die Begeisterung für das Durchhalten gewinnen. Wenn mit Kontinuität – und genau das ist in der Konzeption hervorragend zu transportieren – das Sensibilisieren für das Handeln und das Anregen für die selbst entdeckte, eigenverantwortliche Handlung berücksichtigt werden, dann ist der Weg für ein Personales Gesundheitsmanagement bereitet.

Ein konzeptionelles Beispiel dafür finden Sie bei den Best-Practice-Beispielen im Beitrag von Cornelia Kram: »Von der Reaktion zur Prävention« (s. S. 193 ff.).

Strategie, Taktik, Dramaturgie, Budget

Strategie Im Hinblick auf die Strategie stellt sich die Frage nach dem richtigen, passenden Format (beispielsweise Coaching-Workshops, Coaching, World-Cafe), das geeignet ist, um

- für das Thema zu sensibilisieren,
- Anregungen für eigenverantwortliches Entwickeln zu geben
- und damit die Partizipation, die aktive Teilnahme zu fördern.

Taktik Für die Taktik spielen andere Überlegungen im Hinblick auf die Methoden eine Rolle. Von vorrangiger Bedeutung ist es hier, die Menschen in ihrem persönlichen Wissen, Können, ihren Erfahrungen aus ihrer Sozialisation heraus, anzusprechen. Mögliche Methoden sind zum Beispiel:

- biografisches Arbeiten
- Appreciative Inquiry
- Moderation der Prozesse

Die Haltung der Begleiter, wie zum Beispiel der Führungskräfte, Trainer, Coaches, Personalentwickler, Kommunikatoren ist wichtig. Wie gehen sie in diesen Prozess, mit welcher Haltung begleiten sie die Akteure, die sie für eigenverantwortliches Handeln gewinnen wollen? Von Bedeutung ist, den Anteil von Inputphasen gut zu steuern, dass für den Entwicklungsraum der Einzelnen viel Platz und Zeit gelassen wird.

Die vorrangige Haltung sollte hier eher die einer Hebamme für das Vorgehen sein: »Ich weiß, dass du es kannst – ich gebe dir nur Impulse, sofern dies überhaupt notwendig ist«, wie sie zum Beispiel in den bewusst gesetzten Rollen des Moderators, des Coachs, des Mentors zu sehen sind.

Die wichtige Position des Kommunikators in diesem synergetisch aufeinander aufbauenden und vernetzten »Reigen« der Initiatoren ist auch in dieser Hinsicht zu verstehen. Eine Haltung »Ich weiß es und ich nutze diese Wissenshoheit, um es euch beizubringen« ist in partizipativen Prozessen kontraproduktiv.

Dramaturgie Für die Dramaturgie ist es wichtig, diese mit didaktischer Grundhaltung zu entwickeln. Die Kernfrage lautet: Welche Überlegungen müssen getroffen werden, um die Menschen in diesem neuen Lernen zu begleiten? Alle, die sich bereits selbstreflektorisch mit dem eigenen Lernen beschäftigt haben, wissen, vor welchen Herausforderungen sie stehen. Wie oft hadern wir mit unseren Ergebnissen? Und das ganz besonders, wenn wir unser Verhalten ändern wollen. Meist verliert der wohlwollende Blick auf das bereits von uns Geleistete und seine Wirkung zu Ungunsten des Blicks auf das, was wieder schiefging. Hier ist es unerlässlich, Unterstützung für das Erkennen der Erfolge zu geben. Allem voran steht dabei ein Lernplan (und ich vermeide hier bewusst das Wort Lernstrategie, um die Methodenklarheit zu erhalten). Dieser Lernplan sollte nicht nur berücksichtigen, wie gelernt wird, sondern wann dieses »Wie« unterstützt (Dramaturgie) und wie es »gesteuert« wird. Fragen sind hierbei:

- Wo braucht es eher Information?
- Wie können freudvolle »Räume« für das gemeinsame Lernen gestaltet und diese wirkungsvoll in die Dramaturgie eingebunden werden?
- Wo braucht es Platz, dass Erfolge gefeiert werden können: Sichtbar im großen Kreis und/oder sensibel für den Einzelnen?
- Wo braucht es Zeit und Raum für Entwicklung, die erst einmal in Ruhe geschehen kann?
- Personales Gesundheitsmanagement einzuführen ist ein Prozess: Wie halte ich die Aufmerksamkeit dafür wach?

Der dramaturgische rote Faden ist: Informieren, Sensibilisieren, Aktivieren und Handeln. Dafür wirkungsvolle Impulse zu setzen, öffnet den Weg. Den Gefühlen der Beteiligten Platz zu geben, öffnet ihnen das Herz.

Budget Und nicht zu vergessen: das Budget! Oft wird gedacht, dass interne Entwicklung kein Geld kostet. Das ist falsch. Doch dieses Geld ist gut angelegt. Wir wissen aus Untersuchungen, allem voran denen der Krankenkassen, dass der Return of Investment (ROI) bei Gesundheitsmaßnahmen je nach Risikogruppe und Führungskräfteebene zwischen 1,34 beziehungsweise 24,5 zu 1 liegt (http://gesunde-firma.de/de/aktuelles/studien/ – Abruf 26.05.2014). Sie können also jeden eingesetzten Euro in seiner Wirkung verdoppeln oder verdreifachen. Welch ein Gewinn für Ihr Unternehmen! (Siehe dazu auch: Techniker Krankenkasse 2010.) Natürlich ist es das Unternehmen, das hier ein mehrjähriges Budget – es ist ja ein längerfristiges

Engagement – zur Verfügung stellt und in festgesetzten Abständen immer wieder die Kalkulation des Budgets überdenkt und fortschreibt.

Bei zahlreichen Unternehmen erleben wir jedoch, dass die Mittel beschränkt sind. So heißt es: in Alternativen denken.

Kooperationen sind eine gute Alternative: Wie wäre es, wenn Sie mit Ihren Lieferanten oder Kunden ein gemeinsames Vorgehen entwickeln? Dann teilen sich die Kosten.

Krankenkassen unterstützen inzwischen die Einführung des Betrieblichen Gesundheitsmanagements. Vielleicht öffnet sich hier die Tür, dass Sie als Unternehmer Unterstützung erfahren und gleichzeitig den Blick für das Personale Gesundheitsmanagement öffnen.

Verbände, Gewerkschaften, Berufsgenossenschaften haben die Demografische Entwicklung im Visier. Auch hier lassen sich eine Vielzahl an Möglichkeiten erörtern: Wie kann hier unterstützt werden? Gibt es Maßnahmen, die zur Verfügung gestellt werden? Gibt es Beteiligungsmodelle? Zum Beispiel haben die Gewerkschaften die Initiative »Gesunde Arbeit« gegründet.

Oder die klassischen Fördertöpfe, die demografische Maßnahmen in den Unternehmen im Fokus haben, wie das Bundesministerium für Bildung und Forschung (BMBF), das Bundesministerium für Arbeit und Soziales (BMAS) oder das Bundesministerium für Wirtschaft und Energie (BMWi).

Und natürlich die EU – hier finden Sie Fördermöglichkeiten unter den verschiedensten Stichworten, die zum Thema Personales Gesundheitsmanagement genutzt werden können: LLL – Lebenslanges Lernen, Intergenerative Teams, Gesunde Arbeit und vieles mehr. Hier ändern sich immer wieder die Stichworte. Wichtig ist die Verbindung zu demografieorientierten Dachthemen.

> Wenn Sie Partner für Ihr **Personales Gesundheitsmanagement** suchen, ist es vor allem wichtig, dass Sie im Vorfeld wissen, welche Auswahlkriterien Sie haben. Dazu gehört auch, Überlegungen zu treffen, was auf keinen Fall passieren darf. Als Initiator treffen Sie zunächst diese Vereinbarungen und stimmen sie ergänzend mit Ihrem Partner ab. Und vielleicht hat ja auch Ihr Partner entsprechende Kriterien. Win-Win ist angesagt.

Die Durchführung

Wie bereits geschrieben: Personales Gesundheitsmanagement ist ein Prozess. Die Arbeitsfähigkeit der Beschäftigten zu erhalten und zu fördern ist – nicht nur aus wirtschaftlichen Gründen – im Interesse des Unternehmens und der Beschäftigten aller Ebenen. Damit dieser Prozess gut gesteuert werden kann, sind folgende Voraussetzungen erforderlich:

Projektmanagement Für die Steuerung wird Projektmanagement eingesetzt. Mit einem wichtigen Unterschied: Projekte sind zeitlich begrenzt. So gilt für alle Bereiche der Konzeption und der Planung, dass im Personalen Gesundheitsmanagement regelmäßig, zu vorab definierten Zeitpunkten, nicht nur die Ergebnisse gecheckt und fortgeschrieben werden, sondern auch die Umsetzungsphasen in Korrespondenz mit der Konzeption vorausschauend weiterentwickelt werden.

Konzeptions- und Steuerungsgruppe Eine Konzeptions- und Steuerungsgruppe wird eingesetzt, die nicht nur die Konzeption entwickelt und fortschreibt und die Umsetzung steuert, sondern die sich im Hinblick auf das Personale Gesundheitsmanagement als Berater der obersten Geschäftsebene versteht und als solche auch in der obersten Geschäftsführungsebene Akzeptanz erhält. Wichtig ist, dass sowohl aus dem Personalbereich als auch aus dem Bereich Unternehmenskommunikation verantwortlich Handelnde für das Personale Gesundheitsmanagement autorisiert sind. Beide Gruppen sollten – mit dem Wissen um Unterschiedlichkeit und Gemeinsamkeit der Personalentwicklungs- und Kommunikationsprozesse – die Konzeption und die Umsetzung in enger Zusammenarbeit begleiten. Eine gute Konzeption ist der ideale »Partner« für das Prozessmanagement. Die Konzeption schafft den inhaltlichen Rahmen; das Prozessmanagement die gesteuerte Umsetzung.

Systemischer Ansatz Dem Personalen Gesundheitsmanagement liegt ein systemischer Ansatz zugrunde. Es erfasst alle Bereiche des Unternehmens – die individuelle Ebene, die Führungs- und Teamebene und die der Organisation in seinen Schnittstellen nach »außen« zu seinen Partnern, wie beispielsweise Lieferanten oder Kooperationen. Meist wirkt es, was die persönlichen Veränderungen betrifft, auch in die Privatsphäre der Beteiligten hinein.

Methodischer Tipp: Verdichtungsprozess

Für die Umsetzung in der Praxis ist die Konzeption der unterstützende Verdichtungsprozess. Alle in der Folge vorgestellten Konzeptionsschritte werden zunächst nacheinander entwickelt. Und je mehr die Schritte sich aufeinander beziehen und miteinander in Verbindung treten, desto wirksamer ist die Konzeption. Deshalb ist es wichtig, immer wieder die einzelnen Abschnitte, wie zum Beispiel die aktuelle Situation, die Ziele, die Strategie und so weiter miteinander abzugleichen, fortzuschreiben und zu vernetzen.

Moderationsmedien Als Material sollten Sie die Moderationsmedien auf jeden Fall für Ihre Ausstattung vorsehen. Zu den Moderationsmedien gehören

- eine oder mehrere Pinnwände – alternativ können Sie eine Wand in Ihrem Büro oder im Sitzungsraum mit Pinnwandpapier bespannen
- Moderationskärtchen und -stifte
- Pinnwandnadeln
- eine Digitalkamera für die Dokumentation
- idealerweise ein Raum, in dem Sie die Pinnwände stehen lassen können

Tipp: Wirkung durch Transparenz

Je mehr Transparenz Sie während des Entwicklungsprozesses und der Umsetzung in Ihrem Team ermöglichen, desto wirkungsvoller ist die Realisierung. Dokumentation und Fortschreibung sind dafür unverzichtbar. Dazu können Sie die Moderationsmedien nutzen. Diese bieten Ihnen ein unschätzbares Repertoire für interaktive Entwicklung, Planung und Umsetzung und schnelle Transparenz. Das bedeutet:

➜ Sie und Ihr Team entwickeln interaktiv mit diesen Medien die Inhalte und die Vernetzung zum Prozessmanagement.
➜ Sie erhalten schnellen Zugriff und Überblick zum aktuellen Stand.
➜ Sie erhalten ein schnelles Verständnis für Veränderungsprozesse während der Entwicklung und Umsetzung.
➜ Sie sehen schneller, wenn Abweichungen entstehen, und können sie korrigieren oder sich für eine adäquate Umsetzung entschließen.
➜ Sie entwickeln damit ein schnelleres gemeinsames Verständnis für die Aufgabe und die Umsetzung.
➜ Sie können die Moderationswände gleichzeitig auch zum interaktiven Präsentieren nutzen.

Aufgaben, Maßnahmen, Ziele, Ausrichtung Die in der Folge vorgestellten Beispiele in der Konzeption betreffen das Personale Gesundheitsmanagement. Gleichzeitig entstehen in einem solchen Prozess auch Teilaufgaben. Auch dafür kann die Konzeption genutzt werden. Im Rahmen einer Konzeption entstehen damit Teilkonzepte, zum Beispiel für

- Printmedien, wie ein Buch, ein Flyer
- Veranstaltungen, wie beispielsweise Seminare, Auftaktveranstaltung
- Projekte, wie Marketingmaßnahmen, Produkteinführung, Dienstleistungen, Kampagnen
- Medienarbeit (Zeitung, Zeitschrift, Hörfunk, TV)

Je nachdem, wie tief Sie das Personale Gesundheitsmanagement verankern, geht die Korrespondenz auf die Unternehmensziele und deren Umsetzung und auf die strategische Ausrichtung des Unternehmens ein.

Themen Die Themen sind dabei so vielfältig wie der Kontext, in dem ein Unternehmen, eine Organisation steht. So können zum Beispiel im Hinblick auf das Personale Gesundheitsmanagement auch folgende Themenbereiche einbezogen werden beziehungsweise auf diese Bereiche zurückwirken:

- Soziales: Umwelt und Nachhaltigkeit
- Marketing: Produktentwicklung, -einführung
- Unternehmenskommunikation: Medien-, Imagekampagnen
- Unternehmensstrategie: Entwicklung von Unternehmenszielen, Vision, Strategie, etc.

> **Von der Strategie zur Taktik**
>
> In den Medien wird Strategie und Konzeption meist synonym genannt. Wir unterscheiden hier konkret:
> ➡ **Konzeption** ist eine ganzheitliche Methode, mit der eine Maßnahme effektiv und effizient gestaltet werden kann.
> ➡ **Strategie** ist ein Teil der Konzeption und bezieht sich auf das »Was«: Was wird getan, um die Aufgabe erfolgreich durchzuführen?
> ➡ Die »Schwester« der Strategie ist die **Taktik**. Auch sie ist ein Teil der Konzeption und befasst sich mit dem »Wie«: Wie werden die strategischen Maßnahmen umgesetzt?

Zunächst ein Blick auf die Kommunikation

In allen Phasen der Umsetzung wird das konzeptionelle Vorgehen kontinuierlich von Kommunikationsmaßnahmen begleitet. Dies ist Voraussetzung, wenn die Durchdringung konsequent und idealerweise partizipativ geschehen soll.

Durch den konzeptionellen Rahmen kann die Kommunikation zielgruppenorientiert gesteuert und die Wirkung kontinuierlich gecheckt und evaluiert werden. Das gilt gleichermaßen für Seminare wie für eine groß angelegte Kampagne, in der die Beschäftigten im Unternehmen oder die Öffentlichkeit auf ein bestimmtes Thema vorbereitet werden (zum Beispiel die Einführung von Personalem Gesundheitsmanagement im Unternehmen oder einem Teilprojekt, beispielsweise: »Wie plane ich eine Trainingseinheit für Stressintervention?«).

Kurz: Es betrifft all die Themen, die durch den Dialog und mit der Kommunikation leben, die also nach Diskussion, Diskurs, Akzeptanz, Verhaltensänderung und/oder Partizipation bei den Dialogpartnern verlangen.

Per se ist in der Konzeption eine Dramaturgie verankert. Hier wird – wie in einem Theaterstück – der Spannungsbogen angelegt. Dies ist die ideale Voraussetzung für die begleitende Kommunikation, die dann entsprechend durch Maßnahmen vorbereitet, unterstützt, verstärkt wird und gegebenenfalls Teilzielgruppen einbindet.

Ein weiteres wichtiges Kriterium für gesteuerte prozess- und projektbegleitende Kommunikation sind die Zielgruppen. Meist werden hier nur die Personen wahrgenommen, die direkt mit der Maßnahme zu tun haben, wie die Beschäftigten, die für das Personale Gesundheitsmanagement gewonnen werden sollen.

Wenn darüber hinaus Multiplikatoren wie Paten, Botschafter, Prominente, Mentoren und so weiter eingesetzt werden, trägt das nicht nur zu einer schnelleren Verbreitung der Informationen bei, sondern auch zu einer schnelleren Akzeptanz bei den Beteiligten,

So ist es wichtig, dass sich die oberste Managementebene nicht nur klar zu der Entscheidung für die Maßnahme bekennt und das Budget definiert, sondern auch sichtbar als Vorbild fungiert.

Die Führungskräfte haben auf der operativen Ebene dieselbe Aufgabe. Gleichzeitig ist es wichtig, dass sie den »Rahmen« für die Umsetzung – Zeit, Raum – zur Verfügung stellen. Menschen, die bereits Erfahrungen mit einem Veränderungsprozess gemacht haben, können die Umsetzenden als Mentoren unterstützen oder als Botschafter ihr Wissen bei Veranstaltungen und in den begleitenden Medien zur Verfügung stellen. Hier sind der Kreativität keine Grenzen gesetzt. Der bewusst eingesetzte, gesteuerte Prozess wird durch entsprechende Zielgruppen verstärkt. Um die Aufgaben und Maßnahmen passgenau abzustimmen, ist die Vernetzung der Zielgruppen erforderlich.

Last but not least: Die konzertierten Aktionen tragen maßgeblich zum Gelingen bei. Das bedeutet: Der Abstimmungsprozess zwischen den Parteien mit unterschiedlichen Zielen und das Zurückstellen mancher Interessen – wie zum Beispiel zwischen Führung und Interessenvertretung – muss funktionieren. Hier zeigt sich, wie wichtig es ist, nicht nur die Zielgruppen zu aktivieren, sondern darüber hinaus auch für jede Zielgruppe einen Nutzen zu generieren, der sie überzeugt und gern mitgestalten lässt. Kontraproduktiv ist es, wenn wir davon ausgehen, dass der Nutzen für alle Zielgruppen derselbe sein könnte. Das wird sehr schnell klar, wenn wir den Betriebs- oder Personalrat gewinnen möchten und mit Unternehmensnutzen winken.

> **Übung: Interessenvertretung gewinnen**
>
> Die Kernfrage lautet: Wie kann die Interessenvertretung gewonnen werden, damit sie sich an der Maßnahme beteiligt? Machen Sie sich dazu Notizen:
>
> ....
> ....
> ....
> ....

Konzeptionen erhöhen die Wirkung von Unternehmenskommunikation durch eine klare Strategie mit einer zielgerichteten und vernetzten Planung und Umsetzung. Umgesetzt wird sie durch Instrumente (zum Beispiel Flyer, Beiträge in Veröffentlichungen, etc.) und/oder Maßnahmen (zum Beispiel Veranstaltungen, Workshops, Seminare). Jede Maßnahme selbst wird konzeptionell geplant und gesteuert, um die Korrespondenz zwischen dem Konzept und der Umsetzung zu gewährleisten. Dies gilt besonders für Pressearbeit, Pressetexte und Printmedien (Flyer, zielgruppenorientierte Mitarbeiter- oder Kundenzeitungen, Zeitschriften, Broschüren und Ähnliches).

> Ein gut geschriebener Text entsteht nach Konzept. Nicht Manipulation, sondern Überzeugen ist dabei die Basis.

Konzept und Management

Professionelles Konzipieren ist die Voraussetzung für wirkungsvolles Management. Die Themen, die hier als Einflussfaktoren auch für das Personale Gesundheitsmanagement wirken, sind so vielfältig wie die Anforderungen. Unternehmensstrategie, neue Marktausrichtung, geänderte politische Vorgaben oder PR-Kampagnen fordern das Unternehmen immer wieder. Und fordern darüber hinaus immer auch das Innehalten und Checken, ob sich dadurch Veränderungen im Gesamtkonzept ergeben.

Auf operativer Ebene ist das zum Beispiel bei einer Neupositionierung am Markt oder im Bereich der Personalentwicklung notwendig und vor allem dann, wenn Prozesse gestartet werden, die nicht (wie ein Projekt) eine klare zeitliche Begrenzung haben

Durch die Verbindung von Konzeption und Steuerung durch Projektmanagement (Projektmanagement lässt sich mit Einschränkung auch auf Prozesse übertragen), wird nicht nur die Planung, sondern auch die Umsetzung klarer, nachvollziehbarer und besser kommunizierbar. Und nicht nur das: Etwaige Abweichungen von der Planung werden schneller offensichtlich und können umgehend korrigiert werden. Gleichzeitig schafft die wesentlich höhere Umsetzungstransparenz die Basis für eine gesteuerte Kommunikation in (Teil-)Bereichen und mit (Teil-)Zielgruppen im Unternehmen.

Immer dann, wenn für das Unternehmen/die Institution eine Veränderung im Prozessverlauf erforderlich ist, ist das Konzept die Voraussetzung für den effizienten Einsatz von Mitteln und Ressourcen sowie für eine wirkungsvolle Strategie und Taktik.

Strategische Planung ist vor allem dann wichtig, wenn Unternehmen und Institutionen sich mit einer einheitlichen Sprache (Corporate Communication) intern (vor Mitarbeitern) und extern (in der Öffentlichkeit) darstellen. Das gilt besonders bei der Positionierung am Markt, wie es beispielsweise der demografische Wandel erfordert, in Krisenzeiten, beim Imageaufbau und so weiter. Gute Konzeptionen erhöhen die Wirkung intern und extern, zeigen Kontinuität auf, minimieren das Risiko und erhöhen die Wirkung.

Vorgaben, also die Basis für die Konzeptentwicklung, sind dabei die Unternehmenspolitik, -ziele und -strategie.

Konzept und Umsetzung

Die Konzeption ist der rote Faden für die Jahresplanung und die Auswahl von Projekten, erleichtert Entscheidungen, verringert den Zeitaufwand zum Beispiel beim Texten. Sie unterstützt den Informationsaustausch und die Umsetzung. Dabei sind die Vorgaben des Unternehmens auf die betrieblichen Anforderungen, Aufgaben, Projekte herunterzubrechen.

Auf den nächsten Seiten werden Sie anhand konzeptioneller Planung und Gestaltung mit den einzelnen Arbeitsschritten vertraut. Fragen, die Sie dabei begleiten, sind:

- Wie erarbeite ich mir die bedeutenden Fakten/Vorüberlegungen für die Konzeption?
- Wie erreiche ich mit einer festzulegenden Strategie und Taktik meine angestrebten Ansprechpartner und damit meine Ziele?
- Wie finde ich eine passende Strategie für die Aufgabenstellung (= Lösungsprinzip)?
- Wie setze ich die Strategie in die Taktik um (= Planung der Umsetzung)?
- Wie führe ich die Maßnahmen (Kampagne, Seminare und so weiter) durch?
- Wie kann ich die Qualität meiner Arbeit überprüfen?
- Wie formuliere ich die »Essenz« in einer Botschaft?

> **Das Konzept**
>
> Das Konzept besteht aus vier Phasen. Voraussetzung dafür ist der Auftrag beziehungsweise die Aufgabenstellung:
> ➡ Phase 1: Analyse der Ist-Situation
> ➡ Phase 2: Entwicklung des konzeptionellen Rahmens
> ➡ Phase 3: Umsetzung
> ➡ Phase 4: Erfolgskontrolle (Evaluation)

Wesentliche Schritte einer guten Konzeption sind:

- gute und vollständige Informationsübermittlung (Briefing)
- konzentrierte Analyse
- klare, terminierte und messbare Ziele
- exakt beschriebene Dialog-/Zielgruppen und deren Nutzen
- inhaltlich relevante Botschaft, Kommunikationsinhalte
- strategische Umsetzung/Kräfteeinsatz
- definiertes Budget

Nach dieser allgemeinen Einführung erläutere ich nun die einzelnen Entwicklungsschritte der Konzeption.

Die Konzeption und ihre Entwicklungsschritte

Hier sehen Sie die Gliederung der Konzeptionslehre im Überblick:

Die Gliederung der Konzeptionslehre

Phase 1: Analyse der Ist-Situation
- Der Auftrag (Basisbriefing)
- Die Aufgabenstellung (Rebriefing 1): So haben wir Sie verstanden
- Ist-Situations-Analyse
- Die erste Verdichtungsstufe (Rebriefing 2)
- Die zweite Verdichtungsstufe

Phase 2: Entwicklung des konzeptionellen Rahmens
- Von der strategischen zur operativen Zielsetzung
- Zielgruppe(n)
- Nutzen für die Zielgrupp(en)
- Ergebnisse
- Vision
- Alleinstellung – das Besondere
- Botschaften – von der Dachbotschaft zur Themenbotschaft
- Slogan
- Strategie
- Taktik
- Dramaturgie
- Zeitrahmen
- Budget

Phase 3: Umsetzung
- Projektplanung

Phase 4: Erfolgskontrolle (Evaluation)

Phase 1: Analyse der Ist-Situation

Zur Analyse der Ist-Situation gehört im ersten Schritt die konkrete Aufgabenstellung durch den Auftraggeber, die bereits analytische Anteile hat. Im zweiten Schritt erfolgt dann die Ist-Situations-Analyse auf der Basis der Aufgabenstellung.

Der Auftrag (Basisbriefing)

Ein professionelles Briefing ist eine solide Grundlage für ein erfolgreiches Konzept. Kernfragen sind:

- Was ist das Thema?
- Was ist die Aufgabe?
- Was ist das Ziel (kurz-, mittel-, langfristig)?
- Was ist die aktuelle Situation? Wo liegt die Herausforderung?
- Was soll nach den einzelnen Phasen anders sein als jetzt?
- Was darf auf keinen Fall passieren?

Die Fragen sind vom Auftraggeber so nachvollziehbar wie möglich zu beantworten. Sie sind ein wesentlicher Gelingensfaktor für die Umsetzung. Die hier vorgestellten Elemente der »Konzeptionsrakete« entstanden in Anlehnung an Dörrbecker/Fissenewert-Gossmann 2003.

Auftrag / Aufgabe
Auftraggeberbriefing

1. Phase: Konzeptionsrakete (1)

Briefing für ein Personales Gesundheitsmanagement

Diese Übung erfolgt anhand von Beispielen.
Briefingteilnehmer: Geschäftsführer, Personalleiter, Interessenvertretung, Betriebsarzt, Unternehmenskommunikation, Sozialdienst
(In der Folge werden inhaltliche PGM-Beispiele kursiv geschrieben)

Wer gehört in Ihrem Unternehmen noch dazu?

....
....
....

Auftragsziel: *Unser Unternehmensziel ist es, mit allen Beschäftigten gesund in die Zukunft zu gehen und unser Unternehmen gemeinsam mit ihnen aufzubauen. Dafür haben wir uns zum Ziel gesetzt, die Arbeitsfähigkeit aller zu erhalten und zu fördern. Unser Fokus ist dabei, das* **Personale Gesundheitsmanagement** *einzuführen und kontinuierlich zu begleiten.*
Jeder Einzelne – als Mensch, in seiner Funktion (zum Beispiel Führungskraft, Teammitglied) wird in seinem eigenverantwortlichen gesundheitsfördernden Verhalten unterstützt und gefördert.
Wir haben 12,3 Prozent Krankenstand. Welche Entwicklungen trugen dazu bei? Wo haben wir bereits Erfahrungen gesammelt, die einen Krankenstand positiv beeinflussten? Auftragsziel ist es, den aktuellen Krankenstand zu reduzieren: Innerhalb eines Jahres auf elf Prozent, innerhalb der nächsten drei Jahre auf acht Prozent.

Wie lautet Ihr Auftragsziel?

....
....
....
....
....

Zielgruppe: *Alle Mitarbeiter, unabhängig von Betriebszugehörigkeit, Alter, Ausbildung, Zugehörigkeit zu bestimmten Gruppen (Diversity).*

Wie definieren Sie Ihre Zielgruppe?

....
....
....

Abteilungen: *Alle Bereiche.*

Welche Bereiche in Ihrem Unternehmen sind involviert?

....
....
....

Ressourcen: *Es gibt bereits Maßnahmen im Bereich Personalentwicklung und Unternehmenskommunikation, die mit einbezogen werden sollen. Soweit bereits andere Ressourcen im Unternehmen erkennbar sind, ist es wichtig, auch diese Potenziale einzubinden. Besonders ist zu betrachten, ob es bereits Beschäftigte gibt, die im internen Benchmark Best-Practice-Erfahrung mitbringen.*

Wie schaut es in Ihrem Unternehmen aus?

....
....
....

Ziele: *Kurzfristig: Reduzierung der Krankenzahlen auf zehn Prozent und dann in der Folge auf acht Prozent. Mittelfristig: Wir wollen mit einer gelebten Gesundheitskultur, die gemeinsam gestaltet wird, Mitarbeiter gesund erhalten sowie neue Mitarbeiter gewinnen.*

Welche Ziele definieren Sie?

....
....
....

Die Aufgabenstellung (Rebriefing 1): So haben wir Sie verstanden

Für das Rebriefing werden für den/die Auftraggeber die wichtigsten Rahmenbedingungen für den Auftrag schriftlich zusammengefasst und an den/die Auftraggeber zurückgespiegelt. Ziel ist es abzuklären, ob alles richtig verstanden wurde.

Rebriefing für ein Personales Gesundheitsmanagement

Die Aufgabe ist: ....
....
Das Ziel ist: ....
....
Der zeitliche Rahmen: ....
....
Die Rahmenbedingungen sind: ....
....

Die Vorgehensweise
Wir starten sofort. Wir begreifen dieses Engagement als einen Prozess, der uns dauerhaft begleiten wird, im Gegensatz zu einem Projekt. Gleichzeitig werden wir mit den Grundkriterien des Projektmanagements arbeiten, um den gesamten Prozess steuern zu können.
Es wird ein Prozessleiter und -stellvertreter eingesetzt, die mittelfristig diese Aufgabe verantwortlich übernehmen werden.
Im ersten Schritt ist es wichtig, ein Konzept zu entwickeln, bei dem die Prozessleitung – was die Information und Unterstützung anbelangt – von der Leitung des Unternehmens Rückendeckung erhält. Des Weiteren werden im ersten Schritt alle Führungskräfte bei der nächsten Besprechung informiert, dass sie ebenfalls das Prozessteam unterstützen.
Wir arbeiten ressourcenorientiert und auch an unseren eigenen und externen Best-Practice-Beispielen orientiert.
Das Konzept basiert auf den mitgegebenen Briefingunterlagen (Quellenangaben), einem Briefinggespräch (Datum und Teilnehmer angeben) sowie eigenen Recherchen. Dies ist die Basis für die Ist-Situations-Analyse.

Ist-Situations-Analyse

Inhaltlich besteht die Ist-Situations-Analyse aus vier Teilen (s. dazu auch SWOT-Analyse, S. 48):

- Stärken: die gleichzeitig als Ressourcen genutzt werden.
- Chancen/Ressourcen: Möglichkeiten, die schon sichtbar, doch noch nicht etabliert sind.
- Herausforderungen: für die Lösungsansätze gebraucht werden.
- Risiken: diejenigen, die es schon gibt, oder solche, die entstehen könnten und besondere Achtsamkeit und Aufmerksamkeit in der Umsetzung erfordern.

> Wichtig: Wenn nach Schwächen und Problemen gefragt wird, erhalten Sie eher die Problemstellungen. Fragen Sie jedoch nach Herausforderungen, erhalten Sie gleich lösungsorientierte Antworten!

Die Fakten-Plattform: Die Gesamtheit aller Informationen, die Sie im Laufe der Analysephase sammeln, ergibt die Faktenplattform, auf der die Konzeptionserarbeitung aufbaut.

Quellen dazu sind:

- Gespräche, Workshops mit Unternehmensleitung, -direktion, Interessenvertretung, Betriebsarzt, Sozialdienst, Personalleitung, Verantwortlichen, Unternehmenskommunikation, Mitarbeitern aus den unterschiedlichen Bereichen
- Best-Practice-Beispiele intern, von Mitbewerbern und anderen Unternehmen/Organisationen
- vorhandene Ressourcen: Recherche im Internet/Intranet und Printmedien des Unternehmens (zum Beispiel Geschäftsberichte) und so weiter
- Ein Organigramm des Unternehmens und Infos zu Bereichen, die etwas mit personaler Gesundheit zu tun haben (beispielsweise Sozialdienst, Betriebsarzt, Interessenvertretung, Personalabteilung, Kooperationen mit anderen externen Einrichtungen wie Sportstudio oder Krankenkassen)
- Daten und Fakten wie Mitarbeiterzahlen, Krankenstand, Altersstruktur und so weiter und Beschäftigte, die das Thema Gesundheit für sich bereits aktiv gestalten

- Gesundheitsmaßnahmen zum Beispiel im Bereich Weiterbildung (Stressintervention, Suchtprävention, Gesundheitstag)
- Weiterbildungskatalog des Unternehmens
- Personalrecruting und gegebenenfalls Employerbrandingaktivitäten.

1. Phase: Konzeptionsrakete (2)

Recherche: Faktenplattform
Sammlung aller möglicherweise für den Auftrag in Frage kommenden Informationen aus:
- Briefing
- Ergebnisse Kommunikations-, Meinungs- und Marktforschung
- Ergebnisse Eigenrecherche
- Ergebnisse Datenbankrecherche
- Ergebnisse des Re-Briefings

Methodisches Vorgehen:
Je nach Art der Aufgabe, jedoch in übersichtlicher thmatischer Gliederung sammeln (Kärtchen auf Pinnwand)

Welche Informationsquellen stehen Ihnen zur Verfügung?
....
....
....
....
....

Die erste Verdichtungsstufe (Rebriefing 2)

Diese beschreibt die Auswertung der Ist-Situations-Analyse vor dem zweiten Rebriefing mit den Auftraggebern. Hierfür reduzieren Sie das Material auf die für den Auftrag notwendigen Informationen, sortieren, was wichtig ist und was nicht, setzen Prioritäten und überlegen, welche Informationen noch fehlen.

Lassen Sie noch einmal alle Ergebnisse Revue passieren und stellen Sie sich folgende Fragen:

Auswertung der Ist-Situations-Analyse vor dem zweiten Rebriefing

Was brauchen Sie noch für Ihre geplante Konzeption?

....
....
....
....
....
....

Was können Sie vernachlässigen?

....
....
....
....
....
....

Worauf legen Sie besonderen Wert?

....
....
....
....
....
....

Was sind Ihre Prioritäten?

....
....
....
....
....
....

> **Erste Verdichtungsstufe:**
> · Selektion
> · Problematisierung
> · Komprimierung
> · Rangreihung
>
> **Methodisches Vorgehen:**
> 1. Selektierte und gewichtete Fakten auswählen
> 2. Stärken und Stärken/Chancen und Schwächen/Risiken der Fakten gegenüberstellen und nach Wertigkeit in eine Reihenfolge bringen (Kärtchen auf Pinnwand)
> 3. Definition des Alleinstellungsmerkmals (USP=Unique Selling Proposition)
> 4. Verarbeitung der wichtigsten Fakten in der Darstellung der komprimierten Ist-Situation (ausgefeilte Sätze auf Flipchart)

1. Phase:
Konzeptionsrakete (3)

Für das zweite Rebriefing fassen Sie die so gewonnenen Daten nach den Kriterien der Ist-Situations-Analyse zusammen (Stärken, Chancen/Ressourcen, Herausforderungen, Risiken). Die so präsentierten Ergebnisse verschaffen allen Beteiligten einen guten Überblick über Ihre bisherige Analyse und ermöglichen Ergänzungen.

Darauf aufbauend kann (bei Bedarf) die Aufgabenstellung, die Zielsetzung, der Zeitrahmen konkretisiert und angepasst werden.

> **Die konkretisierte Aufgabenstellung**
> Genau definierte, differenzierte Aufgabenstellung im Hinblick auf die erste Verdichtungsstufe, abgeleitet aus der Analyse, mit Lösungstendenz

1. Phase:
Konzeptionsrakete (4)

Nach diesem zweiten Rebriefing ist der Weg frei für die zweite Verdichtungsstufe.

Die zweite Verdichtungsstufe

In der zweiten Verdichtungsstufe werden die ersten Überlegungen zum strategischen Vorgehen vorgenommen, die für den Erfolg der Maßnahme wichtig sind: Je nach Ergebnis der Ist-Situationsanalyse folgen Überlegungen wie:

- Welche Kommunikationsstrategie verfolgen wir in dem Prozess?
- Welche didaktischen Überlegungen treffen wir?
- Wie verbinden wir diesen Prozess mit den Unternehmenszielen?
- et cetera

Fragen der zweiten Verdichtungsstufe

Worauf legen Sie besonderen Wert?

....
....
....
....
....

Worauf legen Sie den Fokus?

....
....
....
....
....

> **Zweite Verdichtungsstufe:**
> Planungskreative Reduzierung auf die strategischen Kernaussagen

1. Phase:
Konzeptionsrakete (5)

Nach diesen Recherchen und Vorüberlegungen geht es nun in die Details. Der konzeptionelle Rahmen wird festgelegt.

Phase 2: Entwicklung des konzeptionellen Rahmens

In dieser Stufe wird das Lösungsprinzip für die Konzeption definiert. Aufbauend auf die konkretisierte Aufgabenstellung ist der Konzeptioner beziehungsweise das Konzeptionsteam verpflichtet, Schritt für Schritt den Weg zu definieren, wie es das Ziel erreichen wird. Dazu gehören folgende Überlegungen:

Lösungsprinzip für die Konzeption

Verantwortlichkeiten im Konzeptionsteam klären
Wer hat den Hut für die begleitende Kommunikation auf?

....
....
....
....

Welche Verantwortlichkeiten müssen noch geklärt werden?

....
....
....
....

Welche Experten (interne/externe) und gegebenenfalls Verantwortlichkeiten werden in welchen Phasen noch benötigt?

....
....
....
....

Welche Grundüberlegungen müssen getroffen werden?

Welche Argumente sind die Basis für die Umsetzung?

....
....
....
....

Welche Gestaltung wird eingesetzt?

....
....
....
....

Wie schaut der grobe Zeitplan für die Umsetzung aus?

....
....
....
....

Welche Phasen werden geplant?

....
....
....
....

Welchen groben Budgetrahmen gibt es? Oder: Welchen planen wir ein?

....
....
....
....

Was sind weitere Fragen, die für Sie wichtig sind?

....
....
....
....

Der konzeptionelle Rahmen besteht aus folgenden Elementen:

- Ziele/strategische Zielsetzung
- Zielgruppe(n) und Nutzen für die Zielgruppe(n)
- Ergebnisse
- Vision
- Alleinstellung – das Besondere
- Botschaften – von der Dachbotschaft zur Themenbotschaft
- Slogan
- Strategie
- Taktik
- Dramaturgie
- Zeitrahmen
- Budget

Von der strategischen zur operativen Zielsetzung

> Ziele sind inhaltlich und zeitlich definierte Endpunkte einer geplanten Entwicklung.

Um erfolgsorientiert arbeiten zu können, muss jeder Leiter eines Prozesses oder Projektes sich und seinem Team präzise, terminierte und messbare Ziele setzen. Was in allen Managementbereichen selbstverständlich ist, gilt auch für die Kommunikation, die den Prozess begleitet. Nur wer genau weiß, wo er hinwill, kann zielführend arbeiten. Erst klare und realistische Ziele ermöglichen es, den Weg zu den Zielen festzulegen, zu beschreiben und zu beschreiten (Dörrbecker 2003) und entsprechend zu evaluieren (s. Ergebnisse, S. 269).

Es ist wichtig, dass die Ziele für Maßnahmen immer auf den Unternehmenswerten und -zielen basieren, um synergetische Ergebnisse zu erreichen.

Unternehmensziele und -werte in guter Balance mit dem Konzept

Beispiel für ein Unternehmensziel: Die demografische Entwicklung ist in unserem Handeln ein wichtiger Indikator für die Personal- und Organisationsentwicklung, das ist zu erkennen an …

Beispiel für Unternehmenswerte: Wertschätzen des Menschen und seiner Leistung ist die Basis für unser Handeln.

Welche Unternehmensziele und -werte bilden die Basis für Ihre Maßnahme?

....
....
....
....

Wenn darüber hinaus Bereiche, Abteilungen und andere mehr eingebunden sind, gilt es auch, deren Ziele zu berücksichtigen. Welche sind das bei Ihnen?

....
....
....
....

Strategische Ziele
Auf der Ebene der strategischen Zielsetzung liegt der Fokus darauf, was gemacht wird, um das Ziel zu erreichen.

Was sind Ihre strategischen Ziele?

....
....
....
....

Worauf fokussieren Sie Ihren Kräfteeinsatz?

....
....
....
....

Was ist Ihr »Hebel«, um die Ziele zu erreichen?

....
....
....
....

Kommunikative Ziele

Hier ist es wichtig, für die interne Kommunikation zu definieren, wie die Kommunikation gesteuert wird. Zielsetzung ist, die Beschäftigten durch Information zu sensibilisieren, zu aktivieren und im Handeln kommunikativ zu begleiten. Zudem ist zu klären, in welcher Zeitachse das geschehen soll.

In der externen Kommunikation braucht es konkrete Zielsetzungen mit Zeitrahmen, wie die Medienarbeit durchgeführt und gesteuert wird.

Wie wird bei Ihnen die interne Kommunikation gesteuert?

....
....
....
....

Wie wird bei Ihnen die externe Kommunikation gesteuert?

....
....
....
....

Operative Ziele

Auf dieser Ebene formulieren Sie die Ziele, die konkret für die Umsetzung der Maßnahme notwendig sind.

Welche operativen Ziele sehen Sie in Ihrem Unternehmen?

....
....
....
....

Welche Ziele brauchen Sie darüber hinaus?

....
....
....
....

Wichtige Tipps

→ Ziele immer im Präsens (Gegenwart), nicht im Konjunktiv oder mit Formulierungen wie »wir möchten«, »wir sollten« formulieren. So sind sie präziser und motivieren mehr zum Mitmachen.
→ Ziele brauchen aktive Verben. Hilfszeitverben (beispielsweise haben, tun) sind eher lähmend. Je mehr die Ziele in Bildern ausgedrückt sind, desto stärker sind die Impulse, die von ihnen ausgehen.
→ Fremdwörter und andere abstrakte Begriffe vermeiden, da sie meist zusätzliche Erklärungen benötigen beziehungsweise bei den Beteiligten unterschiedliche Interpretationen hervorrufen. Oberste Priorität bei der Formulierung ist: klar, präzise, motivierend, aktivierend.

Wie eine aktive Zielformulierung aussehen kann, sehen Sie im folgenden Beispiel.

Die aktive Zielformulierung
Beispiel Medienarbeit: Wir sprechen innerhalb der nächsten drei Monate, bis zum 30. Juni 20__ als Hauptzielgruppe die vier wichtigsten Vertreter der Fachpresse im Gesundheitswesen in unserer Region (Hessen) mit folgender Botschaft und den Inhalten an: ...

Zielgruppe(n)

Die Zielgruppen werden mit unterschiedlichen Kriterien ausgesucht. Fragen dafür sind:

- Was sind die wichtigsten Zielgruppen für dieses Konzept, diese Aufgabenstellung?
- Wer sind die größten Kritiker? (s. »Zunächst ein Blick auf die Kommunikation«, S. 244 ff.)
- Wer können Promotoren sein, die den Prozess nach vorn bringen?
- Wer sind Multiplikatoren, die eingebunden werden müssen (intern/extern)?

- **Medien:** Welche Zeitungen, Zeitschriften und andere Medien werden von dieser Personengruppe gelesen, gesehen, gehört (Presse, TV, Funk, Internet, Social Network)?
- **Kooperationspartner:** Mit welchen potenziellen Kooperationspartnern kann ich die Zielgruppe(n) gut erreichen? Welche Partner reduzieren den Aufwand (Finanzen, Personal, Zeit)? Hier können Organisationen zum Thema Gesundheit angesprochen werden, wie zum Beispiel Krankenkassen, Stiftungen, Verbände, Gewerkschaften, Berufsgenossenschaften und andere Organisationen.
- **Multiplikatoren:** Wer kann zusätzlich die Wirkung erhöhen? Wer tritt für uns in der Öffentlichkeit ein (beispielsweise Lobby, Politiker, Stakeholder)?
- **Promotoren:** Wer sind Promotoren, die dem Prozess schon positiv gegenüberstehen und gern die Arbeit unterstützen? Sie können als Botschafter, Mentoren, Prominente eingebunden werden und damit die Aufmerksamkeit erhöhen und durch ihre Vorbildfunktion die Motivation fördern.
- **Testimonials:** Welche internen Vorbilder (Best Practice) gibt es? Das können sowohl Personen als auch Gruppen oder Teams sein.
- Wer ist die ideale Zielgruppe für das Piloprojekt?

Zielgruppen definieren

Welche Zielgruppe(n) wollen Sie ansprechen?
Beteiligte:

....
....
....
....

Medien:

....
....
....
....

Kooperationspartner:

....
....
....

Multiplikatoren:

....
....
....

Promotoren:

....
....
....

Testimonials:

....
....
....

Welche Zielgruppen wollen Sie noch erreichen?

....
....
....

Nutzen für die Zielgruppe(n)

Herauszustellen ist der jeweilige individuelle Nutzen für die Zielgruppe(n). Was motiviert die jeweilige Zielgruppe zur aktiven Teilnahme? Welchen Nutzen fördern langfristige Engagements?

Nutzen für interne Zielgruppe(n) Oft wird übersehen, dass die Beschäftigten, vom Management bis in die Produktion, genau wissen müssen, was es ihnen »bringt«, wenn sie mitmachen. Das ist ein wichtiger Motivations- und damit Gelingensfaktor für die Umsetzung. Auf alle Fälle ist die Differenzierung des Nutzens notwendig. So ist es kontraproduktiv, wenn für die Interessenvertretung derselbe Nutzen definiert wird wie für alle Beschäftigten.

Nutzen für externe Zielgruppe(n) Besonders sensibel ist die Kommunikation mit den Medien. Wichtig ist hier, das Konzept und die strategische Ausrichtung der Medienpartner genau zu kennen und die Nutzenargumentation entsprechend anzubinden (siehe dazu auch Kapitel »Zunächst ein Blick auf die Kommunikation«, s. S. 244 ff.).

Ziele – strategische Zielsetzung
Festlegung der Kommunikationsziele in Phasenziele und/oder Zielhierarchie
Methodisches Vorgehen
Die strategische Zielsetzung: präzise, terminiert und möglichst messbar den Soll-Zustand d. h. den geplanten Endpunkt des Kommunikationsprozesses beschreiben (Kärtchen auf Pinnwand)
Ergebnisse
Was soll, wenn das Ziel erreicht ist, anders sein?
Vision
Die Vision verstärkt die »mentale« Dynamik.
Die Zielgruppen
Alle Personen und Gruppen, auf die sich das Konzept bezieht: Endzielgruppen, Mittlergruppen (professionelle Multiplikatoren, formelle und informelle Leader)
Methodisches Vorgehen
Präzise die entsprechenden Gruppen differenzieren, möglichst die Erreichbarkeit durch die Formulierung verdeutlichen, Rangreihung nach Wichtigkeit, Differenzierung nach internen und externen Zielgruppen (Kärtchen auf Pinnwand)
Wichtig: Nutzen für die Zielgruppen!

2. Phase: Konzeptionsrakete (6)

Ergebnisse

Die Definition der Ergebnisse hängt eng mit der Zielsetzung zusammen. Für jede Art von Zielen, die Sie definiert haben, ist eine Ergebnisformulierung notwendig. Es ist konkret die Antwort auf die Frage: Was soll nach der Umsetzungsphase anders sein? Diese Antwort wird für jedes der genannten Ziele benötigt.

Das ist die Basis für die Qualitätssicherung. Nur mit einer klaren Ergebnisdefinition ist es möglich, diese zu evaluieren.

> **Beispiel für Ergebnisdefinition Personales Gesundheitsmanagement**
>
> Was soll anders sein, nachdem wir die Fachpresse im Gesundheitswesen angesprochen haben?
> ➡ Pro Monat haben wir mindestens eine, idealerweise drei Veröffentlichungen in der Fachpresse.
> ➡ Unser Unternehmen wird zum Thema »Personale Gesundheitskonzepte für gesunde Beschäftigte« mindestens dreimal, idealerweise sechsmal pro Jahr von der Fachpresse angesprochen.

Im Detail ist es wichtig, folgende Ergebnisse zu definieren:

Mit Ergebnissen Erfolge messbar machen

Strategische Ergebnisse:

....
....
....
....
....

Kommunikative Ergebnisse:

....
....
....
....
....

Operative Ergebnisse:

....
....
....
....
....

Welche Ergebnisse brauchen wir darüber hinaus? Welche ergeben sich aus der speziellen Aufgabenstellung, dem konkreten Projekt, dem Prozess?

....
....
....
....
....

Vision

Eine Vision ist kein Muss, entwickelt jedoch eine mentale Dynamik, die sehr motivierend wirkt. Die Vision ist stets auf der Ebene der Strategie und der Unternehmensziele angesiedelt oder wird in Korrespondenz dazu formuliert.

Mahatma Gandhi und seine Vision

Als Mahatma Gandhi Ende der 1910er-Jahre seine Vision formulierte, war er von dem Ziel getragen, mehr Unabhängigkeit für Indien zu gewinnen. Seine Vision war, dass Indien ein freies Land, keine von den Briten regierte Kolonie ist.
Typisch für die Vision ist, dass sie im Moment der Formulierung kaum erreichbar scheint. Doch wenn wir eine Vision entwickeln, richten sich automatisch die Ziele und Ergebnisdefinitionen daran aus, und die Chancen für die Realisierung verändern sich. Kaum fassbar: 1947 war Indien unabhängig.

Vision formulieren

Was ist Ihre Vision?

....
....
....
....

Alleinstellung – das Besondere

Die Entwickler eines Konzepts stellen sich natürlich auch die Frage: »Was ist das Besondere unseres Konzepts?« Das kann sich auf die Inhalte, auf die Maßnahmen, auf die Vorgehensweise und anderes mehr beziehen. Zum einen nehmen Menschen gern an etwas teil, das eine besondere Note, etwas Unverwechselbares mit sich bringt, und zum anderen sind damit leichter Partner zu gewinnen. Und wenn das Projekt oder der Prozess durch Medienarbeit begleitet werden soll, sind damit bereits gute Weichen für wirkungsvolle Veröffentlichungen und eine nachhaltige Wirkung gestellt.

Alleinstellungsmerkmal definieren

Was ist Ihr Alleinstellungsmerkmal?

....
....
....
....

Botschaften – von der Dachbotschaft zur Themenbotschaft

»Er läuft und läuft und läuft« – wovon sprechen wir? Noch heute erkennen Studierende das Produkt hinter diesem Slogan aus den 1960er-Jahren. Es ist der VW Käfer. Ähnlich wie bei diesem Slogan braucht auch die Botschaft einen starken Auftritt:

- eindeutig – eine Botschaft, die über allem steht
- kurz – ein Satz (ohne Nebensatz), der sich gut einprägt und Fakten mit Emotionen verbindet

Eingesetzt wird diese Botschaft konkret als Satz oder wird möglichst wortgleich in Texte, quasi zwischen den Zeilen, eingefügt. Dies gilt für

- Briefings
- Texte
- Werbung
- (Image-)Kampagnen und Maßnahmen
- Lobbyarbeit
- Veröffentlichungen, Reden
- Weiterbildungsmaßnahmen
- und vieles mehr

Wichtig ist dabei, dass ein guter Wiedererkennungseffekt entsteht.

> **Tipp: Die Botschaft als »Fahrstuhlrede« (Elevator Speach)**
>
> Stellen Sie sich vor, Sie betreten einen Aufzug – einen modernen, schnellen, keinen Paternoster. Und beim Betreten werden Sie gefragt, was Sie beruflich machen. Sie wissen, Sie haben vom Erdgeschoss bis zum dritten Stock Zeit. Welcher Satz überzeugt Ihr Gegenüber davon, dass er wieder Kontakt zu Ihnen aufnimmt und nach Ihrer Visitenkarte fragt? Ein Satz, kurz und bündig, inspirierend und aussagekräftig: Das ist die Botschaft.

Eine Botschaft vermittelt Inhalte und gleichzeitig emotionalisiert sie. Die hier in der Folge vorgestellten Botschaften der verschiedenen Ebenen sollten immer miteinander verbunden sein, damit sie synergetisch wirken. Wie die Ziele haben auch die Botschaften Hierarchien.

Die Dachbotschaft Die Dachbotschaft ist wie ein roter Faden, der unsere »Kommunikation führt«. Sie ist das kommunikative »Dach« für alle Unternehmens- und Geschäftsbereiche und für alle darunterstehenden Aktivitäten (1. Ordnung). Diese Dachbotschaft sollte mindestens vier bis fünf Jahre Gültigkeit haben.

Die bereichsbezogene Botschaft Bei großen Organisationen gibt es oft unterschiedliche Geschäftsbereiche/Töchter im Unternehmen. Diese haben ebenfalls eine »Dachbotschaft«, die dann »bereichsbezogene Botschaft« genannt wird (2. Ordnung). Eine bereichsbezogene Botschaft sollte ebenfalls eine Gültigkeit von mindestens vier bis fünf Jahren haben.

Die Themenbotschaft Daneben gibt es Themenbotschaften, die für besondere Engagements entwickelt werden:

- Langzeitengagements, wie zum Beispiel Personales Gesundheitsmanagement, Generationenmanagement
- große Kampagnen
- Lobbyarbeit, also für Aktivitäten, die länger als drei Monate von Bedeutung sind
- für Großereignisse

Diese Themenbotschaften können für Maßnahmen eingesetzt werden, die das ganze Unternehmen betreffen, oder/und für einen oder mehrere (Geschäfts-)Bereiche.

> **Botschaft**
> **Methodisches Vorgehen**
> Die Botschaft(en) und Positionierung(en): Botschaft(en) in ganzen Sätzen so formulieren, wie sich die Dialogpartner nach erfolgreichem Abschluss der Kampagne im Gedächtnis haben sollten, gegebenenfalls »Dachbotschaft« und »Betriebsbeziehungsweise Themenbotschaften« entwickeln (ausgefeilte Sätze auf Flipchart)

2. Phase: Konzeptionsrakete (7)

Wie komme ich zur Botschaft? Wie bereits erwähnt, ist die Konzeptionsentwicklung ein fortschreitender Verdichtungsprozess. In diesem Zusammenhang entsteht auch die Botschaft. Sie ist die »Essenz« der Konzeption, der Satz, den unsere Zielgruppe im Gedächtnis behalten soll und im Idealfall jederzeit wiedergeben kann.

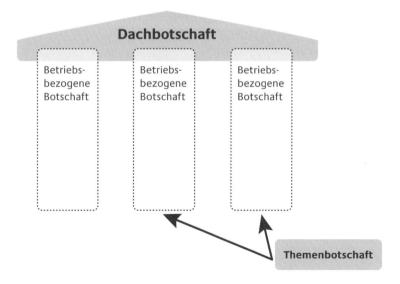

Von der Dachbotschaft zur Themenbotschaft

Botschaften entdecken

Was ist die Dachbotschaft Ihres Unternehmens?

....
....
....
....

Was ist die betriebsbezogene Botschaft des Bereichs Personalentwicklung?

....
....
....
....

Wie kann die Botschaft für Ihr Personales Gesundheitsmanagement heißen?

....
....
....
....

Slogan

Wir haben bereits gesehen: »Er läuft und läuft und läuft« ist noch heute ein Slogan, der selbst Generationen, die damals noch nicht lebten, mit einem Aha-Erlebnis beglückt. Im Gegensatz zur Botschaft verbindet der Slogan nicht Fakten mit Emotionen, sondern er emotionalisiert, zum Beispiel mit einem »Bild«, das beim Betrachter entsteht. Wichtig ist auch hier:

- ein kurzer, einprägsamer Satz
- ein Rhythmus, der ins Ohr geht
- ein Bild, das sich vor dem inneren Auge zeigt

Slogan formulieren

Was ist Ihr Slogan?

....
....
....

Strategie

In den Medien wird der Begriff Strategie häufig synonym für Konzeption verwendet. Das schafft Verwirrung. Konkret handelt es sich bei der Strategie um einen Teil der Konzeption. Sie bezeichnet das, »was« gemacht wird, um das Ziel zu erreichen.

Maßnahmen Die »Instrumente« für die Umsetzung eines Konzepts sind die Maßnahmen. In der Weiterbildung sprechen wir hier von »Formaten«. Format ist die Ablaufstruktur einer Weiterbildungsmaßnahme. Das Design beschreibt die Inhalte mit einem didaktischen Leitfaden. Dazu gehören:

- Auftakt
- Pressearbeit
- Aktionen
- Workshops
- Lobbyarbeit
- Medien (beispielsweise Print, IT)
- Printmedien
- Events
- Incentives

Was sind die Instrumente, die Sie nutzen?

....
....
....

> **Strategie**
> Die verbindliche Festlegung der entscheidenden Hebel (Wege, zum Beispiel Einsatz von Kooperationspartnern, Schirmherren, Medien) um die Zielebene zu erreichen. Zusätzlich Festlegung der Aktionsintensität, Argumentationslinie, Stil/Gestaltungslinie; Hier wir die Frage beantwortet: »Was konkret setzte ich ein«
>
> **Methodisches Vorgehen**
> 1. Die strategisch wirksamsten **Maßnahmen**bündel festlegen
> 2. **Zeitrahmen** festlegen
>   Informationen über die weiterführende mittel- oder langfristige Planung
>   z.B. Festlegung der Kampagnenphasen
> 3. **Budget** festlegen
>   Vorgaben für das Budget berücksichtigen und Budget kalkulieren

2. Phase:
Konzeptionsrakete (8)

Strategie erarbeiten

»Was« konkret setzen Sie ein, um Ihre Ziele zu erreichen?

....
....
....
....

Welche Maßnahmen, Instrumente nutzen Sie, um im Sinne der Aufgabenstellung eine optimale Wirkung zu erzielen?

....
....
....
....

Was sind Maßnahmen, die Sie für Ihr Personales Gesundheitsmanagement einsetzen, um die Beschäftigten für ihr eigenverantwortliches Handeln zu gewinnen?

....
....
....
....

> Mit welcher Zielsetzung haben Sie diese Maßnahmen ausgewählt? Wodurch fördern diese Maßnahmen das Personale Gesundheitsmanagement?
>
> ....
> ....
> ....
> ....
>
> Wo setzen Sie die Prioritäten?
>
> ....
> ....
> ....
> ....

Auf der Basis dieser Überlegungen werden die Maßnahmen skizziert. Hierfür entstehen Kurzkonzepte. Siehe dazu das Formular »Kurzkonzeption« (s. S. 296 ff.). Mit den Kurzkonzeptionen erfolgt gleichzeitig die Abstimmung der Maßnahmen mit dem Gesamtkonzept im Hinblick auf (Teil-)Ziel, (Teil-)Zielgruppe.

Taktik

Das Pendant zur Strategie ist die Taktik. Hier wird die Frage beantwortet: Wie, wann und mit welchen Schwerpunkten setze ich die Maßnahmen und Instrumente (s. Strategie) optimal ein, um im Sinn der Aufgabenstellung die beste Wirkung zu erzielen?

Die Taktik ist inhaltlich die Basis für den Dramaturgieplan und organisatorisch eine wichtige Schnittstelle zum Projektmanagement. Im Hinblick auf das Personale Gesundheitsmanagement sind taktische Überlegungen:

- durch Information zu sensibilisieren, um Neugierde zu entwickeln
- alle durch Partizipation einzubinden
- mit internen Vorbildern zu arbeiten (siehe Testimonials)
- mit immateriellen Belohnungssystemen zu arbeiten

- didaktische, pädagogische Elemente einzubinden
- intrinsische Motivation aufzubauen
- et cetera

Die Taktik ausarbeiten

Welchen didaktischen Ansatz wollen Sie im Hinblick auf das Personale Gesundheitsmanagement verfolgen?

....
....
....
....

Welche Taktik nutzen Sie im Schwerpunkt, um Ihre Zielgruppe für das Personale Gesundheitsmanagement zum Handeln zu gewinnen?

....
....
....
....

Welche Überlegungen haben Sie bei der Entwicklung Ihrer Taktik im Hinblick auf die Wirkungsweise zu Ihrem Thema Personales Gesundheitsmanagement getroffen?

....
....
....
....

Was setzen Sie ein, um die Partizipation zu fördern?

....
....
....
....

Was setzen Sie ein, um das eigenverantwortliche Handeln zu fördern?

....
....
....
....

Was setzen Sie ein, um die intrinsische (eigene) Motivation für den Start zu fördern?

....
....
....
....

Was fördert die intrinsische Motivation für die Umsetzung?

....
....
....
....

Was fördert den Transfer in andere Umsetzungsgebiete des Personalen Gesundheitsmanagements?

....
....
....
....

Was fördert die intrinsische Motivation für den Transfer in andere Umsetzungsgebiete?

....
....
....
....

Welche taktischen Überlegungen sind Ihnen darüber hinaus für die Umsetzung des Personalen Gesundheitsmanagements mit Ihren Mitstreitern wichtig?

....
....
....
....

Wo setzen Sie die Prioritäten?

....
....
....
....

2. Phase:
Konzeptionsrakete (9)

Taktik
Einsatz von Gestaltungskreativität: Umsetzung in Projekten, Teilprojekten und Maßnahmen in der Zeitachse. Konkret wird durch die Taktik die Frage beantwortet: »Wie setze ich was von der Strategie ein?« Das Ergebnis ist ein Ablaufplan der dramaturgisch gestaltet ist (Neugierde wecken, Höhepunkte anvisieren und gestalten Schlussphase = **Dramaturgie**)

Was kann es für Sie noch sein?

....
....
....
....

Dramaturgie

Ein gut durchdachtes Konzept benötigt – wie ein Theaterstück – eine Dramaturgie: Einleitung, Höhepunkte und Schluss. Um die Spannung, das Interesse durchgängig hochzuhalten, ist es wichtig, sich bewusst Spannungsstrukturen zu überlegen. Dies betrifft die Maßnahmen ebenso wie die Kommunikation.

Wichtig ist, dass

- immer wieder Spannung aufgebaut wird, zum Beispiel durch Veranstaltungen oder Events, die Neugierde wecken, Erfolge für alle sichtbar machen, Erlebnisse mit den Taten verbinden.
- »Plateaus« entstehen, die den jeweiligen Spannungsbogen möglichst lange halten.
- Phasen des nachhaltigen Arbeitens entstehen.

Der gekonnte Mix macht die Musik und entscheidet über die Wirkung des Konzepts (s. Kapitel »Zunächst einen Blick auf die Kommunikation«, S. 244 ff.).

Ihr Dramaturgieplan

Wie gestalten Sie den dramaturgischen Verlauf, um den didaktischen Ansatz wirkungsvoll zu unterstützen?

....
....
....
....

Entwickeln Sie ein Phasenmodell (Grafik) für ein Jahr, in dem dieser Ansatz für Ihr Personales Gesundheitsmanagement deutlich wird.

Zeitrahmen

Parallel zur Taktik und dicht verknüpft mit der Dramaturgie entsteht die Zeitplanung, der Zeitrahmen.

Dazu gehören Informationen über weiterführende mittel- oder langfristige Planungen. Zum Beispiel ist die Festlegung der Kampagnenphasen notwendig. Sie wollen genau bedacht sein. Zum einen korrespondieren sie mit der Dramaturgie; gleichzeitig ist es wichtig, die Ressourcen zu berücksichtigen, wie Budget, Verfügbarkeit von Durchführenden und Unterstützenden (Urlaubszeit ist eher nicht optimal), Räumen, Zeitfenstern (auch öffentliche Veranstaltungen wie eine Fußballweltmeisterschaft und Ähnliches können kontraproduktiv sein).

Budget

Das Budget hat maßgeblichen Einfluss auf die Umsetzbarkeit eines Konzepts. Im Idealfall weiß ich vor der Konzeption, welches Budget oder welcher grobe Budgetrahmen zur Verfügung steht.

Auch der umgekehrte Fall ist möglich: Die Konzeption wird gemacht und kalkuliert und die Zustimmung durch die Auftraggeber eingeholt.

Phase 3: Die Umsetzung

Nach der Phase der Analyse und dem konzeptionellen Rahmen startet die Umsetzung. In Projekten wird diese Phase auch »Roll-out« genannt. Hier kommt das bereits erwähnte Projektmanagement zum Tragen.

3. Phase:
Konzeptionsrakete (10)

Projektplanung

In der Projektplanung werden exakt Termine, Durchführung und Aufwand geplant, Meilensteine festgelegt, Verantwortliche genannt. Hier ist die Schnittstelle zum Projektmanagement.

Meilensteine: Die definierten Ziele und Ergebnisse sind die Basis für das Festlegen der Meilensteine. Wichtige Fragen zu den Meilensteinen sind:

- Was haben wir bereits erreicht?
- Was fehlt uns noch?
- Wie können wir es realisieren?
- Was müssen wir korrigieren?
- Was sind die nächsten Schritte?

Diese Fragen sind sowohl Schlüsselfragen für die Projekt- respektive Prozessplanung als auch für die Evaluierung.

Projektplanung

Die wichtigsten Kriterien für die Projektplanung sind:

☐ wer (Leitung und Stellvertretung)	☐ macht was	☐ unterstützt von	☐ bis wann			☐ Aufwand	☐ Teamtreffen	☐ erledigt am:
			kurzfristig	mittelfristig	langfristig			

Phase 4: Erfolgskontrolle (Evaluation)

Voraussetzung für die Erfolgskontrolle/Evaluation sind messbare Ziele und die Ergebnisdefinition. Dann ist der Erfolg »größer«, aber auch »kleiner« Konzeptionen messbar und kann Qualitätskriterien erfüllen.

4. Phase:
Konzeptionsrakete (11)

Die Evaluierung dient nicht nur der Ergebniskontrolle, sondern auch der Fortschreibung des Prozesses. Vergleichbar mit den Meilensteinen wird hier überlegt, was an Erfolgen, Ergebnissen und was an Herausforderungen, Risiken im Prozess sichtbar wurde: Welche Lösungsmodelle gibt es für die nächsten Schritte? Welche Standards können etabliert werden, wo braucht es individuelles Vorgehen? Wie sind die Schnittstellen und die entsprechenden Übergaben zu definieren?

Die Konzeptionsrakete im Überblick

Wir haben Ihnen die Konzeptionsrakete in ihren einzelnen Phasen vorgestellt, hier sehen Sie das Modell in der Gesamtschau (mit weiteren Erläuterungen erhalten Sie die Konzeptionsrakete als Download direkt beim Buch auf der Beltz-Homepage www.beltz.de):

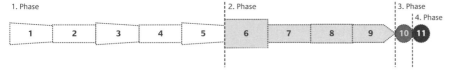

Die Konzeptionsrakete

Quelle: Weiterentwicklung Claudia Härtl-Kasulke auf der Basis von Klaus Dörrbecker

Checklisten und -fragen

Die Konzeption

Checkfragen für die Konzeption

Ist-Situations-Analyse
- ☐ Ist die Analyse im Hinblick auf die Aufgabenstellung stimmig?
- ☐ Sind die relevanten Fragen vollständig recherchiert und beantwortet?

Konzeptioneller Rahmen
- ☐ Ist die Strategie realistisch?
- ☐ Entspricht sie der Zielsetzung und den Zielgruppen?
- ☐ Ist die Strategie motivierend; macht es Spaß, sich mit ihr zu identifizieren?

Taktik
- ☐ Stimmen Dramaturgie und Zeitplanung überein?

Maßnahmen
- ☐ Passen Mittel und Maßnahmen zu Ziel und Strategie?
- ☐ Bauen die Maßnahmen zeitlich sinnvoll aufeinander auf?
- ☐ Sind die Maßnahmen hinsichtlich Zeitablauf und Umfang realistisch?

Umsetzung
- ☐ Berücksichtigt die Projektplanung personale und finanzielle Ressourcen?

Ergebnis
- ☐ Zielcheck: Woran erkenne ich, dass das Ziel erreicht ist?
- ☐ Ergebnischeck: Woran erkenne ich, dass das Ergebnis erreicht ist?

Checklisten für das Konzept

Im Folgenden finden Sie folgende Checklisten für Ihr Konzept:

- Checkliste: Analyse der Ist-Situation
- Checkliste: Kommunikationsanalyse
- Checkliste: Entwicklung des konzeptionellen Rahmens
- Checkliste: Kurzkonzeption für Maßnahmen im Rahmen einer Konzeption
- Checkliste: Kurzkonzeption für Einzelmaßnahmen

Checkliste: Analyse der Ist-Situation

Allgemeine Unternehmensanalyse
Die hier vorgestellten Fragen sind allgemein formuliert. Wenn ein spezielles Thema, wie zum Beispiel Einführung des Personalen Gesundheitsmanagements, das Ziel des Konzepts ist, müssen die Fragen entsprechend individualisiert werden.

Beispiel Historie: Was machte das Unternehmen im Hinblick auf das Personale Gesundheitsmanagement im Allgemeinen, Gesundheit der Beschäftigten bisher?

Ist-Situation:
(+) ....
(−) ....

Historie: Was machte das Unternehmen bisher?
(+) ....
(−) ....

Was macht das Unternehmen heute?
(+) ....
(−) ....

Umsatz:
(+) ....
(−) ....

Mitarbeiter:
(+) ....
(−) ....

Dienstleistung/Service/Produkte:
(+) ....
(−) ....

Werbung/Marketing:
(+) ....
(−) ....

PR-Botschaft und Slogan:
(+) ....
(−) ....

Botschaften:
(+) ....
(−) ....

Standortsituation:
(+) ....
(−) ....

Lokal/regional/international:
(+) ....
(−) ....

Mitbewerber:
(+) ....
(−) ....

Planung:
kurz-/mittel-/langfristig

....
....
....
....
....
....
....
....
....
....

Zukunftsstatement
Zum Beispiel: Unternehmen ist offen für Neues

....
....
....
....
....
....
....
....
....
....

Checkliste: Kommunikationsanalyse

Wie ist die aktuelle Situation im Hinblick auf das Personale Gesundheitsmanagement?

....
....
....
....

Welche Öffentlichkeitsarbeit wurde (dazu) mit welchen Zielen bereits durchgeführt?

....
....
....
....

An welche Maßnahmen kann angeknüpft werden?

....
....
....
....

Welche Corporate-Identidy-Standards müssen berücksichtigt werden?

....
....
....
....

Welche Corporate-Design-Standards müssen berücksichtigt werden?

....
....
....
....
....

Welche (Teil-)Ziele wurden bisher verfolgt?

....
....
....
....
....

Welches Ergebnis wurde bisher erzielt?

....
....
....
....
....

Welche Fragen sind noch notwendig?

....
....
....
....
....

Checkliste: Entwicklung des konzeptionellen Rahmens

Ziele
Was ist das konkrete Ziel, das wir als Unternehmen erreichen möchten?

....
....
....
....

Welche möglichen Teilziele lassen sich daraus definieren?

Erstens:

....
....
....
....

Zweitens:

....
....
....
....

Welches ist das minimale Ziel?

....
....
....
....

Welches Ziel wollen wir idealerweise mit unserer Maßnahme erreichen?

....
....
....
....
....

Zielgruppen

Zielgruppe 1: Wen wollen wir erreichen?

....
....
....
....
....

Zielgruppe 2: Wer kann uns dabei unterstützen?

Presse:

....
....
....
....
....

Kooperationspartner:

....
....
....
....
....

Multiplikatoren:

....
....
....
....

Testimonials:

....
....
....
....

Botschaft
Der Satz, den sich unsere Zielgruppe(n) merken soll(en):

....
....
....
....

Synergien
An welche bestehenden Maßnahmen können wir anknüpfen?

....
....
....
....

Strategie
Was machen wir?

....
....
....
....
....

Maßnahmen
Welche Maßnahmen/Instrumente setzen wir ein?

....
....
....
....
....

Zeitrahmen
Welches (Teil-)Ziel möchten wir wann erreicht haben?

....
....
....
....
....

Budget
Welche Kosten werden für welche Maßnahme eingeplant?

....
....
....
....
....

Checkliste: Kurzkonzeption für die Maßnahmen im Rahmen einer Konzeption

Ziel

....
....
....
....

Zielgruppe/n

....
....
....
....

Nutzen

....
....
....
....

Botschaft

....
....
....
....

Kooperationspartner

....
....
....
....

Maßnahmenbeschreibung

....
....
....
....
....
....
....
....

Kosten

....
....
....
....

Strategie
Was machen wir?

....
....
....

Taktik
Wie setzen wir was ein?

....
....
....

Dramaturgieplan

....
....
....
....

Projektplan
Wer macht was bis wann?

....
....
....
....

Erfolgskontrolle
Was lief gut?

(+) ....
....
....
....

Was braucht Veränderung?

(−) ....
....
....
....

Checkliste: Kurzkonzeption für Einzelmaßnahmen

Thema: Entwickeln einer Kurzkonzeption

Aktuelle Situation	
Inhalte	
Ziel	
Zielgruppe	
Nutzen für Zielgruppe	
Botschaft	
Maßnahmen	
Zeitraum	
Budget	
Das Besondere	

Viel Entdeckerfreude beim Konzipieren!

In der Folge erfahren Sie mehr über Methoden, mit denen Sie ebenfalls ressourcenorientiert arbeiten können.

Appreciative Inquiry

Claudia Härtl-Kasulke und Loreen Klahr

Walter Bruck, einer der Initiatoren, die Appreciative Inquiry von USA nach Deutschland holten, beschreibt die Methode folgendermaßen: »Die Wertschätzende Unternehmensentwicklung ist eine neue Art des Lernens. Der Ansatz bewirkt nachhaltige Veränderungen in den Unternehmen. Diese Veränderungen finden simultan mit der Arbeit an konkreten, unternehmensrelevanten Themen statt. Veränderungsmanagement ist stark verbunden mit den betriebswirtschaftlichen Zielen und Aufgaben. Die Wertschätzende Unternehmensentwicklung ist die Umsetzung von dem amerikanischen lösungsorientierten Ansatz Appreciative Inquiry im deutschsprachigen Raum. Im Vordergrund steht die Entdeckung und Stärkung der vorhandenen Lebenskräfte in der Organisation, welche zielgerichtet für die betriebswirtschaftlichen Ziele und Aufgaben eingesetzt werden. In diesem Lernprozess wird eine sehr starke und positive Energie frei, welche dazu genutzt wird, die von den Beteiligten gewünschten Veränderungen zu tragen.« (http://www.p-focus.ch/assets/docs/Microsoft-Word---ai_artikel.pdf, Abruf 28.05.2014).

Und Matthias zur Bonsen und Carole Maleh schreiben in ihrem Buch »Appreciative Inquriy (AI): Der Weg zu Spitzenleistungen« (2012): »Appreciative Inquiry ist in Management und Organisationsentwicklung das Herzstück der Bewegung zu positiver Veränderung hin. In den letzten 20 Jahren haben sich viele Nichtregierungsorganisationen in der ganzen Welt Appreciative Inquiry als Managementphilosophie und Entwicklungsansatz zu eigen gemacht. [...] Wie Umfragen zeigen, haben sich die Zufriedenheit der Arbeitnehmer und ihre Bindung an die Unternehmen verbessert, Erträge und Rentabilität sind gestiegen, Geschäftskosten zurückgegangen. In allen Fällen wurde Appreciative Inquiry auf den jeweiligen Unternehmenskontext und die Probleme der Organisation »zugeschnitten«.

> AI stärkt also die resilienten Fähigkeiten der Organisation und so eignet sich diese Methode wunderbar dazu, das Personale Gesundheitsmanagement im Unternehmen einzuführen, weiterzuentwickeln und zu pflegen.

Appreciative Inquiry

Thema
Appreciative Inquiry (AI) ist eine ressourcenorientierte Methode, die durch wertschätzende Interviews in fünf Phasen abläuft:
- Define (Definition)
- Discovery (Erkunden und Verstehen)
- Dream (Visionieren)
- Design (Gestalten)
- Destiny (Umsetzen)

Diese Methode unterstützt die Anwender, Veränderungen mit dem Blick auf das Positive und die Erfolge der Vergangenheit zu starten.

Vorbereitung
Teilnehmer: Es gilt Vorüberlegungen zu treffen: Wer sind Experten für das Thema und wer denkt dazu quer?

Kernteam: Die Mitglieder des Kernteams entwickeln das methodische Vorgehen anhand des AI-Interviewleitfadens. Sie können dazu als Vorbild den AI-Fragebogen auf Seite 305 f. nutzen. Dieser Fragebogen ist eine Kurzfassung und vermittelt Ihnen, wie die Fragen gestellt werden, um an die positiven Ressourcen anzuknüpfen und die Befragten für das Handeln zu aktivieren.

Zunächst werden eine positiv formulierte Kernfrage und eine Kernaussage (Thema) entwickelt. Beide bilden die Herausforderung ab, die angegangen werden soll, und begleitet den gesamten durch AI gesteuerten Prozess.

Anzahl Teilnehmer
2–10 Teilnehmer. Mit mehr Methodenerfahrung können die Teams auch größer sein.

Zeit
Je nach Komplexität der Frage und Anzahl der Teilnehmer werden vier Stunden bis zu einem Tag angesetzt.

Ziel
Für eine Veränderung wird eine Lösung entwickelt. Dabei werden positive Erfahrungen der Teilnehmer und der Organisation genutzt und durch die biografische Arbeit Begeisterung für die Umsetzung aufgebaut. Das ressourcenorientierte Denken in Veränderungsprozessen wird angeregt, die wertschätzende Grundhaltung im Team entwickelt und gefestigt.

Ergebnis: Was ist nach der Anwendung anders?
Die Aufmerksamkeit aller Teammitglieder ist auf das gerichtet, was funktioniert. Diese Veränderung der Sichtweise erhöht die Motivation sichtbar, bringt Freude in die Arbeit und das Miteinander und steigert letztendlich die Produktivität und Kreativität. Dieser lösungsorientierte Blick auf die Veränderung betrifft auch Worst-Case-Szenarien, Fehler und Scheitern. Mit Appreciative Inquiry werden antizipierend Entwicklungen vorweggenommen und lösungsorientiert aufbereitet.

Beschreibung der Schritte
Der 5-D-Zyklus: Define – Discovery – Dream – Design – Destiny (angelehnt an Walter sowie Bruck/Müller 2011).

Schritt 1: Define (Definition): Das Kernteam legt die Fragen basierend auf den AI-Standards fest, die während des Prozesses angewandt werden. Dabei geht es vor allem um lösungsorientierte Fragen, die zur Kommunikation und zum Austausch der Teilnehmer anregen.

Schritt 2: Discovery (Verstehen): In dieser Phase werden themenzentriert all diejenigen Erfolge vorgestellt, die schon erreicht wurden (auch wenn sie noch so klein sind), und ihre Gelingenskriterien formuliert.

Schritt 3: Dream (Vision): Entwickeln Sie nun eine Vision für Ihre gemeinsame Arbeit. Hierbei geht es nicht darum zu diskutieren, wie und ob diese erreichbar ist, sondern darum, einen gemeinsamen Traum zu finden, der alle verbindet.

Schritt 4: Design (Gestalten): Übertragen Sie nun Ihre Gelingenskriterien auf Ihre Vision. Was von Ihrem erfolgreichen Tun wenden Sie für die Realisierung Ihrer Vision wie an?

Schritt 5: Destiny (Verwirklichen): Im letzten Schritt stellen Sie sich vor, dass Sie Ihr Ziel bereits erreicht haben und planen Ihr Vorgehen mit dem Wissen Ihrer Erfolge von diesem Termin aus hin zum Ausgangspunkt Schritt für Schritt.

Diese fünf Schritte bauen logisch aufeinander auf und sollten deshalb diese Reihenfolge beibehalten. Es handelt sich nicht um ein Phasenmodell, das nach dem fünften Schritt endet, sondern um einen Zyklus, der immer wieder bei Schritt 1 starten kann. In der Folge stellen wir beispielhaft das wertschätzende Fragen vor, das vielfältig einsetzbar ist. Das Phasenmodell finden Sie in der Literatur zum Thema (s. S. 304).

Prinzipien von Appreciative Inquiry

Warum ist die Methode besonders für intergenerative Teams geeignet?

Appreciative Inquiry lenkt bewusst die Aufmerksamkeit aller Teilnehmer auf die schon vorhandenen positiven Aspekte des Wissens, der Zusammenarbeit. Oft gehen gerade in anstrengenden Phasen und besonders in Stresssituationen das Wissen um die Eigenschaften und das Können darüber verloren, wie in anderen Situationen bereits Lösungen gestaltet wurden. In intergenerativen Teams können sich zwei Lager bilden: die älteren, berufs- und lebenserfahrenen Teammitglieder auf der einen, und die jungen Mitglieder mit ihren neuen Ideen und Visionen auf der anderen Seite. Diese Methode ermöglicht auf besonders wertschätzende Art, das Beste aus beiden Positionen zu finden und gezielt gemeinsam zu nutzen.

Tipps

Schaffen Sie sich für die Umsetzung dieser Methode eine angenehme Wohlfühlatmosphäre. Richten Sie den Raum schön her, stellen Sie Getränke und eventuell kleine Leckereien bereit. Achten Sie darauf, dass Sie währenddessen nicht von außen gestört werden.

Alle Teilnehmer sollten sich den Termin großzügig freihalten, damit niemand frühzeitig gehen oder nach Ende der Veranstaltung direkt wieder an den Arbeitsplatz zurückkehren muss. Es wäre schön, wenn alle die Möglichkeit erhalten, danach ein wenig zu entspannen.

Worauf ist besonders zu achten?

»Appreciative« bedeutet im Deutschen »anerkennen, wertschätzen«. »Inquiry« wird mit »Erkundung« übersetzt. Mit dieser Methode sind Sie folglich auf der Suche nach all den wertschätzenden Momenten, die im hektischen, leistungsorientierten Alltag manchmal untergehen. Damit dies gelingt, begeben sich alle Teilnehmer auf dieselbe Ebene: Niemand ist besser oder schlechter, keine Aussage wird als unnütz abgetan oder besonders hoch gelobt. Alle gefundenen Stärken sind gleich gut. Alle arbeiten auf Augenhöhe.

Learnings für die Teilnehmer

Mit dieser Methode lernen die Teilnehmer, in ihrer eigenen Arbeit und der ihrer Kollegen, Vorgesetzten, Mitarbeiter vor allem das zu sehen, was gut läuft, anstatt nur die nicht-funktionierenden Aspekte wahrzunehmen. Wenn sie es schaffen, diesen Blick auch außerhalb des beruflichen Umfeldes zu nutzen, bringen sie eine große Portion Freude in ihr Leben und gewinnen Lebensqualität.

Literatur zum Thema

Bonsen, Matthias zur/Maleh, Carole: *Appreciative Inquiry (AI): Der Weg zu Spitzenleistungen.* Eine Einführung für Anwender, Entscheider und Berater. Weinheim und Basel: Beltz, 2. Auflage 2012

Bruck, Walter/Müller, Rudolf: *Wirkungsvolle Tagungen und Großgruppen.* Ziele, Wirkfaktoren und Designs. Appreciative Inquiry, World Café, Open Space, Open Space-Online, RTSC, Zukunftskonferenz, klassische Tagung. Offenbach: Gabal 2007

Preskill, Hallie S./Catsambas, Tessie T. 2006: *Reframing Evaluation Through Appreciative Inquiry.* Thousand Oaks: Sage Publication, 2006

Walter, Fritz : *Appreciative Inquiry.* Mehr von dem was funktioniert! Das Beste in der Organisation erkennen und weiterentwickeln. http://www.fritzwalter.com/documents/AI_Mehr_von_dem_was_funktioniert.pdf, Abruf 27.07.2013.

Appreciative Inquiry (AI): Interview mit dem Auftraggeber

Themenfindung (Define)

1. Kernthema
....
....
....

2. Kernthema
....
....
....

Auftragsklärung
Gespräch mit .... am ...., in ....

1. Ist-Situations-Analyse (themenbezogen) (Discovery)
Was schätzen Sie an …

… Ihrer Arbeit?
....
....
....
....

… Ihrem Team?
....
....
....
....

… Ihrem Unternehmen?
....
....
....
....

2. Ein besonderer Erfolg

In Ihrem Leben (Ihrem Berufsleben/all den Jahren/...) haben Sie bereits viel erlebt, Erfolgreiches und weniger Erfolgreiches. Für den Moment möchte ich Sie einladen, sich ganz auf Ihre Erfolge zu fokussieren. Wenn Sie Ihre Erfolgserlebnisse so an sich vorüberziehen lassen – da gibt es vielleicht ein ganz besonderes für Sie. Eines, bei dem Sie und Ihre Mitarbeiter so richtig gezeigt haben, was Sie wirklich können. Eine Situation, in der all Ihre Qualitäten gefordert waren und Sie vielleicht gedacht haben: »Ja, so könnte es jeden Tag sein!«

Meine Erfolge, unsere Erfolge

....
....
....
....
....
....
....
....
....
....
....
....

Sicherlich gab es auch Herausforderungen, die Sie und Ihr Team gemeistert haben. Was haben Sie und Ihr Team getan, um die Herausforderungen zu meistern?

....
....
....
....
....
....
....
....
....
....
....
....
....
....
....
....

Gründungsworkshop Gesundheitsforum

Cornelia Kram

Für den Auf- und Ausbau eines Betrieblichen Gesundheitsmanagements ist ein strategisches Steuerungsgremium erforderlich. Es bündelt durch die interdisziplinäre Zusammensetzung (zum Beispiel Betriebsarzt, Betriebsrat, Schwerbehindertenbeauftragte, Fachkraft für Arbeitssicherheit, Suchtbeauftragte, BEM-Manager und Human Ressources Management) alle Kompetenzen rund um die Themen Gesundheit, Arbeitssicherheit und Prävention im Betrieb. Der Gründungsworkshop schafft mit der Erarbeitung von Zielen des BGM die Basis für die künftige Zusammenarbeit.

Gründungsworkshop Gesundheitsforum

Thema
Durchführung eines Gründungsworkshops für das strategische Steuerungsgremium des Betrieblichen Gesundheitsmanagements (Gesundheitsforum).

Vorbereitung
Die Vorbereitung des Gründungsworkshops nimmt etwas Zeit in Anspruch:
- Auswahl der Teilnehmer, Klärung der Bereitschaft zur Mitarbeit im Gesundheitsforum
- Auswahl des Moderators
- Konzeption des Workshops (Ablauf, Inhalte, Methoden, Zeiten)
- Einladung der Teilnehmer und Vorbereitung des Raumes (Moderationskoffer, Pinnwände, Flipcharts, Getränke).

Anzahl Teilnehmer
Alle Mitarbeiter, die Mitglieder im Gesundheitsforum werden sollen. Es empfiehlt sich, eine nicht zu große Gruppe von maximal acht Personen zu bilden.

Zeit
Workshopdauer: 1 Tag

Ziel

Bildung eines neuen Steuerungsgremiums für das Betriebliche Gesundheitsmanagement; Basisqualifikation und Findung eines gemeinsamen Verständnisses zum Thema; Festlegung der Ziele und der Rahmenbedingungen für die gemeinsame Arbeit.

Ergebnis: Was ist nach der Methode anders?

Das Steuerungsgremium hat sich gebildet und kann auf Basis eines einheitlichen Verständnisses und gemeinsam formulierter Ziele die Arbeit zum Aufbau des Betrieblichen Gesundheitsmanagements aufnehmen.

Beschreibung der Schritte

Workshopkonzept Veritas AG
Thema: Gründungsworkshop des Lenkungsforums für das Betriebliche Gesundheitsmanagement

■ Inhalt	■ Ablauf	■ Medium	■ Dauer (Min.)	■ Uhrzeit
Begrüßung	Vorstellungsrunde, Vorstellung der Agenda	Flipchart	30	9:00
Was ist Gesundheit?	Erarbeitung des Gesundheitsverständnisses aus salutogener Sichtweise	Pinnwand, Karten	30	9:30
Was ist Betriebliches Gesundheitsmanagement (BGM)?	➡ Vorstellung der Ergebnisse der Stärken-Schwächen-Analyse ➡ wissenschaftliche Definition von Sozial- und Humankapital	Präsentation Plenum	30	10:00
Erfrischungspause			15	10:30
Verhältnis-, Verhaltens- und systemische Prävention	➡ Was ist das? ➡ Was leistet die Veritas AG bereits? ➡ Wo gibt es Verbesserungsbedarf?	Pinnwand, Präsentation	45	10:45
Mindeststandards BGM	➡ Welche Standards sollte ein BGM erfüllen? ➡ Welche Forschritte ergeben sich daraus?	Flipchart, Plenum	45	11:30

Workshopkonzept Veritas AG

Thema: Gründungsworkshop des Lenkungsforums für das Betriebliche Gesundheitsmanagement

Inhalt	Ablauf	Medium	Dauer (Min.)	Uhrzeit
Ziele, Teil 1	Formulierung übergeordneter Ziele für das BGM der Veritas AG	Flipchart, Pinnwand, Karten im Plenum	30	12:15
Mittagspause			60	12:45
Aktivierung	Übungen mit dem Theraband für gesunden Rücken		15	13:45
Ziele, Teil 2	Weiterarbeit an den übergeordneten Zielen des BGM	Flipchart, Pinnwand, Karten im Plenum	45	14:00
Arbeitsfähigkeit	➡ Das Haus der Arbeitsfähigkeit nach Ilmarinen ➡ Work Ability Index (Arbeitsfähigkeitsindex) als Messinstrument		45	14:45
Genusspause	Gemeinsamer Verzehr von zwei Stückchen Schokolade ➡ erstes Stück: schnellstmögliches Verschlingen ➡ zweites Stück: langsames Schmelzenlassen im Mund Vergleich der Wahrnehmungen	zwei Tafeln Schokolade, Plenum	15	15:30
Treiber-Ergebnis-Studie	➡ Verdeutlichung des Einflusses von Treibern ➡ Vorstellung von Erhebungsinstrumenten	Präsentation	30	15:45

Workshopkonzept Veritas AG

Thema: Gründungsworkshop des Lenkungsforums für das Betriebliche Gesundheitsmanagement

Inhalt	Ablauf	Medium	Dauer (Min.)	Uhrzeit
Vereinbarung von gemeinsamer Arbeit	→ Name für das Gremium finden → Festlegung der Arbeitsintervalle und Arbeitsgrundsätze → nächster Termin des Steuergremiums		45	16:15
Festlegung der nächsten Schritte	→ Auftrag einholen vom Vorstand → Auftrag einholen vom Betriebsrat → Führungskräfteeinbindung		45	17:00
Abschlussrunde	Fragen, Feedback, Abschluss		15	17:45
Gesamtdauer			450 (7,5 Std.)	18:00

Warum ist das Thema besonders für intergenerative Teams geeignet?

Das Thema Gesundheit ist für Menschen jeder Altersgruppe wichtig. Jede Generation steht bezüglich der Gesunderhaltung am Arbeitsplatz vor anderen Herausforderungen und hat andere Schwerpunkte und Bedürfnisse. Aus diesem Grund ist eine bunte Zusammensetzung der Teammitglieder im Gesundheitsforum besonders bereichernd. Bei der zukünftigen Arbeit ist so ein Blick aus den verschiedenen Perspektiven auf die Unternehmensstrategie zur Gesundheit und auf die geplanten Maßnahmen gewährleistet.

Tipp

Der Workshop besteht zu einem großen Teil aus Input und erfordert vom Moderator entsprechendes Know-how und Methodenkompetenz. Der Sachverstand kann in Form eines Trainers extern eingekauft werden. Es empfiehlt sich, in diesem Fall einen Mitarbeiter des Unternehmens als zweiten Moderator für den Eröffnungsworkshop zu benennen und die Moderation aufzuteilen. Sinnvoll ist, den Posten mit der Person zu besetzen, die auch später das Gesundheitsforum moderiert. So kann sie im Eröffnungsworkshop in die Rolle eingeführt werden und in der weiteren Zusammenarbeit im Gesundheitsforum direkt daran anknüpfen.

Worauf ist besonders zu achten?
Die Erarbeitung der Ziele für das BGM ist anspruchsvoll und kann möglicherweise auch längere Zeit als im Konzept vorgesehen beanspruchen. Es empfiehlt sich, sofern Unternehmensleitlinien oder Grundsätze oder übergeordnete strategische Unternehmensziele existieren, sich daran zu orientieren und die Ziele des BGM davon abzuleiten. Die Ziele können auch an einem Tag erarbeitet und bei einem zweiten Termin noch einmal überprüft und weiter verfeinert werden.

Platz für Ihre persönlichen Notizen

Team Management System (TMS)

Claudia Härtl-Kasulke und Loreen Klahr

Personales Gesundheitsmanagement hat als wesentliches Ziel, Menschen im Hinblick auf ihre Gesundheit zu begleiten. Eines der großen Stresspotenziale liegt bei hohen Arbeitsdichten in der Zusammenarbeit von Arbeitsgruppen, Teams und Führung. Dem präventiv und intervenierend zu begegnen ist eines der wichtigsten Ergebnisse, die durch das Team Management System von Margerison-McCann (TMS) erzielt werden kann. TMS beschreibt die bevorzugten Verhaltensweisen von Menschen im Arbeitsumfeld. Die Teilnehmer erkennen gleich zu Beginn, dass die meisten Konflikte nicht durch persönliche Animositäten, Unverträglichkeiten oder durch fachlichen Dissens ausgelöst werden, sondern durch unterschiedliche Handlungs- und Kommunikationsweisen. Diese sind durch unsere Sozialisierung (Eltern, Familie, Schule und durch Erfahrungen) in unserem Leben entstanden.

Das Team Management Profil

Das bekannteste Modell des TMS ist das Team Management Profil. Anfang der 1980er-Jahre fragten sich die beiden Teamforscher Dr. Charles Margerison und Dr. Dick McCann, was eigentlich langfristig erfolgreiche Teams von weniger erfolgreichen unterscheidet. Sie entdeckten, dass für langfristigen Erfolg acht Aufgabenbereiche, die acht Arbeitsfunktionen, zentral wichtig sind:
- Beraten
- Innovieren
- Promoten
- Entwickeln
- Organisieren
- Umsetzen
- Überwachen
- Stabilisieren

Bei ihren Arbeiten stellten sie fest, dass – als Faustregel – jeder Mensch zwei oder drei dieser Arbeitsfunktionen von sich aus gern ausfüllt. Und jeder Mensch Aufgaben aus zwei oder drei dieser Arbeitsfunktionen überhaupt nicht gern erledigt. Daraus entstand das Konzept der acht Teamrollen. Jeder von uns hat Anteile in jeder dieser Rollen. Allerdings gibt es je eine Hauptrolle und zwei Nebenrollen, auf deren Handlungs- und Kommunikationsqualitäten wir besonders gern, meist intuitiv zugreifen (Präferenzen). Dies fällt uns leicht, und wenn wir in diesen arbeiten, ist Stress eher selten angesagt, selbst wenn die Situation dicht und herausfordernd ist.

Mit dem Perspektivwechsel auf die Zusammenarbeit selbst kleinster Einheiten, wie zwei Personen, zeigt sich durch das Modell, dass Rollen sehr unterschiedliche Qualitäten mitbringen und daraus Konflikte entstehen können. Um dies zu vermeiden, braucht es das gegenseitige Verständnis der Qualiäten und dass diese alle gleichermaßen zum Gelingen des verständnisvollen Miteinanders und der Arbeit beitragen.

> **Kreativer Innovator in der Hauptrolle**
>
> Wenn beispielsweise eine Führungskraft in der Hauptrolle als kreativer Innovator handelt, entwickelt sie schnell Ideen, ohne sie in der Tiefe zu verfolgen (weitere Eigenschaften siehe in der Abbildung des Team Management Rades). Damit diese Ideen auch real werden können, ist die Kooperation mit einem systematischen Umsetzer sehr hilfreich. Dieser benötigt Details und genügend Zeit, um die Idee in angemessener Qualität ausführen zu können. Wenn beide nicht bewusst von diesen Arbeitspräferenzen wissen, kommt es beim kreativen Innovator schnell zu Aussagen wie »mit dem kann ich nicht arbeiten, der versteht ja nichts« und der systematische Umsetzer schüttelt den Kopf und erklärt den anderen schlicht und einfach als oberflächlich, denn mit den vom kreativen Innovator gegebenen Informationen lässt sich (aus seiner Sicht) nichts in die Tat umsetzen.

Durch die Arbeit mit dem Team Management Profil entsteht Verständnis für- und miteinander. Teams arbeiten dann besonders gut, wenn ein Team mit seinen Präferenzen für die Aufgabe passt und alle Rollen für die Umsetzung im Blick sind. So kann das Profil auch als Instrument genutzt werden, um optimal tätige Teams zu entwickeln oder an den Bedingungen des Arbeitsumfelds auszurichten.

All das sind Grundkriterien, die Stressoren in der Arbeit entfernen und damit eine gute Basis für das Personale Gesundheitsmanagement legen. Menschen, die vorrangig in ihren Präferenzen arbeiten, sind stressresistenter und gesünder (s. »Physiologische Reaktionen auf große Herausforderungen«, S. 21), da die Selektion belastender Faktoren bereits durch die präferierte Rolle erfolgt.

Es folgt nun eine Kurzeinführung in das Team Management Profil anhand eines Beispiels.

Team Management System (TMS): Kurzeinführung

Thema
Das Team Management Profil (TMP) ist ein Instrument für Personal-, Team- und Organisationsentwicklung mit dem Fokus Führung und Team. Es ist auch für die Entwicklung von Hochleistungsteams, lernende Organisationen, Mitarbeitergespräche und für Veränderungsprozesse nutzbar. Das TMP beruht auf einem wissenschaftlich validierten, psychometrischen Fragebogen.

Vorbereitung
Zur Erstellung eines Profils erhalten die Teilnehmer Zugang zu einem Online-Fragebogen. Der Lernbegleiter respektive Coach muss dafür TMP-lizensiert sein.
Durch die Literatur erschließen sich auch Teamübungen. Dafür ist die Vorbereitung des Lernbegleiters oder Coachs und eine entsprechende Adaption der Beispiele auf die aktuelle Workshopsituation erforderlich. Eine von uns (BK + K) entwickelte Übung für den Transfer des TMP in den Coachingalltag stellen wir Ihnen hier vor. Durch das Profil erhalten die Teilnehmer eine detaillierte, lösungsorientierte Auswertung zu ihren Funktionsrollen (Führung, Team) und den präferierten Vorgehensweisen. Auf dieser Basis kann das Verständnis dafür aufgebaut werden, wie der Einzelne und das Team zum Beispiel mit Veränderungen, Risiken, Lernprozessen und anderem mehr umgehen.
Für die Analyse werden neben den Profilen der Teilnehmenden das Team Management Rad sowie das Rad der Linking Skills (s. Abbildung, S. 318) als Arbeitsmaterialien benötigt.

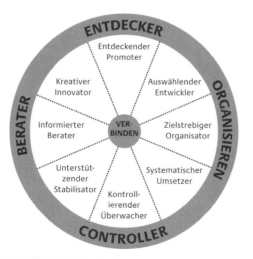

Das Team Management Rad

Anzahl der Teilnehmer
In diesem Beispiel sind es sechs Teilnehmer. Sie können natürlich auch mit großen Gruppen arbeiten. Ideal sind maximal zwölf. Bei mehr Teilnehmern sollten entsprechend mehr lizensierte Lernbegleiter/Coaches dabei sein, vor allem für die individuelle und die Betreuung von Arbeitsgruppen.

Zeit
Beispiel: Einstieg in die Methode mit sechs Teilnehmern: ungefähr zwei Stunden. Vertiefen für Teamentwicklung bei sechs Teilnehmern: etwa vier Stunden.

Ziel
Verbesserung der Arbeit im Team durch Erkennen der persönlichen Präferenzen. Dadurch Aufbau von Resilienzfaktoren auf der Individual-, Team- und Führungsebene.

Ergebnis
1. Analyse der Arbeitsqualitäten, wie sie für die Aufgabenstellung notwendig sind.
2. Analyse der Arbeitsqualitäten, wie sie das Team mitbringt.
3. Aufgabenzentriertes Verbinden (Linking) von 1 und 2 sowie konkretes Entwickeln von Lösungen, falls bestimmte Rollen im Team nicht vorhanden sind.

Worauf ist besonders zu achten?
Das Team Management Profil ist ein umfassendes Analysetool, um Arbeitsabläufe effektiv gestalten zu können, Mitarbeiter zu motivieren und Teams konfliktarm arbeiten zu lassen. Dadurch wird die Leistung gesteigert und das Wohlbefinden der einzelnen Mitglieder verbessert, da sie entsprechend ihrer Präferenzen eingesetzt werden und damit eine Verbesserung der Zusammenarbeit und der Gesamtleistung des ganzen Teams entsteht.

Ziel der ersten Phase: Einstieg in das Team Management Profil
Grundverständnis vermitteln; Selbst-, Teamreflexion mit den eigenen Rollen.

Beschreibung der Schritte der ersten Phase
Schritt 1: Der Lernbegleiter stellt TMS vor (15 Minuten) und geht dann mit dem Modell der Arbeitsfunktionen von Margerison-McCann in die Details, indem er die einzelnen Arbeitsfunktionen präsentiert (30 Minuten).

Schritt 2: Die Teilnehmer überlegen jeder für sich, in welchen der acht Arbeitsfunktionen sie aktuell in ihrer Arbeit aktiv sind (15 Minuten).
Auswertung: In der gesamten Gruppe werden die Ergebnisse vorgestellt und es wird darüber diskutiert, wie es den Teilnehmern dabei geht. Ist es eher ein entspanntes

oder ein angespanntes Arbeiten? Dafür sind 30 Minuten einzuplanen. Diese Auswertung ist hier ausschließlich auf die eigene Arbeit gerichtet, nicht auf das Zusammenspiel mit anderen Personen, mit der Führungskraft, dem Team.

Schritt 3: Die Teilnehmer erhalten ihr eigenes Team Management Profil. Sie reflektieren die Gemeinsamkeiten und Unterschiede aufgrund ihrer Profilergebnisse in Korrespondenz zu ihrer aktuellen Arbeitssituation (15 Minuten).

Schritt 4: Die Teilnehmer stellen ihre Ergebnisse in der Gruppe vor (15 Minuten).
Schritt 4.1: Sie überlegen gemeinsam, was es für sie persönlich bedeutet, wenn ihre aktuellen Rollen in der Arbeit (Schritt 2) weitgehend mit den präferierten Rollen übereinstimmen (15 Minuten).
Schritt 4.2: Die Teilnehmer überlegen gemeinsam, was es für sie persönlich bedeutet, wenn ihre Rollen in der Arbeit im Vergleich zu ihren Präferenzen stark (mehr als 80 Prozent), mittel (50 Prozent), zum Teil (weniger als 30 Prozent) auseinanderdriften (30 Minuten).
An dieser Stelle gehen sie in einen Dialog miteinander, stellen sich ihre Erkenntnisse gegenseitig vor und diskutieren darüber.
4.3 Die Teilnehmer überlegen gemeinsam, wie sie künftig ihre Arbeit stärker in ihren Haupt- und Nebenrollen umsetzen können.

Schritt 5: Der Lernbegleiter fasst die Ergebnisse zusammen und gibt einen lösungsorientierten Ausblick auf die weitere Arbeit mit der Methode und den gewonnenen Erkenntnissen (20 Minuten).
Für diese Arbeit nutzen Sie das Team Management Rad.

In der nachfolgenden Grafik sind das Rad der Arbeitsfunktionen und das der Arbeitspräferenzen zusammengefasst dargestellt. Die acht Arbeitsfunktionen beschreiben die Aufgaben, die in jedem Team anfallen und die für ein gutes Ergebnis die Voraussetzung sind. Gleichzeitig beschreiben sie acht unterschiedliche Arbeitspräferenzen:

Beraten	Innovieren	Promoten	Entwickeln
Organisieren	Umsetzen	Überwachen	Stabilisieren

Die komplette Übersicht finden Sie zum Downloaden unter www.beltz.de direkt beim Buch: http://www.beltz.de/de/weiterbildung/beltz-weiterbildung/titel/personales-gesundheitsmanagement.html.

Ziel der zweiten Phase: Transfer auf intergenerative Teams
Grundverständnis für die Kompetenz und die Potenziale intergenerativer Teams vermitteln.

Vorbereitung
In diesem Schritt wird das Rad der Linking Skills von Margerison-McCann benötigt. Dieses zeigt die Fähigkeiten auf, die auf Führungs- und Teamebene die Voraussetzung dafür bilden, die einzelnen Teammitglieder gut in das Miteinanderarbeiten zu begleiten und ihre Kräfte zu bündeln.

Das Rad der Linking Skills

Dieses Rad bildet die »Nabe« im Team Management Rad und beinhaltet die 13 wichtigen Sozial- und Führungskompetenzen im Hinblick auf Kommunikation, Koordination und Kooperation.

Warum ist die Methode besonders für intergenerative Teams geeignet?
Intergenerative Teams leben ganz besonders von der Vielfältigkeit ihrer Mitglieder. Die Unterschiede im Alter und der Berufs- und Lebenserfahrung sorgen für einen bunten Strauß an Fähigkeiten und Fertigkeiten. Mithilfe des TMP entsteht die Möglichkeit, die verschiedenen Potenziale der Mitarbeiter aus den unterschiedlichen Generationen miteinander zu verbinden, gegenseitiges Verständnis zu fördern und

zielorientiert und synergetisch aufeinander abzustimmen, um ein gesundes, effektives, ergebnisorientiertes Miteinanderarbeiten zu ermöglichen.

Was sind besondere Hinweise für den Lernprozess der Teilnehmer?
Während der Arbeit mit den Unterlagen können überraschende Selbst- und Fremderkenntnisse auftauchen, die eventuell Gesprächsbedarf auslösen. Alle daran Beteiligten benötigen genügend Zeit zur Reflexion während des gesamten Teamentwicklungsprozesses sowie begleitendes Feedback.

Im nächsten Schritt ist Ihre Kompetenz gefragt! Sie arbeiten prozessual, jeder Schritt baut auf den Ergebnissen des vorhergehenden auf. Sie kennen Ihr Ergebnis aus der ersten Phase: Einstieg in die TMS-Methode. Sie haben sich bereits mit dem »Rad der Linking Skills« auseinandergesetzt. Ihr Ziel ist es, den Teilnehmern Impulse für eine erste Erfahrung für die Potenziale intergenerativer Teams zu geben. Wie können Ihre Schritte dafür aussehen? Entwickeln Sie einen Prozess von Eigenerkenntnis, Selbstreflexion, Teamaustausch und -reflexion. Sie wissen, Sie haben noch drei Stunden Zeit ... Wir begleiten Sie mit den Kernfragen. Viel Spaß!

Schritt 1 (Intro): Wie gestalten Sie die Einführung des Rads der Linking Skills? Wie verbinden Sie die beiden Räder TMS-Rad und das Rad der Linking Skills miteinander?

....
....
....
....

Schritt 2: Wie öffnen Sie die Teilnehmer für die erste Erfahrung mit dem Rad der Linking Skills?

....
....
....
....

Schritt 3: Wie gestalten Sie den Austausch dieser Erfahrungen im Team?

....
....
....
....

Schritt 4: Wie führen Sie die Ergebnisse dieser Gruppenarbeit zusammen?

....
....
....
....

Schritt 5: Welches Design wählen Sie, um die Teilnehmer in die Erfahrung zu führen, wie sich diese beiden Räder miteinander verbinden lassen?

....
....
....
....

Schritt 6: Wie führen Sie bei den Teilnehmern das Thema »intergenerative Teams« ein?

....
....
....
....

Schritt 7: Wie gestalten Sie gemeinsam mit den Teilnehmern diese Arbeitsphase interaktiv, um den Nutzen für intergenerative Teams aus der eigenen Erfahrung heraus zu entdecken?

....
....
....
....

Schritt 8: Wie werten Sie gemeinsam mit den Teilnehmern diese Arbeitsphase im Hinblick auf intergenerative Teams aus?

....
....
....
....

Schritt 9: Wie fassen Sie interaktiv die wichtigsten Lernerfolge zusammen?

....
....
....
....

Tipps: TMS und der Teamprozess
TMS ist Teil eines Prozesses, der nicht mit der Zusammenstellung des Teams endet. Mit Beginn der gemeinsamen Arbeit ist es wichtig, dass Möglichkeiten zur Evaluation entwickelt werden, die regelmäßig Anwendung finden.

Learnings für die Teilnehmer
Jeder Teilnehmer lernt anhand des Team Management Profils zunächst seine persönlichen Arbeitspräferenzen und Arbeitsfähigkeiten bewusst kennen. Im nächsten Schritt lernt er, wie er diese gezielt in die Teamarbeit einbringen und sie kontinuierlich in seinen Arbeitsprozessen nutzen kann.
Und die Kür: Die Präferenzen sind gleichzeitig die Fähigkeiten, die ein Team braucht, um ergebnis- und erfolgsorientiert miteinander arbeiten zu können. Diese Fähigkeiten bauen aufeinander auf und stellen somit auch ein Phasenmodell dar, das eine wichtige Voraussetzung für erfolgreiche Projekte ist.

Literatur zum Thema

Simon, Walter (Hrsg.): *Persönlichkeitsmodelle und Persönlichkeitstests.* 15 Persönlichkeitsmodelle für Personalauswahl, Persönlichkeitsentwicklung, Training und Coaching. Offenbach: Gabal, 2. Auflage 2006

Es werden 15 der der wichtigsten Modelle (Persönlichkeitsmodelle, Potenzialanalysen und Persönlichkeitstests) vorgestellt und detailliert erläutert: theoretische Quellen, die Beschreibung des Verfahrens, Aufbau und Einsatzmöglichkeiten, wissenschaftliche Gütekriterien sowie Aus- und Weiterbildung. Hartmut Wagner vermittelt in seinem Beitrag TMS im schnellen Überblick und gibt Methodentransfer anhand praktischer Beispiele mit gezielten Querlesehilfen.

Tscheuschner, Marc/Wagner, Hartmut: *30 Minuten TMS.* Team Management System. Offenbach: Gabal 2009
Tscheuschner, Marc/Wagner, Hartmut: *TMS – Der Weg zum Hochleistungsteam.* TMS mit Praxistipps und Fallstudien. Offenbach: Gabal 2008

Kollegiales Teamcoaching (KTC)

Claudia Härtl-Kasulke und Loreen Klahr

Im Folgenden stellen wir Ihnen ein Modell des Kollegialen Teamcoachings vor. Für das gute Gelingen ist es bei dieser Coachingmethode wichtig, dass klare Rahmenbedingungen eingehalten werden. Die Teilnahme aller Beteiligten erfolgt auf freiwilliger Basis. Alles, was besprochen wird, bleibt im Raum. Alle Anwesenden sind mit Konzentration in ihren Rollen und auf den damit verbundenen Aufgaben.

> **Kollegiales Teamcoaching**
>
> **Thema**
> Im kollegialen Teamcoaching (KTC) begeben Sie sich auf die Metaebene, um ein Thema oder eine Fragestellung aus unterschiedlicher Sicht zu betrachten und Lösungsperspektiven zu entwickeln und aufzuzeigen.
>
> **Vorbereitung**
> Diese Coachingmethode ist sehr strukturiert und verlangt eine klare Rollenverteilung im Team. Es gibt einen Zeitwächter, einen Manager für den roten Faden, den Coachee und das Coachingteam. Alle Rollen werden im Vorfeld gemeinsam festgelegt und der zeitliche Ablauf wird abgesprochen.
> Der Coachee entscheidet sich für eine Fragestellung, die er im Rahmen des Teamcoachings bearbeiten möchte.
>
> **Anzahl Teilnehmer**
> 6 Personen; bei geübten Teilnehmern können es auch mehr sein, maximal 12.
>
> **Zeit**
> 30 bis 60 Minuten, je nach Anzahl der Teilnehmer und Umfang der zu bearbeitenden Fragestellung.
>
> **Ziel**
> Ziel ist, dass der Coachee auf seine vorbereitete Frage durch die Erfahrungen und individuellen Kenntnisse aller Kollegen auf Lösungen gelenkt wird.

Ergebnis

Das kollegiale Teamcoaching sorgt für einen konstruktiven Arbeitsprozess, stärkt den Teamgeist und unterstützt die Entwicklung von Lösungen.

Der Coachee hat auf seine Fragen Anregungen erhalten und kann anschließend motiviert und zielorientiert weiterarbeiten. Er geht in Verantwortung für die Wahl des Lösungsansatzes, die er für seine Arbeit trifft.

Das Team erlebt sich selbst im wertschätzenden und lösungsorientierten Zusammenarbeiten. Die Ergebnisse wirken sich ebenfalls motivierend aus und fördern den Teamgeist.

Zusätzlich gewinnen die Teilnehmer Zeit im Arbeitsprozess, weil sie sich weder allein den Kopf zerbrechen müssen, noch lange Diskussionen Zeit und Energie rauben. Durch die Methoden gelangen sie schnell zu Lösungen.

> Im Personalen Gesundheitsmanagement gilt vorrangig, auch in komplexen Situationen Partiziation zu leben. KTC unterstützt diesen didaktischen Ansatz, indem es Hilfe zur Selbsthilfe gibt.

Beschreibung der Schritte

Der Coachee: Als Coachee bereiten Sie im Vorfeld eine Fragestellung vor, die Sie im Rahmen des KTC bearbeiten möchten. Diese kann sowohl den beruflichen als auch privaten Bereich betreffen. Formulieren Sie diese Fragestellung klar und deutlich. Denken Sie daran: Es geht um Ihr eigenes Anliegen, deshalb sollten Sie die Frage idealerweise aus der Ich-Perspektive definieren.

Nachdem Sie Ihre Frage an Ihr Coachingteam gestellt haben, ist es für Sie an der Zeit innezuhalten. Kommentieren Sie nicht, sondern hören Sie zu und lassen Sie die für Sie entwickelten Beiträge aus Ihrem Kollegenverbund auf sich wirken. Wenn möglich, notieren Sie sich diese, damit Sie anschließend auswählen können, was Sie weiterverfolgen möchten. Schreiben Sie möglichst ausführlich mit, denn Gesagtes gerät schnell in Vergessenheit. Sie stellen somit sicher, dass wichtige Ressourcen und Ideen erhalten bleiben. Zusätzlich wertschätzen Sie Ihre Kollegen. Wenn Sie alles ausführlich mitschreiben, fühlen sich alle Beteiligten ernst genommen und melden sich gern öfter zu Wort.

Der Coach/das Coachingteam: Im kollegialen Coachingteam gehen Sie in die Position des Coaches. Hierbei ist es wichtig, dass sie einen klaren Phasenverlauf einhalten. Lassen Sie Ihre Kollegen aussprechen und hören Sie aufmerksam zu. So vermeiden Sie Wiederholungen. Als Coach geben Sie Hilfe zur Selbsthilfe und aktivieren durch gezielte Fragen zum Thema den Coachee, in unterschiedliche Richtungen zu denken. Wichtig: Sie geben keine Antworten, auch nicht auf die Ausgangsfrage des

Coachees, sondern formulieren ausschließlich Fragen. Überlegen Sie sich gezielte, lösungsorientierte Fragen, die dem Coachee helfen, geeignete Antworten zu finden, die für seine Position stimmig sind.

Vermitteln Sie dem Coachee ein Gefühl des Vertrauens und nehmen Sie seine Fragestellung ernst. Bewerten Sie weder die Fragestellung des Coachees noch die der anderen Coaches, sondern versuchen Sie, alle Beiträge auf sich wirken zu lassen. Das ist wichtige Voraussetzung für die Wertschätzung untereinander. Sie werden merken, wie Sie als Kollegenverbund zusammenwachsen.

Moderator und Zeitwächter: Beim kollegialen Teamcoaching ist es wichtig, ein Zeitfenster und eine methodische Struktur einzuhalten. Um dies zu gewährleisten, ist es ideal, wenn Sie einen Moderator ernennen. Dadurch hält die Gruppe den Zeitplan leichter ein und ein reibungsloser Ablauf wird möglich.

Als Moderator leiten Sie das Kollegiale Teamcoaching und moderieren die Reihenfolge, wer wann an der Reihe ist. Sie behalten den Verlauf im Auge, beachten das Einhalten des Themas und tragen Sorge für die Einhaltung der Struktur. Jeder darf ausreden, alle Beiträge sind wertvoll, es werden lösungsorientierte Fragen gestellt. Der Zeitwächter achtet darauf, dass in jedem »Durchlauf« die vorher abgesprochene Zeitbegrenzung eingehalten wird.

Ablauf

Insgesamt 30 (6 Teilnehmer) bis 60 Minuten (12 Teilnehmer), je nach Anzahl der Teilnehmer und Umfang der zu bearbeitenden Fragestellung.

Beschreibung der Schritte

Schritt 1: Ausgangssituation darstellen.
Schritt 1.1: Der Moderator stellt die Methode und die Rahmenbedingungen vor.
Schritt 1.2: Der Coachee fasst kurz die Ausgangssituation zusammen und stellt seine vorbereitete Frage vor (5 bis maximal 10 Minuten).

Schritt 2: Klarheit schaffen

Sollte für den Coach die Ausgangssituation unklar sein, dann hat er die Möglichkeit, Verständnisfragen zum Gesagten an den Coachee zu stellen. In dieser Phase geht es noch nicht um lösungsorientierte oder richtungsweisende Fragen, sondern ausschließlich darum, die Situation klar zu erschließen (nur bei Bedarf maximal 5 Minuten).

Tipp
Wenn die Frage auf einem Flipchart oder einem Plakat visualisiert wird, fällt es allen Beteiligten leichter, den roten Faden zu behalten.

Schritt 3: Lösungsfragen stellen
Für den Coachee ist es nun an der Zeit innezuhalten. Nachdem alle Unklarheiten beseitigt sind, beginnt das Coachingteam, seine lösungsorientierten Fragen zu stellen, bei denen der Coachee nur zuhört und sich die Fragen notiert (30 Minuten).

Wichtig: Das wirkungsvolle Gelingen hängt vom Einhalten der Struktur ab.

Schritt 4: Bedanken
Im letzten Schritt bedanken Sie sich als Coachee bei allen Beteiligten für ihre Bereitschaft und Unterstützung. Der Moderator beendet das Coaching.

Warum ist KTC besonders für intergenerative Teams geeignet?
Intergenerative Teams können sich mit dem kollegialen Teamcoaching zu Hochleistungsteams entwickeln, da die Teilnehmer, gerade weil sie aus unterschiedlichen Generationen kommen, hohe Expertise und Erfahrung aus unterschiedlichen Entwicklungsfeldern (Studium, Beruf, Ausbildung, Familie, Freundeskreis, soziales Engagement etc.) miteinander einbringen.

> Jeder Teilnehmer entwickelt seine Fragen aus seiner persönlichen Sichtweise und Erfahrung heraus: sowohl berufliche als auch private. Welches Team kann vielfältigere Fragen stellen, als ein intergeneratives? Gleichzeitig fördert es durch die Erkenntnis, dass jeder etwas zur Lösung beiträgt. Durch den Perspektivenwechsel entwickelt sich Teamverständnis in der generationenübergreifenden Zusammenarbeit.

Was sind besondere Hinweise für den Lernprozess der Teilnehmer?
Für den Coachee ist es wichtig, für die Fragen des Coachingteams offen zu sein und die unterschiedlichen Perspektiven durch die Coaches dann für sich abzuwägen und auf die eigene Aufgabenstellung zu übertragen.
Es ist für alle Beteiligten eine Herausforderung, nur mit Fragen anstelle von Aussagen zu arbeiten. Wenn sie gegenseitig auf sich achten – allen voran der Moderator –, bekommen sie das schnell in den Griff.

Tipps für den Coachingprozess
- Coachee: Falls Sie sich voll und ganz auf Ihre Kollegen konzentrieren wollen und das Mitschreiben Sie ablenken würde, suchen Sie sich vorher einen Teampartner aus, der für Sie wortwörtlich alles mitschreibt.
- Es ist wichtig für den Prozess, keine Fragen zu kommentieren oder tiefer darauf einzugehen. Die Antworten werden Sie als Coachee sich für Ihre eigene Situation

am Ende selbst geben können; vertrauen Sie auf Ihre Coaches und die Impulse, die sie Ihnen geben.
- ➡ Coachingteam: Vermitteln Sie dem Coachee ein Gefühl des Vertrauens. Nehmen Sie die Fragestellung ernst. Arbeiten Sie bewertungsfrei.
- ➡ Coachee: Die Erfahrung zeigt, dass es gut für das Ergebnis ist, im Voraus abzuklären, ob es sich um ein eher funktionales Anliegen handelt oder um eine emotionale/persönliche Herausforderung. Oft denken wir, uns stresst der neue Chef oder wir kommen mit dem Kollegen nicht zurecht. Veilleicht fällt beim näheren Hinschauen auf, dass wir im Privatleben überfordert sind oder uns andere Gedanken aufwühlen. Wichtig ist es, nicht die Fehler bei den anderen zu suchen, sondern den Fragenfokus auf die Veränderung zu setzen. Coachingteam: Führen Sie als Coach mit gezielten Fragen den Coachee auf die richtige Fährte.

Worauf ist besonders zu achten?
Freiwilligkeit ist oberstes Gebot. Alle Teilnehmer wissen, dass über den Austausch hinaus die Themen mit keinem außerhalb des Settings besprochen werden.

Learnings für die Teilnehmer
Als Coachee lernen Sie Ihr Team neu kennen. Durch das wertschätzende und offene Miteinander während eines solchen Coachings erleben Sie, dass Ihre Coaches unterschiedliche Perspektiven einnehmen, unterschiedliche Denkansätze mitbringen, die sich in ihren Fragen spiegeln. Das inspiriert und wird Ihre Zusammenarbeit beflügeln. Das Arbeiten mit Fragen statt langer Diskussionen können Sie auch für sich selbst nutzen. Stellen Sie sich selbst lösungsorientierte Fragen, wenn Sie nicht weiterwissen.

Literatur zum Thema

Es gibt unterschiedliche Formen des KTC. Mittlerweile hat sich das IOS-Institut in Hamburg, zu dem die folgenden Autoren gehören, »KTS Kollegiales Team Coaching®« als Marke eintragen lassen.

Schley, Vera/Schley, Wilfried, *Handbuch Kollegiales Teamcoaching. Systemische Beratung in Aktion.* Innsbruck: StudienVerlag 2010

Methoden für Einzel- und Teamarbeit

- Aktive Erholungspausen
- Atemübungen: Achtsames Atmen

↗ 3.2

Aktive Erholungspausen

Ulrike Reiche

Auf den nachfolgenden Seiten lernen Sie eine Methodik zur gesunden Pausengestaltung kennen. Sie finden Umsetzungshinweise für den Berufsalltag ebenso wie Tipps zur erfolgreichen Integration in das betriebliche Umfeld.

Methoden zur aktiven Entspannung umfassen Elemente der körperlichen Bewegung und Entspannung, die eine psychomentale Rückwirkung haben. Dazu zählen zum Beispiel Progressive Muskelentspannung ebenso wie Yoga, Tai Chi und Qigong. Diese Methoden erfreuen sich wachsender Beliebtheit: Allein Yoga wird nach aktuellen Schätzungen mittlerweile von ungefähr fünf Millionen Menschen im deutschsprachigen Raum regelmäßig betrieben (Spiegel 14/2012).

Inzwischen existieren in diesem Sektor zahlreiche wissenschaftliche Studien, die die vielfältigen gesundheitsfördernden Wirkungen nachweisen. Vor diesem Hintergrund werden die genannten Methoden gemäß GKV-Handlungsleitfaden zur Stressprävention nach SGB § 20 anerkannt und haben zudem längst den Einzug in die professionelle therapeutische Arbeit gefunden (s. Literaturhinweise, S. 338 f.).

Im Kontext des Personalen Gesundheitsmanagements sind besonders folgende Effekte hervorzuheben: Yoga und andere Entspannungsmethoden reduzieren Stress und fördern neben der körperlichen Beweglichkeit zugleich die Gehirnplastizität, mithin die Konzentrationsfähigkeit, Reflexionsbereitschaft und Selbstwahrnehmung. Es liegt daher nahe, diese Methoden auch in das berufliche Umfeld zu integrieren. Zum Beispiel,

- um die Leistungsfähigkeit der Mitarbeiter zu erhalten.
- ein gesundheitsförderndes Verhalten zu unterstützen.
- in Teams kreative Kommunikationsprozesse anzuregen.
- kreative Problemlösungen zu finden.
- Reflexion, Erkenntnis und Einsicht zu ermöglichen.

Eine beispielhafte Umsetzungsvariante finden Sie im Folgenden.

Aktive Erholungspausen

Thema

Generell gilt beim Stressabbau der Grundsatz: »Wer sich nicht bewegt, hat schon verloren!« Um entstandenen Druck abzubauen, kommen wir an körperlicher Bewegung nicht vorbei. Auch aus diesem Grunde treiben viele Menschen Sport. Häufig wird dabei jedoch der Aspekt der Entspannung und Regeneration vergessen. Diese stellt sich in den Ruhephasen ein, und das ist der Moment, in dem wir sowohl auf physischer als auch auf psychischer Ebene unseren Akku wieder aufladen. Aus diesem Grund empfiehlt sich für eine wirksame und effiziente Pausengestaltung eine Herangehensweise, die Aspekte der Bewegung und Entspannung miteinander kombiniert. Genau dies ist bei den eingangs erwähnten Methoden der Fall. Diese Methoden zeichnen sich aus durch:

➡ leicht auszuführende Übungen zur Aktivierung des Bewegungsapparats
➡ Atemtechniken
➡ Kombination aus Bewegung, Atmung und mentalem Fokus
➡ meditative Entspannung, wahlweise in Stille oder mit Musik

Im Gegensatz zu reinen Sportangeboten haben sie den Vorteil, nicht per se schweißtreibend zu sein. So lassen sich einzelne Übungen und Kurzprogramme durchaus im Businessoutfit direkt am Arbeitsplatz durchführen, ohne dass hinterher eine Dusche fällig würde.

Neben der Stressbewältigung trainieren diese Methoden zudem die achtsame Eigenwahrnehmung und fördern die Fähigkeit, Körpersignale frühzeitig zu erkennen und dementsprechend vorbeugend zu handeln, zum Beispiel rechtzeitig eine Arbeitspause einzulegen. Letzteres ist besonders wichtig im Fall von flexiblen Arbeitszeiten, in denen keine klaren Pausenzeiten oder fest definierten Arbeitsrhythmen mehr bestehen. Somit obliegt es den Beschäftigten selbst, tagtäglich für ihre eigenen Arbeitspausen Sorge zu tragen. Pausenzeiten sind zwar arbeitsrechtlich geregelt, doch wie sie von den Arbeitnehmern letztendlich genutzt werden, liegt in deren Eigenverantwortung. Die Voraussetzung für eine gesunde Selbststeuerung ist, dass Mitarbeiter über das notwendige Know-how verfügen, um sich je nach Bedarf gezielt entlasten zu können. An diesem Punkt setzen spezielle Maßnahmen zur Gesundheitsförderung an, die für die Selbstregulation sensibilisieren und geeignete Methoden systematisch trainieren.

Die folgende Übersicht, die ich erstmals als Beitrag in »YIU Yoga in Unternehmen« (09/2005, S. 160/161) veröffentlicht habe, soll Ihnen einen ersten Überblick geben über Geschichte, Methodik und Wirkung der verschiedenen Methoden. Zudem können Sie der Empfehlung entnehmen, wann sich welche Methode besonders gut eignet.

Übersicht Entspannungsmethoden

	Yoga	Meditation	Progressive Muskelentspannung	Autogenes Training	Mentaltraining
Geschichte	Mehrere tausend Jahre alt, entwickelt im heutigen Indien. Wird seit Mitte des letzten Jahrhunderts im westlichen Kulturkreis praktiziert.	Als integraler Bestandteil des Yoga viele tausend Jahre alt, aber auch in anderen Kulturen bekannt. Im Westen ist zum Beispiel die Zen-Meditation weit verbreitet.	Wurde erstmals in den 1930er-Jahren von Edmund Jacobson an der Universität von Chicago/USA vorgestellt.	Wurde von Johannes Heinrich Schultz (Berlin) in den 1930er-Jahren auf Basis der Hypnose entwickelt.	Hat sich in den letzten Jahrzehnten unter anderem aus der Hypnose im Rahmen des Hochleistungssports entwickelt. Heute gibt es eine Vielzahl von Anbietern und Methoden.
Methodik	Körperübungen mit integrierter Atemtechnik, Konzentrationsübungen, Entspannungsphasen und Meditation.	In entspanntem Zustand sitzen, Konzentrationsübung und Beobachten des Gedankenstroms.	Bewusstes An- und Entspannen verschiedener Muskelgruppen, Konzentration auf das Gefühl der Entspannung.	Körperliche und geistige Entspannung durch Vorstellungsübungen.	Entspannungsübungen unterstützt durch Fantasietraining mit lebendigen und individuellen Vorstellungsbildern.
Wirkung	Harmonisierung von Körper, Geist und Seele. Vielfältige nachgewiesene gesundheitsfördernde Wirkweise (zum Beispiel bei Stress, hohem Blutdruck, Migräne, Rückenbeschwerden, Schlafstörungen, depressiven Stimmungen). Verbesserung des Atemflusses und der Körperhaltung.	Mentale Beruhigung und Entspannung, Verbesserung der Konzentrations- und Reflexionsfähigkeit, Steigerung der mentalen Wachheit und der Fähigkeit, präsent zu sein.	Muskuläre An- und Entspannung wirkt auf die Durchblutung der jeweiligen Körperbereiche, was oft als entspannendes Schweregefühl und Wärme wahrgenommen wird. Anstieg des körperlichen und geistigen Wohlbefindens, Sensibilisierung für bereits vorhandene und neue Verspannungen.	Wirkt vorrangig auf das vegetative Nervensystem, das sich in Richtung einer entspannenden Reaktionsgrundlage verändert. Es erhöht die Widerstandskraft des Organismus und steigert die Immunabwehr sowie die geistige Leistungsfähigkeit.	Unterstützt die Bewältigung herausfordernder Situationen, verbessert die Vorstellungskraft und steigert die Konzentration. Wird beispielsweise von Sportlern in Wettkampfsituationen angewandt.

Übersicht Entspannungsmethoden

	Yoga	Meditation	Progressive Muskelentspannung	Autogenes Training	Mentaltraining
Empfehlung	Eignet sich zum Abbau von körperlichem und geistigem Stress, steigert das gesamte Wohlbefinden. Fördert gesundheitsbewusste Einstellungen durch Sensibilisierung der Körper- und Selbstwahrnehmung; hilft, die eigenen Ressourcen sinnvoll einzusetzen.	Eignet sich besonders zur Bewältigung von geistigem Stress und unterstützt persönliche Entwicklungsprozesse. In Phasen starker Belastung empfiehlt sich vorab eine körperliche Betätigung (zum Beispiel Yoga), um Stress abzubauen und zur Ruhe zu kommen.	Durch einfache Anleitungen kommen auch Menschen, die zu den anderen Methoden eher Zugangsschwierigkeiten haben, in angenehme Entspannungszustände.	Ermöglicht mentale und körperliche Entspannung. Aufgrund der geringen körperlichen Aktivität können Menschen, die unter starker Anspannung leiden und Stress gern in Bewegung umsetzen, Umsetzungsschwierigkeiten haben.	Eignet sich zur Vorbereitung auf Phasen besonderer Anstrengung und zur Bewältigung von Stress. Lässt sich alternativ zum Kursbesuch auch durch Unterstützung von Hör-CDs erlernen.

Vorbereitung

Grundsätzlich können Entspannungsmethoden direkt am Arbeitsplatz oder im Konferenzraum als Teil eines Meetings, Workshops oder Seminars durchgeführt werden. Zeit- und Materialaufwand sind vergleichsweise gering. Die Übungen finden im Stehen oder auf dem Stuhl sitzend statt. Sofern gewünscht beziehungsweise erforderlich können Stühle und Tische an die Seite geschoben werden. Sollten Sie Entspannungsmusik einsetzen wollen, nutzen Sie dafür Ihr Smartphone, iPod oder Laptop und schließen Sie tragbare Lautsprecher an. Wenn Sie allein üben, reichen natürlich Kopfhörer.

Damit Sie und Ihre Teilnehmer wirklich gut entspannen können, empfiehlt es sich, sich in einem ruhigen, von außen nicht einsehbaren Raum aufzuhalten. Die meisten Menschen können dann am besten abschalten, wenn sie sich von der Außenwelt zurückziehen können und von anderen unbeobachtet fühlen.

Wichtig ist, dass Sie und das Team während der Übungsphase ungestört bleiben. Schaffen Sie eine ruhige Atmosphäre, indem Sie Fenster und Türen schließen und gegebenenfalls außen ein Hinweisschild »Bitte nicht stören« anbringen. Achten Sie darauf, dass alle Handys und im Raum befindliche Festnetztelefone auf lautlos geschaltet werden. Und: Bewegung macht durstig – stellen Sie Softgetränke, insbesondere Wasser, bereit!

Anzahl der Teilnehmer
Sie können die Übungen situativ allein, in kleinen Teams oder aber in Großgruppen anwenden. Im Rahmen eines systematischen Trainings zur betrieblichen Gesundheit umfassen die Gruppen idealerweise acht bis zwölf Teilnehmer.

Zeit
5 Minuten bis 45 Minuten.
Einzelne Entlastungsübungen lassen sich in sehr kurzer Zeit ausführen und am Schreibtisch sitzend beziehungsweise während eines Meetings oder Seminars in den normalen Tagesablauf integrieren. Aus arbeitsrechtlicher Sicht gelten Arbeitsunterbrechungen ab 15 Minuten als »echte« Pause. Der ideale Erholungseffekt stellt sich nach circa 18 bis 20 Minuten ein.
Eine Gesundheitsmaßnahme, bei der das Einüben beziehungsweise zielgerichtete Training im Vordergrund steht, orientiert sich an den gesetzlich geregelten Mindestpausenzeiten von 30 beziehungsweise 45 Minuten.

Ziel
Aktive Erholungspausen können unterschiedliche Ziele verfolgen, zum Beispiel:
➡ Stress reduzieren
➡ körperliche Anspannung abbauen
➡ mental abschalten und zur Ruhe kommen
➡ die Konzentrationsfähigkeit verbessern
➡ Selbstreflexion anregen
➡ eine aufgeheizte Gesprächsatmosphäre entspannen

Ergebnis
Neben den bekannten gesundheitsfördernden Effekten (s. Übersicht auf S. 330) sind die Entspannungsmethoden allesamt Achtsamkeitstainings: Sie sensibilisieren die Selbstwahrnehmung und trainieren die Sinne. Durch die Achtsamkeitsschulung wird ein innerer Raum kreiert, in dem der Mensch zu einem guten Umgang mit sich selbst findet und Klarheit über das eigene Empfinden beziehungsweise über eigene Standpunkte erlangt. Dies befähigt den Übenden, sowohl seine ihm innewohnenden Ressourcen als auch seine Gestaltungsspielräume wahrzunehmen und zu nutzen. Das ermöglicht ihm, sich in Arbeitssituationen authentisch(er) und zielgerichtet(er) einzubringen, mithin sein Potenzial zu entfalten.

Beschreibung der Schritte

Ein Programm zur gesunden Pausengestaltung orientiert sich an den folgenden Kriterien:

- **P** Power freisetzen
- **A** Aktiv werden
- **U** Umfassend für Körper, Geist und Seele
- **S** Sensitiv, mit allen Sinnen und
- **E** Erholung und Entspannung

Hierin spiegeln sich die grundlegenden Techniken wieder, die alle Entspannungsmethoden ausmachen: Bewegung und Entspannung bei bewusster Atemführung sowie gleichzeitigem geistigen Fokus. So wird der Mensch gleichzeitig auf all seinen Erfahrungsebenen angesprochen. Diese Art der Entspannung ist sehr effizient, und die Effekte sind für den Übenden sofort wahrnehmbar. Voraussetzung ist, dass jede Übung schrittweise aufgebaut wird und alle genannten Aspekte berücksichtigt. Es folgt eine beispielhafte Vorgehensweise.

Schritt 1: Ankommen: Sie starten stets mit einem Moment des Innehaltens und der Ruhe. Diese Phase dauert ein bis drei Minuten und kann auch gut für sich alleinstehend, ohne anschließende Aktivierungsübung, zu Beginn eines Meetings oder einer Arbeitseinheit durchgeführt werden. Dann ermöglicht sie jedem Teilnehmer, sich zu sammeln und die Konzentration auf die anstehende Aufgabe zu richten.

> **Ein Beispiel zur Anleitung:** Setzen Sie sich in aufrechter Haltung auf den Stuhl, beide Füße stehen nebeneinander mit gutem Kontakt zum Boden. Legen Sie die Hände bequem auf den Beinen ab. Atmen Sie ruhig, lang und tief und beobachten Sie zunächst Ihren Atemfluss. Schließen Sie dann für einige Atemzüge die Augen und richten Sie Ihre Aufmerksamkeit nach innen. Beobachten Sie – ohne Wertung –, wie Sie sich gerade fühlen. Lassen Sie die Aufmerksamkeit durch Ihren Körper wandern und nehmen Sie wahr, wo sie von allein hingezogen wird. Beobachten Sie auch Ihre Stimmung und Ihren Gedankenstrom. Lassen Sie Ihren Atem entspannt kommen und gehen, während Sie weiter beobachten.
> Schließlich nehmen Sie einen tiefen Atemzug und kommen allmählich wieder zurück. Richten Sie Ihre inneren Antennen wieder nach außen, öffnen Sie Ihre Augen und bewegen Sie Ihren Körper.

Schritt 2: Bewegung: Diese Phase dauert zwei bis drei Minuten. Sie gehen jetzt über zu einer körperlichen Aktivität. Sie bringen den Körper in Bewegung und kombinieren diese mit einer bewussten Atemführung sowie mit einem mentalen Konzentrationspunkt. Es folgen zwei Übungsbeispiele.

Übung, um Spannung im Schulter-Nacken-Bereich abzubauen
Setzen Sie sich mit geradem Rücken auf den Stuhl und legen Sie die Hände entspannt auf die Knie. Schließen Sie die Augen und halten Sie den inneren Blick auf die Stirn gerichtet. Mit dem Einatmen ziehen Sie die Schultern zu den Ohren hoch. Während Sie ausatmen, lassen Sie sie entspannt nach unten fallen. Halten Sie während der Übung die Wirbelsäule gerade.

Jogging-Ersatz: Übung, um Spannung abzubauen und den Kreislauf anzuregen
Beginnen Sie auf der Stelle zu laufen oder so schnell wie möglich zu gehen. Ziehen Sie dabei die Knie hoch und stoßen Sie die Fäuste nach vorn. Atmen Sie kräftig bei jedem Stoß. Heben Sie die Knie so hoch wie möglich, geben Sie sich ganz in die Übung hinein. Suchen Sie sich einen Fokus für die Augen und halten Sie sie während der Übung konzentriert auf diesen Punkt gerichtet. Beendigung: Atmen Sie ein, atmen Sie aus, stehen Sie vollkommen still. Entspannen Sie den Atemfluss. Wenn Sie diese Übung sehr kraftvoll ausführen, bringt dieser Joggingersatz Ihre ganze Energie in Gang.

Schritt 3: Entspannung: Diese Phase sollte etwa genau so lange dauern wie die vorangegangene Bewegungseinheit. Dieser Schritt ist wichtig für die körperliche Regeneration und fördert Ihre Selbstwahrnehmung: Sie beenden die Bewegungsübung und kommen zur Ruhe. Bei nach innen gerichteter Aufmerksamkeit, idealerweise mit geschlossenen Augen, spüren Sie in sich hinein und beobachten, welche Veränderung die vorangegangene Übung in Ihnen auslöst. Wichtig ist, dass Sie sich während der Entspannung konsequent auf die Beobachterposition beschränken, ohne zu werten oder zu analysieren.

Ein Beispiel zur Anleitung: Sitzen Sie ruhig und bewegungslos. Entspannen Sie und lassen Sie Ihren Atem fließen. Beobachten Sie, welche Veränderung die Übung in Ihnen bewirkt. Nehmen Sie Ihren Körper wahr und auch die Gedanken, die nun durch Ihren Kopf ziehen. Lassen Sie Ihren Atem entspannt kommen und gehen, während Sie weiter beobachten.
Schließlich atmen Sie tief ein und aus und kommen allmählich wieder zurück. Richten Sie Ihre inneren Antennen wieder nach außen, öffnen Sie Ihre Augen und bewegen Sie Ihren Körper.

Wenn Sie ausreichend Zeit haben oder unter hoher Anspannung stehen, verlängern Sie das Programm, indem Sie Schritt 2 und 3 mehrfach nacheinander wiederholen, entweder mit ein und derselben Übung, oder Sie kombinieren verschiedene Übungen.

Schritt 4: Geistiger Fokus: Diese Phase dient der psychomentalen Entspannung und hat eher meditativen Charakter. Sie kann je nach Bedarf zwischen drei bis zehn Minuten betragen.

Mit der nachfolgenden Übung können Sie trainieren, Ihre Aufmerksamkeit zu bündeln, um in einen entspannten, meditativen Zustand zu gelangen. Die regelmäßige Praxis trainiert Ihre Konzentrationsfähigkeit, sodass Ihr Geist auch in Alltagssituationen ruhig bleibt und Sie Ihre Handlungen bewusst lenken können.

Die Übung ausführen: Setzen Sie sich in eine aufrechte Haltung, achten Sie darauf, dass auch der Nacken aufgerichtet ist, ziehen Sie dafür das Kinn sanft in Richtung Kehle. Führen Sie die vier Finger der rechten Hand (ohne Daumen) an das linke Handgelenk und legen Sie die Finger nebeneinander an, sodass Sie den Puls in allen Fingerspitzen spüren können. Halten Sie Ihre Konzentration auf den Pulsschlag gerichtet, kehren Sie immer wieder hierhin zurück, auch wenn sich ablenkende Gedanken einstellen. Lassen Sie Ihren Atem entspannt fließen.

Schritt 5: Rückkehr: Die letzte Phase dient dazu, die aktive Entspannung zu beenden und die Arbeitsfähigkeit wiederherzustellen.

Ein Beispiel zur Anleitung: Nehmen Sie abschließend einen tiefen Atemzug und kommen Sie allmählich wieder zurück. Richten Sie Ihre inneren Antennen wieder nach außen, öffnen Sie ihre Augen und bewegen und dehnen Sie Ihren Körper in alle Richtungen. Trinken Sie ein Glas Wasser, bevor Sie sich wieder der nächsten Aufgabe zuwenden.

Werden die Schritte 1 bis 5 zusammenhängend praktiziert, rechnen Sie mit 15 bis 20 Minuten.

Warum ist diese Methode besonders für intergenerative Teams geeignet?
Die aktive Pausengestaltung ist ein wirksames Mittel zur Gesunderhaltung der Beschäftigten. Sie benötigen einen geringen organisatorischen und zeitlichen Aufwand. Die Entspannungsübungen sind, unabhängig von der Konstitution der Teilnehmer, einfach auszuführen und in den Berufsalltag zu integrieren. Regelmäßig eingehaltene Arbeitspausen beugen der Ermüdung vor und wirken sich günstig auf die Konzentrations- und Leistungsfähigkeit aller Beschäftigten aus.

Aufgrund der zunehmenden Dauer der wöchentlichen Arbeitszeit und längeren Lebensarbeitszeiten ist mit einem Anstieg von gesundheitlichen und sozialen Beeinträchtigungen zu rechnen. Diese Tendenz wird von der demografischen Entwicklung noch verschärft, denn die Regenerationszeiten älterer Arbeitnehmer dauern in der Regel länger als die jüngerer Mitarbeiter. Doch deshalb sollte die jüngere Generation bei der Gesundheitsförderung nicht grundsätzlich außer Acht gelassen werden, denn: »Das Problem ist nicht die demografische Entwicklung als solche, sondern die nachlassende Leistungsfähigkeit jüngerer Menschen« (Dr. jur. Hans Jürgen Ahrens, AOK Bundesverband, Vortrag im Rahmen des 1. Christlichen Gesundheitskongresses in Kassel 2008).

Dies unterstreicht der Report 2013 der Techniker Krankenkasse, wonach jüngere Erwerbspersonen verhältnismäßig häufig krankgeschrieben werden. Nach Vollendung des 25. Lebensjahres finden sich nur noch etwa halb so viele Krankschreibungen pro Jahr. Allerdings steigt bei beiden Geschlechtern mit dem Alter die fallbezogene Krankschreibungsdauer stetig. Während eine einzelne Krankschreibung in der jüngsten Altersgruppe im Mittel weniger als sechs Tage dauert, sind es nach dem 55. Lebensjahr mehr als 18 Tage.

All diesen Auswirkungen kann übergreifend für Mitarbeitergruppen jeden Alters mit einer gezielten, gesundheitsfördernden Pausengestaltung präventiv begegnet werden.

Was sind besondere Hinweise für den Lernprozess der Teilnehmer?
Die Entspannungsmethoden operieren im Rahmen eines ganzheitlichen Systems, das gleichermaßen Körper und Psyche anspricht. Die Übungspraxis sensibilisiert für die Wahrnehmung des eigenen Körpers und der Gefühle. Die jeweiligen Effekte variieren bei jedem Ausübenden und liegen weitgehend im Ermessen des Praktizierenden selbst: Welcher Coach oder welche Führungskraft will schon bewerten, wie groß das Ausmaß einer eingetretenen körperlichen Entspannung ist? Wer kann ermessen, wie befreiend das Zurücktreten von unangenehmen Gefühlen wie Ängste und Sorgen ist?
Diese individuell unterschiedlichen Auswirkungen sind insbesondere bei der Evaluation von betrieblichen Gesundheitsmaßnahmen zu berücksichtigen.

Tipps
Pausen und ihr Ruf: Pausen stehen fälschlicherweise in dem Ruf, die Arbeit unnötig zu unterbrechen und ein negatives Leistungsbild zu erzeugen. Bei erhöhtem Workload tendieren viele Mitarbeiter dazu, Pausen nur noch eingeschränkt wahrzunehmen oder gar komplett zu unterlassen, selbst wenn die Arbeitszeiterfassung die vorgesehene Mindestpausenzeit automatisch abzieht. Das gilt insbesondere im Fall flexibler Arbeitszeitmodelle, da es dann den Beschäftigten selbst obliegt, zumeist

unter Abstimmung im Team, wann beziehungsweise wie lange sie Arbeitspausen einlegen.

Viele Menschen empfinden zudem die körperliche Aktivierung im beruflichen Kontext als ungewöhnlich, insbesondere dort, wo hauptsächlich sitzende Tätigkeiten und intellektuelle Kopfarbeit vorherrschen.

Erfahrungsgemäß existiert daher eine gewisse Hemmschwelle, Pausenzeiten einzuhalten und noch dazu körperlich aktiv zu werden. Aus diesem Grund empfiehlt es sich bei Einführung von aktiven Erholungspausen, den Nutzen für die Teilnehmer beziehungsweise für das Team und die Arbeitsqualität deutlich hervorzuheben.

Argumentationshilfen: Für eine optimale Pausengestaltung ist es wichtig, dass eine Pause weder als reiner Arbeitsausfall noch als »verlorene Zeit« verstanden wird, sondern als notwendige Regenerationszeit: Arbeitspausen beugen der Ermüdung vor und fördern die eigene Gesundheit. Sie verbessern und sichern die Konzentrationsfähigkeit und sind damit eine essenzielle Voraussetzung für eine geringe Fehlerquote und eine optimale Arbeitsleistung.

Pausen mit aktiver Entspannung haben einen höheren Erholungswert als passive Pausen (wie zum Beispiel Schlaf). Dabei ist oberstes Ziel, eine Balance zwischen der An- und Entspannung herzustellen und ein Wohlfühlgefühl zu erzeugen. Das bedeutet, mental abzuschalten und sich körperlich zu bewegen.

Maßnahmenplanung: Bei der Planung zielgerichteter Maßnahmen kommt es entscheidend darauf an, die Arbeitnehmer für die bedarfsgerechte Gestaltung der Pause zu sensibilisieren. Hierbei kommen der betriebsinterenen Kommunikation und dem Führungsverhalten eine besondere Bedeutung zu. Denn dafür, dass Mitarbeiter tatsächlich a) Pausen einhalten und b) diese gesundheitsfördernd gestalten, reichen optimale Räumlichkeiten, arbeitszeitliche Regelungen und ein Trainingsprogramm allein nicht aus.

Entscheidend ist vielmehr die deutliche Botschaft der Unternehmensführung, dass eine gesunde Pausenkultur explizit erwünscht ist und seitens der Führungskräfte aktiv unterstützt wird (unter anderem, indem sie vorgelebt wird). Erfahrungsgemäß nehmen Mitarbeiter dann die ihnen zur Verfügung stehenden Pausenzeiten als selbstverständlich wahr und beginnen, diese in Orientierung an ihrem eigenen Wohlbefinden eigenständig auszugestalten.

Bedarfsanalyse: Um zielgerichtete, geeignete Maßnahmen ergreifen zu können, die einen nachhaltigen Effekt haben, empfiehlt es sich, zunächst eine Bedarfsanalyse durchzuführen. Hierbei sollte auf das aktuelle Pausenverhalten sowie die Interessenlage der Arbeitnehmer genauso fokussiert werden wie auf die häufigsten gesundheitlichen Beschwerdebilder.

Da Pausen zur freien Verfügung der Mitarbeiter stehen, benötigen sie Informationen über die verschiedenen Gestaltungsmöglichkeiten und die Wirkungszusammenhänge zwischen ihrem individuellen Pausenverhalten und der eigenen Leistungsfähigkeit.

Des Weiteren ist es wichtig, im Arbeitsumfeld geeignete Rahmenbedingungen zu schaffen (zum Beispiel Einrichtung von Pausen- oder Ruheräumen, Platz/Raum für Bewegungsmöglichkeiten).

Eine entscheidende Bedeutung kommt der Führungskultur zu, die den Beschäftigten das Einhalten von Pausenzeiten ermöglicht und eine entsprechende Ablauforganisation gewährleistet.

All diese Überlegungen münden in eine bedarfsgerechte und arbeitsplatzbezogene Maßnahme, die idealerweise Aspekte des Personalen Gesundheitsmanagements mit der Personalarbeit, beispielsweise im Rahmen von Führungstrainings, verknüpft.

Gesundheit fördern: Seit dem 1. Januar 2008 können Unternehmen gesundheitsfördernde Maßnahmen mit einem Steuerfreibetrag von 500 Euro pro Mitarbeiter und Jahr geltend machen (gemäß § 3 Nr. 34 EStG). Anerkannt werden allerdings nur Maßnahmen, die den Kriterien des GKV-Handlungsleitfadens entsprechen. Maßgeblich ist, dass die Maßnahme von einer Person durchgeführt wird, die über die Qualifikation in einer Entspannungsmethode verfügt.

Learnings für die Teilnehmer

Die Teilnehmer erfahren am eigenen Leib die Veränderung, die die Ausübung einer Entspannungsmethode auf ihr körperliches und geistiges Wohlbefinden und ihre Leistungsfähigkeit hat. Im Verlauf der Übungspraxis lernen sie unterschiedliche Techniken kennen, so dass sie zunehmend eigenständig und zielgerichtet auf ihre jeweilige Situation Einfluss nehmen können. Auf der Basis von »Erkennen und Einsehen« vollzieht sich schließlich eine intrinsisch motivierte Verhaltensanpassung im Einklang mit den eigenen Überzeugungen.

Literatur zum Thema

Ahrens, Hans Jürgen (AOK Bundesverband): Vortrag im Rahmen des 1. Christlichen Gesundheitskongresses in Kassel 2008

BAuA 2010: *Wohlbefinden im Büro. Arbeits- und Gesundheitsschutz bei der Büroarbeit.* Berlin 2010

BAuA 2010: *Psychische Belastung und Beanspruchung im Berufsleben: Erkennen – Gestalten.* Berlin 2010

BAuA 2008: *Create Health! Arbeit kreativ, gesund und erfolgreich gestalten.* Berlin 2008

Diwa-IT 2010: *Lebensphasengerechte Prävention bei der Arbeit in kleinen und mittelständischen IT-Unternehmen,* Institut für Sozialwissenschaftliche Forschung e. V. (Hrsg.). München 2010

Fischer, Claus/Schwarze, Micheline: *Qigong in Psychotherapie und Selbstmanagement.* Stuttgart: Klett-Cotta, 2. Auflage 2010

GKV-Spitzenverband 2010: *Leitfaden Prävention. Handlungsfelder und Kriterien des GKV-Spitzenverbandes zur Umsetzung von §§ 20 und 20a SGB V vom 21. Juni 2000 in der Fassung vom 27. August 2010. Berlin 2010.* http://www.gkv-spitzenverband.de/media/dokumente/presse/publikationen/GKV_Leitfaden_Praevention_RZ_web4_2011_15702.pdf

Ott, Ulrich: *Meditation für Skeptiker.* München: O.W. Barth 2010

Reiche, Ulrike: *YogaCoaching.* Stuttgart: Klett-Cotta 2013

Techniker Krankenkasse 2013: *Gesundheitsreport mit Daten und Fakten zu Arbeitsunfähigkeiten und Arzneiverordnungen, Schwerpunktthema: Berufstätigkeit, Ausbildung und Gesundheit.* Hamburg 2013

Weiser, Regina/Dunemann, Angela: *Yoga in der Traumatherapie.* Stuttgart: Klett-Cotta 2010

Atemübungen: Achtsames Atmen

Claudia Härtl-Kasulke und Loreen Klahr

Achtsames Atmen ist eine Meditationspraxis, die unter anderem von Thich Nhat Hanh in unsere westliche Arbeitswelt eingeführt wurde. Sie gehört in das Methodenrepertoire, das sich hervorragend in unseren Arbeitsalltag einfügen lässt und uns Pausen für tiefe Regeneration ermöglicht. Auf der Basismethode Achtsames Atmen sind die hier vorgestellten weiteren Varianten von uns fortgeschrieben beziehungsweise entwickelt worden.

Achtsames Atmen I

Thema
Ressourcen entdecken und Regeneration gewinnen.

Vorbereitung
Sie benötigen weder zusätzliches Equipment noch einen bestimmten Ort. Eine Meditation ist jederzeit und an jeden Ort möglich. Für den Einstieg ist es allerdings sinnvoll, sich eine ruhige, angenehme Umgebung zu schaffen, in der Sie möglichst wenig von außen abgelenkt werden. Ideal: Sie stellen Ihr Telefon leise oder ganz aus.

Anzahl der Teilnehmer
Allein oder in beliebig großen Gruppen.

Zeit
Ab 1 Minute.

Ziel
Entspannung, Kraft schöpfen, Beruhigung, Anregung der Kreativität, Konzentration, Entschleunigung.

Ergebnis
Sie kommen bei sich an.

Beschreibung der Schritte
Schritt 1: Erden: Die Abfolge ist stets dieselbe: Innehalten, erden, atmen.
Setzen Sie sich gerade hin. Die Füße stehen circa hüftbreit auseinander, flach auf dem Boden. Wenn die Möglichkeit gegeben ist, sollten Sie Schuhe mit Absatz ausziehen. Sie fühlen, wie Sie der Boden trägt. Nutzen Sie die gesamte Sitzfläche des Stuhls, damit Sie sich anlehnen können. Und auch da spüren Sie die Sicherheit, die Ihnen das Sitzen auf dem Stuhl und das Anlehnen an die Rückenlehne gibt.
Wenn Sie – angelehnt an die Stuhllehne – nicht mehr mit den ganzen Fußsohlen den Boden berühren, dann rutschen Sie so weit auf dem Stuhl nach vorn, bis Ihre Füße den Boden berühren.
Die Arme sind locker neben dem Körper. Sie können die Hände in den Schoß legen. Ihren Kopf halten sie gerade. Stellen Sie sich vor, ein Faden hält Sie am Scheitel Ihres Kopfes und verbindet Sie mit dem Himmel.
Sie können nun die Augen schließen. Wenn Sie die Augen lieber geöffnet halten, dann fixieren Sie einen Punkt, der sich nicht bewegt.

Schritt 2: Atmen: So vorbereitet, beginnen Sie mit dem bewussten Atmen. Sie atmen ein. Sie atmen aus. Und Sie folgen mit Ihrer Aufmerksamkeit Ihrem Atem.
Einatmen–Ausatmen–Einatmen–Ausatmen … (Sie sagen das lautlos vor sich hin. Es ist wie ein Mantra.)
Sie lassen Ihren Atem einfach fließen und verändern ihn nicht.
Einatmen–Ausatmen–Einatmen–Ausatmen …

Schritt 3: Erden: Nach ungefähr zehn Einatmen-Ausatmen-Sequenzen öffnen Sie die Augen. Bewegen Sie sich, spüren Sie wieder bewusst den Boden unter Ihren Füßen und kommen »im Außen« an.

Warum ist die Methode besonders für intergenerative Teams geeignet?
Das achtsame Atmen als Meditation ist sehr vielseitig einsetzbar und kennt keine Alters- oder Kulturunterschiede. Inzwischen gibt es Schulen und Kindergärten, die bereits mit den Kindern Meditationsformen wie achtsames Atmen üben. Untersuchungen zeigen, dass die Konzentrationsfähigkeit steigt. Probieren Sie es aus: Sie werden einfach ruhiger …

Was sind besondere Hinweise für den Lernprozess der Teilnehmer?
Es kann passieren, dass Sie zum Beispiel durch Geräusche oder Bewegungen abgelenkt werden. Da sind Gespräche im Nebenraum, ein Telefon klingelt, Gedanken kommen auf. Integrieren Sie diese Geräusche. Nehmen Sie diese einfach wahr, ohne sie zu bewerten und lassen Sie diese »Ablenkungen« einfach vorbeiziehen, wie Wol-

ken am Himmel. Wenn Ihnen Gedanken begegnen, überlegen Sie, ob Sie bei den Gedanken bleiben wollen oder zu Ihrer Aufmerksamkeit auf Ihren Atem zurückkehren.

Tipps
Leben ist Atmen – Rituale entdecken: Starten Sie mit kleinen Schritten: Ein bis zwei Minuten achtsames Atmen sind ein guter Start.
Ideal ist es, wenn Sie das regelmäßig machen. Nutzen Sie ein kleines Ritual: Immer bevor Sie morgens aufstehen. Im Büro, in jeder Pause. Abends, wenn Sie nach Hause kommen. Vor dem Einschlafen werden Sie merken, dass es Ihnen hilft, einzuschlafen. Und wenn Sie leicht wach werden, einfach das achtsame Atmen nutzen. So kann es sein, dass Sie leichter wieder einschlafen. Auf alle Fälle regenerieren Sie beim achtsamen Atmen, auch wenn Sie nicht gleich einschlafen können.
Wenn Sie die Methode in Gruppen anwenden, kann eine Person in der Gruppe anleiten, dann fällt es aus Erfahrung leichter, mit dem achtsamen Atmen zu starten. Nach zwei, drei angeleiteten Atemzügen, überlassen Sie den Teilnehmern die Regelung ihres Atmens, damit jeder zu seiner persönlichen Atemfrequenz kommt.

Worauf ist besonders zu achten?
Wichtig ist, dass Sie Ihre Atemfrequenz nicht verändern, sondern nur einfach fließen lassen, wie sie selbst fließen lassen möchte. Selbst wenn Sie das Gefühl haben, Sie sollten weniger Brustatmung, dafür mehr Zwerchfell- oder Bauchatmung haben. Vielleicht denken Sie, Sie brauchen mehr Pausen zwischen dem Ein- und Ausatmen. Verlassen Sie sich darauf, Ihr Atem – wie die Erfahrung zeigt – wird sich bei regelmäßigem achtsamen Atmen wieder seiner ursprünglichen Atmung mit ausgewogenen Phasen von Brust-, Zwerchfell-, und Bauchatmung »zuwenden«.

Learnings für die Teilnehmer
Eine Meditation ist ein beflügelndes Erlebnis. Sie gibt Kraft, schafft Entspannung, bringt Sie zur Ruhe und fördert Ihre Konzentration. Besonders zu empfehlen: achtsames Atmen vor Prüfungen, vor und in stressigen Situationen, vor Präsentationen. Natürlich ist das dann besonders wirksam, wenn Sie bereits regelmäßig achtsames Atmen praktizieren.
Besonders wirkungsvoll ist es – wie wir aus der Hirnforschung wissen – wenn Sie ein Ritual nutzen. Wie kann so ein Ritual aussehen? Auf alle Fälle braucht es stets wiederkehrende Schritte. Zusätzlich ist es ideal, wenn es einen festen Ort, eine bestimmte Zeit gibt.

Meine persönliche Vereinbarung – mein Ritual

Wann (feste Zeit) setze ich das achtsame Atmen ein?

....
....
....
....

Wo, in welcher Situation setze ich das achtsame Atmen ein?

....
....
....
....

Was nutze ich, das mich an das Starten erinnert?

....
....
....
....

Wie sind meine Schritte, die ich gehe?

....
....
....
....

Platz für Ihre persönlichen Notizen

....
....
....
....

Achtsames Atmen II

Es gibt viele Situationen im Alltag, in denen wir stehen. Auch da ist Meditation möglich. Wenn Sie die Meditation stehend durchführen, achten Sie ebenfalls auf eine aufrechte Haltung, einen erhobenen Kopf und die hüftbreit auseinanderstehenden Füße, die den Boden vollständig berühren. Sie ahnen es schon: Die Augen bleiben geöffnet und Sie lenken Ihre Aufmerksamkeit auf Ihren Atem. Dies gibt Ihnen eine kleine Regenerationspause, die Sie auch in Gesprächssituationen nutzen können.

Platz für Ihre persönlichen Notizen

Achtsames Atmen III

Nehmen Sie während des achtsamen Atmens Ihren Körper wahr. Das wirkt wie eine Regenerationsdusche. Sie lenken Ihre Aufmerksamkeit auf Ihren Atem und gleichzeitig auf Ihren Körper. Sie spüren Ihre Füße, Ihre Beine, Ihren Bauch, Ihren Po, und so weiter…

Platz für Ihre persönlichen Notizen

Achtsames Atmen IV

Sie ergänzen Ihre Atemformel Einatmen–Ausatmen–Einatmen–Ausatmen … durch die Sequenz: Einatmend nehme ich das Einatmen wahr – Ausatmend nehme ich das Ausatmen wahr.
Ein – Aus
Ein – Aus

Platz für Ihre persönlichen Notizen

....
....
....
....
....
....
....
....
....
....
....
....
....
....
....
....
....
....
....
....
....
....
....
....
....
....

Achtsames Atmen V

Führen Sie die Meditation im Liegen durch, ist eine flach liegende Unterlage wichtig, die vom gesamten Körper berührt wird. Ihre Beine und Füße liegen nebeneinander, nicht gekreuzt, Ihre Arme liegen gestreckt neben dem Körper und Ihr Kopf befindet sich in der Mitte und ist nicht zur Seite geneigt.

Platz für Ihre persönlichen Notizen

Achtsames Atmen VI

Sie machen die Meditation Achtsamens Atmen I (Basisübung) und währenddessen beobachten Sie sich selbst quasi in einer »Innenschau«. Was spüre ich in dem Moment, in dem ich diese Übung mache? Welche Gefühle entdecke ich dabei? Wenn sich Gedanken melden, was sind das für Gedanken? Und all das tun Sie, ohne zu bewerten. Sie schauen sich Ihre Reaktionen nur an, begeben sich damit selbst auf Ihre Spur ..., entdecken sich selbst bewusst. Sie machen sich bewusst, was Sie erleben, während Sie das achtsame Atmen I durchführen.

Diese Übung ist der Start dafür, sich selbst zu entwickeln, sich zu verändern, denn im zweiten Schritt können Sie diese Gefühle »steuern«, verändern. In den Nuancen ihres Wirkungsgrades so, wie Sie es brauchen, verstärken oder verringern. Das Gefühl selbst transformieren, das heißt in ein anderes Gefühl überführen, beziehungsweise die Energie, die Kraft dieses Gefühls für einen Lösungsschritt nutzen. (s. im zweiten Teil dieses Buches »Das Bild für mein ›persönliches Forschungsmodell‹«, S. 108 ff.)

Platz für Ihre persönlichen Notizen

Methoden für die persönliche Entlastung

- **Kurz mal anhalten**
- **Mein Weg in die Freiheit**
- **Der kleine Notfallkoffer**
- **Gehmeditation**
- **Achtsames Arbeiten**
- **Achtsames Essen**
- **ALI: Atmen, Lächeln, Innehalten**
- **Erfolgstagebuch**
- **Kreativ mit Mindmaps**

↗ 3.3

Kurz mal anhalten

Cornelia Weitzel

Raus aus der Daueranspannung. Entschleunigen, die Stressbelastung deutlich verringern! Wenn Sie diese Übung regelmäßig durchführen, gelingt es Ihnen immer besser, Einfluss auf Ihre Emotionen zu nehmen. Sie können dadurch selbstbestimmter und angemessener in Situationen handeln, tief sitzende Reiz-Reaktions-Muster erkennen Sie besser.

Ein Garant für mehr Leistungsfähigkeit und Lebensfreude.

Kurz mal anhalten

Thema
Emotionsregulation durch mehr Achtsamkeit (Impulsdistanz).

Vorbereitung
Finden Sie einen Platz, an dem Sie nicht gestört werden. Diese Übung kann beim Sitzen am Schreibtisch oder auch im Stehen durchgeführt werden.

Zeit
1 Minute

Ziel
Zu lernen, die eigenen Gedanken bewusst zu denken (lenken).

Ergebnis
Im Augenblick sein, im Hier und Jetzt.

Beschreibung der Schritte
Schritt 1: Dazu setzen Sie sich aufrecht auf den Stuhl. Oder, wenn Sie stehen, stehen Sie für eine Minute still. Achten Sie auf Ihren Atem, atmen Sie langsam ein und wieder aus. Dabei konzentrieren Sie sich ausschließlich auf Ihren Atem.
Spüren Sie Ihren Atem? Fühlen Sie nach, welche Veränderung dies für Sie bringt. Spüren Sie, dass Sie sich wahrnehmen?
Atmen Sie bewusst einmal tief ein und lassen Sie dann Ihren Atem wieder los. Atmen Sie in den Brustkorb hinein. Anschließend atmen Sie in den Bauch hinein und lassen

den Atem einströmen. Spüren Sie, wie sich der Brustkorb und der Bauchraum weitet und den Körper mit Luft füllt.

Lassen Sie dann ganz langsam Ihren Atem wieder entweichen. Konnten Sie spüren, dass Ihr Unterkörper schwerer und stabiler in der Sitzposition wurde? Oder wie sich im Stehen Ihr Kontakt zum Boden verstärkte?

Schritt 2: Diese Übung kann auch auf die Füße erweitert werden. Das Ziel dabei ist, die Aufmerksamkeit wandern zu lassen.

Setzen Sie sich wieder aufrecht hin. Stellen Sie die Füße fest auf den Boden. Atmen Sie langsam und gleichmäßig ein und aus. Richten Sie Ihre Aufmerksamkeit auf den Atem. Jetzt lassen Sie Ihre Wahrnehmung langsam die Beine hinunterwandern bis zu den Füßen, bis zu den Fußsohlen. Wenn Sie bemerken, dass Ihre Gedanken weiterwandern und Sie abschweifen, fokussieren Sie erneut Ihre Gedanken.

Spüren Sie jetzt die Verbundenheit mit dem Boden. Bei dieser Übung erhalten Sie eine erstaunliche, tiefe Ruhe. Sie sitzen fest, als könnte Sie nichts mehr erschüttern. Wenn die Gedanken erneut abweichen, ist das völlig normal. Denken Sie an das Erlernen eines Musikstücks.

Zuletzt bringen Sie Ihre Aufmerksamkeit wieder zurück über die Beine, das Becken und hin zum Atem. Recken und strecken Sie sich, wenn möglich, ein wenig. In einem Meeting kann das auch mental geschehen.

Tipp

Negative Gedanken transformieren: Falls Sie merken, dass Ihre Gedanken Sie negativ beeinflussen, dann tun Sie erst einmal nichts. Bleiben Sie stehen und wenden Sie diese kleine Übung an. Bedenken Sie, dass jeder Augenblick genau das ist, was Sie daraus machen.

Worauf ist besonders zu achten?

Diese Übung kann jederzeit und überall Anwendung finden.

Durch das regelmäßige Üben erlernen Sie die Fähigkeit, sich mehr und mehr wahrzunehmen und zu spüren. Denken Sie an das Erlernen eines Musikstückes.

Platz für Ihre persönlichen Notizen

....
....
....
....
....

Mein Weg in die Freiheit

Cornelia Weitzel

Unser Weg in die Freiheit ist gepflastert von Ereignissen, an die wir uns angepasst haben, obwohl sie unseren Bedürfnissen widersprechen. Das können zum Beispiel Kränkungen sein oder Wünsche, die sich nicht erfüllt haben, oder Schuldgefühle aufgrund eigener Fehler oder Trennungsschmerzen. Das sind Situationen, in denen wir verharren, die unserer seelischen und körperlichen Gesundheit aber nicht zuträglich sind. Erkennen Sie solche Situationen in Ihrem Leben? Sind Sie bereit, sich davon zu lösen? Wenn Sie diese Übung regelmäßig durchführen, werden Sie Ihr Leben freier und selbstbestimmter leben. Ein Zugewinn an Lebensqualität!

Mein Weg in die Freiheit

Thema
Loslassen mit Hilfe eines Rituals – Zeit als Geschenk wahrnehmen (Impulsdistanz).

Vorbereitung
Suchen Sie sich einen schönen Platz (zum Beispiel eine Wiese) und nehmen Sie einen beliebigen Gegenstand wie zum Beispiel einen Ast, den Sie dort vorfinden, in die Hand. Achten Sie darauf, dass Sie ungestört sind und Sie nicht abgelenkt werden.

Zeit
15 Minuten.

Ziel
Bereit sein, sich von allem zu lösen, was festhält, bindet und belastet.

Ergebnis
Den Weg in die eigene Freiheit finden. Bereit sein für neue Wege.

Beschreibung der Schritte
Schritt 1: Stellen Sie sich auf die Wiese oder auf den Ort Ihrer Wahl, bleiben Sie ruhig stehen und nehmen Sie die Landschaft einfach nur wahr. Ihre Konzentration ist auf

Ihren Atem gerichtet. Einatmen und langsam wieder ausatmen. Wenn Gedanken aufsteigen, lassen Sie sie wie Wolken am Himmel ziehen. Sie dürfen sein, sind nicht wichtig und gehen vorbei.

Erst wenn Ihre Gedanken immer mehr verstummen und Sie sich mit der Natur verbunden fühlen, erst dann kommt der nächste Schritt. Lassen Sie sich ausreichend Zeit. Erlauben Sie der Zeit, für Sie da zu sein.

Schritt 2: Zuerst atmeten Sie tief ein. Bei jedem langsamen Ausatmen atmen Sie bewusst alles, Ihre Ansprüche, Ihre Erwartungen, Ihre Enttäuschungen, Ihre Hoffnungen und Ihre Ängste in den Ast oder den anderen ausgesuchten Gegenstand hinein. So lange bis Sie spüren, dass Sie alles losgelassen haben. Zuletzt legen Sie den Ast oder anderen Gegenstand auf den Boden. Verabschieden Sie sich ganz bewusst von ihm und dann gehen Sie fort.

Platz für Ihre persönlichen Notizen

Der kleine Notfallkoffer

Cornelia Weitzel

Wir bewerten und interpretieren ständig unsere Erlebnisse und unsere Umwelt. Negative Gedanken sind oft das Ergebnis unserer individuellen Bewertung. Je emotionaler ein Gedanke ist, desto mehr findet eine Verankerung im Kopf statt. Möchten Sie Einfluss auf Ihre Gedanken nehmen? Sie können diese Methode zu Ihrem ganz persönlichen Notfallkoffer werden lassen. Dazu lade ich Sie ein.

Der kleine Notfallkoffer

Thema
Befreiung von destruktiven Gedanken.

Vorbereitung
Finden Sie einen Platz, an dem Sie nicht gestört werden. Diese Übung kann im Sitzen, am Schreibtisch oder auch im Stehen durchgeführt werden.

Zeit
2 bis 5 Minuten.

Ziel
Zu lernen, die eigenen Gedanken zu beeinflussen und zu lenken.

Ergebnis
Ich erkenne, dass ich mein Leben verändern und gestalten kann.

Beschreibung der Schritte
Schritt 1: Versuchen Sie zunächst, Ihr Denken zu sammeln; fokussieren Sie Ihre Gedanken auf einen Gegenstand. Am Arbeitsplatz kann das ein schönes Bild sein oder ein Blick aus dem Fenster. Egal, was Sie sich anschauen möchten, es ist wichtig, dass es Ihre Sinne positiv beeinflusst.
Bitte schauen Sie sich nicht Ihre vielleicht schon erhaltene Kündigung an oder ein Reiseziel, das Sie bis heute noch nicht erreicht haben oder andere Dinge, die uner-

füllte Sehnsüchte in Ihnen wecken. Wenn Sie auf Anhieb nichts finden, nehmen Sie Ihren eigenen Atem. Der ist immer und überall für Sie da und spendet Ihnen Leben. Bleiben wir beim Beispiel des Atems. Ich bitte Sie, Ihre Aufmerksamkeit auf den eigenen Atem zu richten. Atmen sie ein und langsam wieder aus.

Das wiederholen Sie so lange, bis Sie den größtmöglichen Einfluss auf Ihre Gedanken haben. In dem Moment, in dem Sie gedankenfrei sind, stellen Sie sich folgende Fragen:

➡ Was kann ich heute an meinem Arbeitsplatz beeinflussen und tun?
➡ Was kann ich heute für mich tun?
➡ Wofür kann ich alles danken in meinem Leben?

Tipp
Mit Positivem visualisieren: Beim Visualisieren verankern Sie Ihre Erkenntnisse. Achten Sie darauf, dass alles positiv formuliert ist. Das Wort »nicht« bitte nicht verwenden, da unser Gehirn das Wort »nicht« nicht verarbeiten kann. Ein Beispiel, um Ihnen das zu verdeutlichen: Denken Sie jetzt bitte nicht an eine gelbe Ente. An was denken Sie?

Worauf ist besonders zu achten?
Was auf den ersten Blick einfach erscheint, ist nach regelmäßiger Übung noch wirkungsvoller: Je öfter Sie diese Übung durchführen, umso besser können Sie Ihre Gedanken kontrollieren.
Deshalb empfehle ich Ihnen: Wiederholen Sie diese Atemübung so oft wie möglich.

Platz für Ihre persönlichen Notizen

....
....
....
....
....
....
....
....
....
....
....
....
....
....

Gehmeditation

Cornelia Weitzel und Cornelia Kram

Dankbarkeit ist der Königsweg für Glück und Zufriedenheit. Als hervorragende Achtsamkeitsübung besonders geeignet, auch um Emotionen zu klären und den damit verbundenen Stress abzubauen. Möchten Sie mehr Gelassenheit in Ihr Leben bringen? Dann sagen Sie »Ja« zu den Dingen, die Sie nicht ändern können.

Gehmeditation I

Thema
Emotionsregulation durch das Bejahen einer Situation.

Vorbereitung
Finden Sie einen Weg, auf dem Sie ungestört gehen und der Sie positiv beeinflusst vielleicht sogar innerlich berührt.

Zeit
10 Minuten.

Ziel
Zu lernen, Situationen zu bejahen, die ich nicht ändern kann.

Ergebnis
Ein Mehr an Gelassenheit. Dankbarkeit erzeugt Heilung.

Beschreibung der Schritte
Suchen Sie sich einen Weg, den Sie gern gehen. Dabei sagen Sie »Ja« (erster Schritt), »Ja« (zweiter Schritt), »Danke« (dritter Schritt), »Danke« (vierter Schritt), wie eine Art Mantra. Falls Sie die Worte nicht laut aussprechen können, sprechen Sie sie leise oder nur in Gedanken. Falls Ihre Gedanken abschweifen, fokussieren Sie Ihre Gedanken immer wieder auf die vier Wörter. Achten Sie darauf, wie sich während des Gehens Ihre Gedanken und Gefühle sortieren. Mit jedem Schritt werden Sie zunehmend gelassener und entspannter.

Tipp
Sie steigern den Erfolg durch regelmäßige Wiederholung. Diese Übung kann auf jedem Weg, nach etwas Übung sogar beim Sitzen im Auto durchgeführt werden.

Worauf ist besonders zu achten?
Achten Sie auf Ihre Gedanken, die hochkommen. Vermutlich will Ihre innere Stimme das Danken verhindern. Unterdrücken Sie diese Gedanken nicht. Bedanken Sie sich bei Ihrer inneren Stimme und lassen Sie sie ziehen wie Wolken am Himmel.

Platz für Ihre persönlichen Notizen

Gehmeditation II

Anstelle der Wortfolge »Ja–Ja–Danke–Danke« zählen Sie während des Gehens die Anzahl der Schritte, während derer Sie ein- und ausatmen. Bei ebenerdigem Gehen können Sie vier Schritte lang ein und vier Schritte lang ausatmen. Laufen Sie eine hügelige Strecke, so passen Sie die Atmung an, zum Beispiel atmen Sie bei einem Anstieg zunächst drei Schritte und dann zwei Schritte ein und aus, solange bis die Herzfrequenz sich wieder normalisiert und sie die Atmung wieder verlängern können.
Sie können auf diese Weise auch sportlichere Strecken zurücklegen und sich dabei ausschließlich auf die Atmung konzentrieren.

Platz für Ihre persönlichen Notizen

Achtsames Arbeiten

Claudia Härtl-Kasulke und Loreen Klahr

Die Methoden der Achtsamkeitspraxis, die hier folgen, können sowohl allein als auch in Teams durchgeführt werden. Teambeispiele: Wir kennen Unternehmen und Organisationen, die die achtsame Atempraxis als festen Punkt auf der Besprechungsagenda stehen haben, zum Beispiel eine dreiminütige Einstiegsmeditation (zum Beispiel Achtsames Atmen I). Ziel ist es, die Konzentration zu erhöhen und gemeinsam in dem Kreis anzukommen. Im Abschluss nutzen Sie die Übung Achtsames Atmen III mit dem Ziel, die Besprechung nochmals Revue passieren zu lassen. Während der Atemmeditation werden von den Teilnehmern die für sie wichtigen Punkte, Erfahrungen, Erkenntnisse nochmals erinnert.

Kürzlich besuchten wir einen Kongress mit 1200 Besuchern. In den großen Plenumsveranstaltungen wurde nach jedem Vortrag eine Kurzmeditation mit allen Beteiligten durchgeführt. Ziel war es, das Gehörte nochmals für sich im Stillen zu wiederholen und sich dann neu auf den nächsten Beitrag einzustellen. Sie sehen, Ihrer Fantasie für den Einsatz sind keine Grenzen gesetzt.

Achtsames Arbeiten I

Thema
Sie integrieren die Basisübung Achtsames Atmen I in Ihren Arbeitsprozess.

Vorbereitung
Sie überlegen sich, in welcher Situation Sie dieses achtsame Atmen I in Ihren Arbeitsalltag integrieren. Sie entwickeln für sich ein Ritual. Zum Beispiel können Sie die Übung immer als erste Tätigkeit an Ihrem Schreibtisch durchführen, bevor Sie mit Ihrer Arbeit starten. Ideal lässt sich auch die Zeit nutzen, die Ihr Computer braucht, wenn er hochfährt.

Welche Situation nutzen Sie, Ihr Achtsames Arbeiten als Ritual in Ihren Arbeitsalltag zu integrieren?

....

Anzahl Teilnehmer
Allein oder in Gruppen (keine Begrenzung der Personenzahl).

Zeit
Wirkt schon ab 1 Minute und kann beliebig verlängert werden.

Ziel
Bei sich im Arbeiten ankommen, Entschleunigung stressiger (Arbeits-)Tage, Fokussierung.

Ergebnis
Sie bekommen einen klaren Kopf, können die Situation bewusst wahrnehmen und gezielt handeln. Die Konzentration erhöht sich.

Beschreibung der Schritte
Innehalten bedeutet, dass Sie mit dem, was Sie gerade tun (körperlich oder geistig), für die Meditation aufhören.
Jetzt starten Sie mit dem Achtsamen Atmen I (Basisübung).

Warum ist das achtsame Atmen besonders für intergenerative Teams geeignet?
Kann von jedem und in jeder Situation, auch in Besprechungen, angewandt werden.

Was sind besondere Hinweise für den Lernprozess der Teilnehmer?
Je häufiger Sie diese Übungen nutzen, desto intensiver ist die Wirkung.

Learnings für die Teilnehmer
Bewusst ein- und auszuatmen und sich darauf zu konzentrieren, hilft vor allem in stressigen Situationen, einen klaren Kopf zu behalten. Diese Methode kann aber auch sehr gut zur Prävention genutzt werden (beispielsweise immer wieder innehalten und dreimal tief durchatmen – auch in Gesprächen!).

Platz für Ihre persönlichen Notizen

....
....

Achtsames Arbeiten II

Wenn ich die Meditation Achtsames Arbeiten I regelmäßig, das heißt einmal pro Stunde durchführe, dann erhalte ich ein Geschenk. Sie kennen es vielleicht: Abends sind Sie erschöpft und Ihre Energie reicht gerade noch zum Fernsehen. Doch jedes Mal machen Sie sich danach Vorwürfe, dass es nun wieder nicht das Joggen, das Malen, das Mit-Freunden-Treffen war, sondern das öde Zappen durch die TV-Kanäle. Mit dieser Meditation sind Sie abends fit und offen für Neues. Sie kennen sicherlich auch das: Wenn Sie nochmals auf den Tag schauen, haben Sie das Gefühl, die Arbeitsstunden seien auf ominöse zwei Stunden zusammengeschrumpft. Sie wissen auch nicht, was Sie genau getan haben.

Tipp

Ihr Geschenk – ein gefühlter Tag: Diese Meditation schenkt Ihnen nicht nur Ihren vollen Tag zurück – Sie können sich wieder an die Dinge, Begegnungen erinnern, die Sie erlebt haben. Und Sie können sich erinnern, was Sie getan haben. Und Sie sind fit.

Der Einsatz sind ein bis drei Minuten achtsames Atmen pro Stunde. Und wenn Sie sich überlegen, das sind bei acht Stunden Arbeit acht bis 24 Minuten. Sollte das Ihnen nicht ein geschenktes, intensives Leben wert sein?

Ich höre Sie sagen, dass schaffe ich NIE! Wie soll ich mich daran erinnern? – Ich habe mir einen Bildschirmschoner eingerichtet. Er erinnert mich, und es funktioniert!

Platz für Ihre persönlichen Notizen

Achtsames Arbeiten III

Eine Variante des Achtsamen Arbeitens II verankert nachhaltig auch im Detail das, was Sie tun. Sie nutzen die Meditation, und während Sie Ihre Atempraxis durchführen, erinnern Sie sich an das, was Sie in den letzten 60 Minuten getan haben. Bewertungsfrei. Es ist nicht wichtig, alles perfekt zu machen. Es ist nur wichtig, es zu tun. Und sollten sich dabei Bewertungen einschleichen, dann lassen Sie diese ebenfalls einfach wie Wolken weiterziehen.

Besonders beliebte Bewertungen sind dabei:
➡ Das klappt sowieso nicht!
➡ Glaubst du allen Ernstes, ein bis drei Minuten können diese Wirkung erzielen?
➡ Was bildest du dir ein, du kannst doch nicht dein ganzes Leben umkrempeln …

Welche Bewertungen haben Sie für sich entdeckt?

....
....
....
....

Platz für Ihre persönlichen Notizen

Achtsames Arbeiten IV

Sie integrieren die Übung Achtsames Atmen I in Ihren Arbeitsprozess. Während Sie arbeiten, achten Sie auf Ihren Atem. Sie werden merken, wie sich Ihr Arbeitsrhythmus automatisch entschleunigt und gleichzeitig Konzentration und Fokussierung einkehren.

Tipp
Mit gewohnten Tägigkeiten einsteigen: Ich startete diese Übung zunächst privat. Arbeiten, die mir leicht von der Hand gehen, wie Gemüse schnippeln, waren mir willkommene Gelegenheiten, um zu üben und das dann in meinen Berufsalltag zu übertragen, wo ich mit viel komplexeren Prozessen zu tun habe.
Wenn ich merke, dass es mir schwerfällt, das Achtsame Atmen I in meinen Arbeitsalltag zu übertragen, dann nehme ich eine »Prise« zum Einstimmen. Ich gehe zum Beispiel die Treppen zu unseren Büros und verbinde das Treppensteigen mit dem achtsamen Atmen I.

Platz für Ihre persönlichen Notizen

Achtsames Arbeiten V

Achtsames Arbeiten ist ein guter Start in Meetings. Drei Minuten, und dann beginnt die Besprechung. Gerade habe ich in einem Kongress der Heiligenfelder Kliniken erlebt, wie nach jedem Vortrag kurz Innehalteminuten genutzt wurden. Ich erlebte mich trotz einer Überfülle an Informationen über zwei Tage regeneriert und kontinuierlich mit meiner Aufmerksamkeit im Thema. Und nicht nur das. Ich hatte eine Fülle an konkreter Information geankert.

Wo können Sie das achtsame Arbeiten in Ihren Teams einführen?

....
....
....

Welche Widerstände erwarten Sie?

....
....
....

Wie können Sie diesen Widerständen begegnen?

....
....
....

Tipp
Geben Sie Ihrem Verstand »Futter«: Oft ist es unser Verstand, der sich mit dieser Art von »Neuerungen« und Erkenntnissen nicht abfinden will. Doch geben wir ihm Futter, berichten Sie zum Beispiel von dem neuesten Wissen aus der Neurobiologie, ist er sehr schnell zufriedengestellt (s. S. 71 und 118).

Platz für Ihre persönlichen Notizen

....
....
....
....
....

Achtsames Essen

Claudia Härtl-Kasulke und Loreen Klahr

Immer wieder stellen wir fest, wie wichtig das Innehalten nicht nur beim Arbeiten, sondern auch beim Essen ist. Gerade dann, wenn wir uns aus dem Stress des Alltags heraus an den Tisch setzen, wird uns kaum mehr bewusst, was wir essen und in welcher Zeit wir das tun. Die Essmeditation lässt uns bewusst innehalten und hinspüren, um den Genuss des Essens zu erleben und dies als wichtigen Teil unseres Lebens zu erfahren. Es hat auch eine besondere Begleiterscheinung: Es kann sein, dass gerade durch diese Entschleunigung nicht nur der Genuss, sondern auch die Waage deutliche Zeichen setzt.

Achtsames Essen

Thema
Gesund essen – auch in stressigen Zeiten.

Vorbereitung
Siehe »Beschreibung der Schritte«.

Anzahl Teilnehmer
Allein oder in Gruppen.

Zeit
Ungefähr 15 Minuten, danach werden wieder Gespräche geführt.

Ziel
Das achtsame Essen beschreibt ein Ritual, das Ihnen hilft, Ihr Essen bewusst wahrzunehmen und sich so gesünder und bewusster zu ernähren.

Ergebnis
Sie nehmen Ihr Essen intensiv wahr, schmecken, fühlen jeden Bissen und Schluck. Es findet nicht nebenbei statt. Dadurch nehmen Sie automatisch kleinere Portionen zu sich, kauen bewusster. Die Stille entspannt und beruhigt. Und wer weiß, vielleicht nehmen Sie sogar ab.

Beschreibung der Schritte
Schritt 1: Sie achten auf Ihren Atem, und beim Ankommen am Tisch bedanken Sie sich still für das zubereitete Essen.
Anschließend nehmen Sie sich, was Sie essen möchten (ohne zu sprechen).
Während der nächsten 15 Minuten essen Sie im Stillen das, was Sie sich genommen haben. Anschließend darf wieder gesprochen und ein Nachschlag geholt werden.

Schritt 2: Wenn Sie beim Essen ein Gespräch führen (nach den 15 Minuten Schweigen), achten Sie darauf, dass Sie nicht essen, während Sie sprechen beziehungsweise angesprochen werden. So bekommt jede Handlung den Raum, den sie braucht und somit Ihre volle Aufmerksamkeit.

Warum ist das achtsame Essen besonders für intergenerative Teams geeignet?
Erhöht die Konzentration, bringt Ruhe und Präsenz. In unserer DemografieCoach-Ausbildung ist es eine sehr beliebte Achtsamkeitsübung.

Tipps
Biss für Biss: Achten Sie beim Essen darauf, dass Sie die einzelnen Schritte nacheinander gehen, nicht nebeneinander. Das bedeutet: Nach jedem Bissen legen Sie Ihr Besteck ab und kauen bewusst Ihr Essen. Erst nach dem Schlucken nehmen Sie Ihr Besteck wieder auf oder trinken. Die einzelnen Handlungen werden nicht parallel durchgeführt.
Wir kennen Unternehmen, die Essmeditationen fördern und dafür einen Bereich im Speisesaal für die Meditierenden bereitstellen.

Platz für Ihre persönlichen Notizen

ALI: Atmen, Lächeln, Innehalten

Loreen Klahr

Diese Methode stammt ebenfalls aus der Achtsamkeitspraxis. Sie verbindet die Basisübung des achtsamen Atmens mit dem bewussten Lächeln. Die Hirnforschung hat gezeigt, dass wir durch Lächeln oder Lachen unsere Stimmung positiv beeinflussen können. Bekannt ist auch, dass unser Gehirn nicht nach Ursache des Lächelns unterscheidet. Jedes Lächeln wirkt gleichermaßen. In dieser Kombination haben Sie die Entschleunigung durch Innehalten, Kraftschöpfen durch achtsames Atmen und das gute Gefühl, das sich beim Lächeln einstellt.

ALI: Atmen, Lächeln, Innehalten

Thema
Eine geführte Meditationsmethode, die besonderen Wert auf das Lächeln legt. Damit werden Erkenntnisse aus den Neurowissenschaften in die Meditation eingeführt. Wir wissen mittlerweile, dass wir andere »Verschaltungen« in unserem Hirn aktivieren, wenn wir lächeln. Und damit fortschreitend das positive Wahrnehmen verstärken.

Vorbereitung
Innehalten in dem, was Sie gerade tun.

Anzahl der Teilnehmer
Allein oder in Gruppen.

Zeit
Wirkt ab 1 Minute.

Ziel
Sich selbst in eine positive Stimmung bringen.

Ergebnis

Lächeln entspannt unsere Gesichtsmuskulatur und wirkt auf unser limbisches System. Durch das Lächeln werden Gefühle und Gedanken wachgerufen (auch unbewusst), die eine positive Stimmung aktivieren.

Beschreibung der Schritte

Sie nehmen, wie bei der Basisübung achtsames Atmen I, die Haltung des Erdens ein (Füße, Sitzen, Rücken). Sie sagen sich Ihr Mantra: Atmen–Lächeln–Innehalten und atmen ein, Sie atmen aus, während Sie lächeln. Dann atmen Sie wieder ein, aus und lächeln – immer so weiter.

Warum ist die Methode besonders für intergenerative Teams geeignet?

Diese Übung stimmt die Teilnehner auch in herausfordernden Situationen positiv ein. Dadurch entstehen gute Voraussetzungen für die Zusammenarbeit.

Tipps

ALI begleitet Sie in jeder Situation: Diese Übung kann in jeder Situation genutzt werden.

Sie merken, wie sich bei Ihnen ein ungutes Gefühl einschleicht? Mit ALI können Sie innehalten und damit die Ursachen entdecken und ihnen begegnen.

Sie entdecken, wie sich Ihre Arbeitsprozesse mehr und mehr verdichten? Mit ALI können Sie einen Stopp machen, und neu, mit anderen Voraussetzungen durchstarten, die Sie selbst für sich setzen.

Sie sind in einer Besprechung und merken, wie Sie etwas nervt? Mit ALI können Sie das Genervtsein unterbrechen und sich überlegen, wie sie dem lösungsorientiert begegnen.

Platz für Ihre persönlichen Notizen

....
....
....
....
....
....
....
....
....
....
....
....

Erfolgstagebuch

Claudia Härtl-Kasulke und Loreen Klahr

Die Erinnerung an all das, was schieflief, Irritationen hervorrief oder was Stolpersteine setzte, ist uns meist nur zu gut im Bewusstsein. Doch wo gibt es einen Ausgleich für all das, was sich gut und erfolgreich gestaltet? Das Erfolgstagebuch setzt hier bewusst Zeichen. Die Erfolge des Tages – kleine wie große – werden wahrgenommen und dokumentiert. Ziel ist es, dass sich ein Bewusstsein für Gelungenes entwickelt, auf das in anderen Situationen gut zurückgegriffen werden kann.

Erfolgstagebuch I

Thema
Reflexion des eigenen Handelns.

Vorbereitung
Sie benötigen ein Notizbuch und einen Stift.

Anzahl Teilnehmer
Sie allein.

Zeit
Ungefähr fünf Minuten für kleine Notizen; bis zu 30 oder 40 Minuten für ausführliche Einträge. Ideal: Abends vor dem Einschlafen, dann nehmen Sie das Positive des Tages mit in den Schlaf.

Ziel
Den eigenen Blick bewusst auf die positiven Aspekte lenken.

Ergebnis
Sie nehmen bewusst die kleinen und großen Erfolge wahr, die Sie erreicht haben, und versorgen sich damit selbst mit einer Portion Glücksgefühl.

Beschreibung der Schritte

Sie nehmen sich zu einer bestimmten Zeit am Tag dafür Zeit.
Nun lassen Sie den Tag Revue passieren und suchen Antworten auf die Fragen:
➡ Was habe ich heute erreicht?
➡ Welche Aufgaben habe ich erledigt?
➡ Was lief heute gut?
➡ Was hat mir besonders gut gefallen?
➡ Wie bin ich Herausforderungen lösungsorientiert begegnet?
➡ Welche Gefühle hatte ich dabei?

Warum ist das Erfolgstagebuch besonders für intergenerative Teams geeignet?
Sie können diese Methode wunderbar nutzen, um Lernprozesse in Teams erfolgsorientiert zu begleiten. Zu empfehlen ist es, den Fokus entsprechend zu setzen:
➡ Was gefiel mir besonders an der intergenerativen Zusammenarbeit?
➡ Was wurde von dem Team wertschätzend wahrgenommen?
➡ Was sind bereits erste Veränderungen in unserer Zusammenarbeit?

Und was sind Ihre lösungsorientierten Fragen?

....
....
....
....

Was sind besondere Hinweise für den Lernprozess der Teilnehmer?

Es kann sein, dass Sie anfangs sehr intensiv darüber nachdenken, was an diesem Tag Ihre Erfolge waren. Für das Erfolgstagebuch zählen nicht ausschließlich besonders herausragende Ereignisse. Gerade die alltäglichen kleinen Erfolge werden oft zu wenig wahrgenommen. Gerade sie brauchen Ihre Aufmerksamkeit. Denn daraus speist sich das positive Arbeitsklima, die Motivation, die Sie aus sich heraus schöpfen, das, was unserer Seele Futter gibt und was uns in Situationen, die uns herunterziehen, wieder beflügelt. Je öfter Sie mit dieser Methode arbeiten, desto leichter wird es Ihnen fallen, bis der Moment kommt, in dem Sie plötzlich denken: »Toll, das muss ich unbedingt in mein Erfolgstagebuch schreiben!« Dann haben Sie den Punkt erreicht, wo Sie nicht mehr am Abend grübeln, sondern in der Situation merken, dass etwas Wunderbares voller Leichtigkeit entsteht.

Tipp

Schönheit inspiriert: Besorgen Sie sich ein besonders schönes Notizbuch sowie einen Stift, der Ihnen gefällt und gut in der Hand liegt. Das regt die Lust zum Schreiben an. Gestalten Sie besondere Erfolge bewusst aus. Vielleicht gibt es Bilder, die Ihren Erfolg verdeutlichen. Oder Sie beschreiben im Detail, wie es Ihnen und den anderen damit erging. Wichtig ist, dass Sie festhalten: Welche Gefühle hatten Sie dabei? Denn wenn Sie sich Ihrer Gefühle bewusst sind, ankern Sie Ihren Erfolg nachhaltig. Zelebrieren Sie Ihre Erfolgstagebuchnotizen.

Worauf ist besonders zu achten?
Dieses Buch ist allein Ihrem Erfolg gewidmet, deshalb keine negativen Erlebnisse eintragen.

Learnings für die Teilnehmer
Der Blick auf die positiven Aspekte stärkt Ihr Selbstbewusstsein als einzelne Person oder Gruppe und schafft eine lösungsorientierte Atmosphäre. Und es fällt Ihnen leichter, solche Beispiele ins Gespräch zu bringen.

Platz für Ihre persönlichen Notizen

Erfolgstagebuch II

Wenn möglich, nehmen Sie sich in regelmäßigen Abständen während der Arbeit Zeit und notieren Sie, was Sie in dieser Zeit alles gemacht haben. Schreiben Sie Ihre erledigten Aufgaben auf, die kleinen Glücksmomente, Ihre Erfolge sowie die Teilschritte auf dem Weg zum Ergebnis. Beispielsweise können Sie zu jeder vollen Stunde einen kleinen Break für Ihre Notizen machen. Oder Sie nutzen feste Uhrzeiten, die sich gut in Ihren beruflichen Alltag integrieren lassen. Die Fragen, die Sie bei der Appreciative Inquiry (s. S. 300 ff.) finden, eignen sich besonders gut.

Platz für Ihre persönlichen Notizen

Erfolgstagebuch III

Sie können das Erfolgstagebuch ebenso als Gruppe nutzen: »Was haben wir heute gut gemacht?« lautet dann die Leitfrage. Notieren Sie die Erfolge nur für sich, um Ihren Blick auf die Teamsituation positiv zu lenken, oder nutzen Sie das Buch für Feedback- oder Reflexionsrunden im Team.

Tipp

Eine Gruppe, mit der wir arbeiteten, nannte es Glückskekse. Jeder brachte in die Besprechungen kleine Beispiele mit, worüber sie sich am Tag vorher gefreut hatten. Die Atmosphäre im Team veränderte sich spürbar hin zu gegenseitigem Verständnis, Wertschätzung und Freude am Arbeiten.

Platz für Ihre persönlichen Notizen

Kreativ mit Mindmaps

Cornelia Kram

Ein Mindmap ist eine Gedankenlandkarte, eine Möglichkeit zur Visualisierung und Strukturierung von Gedanken auf Papier. Diese Technik unterstützt kreative Phasen. Das Mindmap bietet einen Überblick über ein konkretes Thema und dessen einzelne Aspekte.

> **Kreativ mit Mindmaps**
>
> **Thema**
> Ideen zu einem Hauptthema sammeln, visualisieren und strukturieren.
>
> **Vorbereitung**
> Sie benötigen ein Blatt Papier (am besten DIN A3) und einen Stift. Eine ruhige Atmosphäre ist hilfreich für die Konzentration.
>
> **Anzahl Teilnehmer**
> Allein oder in einer kleinen Gruppe.
>
> **Zeit**
> Je nach Komplexität des zu bearbeitenden Themas 10 bis 30 Minuten.
>
> **Ziel**
> Erarbeitung einer Gliederung und Arbeitsvorlage für Veranstaltungen, Schriftstücke, Präsentationen, Vorträge, Schulungen und vieles mehr.
>
> **Ergebnis**
> Sie gewinnen eine gute Übersicht über die Inhalte und Facetten eines einfachen bis komplexen Themas und können, anders als in linearen Aufzeichnungen, einzelne Aspekte leichter ergänzen. Ein Mindmap verbindet Inhalte mit Visualisierung und verstärkt damit die Merkfähigkeit, da es verschiedene Lernkanäle anspricht. Entsteht das Mindmap während der Zusammenarbeit, kommt noch der kinästhetische Lernkanal dazu.

Beschreibung der Schritte

Das zu bearbeitende Hauptthema schreiben Sie in die Mitte des Blattes in einen Kreis. Ausgehend von diesem Kreis ziehen Sie nun jeweils abzweigende Linien (in verschiedene Richtungen) und beschriften diese mit den Hauptkategorien des Themas. Anschließend verästeln Sie diese Hauptzweige ihrerseits wieder mit der erforderlichen Zahl untergeordneter Zweige und beschriften diese. Jene können Sie bei Bedarf erneut weiter detaillieren mit Unterzweigen.

Beispiel für das Planen einer Infoveranstaltung für Führungskräfte zum Thema Betriebliches Gesundheitsmanagement:

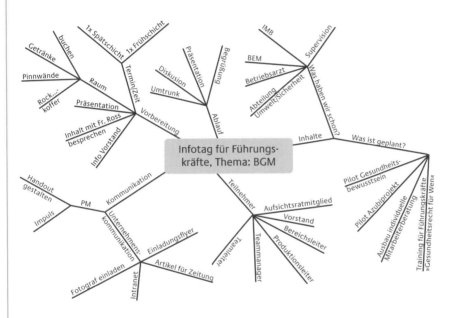

Tipp

Mindmap punktet durch Übersicht: Vorteil dieser Methode ist, dass man jederzeit und an jeder Stelle des Blattes weitere Details anfügen kann, wenn man noch weitere Einfälle hat. Das Mindmap kann folglich auch über längere Zeit (zum Beispiel mehrere Tage) ausgestaltet und immer weiter ergänzt werden.

Platz für Ihre persönlichen Notizen

....
....

Personales Gesundheitsmanagement – Nachhaltigkeit oder Lust auf mehr

Personales Gesundheitsmanagement – Sie haben den Facettenreichtum entdeckt und sich inspirieren lassen. Wir freuen uns auf Ihre Erfahrungen und gemeinsamen Austausch. Wir gehen gerne mit Ihnen in den Dialog: zentrale@kasulke-kommunikation.de

Newsletter Personales Gesundheitsmanagement
Wenn Sie über die weiteren Entwicklungen zum PGM mehr erfahren wollen, melden Sie sich einfach über zentrale@kasulke-kommunikation.de, Stichwort: PGM Newsletter. Er erscheint viermal im Jahr.

Netzwerktreffen und Peergruppe Personales Gesundheitsmanagement
Seit 2010 gibt es zum Thema eine Peergruppe, zu der wir Sie herzlich einladen. Jedes Jahr findet im Januar ein PGM-Netzwerktreffen im Rhein-Main-Gebiet statt. Eingeladen werden die Abonnenten des oben aufgeführten Newsletters. Ziel ist es, PGM-Erfahrungen auszutauschen und gemeinsam zu wachsen.

Personales Gesundheitsmanagement Weiterbildung
Zum Thema Personales Gesundheitsmanagement gibt es interne Weiterbildung und offene Angebote für Ausbildungen. Mehr dazu erfahren Sie über www.kasulke-kommunikation.de und über den Newsletter.

Anhang

- **Die Autoren**
- **Literatur**

↗04

Die Autoren

Eppler, Prof. Dr. Martin J.
Ordinarius für Kommunikationsmanagement an der Universität St. Gallen (HSG) und geschäftsführender Direktor des Instituts für Medien- und Kommunikationsmanagement. Er war zudem Gastprofessor an der Central University of Finance and Economics (CUFE) in Peking, an der Aalto Universität Finnland (Helsinki School of Economics) und an der Universidad del Pacifico in Lima (Peru) sowie Dozent in den Nachdiplomstudiengängen verschiedener schweizerischer, deutscher und österreichischer Universitäten. Seine Forschungsschwerpunkte liegen in den Bereichen Wissensmanagement, Strategiekommunikation, Wissenskommunikation, Visualisierung und Innovation.

Galuska, Dr. Joachim
Facharzt für Psychosomatische Medizin und für Psychiatrie und Psychotherapie, Geschäftsführer und Ärztlicher Direktor der Heiligenfeld Kliniken in Bad Kissingen und Waldmünchen. Herausgeber u. a. der Bücher: Resilienz: Kompetenz der Zukunft (2014), Bewusstsein (2013), Die Kunst des Wirtschaftens (2010), Psychotherapie und Bewusstsein (2005), Gründer der Zeitschrift Bewusstseinswissenschaften und der Stiftung Bewusstseinswissenschaften.

Härtl-Kasulke, Dr. Claudia
Gründerin (1991) der BK+K Beratung Kultur + Kommunikation in Dietzenbach/Berlin. Sie und ihr Team begleiten Führungskräfte und ihre Teams in Veränderungsprozessen: »Fit für den Change«.

Bereits 1998 entstand das erste Buch zum Thema Demografie: »Marketing für Zielgruppen ab 50. Kommunikationsstrategien für 50 Plus«. Seitdem sind die Handlungsfelder des demografischen Wandels die Schwerpunktthemen in der Beratung, und dies sicherlich als Pionierin in diesem Themenspektrum. »Lernen mit Emotion und Intuition. Arbeitshandbuch 2011« stellt

Lernen als Schlüsselkompetenz vor, um wichtige Herausforderungen, wie gesunde Arbeit, lösungsorientiert zu begegnen. In der Ausbildung zum DemografieCoach fließen all diese Erfahrungen zusammen, mit dem Ziel, dass die Führungskräfte und ihre Teams in ihrer Organisation ihre Selbstwirksamkeit noch mehr entdecken und leben. Personales Gesundheitsmanagement gehört in diese Trilogie. Kommunikation, Lernen und Gesundheit sind wichtige Erfolgspartner für die Vielfalt an Aufgaben, denen wir uns täglich in Veränderungsprozessen stellen. (www.kasulke-kommunikation.de)

Klahr (geb. Kellermann), Loreen (BA Päd.)

Seit ihrer Jugend war sie vom Lernen und dem Blick über den Tellerrand fasziniert. Mit dem Pädagogikstudium an der Technischen Universität Chemnitz machte sie diese Leidenschaft zum Beruf. Besonders die Vielfältigkeit des selbstgesteuerten Lernens und die damit verbundene Individualität erweckten ihr Interesse. Während des Studiums arbeitete sie mit unterschiedlichen Zielgruppen der Erwachsenenbildung. Heute betreut sie als Pädagogin an einer staatlichen Internatsschule Schüler vom 10. bis 20. Lebensjahr. Als Studiersaalleiterin der 5. Klassen kann sie ihre Leidenschaft als Lernbegleiterin voll ausleben. Die Ausbildung zum DemografieCoach ermöglichte ihr darüber hinaus eine neue Kompetenz in der Arbeit mit Kindern und Jugendlichen sowie in der Zusammenarbeit in einem intergenerativen Team.

Kram, Cornelia (Ass. jur.)

Volljuristin und Pharmazeutisch-Technische Assistentin. Seit Mitte 2008 vernetzt sie im Personalmanagement der Veritas AG Kenntnisse aus beiden Themengebieten in ihrer Arbeit als Personalreferentin, Eingliederungsmanagerin und Gesundheitsbeauftragte. In ihrer Funktion begleitet sie seit Jahren leistungsgewandelte MitarbeiterInnen und die Unternehmensführung auf dem Weg zum gesundheitsgerechten Einsatz am Arbeitsplatz. Im Rahmen der Weiterbildung zum DemografieCoach entwickelte sie ein Konzept zur Gestaltung und Einführung eines ganzheitlichen betrieblichen Gesundheitsmanagements in der Veritas AG. Sie moderiert das Gesundheitsforum als unternehmenseigenes Steuerungsorgan aller strategischen Entscheidungen in den Themen Demografie und Gesundheit.

Reiche, Ulrike (Bankfachwirtin (BAIHK) und Systemische Beraterin

Systemischer Coach und Organisationsberaterin, schwerpunktmäßig in den Themenfeldern Arbeitszeitgestaltung, betriebliche Gesundheit, Gender-Mainstreaming und Unternehmenskultur. Seit 2002 bietet sie arbeitsplatznahe Programme zur Gesundheitsförderung an, die ganzheitliche Methoden der Stressbewältigung trainieren und Mitarbeiter zur gesunden Selbstregulation anregen. Bei der Umsetzung kommt es ihr auf eine Verzahnung von betrieblichem Gesundheitsmanagement und der Personalarbeit an, getreu dem Motto »GesundheitsBildung – Gesundheit kann man lernen«.

Neben einer mehr als 20jährigen Berufserfahrung im Bank- und Personalgeschäft der Deutschen Bank verfügt Ulrike Reiche auf Qualifikationen als zertifizierte Systemische Beraterin (SG), Trainerin & Moderatorin (Neuland) sowie als Lehrerin und Ausbilderin für Kundalini Yoga.

Romhardt, Dr. Kai

Studium der Wirtschafts- und Organisationswissenschaften, arbeitet in St. Gallen und Genf als Buchautor, Trainer, Coach, Organisationsberater, Lehrbeauftragter sowie als Meditations- und Dharmalehrer. Er ist Initiator des Netzwerkes »Achtsame Wirtschaft«, das sich seit 2004 für ein bewussteres ökonomisches Handeln und Denken auf allen Ebenen der Gesellschaft einsetzt (www.achtsame-wirtschaft.de). Er ist Autor von sechs Büchern zu Wissens-, Selbst- und Zeitmanagement-Themen.

Weitzel, Cornelia

Über die Ausbildung zur Industriekauffrau und einer Weiterbildung zur Personalfachkauffrau kam sie in den Bereich der Personalarbeit. Ihre Leidenschaft gehört der Personalentwicklung im Zeichen des demografischen Wandels. Die Kernkompetenzen ihrer langjährigen Berufserfahrung als Personalerin resultieren aus einer Vielzahl erworbener Zusatzqualifikationen: DemografieCoach/-beraterin, NLP-Trainerin (DVNLP), NLP-Master Coach (DVNLP), Entspannungspädagogin (Trainerin für Autogenes Training, Trainerin für Progressive Muskelentspannung).

Literatur

Aschermann, Ellen/Härtl-Kasulke, Claudia: *Lernen als Führungsaufgabe in Organisationen.* In: Wirtschaftspsychologie Aktuell. Berlin: Deutscher Psychologen Verband, Okt/Nov. 2012

Bandler, Richard: *Veränderung des subjektiven Erlebens.* Fortgeschrittene Methoden des NLP. Paderborn: Junfermann 2001

Bamberg, Eva/Ducki, Antje/Metz, Anna-Marie (Hrsg.): *Gesundheitsförderung und Gesundheitsmanagement in der Arbeitswelt.* Göttingen: Hogrefe 2011

Bundesanstalt für Arbeitsschutz und Arbeitsmedizin (BAuA) (Hrsg.): *Qualität der Arbeit.* Markenzeichen des Standortes Europa. Dortmund: BAuA 2008

Bundesanstalt für Arbeitsschutz und Arbeitsmedizin (BAuA) (Hrsg.): *Stressreport Deutschland 2012.* Dortmund: BAuA 2012

Belschner, Wilfried: *Erwachen.* Qigong als Weg in die Freiheit. Oldenburg: BIS 2012

Betz, Robert: *Willst du normal sein oder glücklich?* München: Heyne, 13. Auflage 2011

Blümmert, Gisela: *CD-Trainingskonzept.* Gesundheitsfördernde Führung. Bonn: managerSeminare 2013

Bonsen, Matthias zur/Maleh, Carole: *Appreciative Inquiry (AI): Der Weg zu Spitzenleistungen.* Weinheim und Basel: Beltz, 2. Auflage 2012

Brand, Heiner/Löhr, Jörg: *Projekt Gold.* Offenbach: Gabal 2008

Bruck, Walter/Müller, Rudolf: *Wirkungsvolle Tagungen und Großgruppen.* Offenbach: Gabal 2007

Chopra, Deepak: *Die sieben Schlüssel zum Glück.* München: Nymphenburger 2012

Chopra, Deepak: *Heilung.* Körper und Seele in neuer Ganzheit erfahren. München: Nymphenburger 2012

Dehner, Renate/Dehner, Ulrich: *Schluss mit den Spielchen! Manipulationen im Alltag erkennen und wirksam dagegen vorgehen.* Frankfurt am Main: Campus 2007

Dörrbecker, Klaus/Fissenewert-Gossmann, Renée: *Wie Profis PR-Konzeptionen entwickeln.* Das Buch zur Konzeptionstechnik. Frankfurt am Main: F.A.Z.-Institut für Management-, Markt- und Medieninformationen 2003

Dreamer, Oriah Mountain: *The Invitation.* New York: Harper Collins Publishers 1999

Europäische Union (Hrsg.): *Innovation Union Scorebord 2014.* Belgien 2014

Fissenewert-Gossmann, Renée/Schmidt, Stephanie: *Konzeptionspraxis.* Frankfurt am Main: F.A.Z.-Institut für Management-, Markt- und Medieninformationen 2002

Galuska, Joachim: *Bewusstsein.* Grundlagen, Anwendungen und Entwicklungen. Berlin: Medizinisch Wissenschaftliche Verlagsgesellschaft 2013

Hänsel, Markus (Hrsg.): *Die spirituelle Dimension in Coaching und Beratung.* Göttingen: Vandenhoeck und Ruprecht 2012

Härtl-Kasulke, Claudia: *Marketing für Zielgruppen ab 50.* Kommunikationsstrategien für 50plus und Senioren. Neuwied:Luchterhand 1998
Härtl-Kasulke, Claudia: *Gardens of Wabi and Sabi.* Ruhe und Kontemplation. Wabi und Sabi als ästhetisches Konzept. In: Helmut Rüger Photographs 2007
Härtl-Kasulke, Claudia: *Lernen mit Emotion und Intuition.* Der freudvolle Weg zum effizienten Lernen. Bergisch-Gladbach: Breuer und Wardin 2011
Härtl-Kasulke, Claudia: *Lernen mit Emotion und Intuition.* Chancen und Herausforderungen. In: Gabal 1/2011
Härtl-Kasulke, Claudia: *Lernen mit Emotion und Intuition.* In: Gabal, 2/2011
Härtl-Kasulke, Claudia: *Lernen mit Emotion und Intuition.* Mit Meditation das Lernen beflügeln. In: Gabal, 3/2011
Härtl-Kasulke, Claudia: *Lernen mit Emotion und Intuition.* Intuition. Der Turbo für eigenverantwortliches Lernen. In: Gabal 1/2012
Härtl-Kasulke, Claudia: *Unternehmenskultur.* Burnout. In: Trainertreffen Deutschland (Hrsg.): TrainerJournal. Neustadt-Mardorf 78/2012
Hessel, Stephane: *Empört Euch.* Berlin: Ullstein 2011
Hildebrandt, Alexandra/Howe, Jörg (Hrsg.): *Die Andersmacher.* Unternehmerische Verantwortung jenseits der Business Class. Bielefeld: Aurum 2008
Hirschhausen, Eckhart von: *Das Glück kommt selten allein.* Reinbek: Rowohlt 2011
INQA (Hrsg.): *Gute Arbeit im Büro?* Berlin: Wirtschaftsverlag NW 2007
INQA (Hrsg.): *Qualität der Arbeit verbessern.* Psychische Fehlbelastung im Betrieb vermeiden. Berlin: Wirtschaftsverlag NW 2007
INQA (Hrsg.): *Lernförderliche Unternehmenskulturen.* Auf der Suche nach den tieferen Ursachen des Innovationserfolgs. Berlin: Wirtschaftsverlag NW 2007
INQA (Hrsg.): *Gute Mitarbeiterführung.* Psychische Fehlbelastung vermeiden. 3. akt. Aufl. Berlin: Wirtschaftsverlag NW 2008
INQA (Hrsg.): *Was ist gute Arbeit? Arbeit im Generationenvergleich.* Berlin: Wirtschaftsverlag NW 2008
Kahnemann, Daniel: *Schnelles Denken, langsames Denken.* München: Siedler 2012
Krauter, Jörg: *Erfolg ist eine Formel.* Wie die ideale Schnittmenge zwischen Wissen und Unwissen Ihre Entscheidungen optimiert. Berlin: Pro business 2011
Löhmer, Cornelia/Standhardt, Rüdiger: *Timeout statt Burnout.* Einübung in die Lebenskunst der Achtsamkeit. Stuttgart: Klett-Cotta 2012
Lötscher-Gugler, Hedy: *Auf den Schwingen des Glücks.* Blockierte Energien lösen. Ostfildern: Patmos, 7. Auflage 2011
Mandl, Heinz/Friedrich, Helmut Felix (Hrsg.): *Handbuch Lernstrategien.* Göttingen: Hogrefe 2006
Müller, Rudolf: *Mehr Bewegung ins Lernen bringen.* Weinheim und Basel: Beltz 2003
Peseschkian, Nossrat: *Wenn du willst, was du noch nie gehabt hast, dann tu, was du noch nie getan hast.* Geschichten und Lebensweisheiten. Freiburg: Herder 2008
Pilz-Kusch, Ulrike: *Burnout: Frühsignale erkennen, Kraft gewinnen.* Das Praxisübungsbuch für Trainer, Berater und Betroffene. Weinheim und Basel: Beltz 2012

Pöppel, Ernst/Wagner, Beatrice: *Je älter desto besser.* Überraschende Erkenntnisse aus der Hirnforschung. München: Gräfe und Unzer 2012

Preskill, Hallie S./Catsambas, Tessie T.: *Reframing Evaluation Through Appreciative Inquiry.* Thousand Oaks: Sage Publications, 2006

Quarch, Christoph: *Und Nietzsche lachte.* Wie man sich mit Platon verliebt, mit Sokrates gelassen wird und trotz Kant den Sinn des Lebens findet. München: Kailash 2012

Reiche, Ulrike: *Yoga-Coaching.* Der Weg zu einem gesunden Lebensstil. Stuttgart: Klett-Cotta 2013

Riemann, Rainer (Hrsg.). 48. Kongress der Deutschen Gesellschaft für Psychologie. Bielefeld: *Abstracts 2012*

Revers, Andrea: *Wie Menschen ticken.* Psychologie für Manager. Interessantes, Spannendes, Skurriles für Führungskräfte. Hamburg: Windmühle 2012

Romhardt, Kai: *Müheloseres Management durch Achtsamkeit oder was Change-Manager vom Buddhismus lernen können.* Erstveröffentlichung in: OrganisationsEntwicklung. Zeitschrift für Unternehmensentwicklung und Changemanagement. Düsseldorf: Handelsblatt Fachmedien 02/2013. Siehe auch www.zoe.ch

Späth, Thomas/Boa, Shi Yan: *Shaolin.* Das Geheimnis innerer Stärke. München: Gräfe und Unzer 2011

Stock, Jürgen: *Das wäre doch gedacht.* Wie wir uns aus der Falle eingefahrener Denkmuster befreien. München: Kösel 2011

Storch, Maja/Krause, Frank: *Selbstmanagement – ressourcenorientiert.* Grundlagen und Trainingsmanual für die Arbeit mit dem Zürcher Ressourcen Modell (ZRM). Bern: Huber 2010

Thich Nhat Hanh: *Und ich blühe wie die Blume.* Geführte Meditationen und Lieder. Braunschweig: Aurum 1998

Thich Nhat Hanh: *Die Kunst des glücklichen Lebens.* Berlin: Theseus 2001

Tinh Tu: *Lebenserhaltender Weg des Herzens.* o.O., o.J.

Tscheuschner, Marc/Wagner, Hartmut: *30 Minuten TMS.* Team Management System. Offenbach: Gabal 2009

Tscheuschner, Marc/Wagner, Hartmut: *TMS.* Der Weg zum Hochleistungsteam. TMS mit Praxistipps und Fallstudien. Offenbach: Gabal 2008

Walter, Fritz: *Appreciative Inquiry.* Mehr von dem was funktioniert. Das Beste in der Organisation erkennen und weiterentwickeln. http://www.fritzwalter.com/documents/AI_Mehr_von_dem_was_funktioniert.pdf 27.7.2013

Wellensiek, Sylvia Kéré: *Handbuch Resilienz-Training.* Widerstandskraft und Flexibilität für Unternehmen und Mitarbeiter. Weinheim und Basel: Beltz 2011

Wellensiek, Sylvia Kéré: *Fels in der Brandung statt Hamster im Rad.* Zehn praktische Schritte zu persönlicher Resilienz. Weinheim und Basel: Beltz 2012

Wellensiek, Sylvia Kéré/Galuska, Joachim: *Resilienz – Kompetenz der Zukunft.* Weinheim und Basel: Beltz 2014

Zeitschriften, Zeitungen, Magazine, Internet

DRadio Wissen 2010: 22.06.2010. http://wissen.dradio.de/japan-tod-am-arbeitsplatz.37.de.html?dram:article_id=36

FR 2013: *Verdrängte Gefühle machen krank. Aber eine Krebspersönlichkeit gibt es nicht.* In: Frankfurter Rundschau. Wissen und Bildung. Jg. 68, Nr. 275, 24./25.11.2012, S. 23 f.

FR 2013: *Fast jeder Dritte arbeitet im Urlaub weiter.* In: Frankfurter Rundschau. 23.6.2013, S. 40

Herrmann, Sebastian: *Macht Glück geldlich? Wer als Teenager mit seinem Leben zufrieden war, verdient als Erwachsener mehr als der Durchschnitt.* In: Frankfurter Rundschau. Wissen. Jg. 68, Nr. 268, 20.11.2012, S. 16

Institut der deutschen Wirtschaft: *Chefs müssen besser werden.* 28.7.2013 http://www.iwkoeln.de/de/presse/pressemitteilungen/beitrag/arbeitszufriedenheit-ein-guter-chef-wirkt-wunder-117769

Kumar, Sameet: *Der achtsame Weg durch Sorge und Grübelei.* Wie wir Seelenruhe finden und Angst und depressive Gedanken hinter uns lassen. Freiburg: Arbor 2011

McEwen, Bruce S.: *Protective and Damaging Effects of Stress Mediators.* New England: J.Med. 33, 1998, S. 171–179

Müller-Lissner, Adelheid: *Die Dosis macht das Glück.* Forscher stellen Stundenplan für »perfekten Tag« auf. In: Der Tagesspiegel, Forschen, Nr. 21499, 31.10.2012, S. 24

Schweighöfer, Kerstin: *»Waterwoningen«.* Die Niederlande stellen sich auf den Klimawandel ein. 06.01.2013. http://www.br.de/radio/bayern2/sendungen/notizbuch/waterwoningen-aquawohnen-steigereiland-100.html

Schophaus, Michael: *Finden Sie den Felher!* In: Folio 01-02/2013, S. 12–17

Sponsel, Rudolf: *Spiritualität.* Eine psychologische Untersuchung. http://www.sgipt.org/wisms/gb/spirit0.htm. 30.07.2012

TAZ 2011: *Echt keine Lösung.* Der deutsche Perfektionismus zerstört tonnenweise Lebensfreude. 28.7.2013 http://www.taz.de/!84690/

Techniker Krankenkasse (Hrsg.): *BGM Dialog.* Erfolge sichtbar machen. Veröffentlichungen zum betrieblichen Gesundheitsmanagement der TK. Band 25. Hamburg 2010

Tolle, Eckhart: http://www.erinnerungsforum.net/forum/yoga-meditation-etc/eckhart-tolle/10/. 01.06.2013. WDR: Immer unter Druck. Psychischer Stress am Arbeitsplatz. http://www1.wdr.de/themen/wirtschaft/stressarbeitsplatz100.html. 05.08.2013